Katsuki Sekida

# Zen-Training

AF650580

## Das Buch

Zen ist der Inbegriff östlicher Meditation. Doch wie kann man als westlicher Mensch Zen lernen? Wie übt man die richtige Körperhaltung und das dem Zen gemäße Atmen? Was bedeutet: reine Erkenntnis? Wie lässt sich der Stufenweg des Zen und der Weg der Erleuchtung beschreiben? Auf solche Fragen gibt dieses Buch des großen japanischen Zen-Meisters authentische Antworten. Profund und praktisch – ein Selbsthilfeprogramm für Zen-Interessierte, geschrieben von einem Meister der Vermittlung. Eine Einübung ins reine Dasein. Das erste umfassende »Handbuch für Zen-Meditation« (Psychology today). »Ein Klassiker« (Library Journal): Für alle, die Theorie und Praxis der Zen-Meditation kennenlernen wollen. Als Selbstlernprogramm die wohl profundeste und zugleich praktischste Einführung in die Meditationstechnik und Philosophie des Zen. A. V. Grimstone (1933–2018), der Sekida bei der Abfassung der englischen Version dieses Buches unterstützte, lehrte Naturwissenschaften an der Universität Cambridge.

## Der Autor

Katsuki Sekida (1893–1987), einer der großen Zen-Meister Japans, Verfasser zahlreicher Bücher über die Praxis des Zen. Hochschullehrer für Englisch. Jahrzehntelange Zen-Praxis und Zen-Unterricht in Japan, Honolulu, Maui und London. Sein Zen-Buch fand weltweite Verbreitung.

Katsuki Sekida

# Zen-Training

## Praxis, Methoden, Hintergründe

Mit einer Einführung herausgegeben von A. V. Grimstone

Aus dem Englischen von Bernardin Schellenberger

HERDER

FREIBURG · BASEL · WIEN

Überarbeitete Neuausgabe 2023

Titel der Originalausgabe: Zen Training
© Weatherhill, Inc., New York und Tokyo
First edition 1975
By arrangement with Shambala Publications Inc.,
Box 308, Boston, MA 02117
ISBN 978-1577312499

© Verlag Herder GmbH, Freiburg im Breisgau 2015
Hermann-Herder-Straße 4, 79104 Freiburg
Alle Rechte vorbehalten
produktsicherheit@herder.de
www.herder.de

Umschlagmotiv: Sengai, »Kreis, Dreieck und Viereck«,
Idemitsu-Museum, Tokyo
Umschlaggestaltung: Verlag Herder

Satz: Daniel Förster, Belgern
Herstellung: GGP Media GmbH, Pößneck

Printed in Germany

ISBN 978-3-451-03770-2

# INHALT

# EINFÜHRUNG DURCH DEN HERAUSGEBER

Der Verfasser dieses Buches, Katsuki Sekida, ist 1893 in Kochi, einer Stadt im Südwesten Japans, geboren. Anfang seiner Zwanzigerjahre begann er mit dem Üben und Studieren des Zen. Die näheren Umstände dieser Anfänge hat er zum Teil selbst in Kapitel 16 dieses Buches beschrieben. Seitdem hat er sich immer weiter darin vertieft. Daher verfügt er über eine Erfahrung von fast über sechzig Jahren. Obwohl er sich sehr intensiv dem Studium und der Übung des Zen hingegeben und einige Jahre im Zen-Kloster Ryutaku-ji gelebt hat, ist er doch immer Laie geblieben und hat bis zu seiner Pensionierung 1945 seinen Lebensunterhalt als Schullehrer verdient. In seinen späteren Jahren erwarb er als Zen-Lehrer große Wertschätzung. Diese wenigen biografischen Angaben, denke ich, sind für den Leser nicht unerheblich, denn sie zeigen, dass dieses Buch das Werk eines Mannes ist, der mit der Autorität langjähriger Erfahrung und profunden Studiums über Zen schreiben kann.

1963 folgte Katsuki Sekida einer Einladung nach Honolulu, um sich dort einer Zen-Gruppe anzuschließen, die auf Initiative von Robert Aitken gegründet worden war, und er blieb bis 1970 in Hawaii. Es war in Honolulu, wo Katsuki Sekida die Arbeit an der erweiterten englischen Fassung eines Buches begann, das er ursprünglich auf Japanisch geschrieben hatte, und zwar mit dem Titel »Eine Einführung in Zen für Anfänger«. Erste Entwürfe verschiedener Kapitel dieses Buches wurden zusammen mit einem Rundbrief, dem »Diamond Sangha«, verschickt, der von der Zen-Gruppe in Honolulu herausgegeben wurde.

Ich lernte Katsuki Sekida 1968 kennen, als ich eine Zeit lang in Honolulu arbeitete. Dann traf ich ihn wieder 1971 in England, wo er mehrere Monate aufgrund einer Einladung der Londoner Zen-Society weilte. In dieser Zeit bat er mich, ihm bei der Endfassung seines Manuskripts für die Publikation in Buchform behilflich zu sein. Ich sagte ihm gern zu, denn mir scheint, seine Gedanken sind interessant und wichtig, und sein Buch ist äußerst wertvoll. Ich selbst verfüge über keine tiefe Kenntnis oder Erfahrung des Zen, aber im Lauf meiner Berufstätigkeit als Wissenschaftler habe ich einige Erfahrung mit dem Schreiben und Veröffentlichen gesammelt, und mir schien, dass Sekida vor allem dieses brauchte und nicht in erster Linie die tiefe Kenntnis seines Themas. Katsuki Sekida stellte sein Manuskript 1972 vollends fertig, und diese Schlussfassung hat der Leser jetzt vor Augen.

Katsuki Sekida bat mich, nicht nur sein Buch herauszugeben, sondern auch eine Einführung dazu zu schreiben. Das traute ich mir zunächst nicht recht zu, aber ich erklärte mich dann doch dazu bereit. Das Buch, so glaube ich, kann voll in sich selbst bestehen, und der Leser wird nichts verpassen, wenn er die Lektüre sofort mit dem ersten Kapitel beginnt. Da jedoch Sekidas Sicht des Zen in vieler Hinsicht von dem abweicht, was bislang westlichen Lesern als Zen vorgestellt worden ist, könnten einige erläuternde Worte vorab manchen Lesern helfen, sich auf unvertrautem Gelände zu orientieren und das, was hier gesagt wird, ins rechte Verhältnis zu dem zu setzen, was sie in anderen Büchern zum vorliegenden Thema finden können. Vor allem, denke ich, mag es nützlich sein, einige der Dinge ausdrücklich beim Namen zu nennen, die Sekida als selbstverständlich voraussetzt und gar nicht weiter erwähnt.

Für Katsuki Sekida ist es keine Frage, dass die Grundlage jeglicher ernsthafter Beschäftigung mit Zen das ZAZEN ist, also die Übung, bei der der Schüler sitzt und es lernt, seinen Körper und seinen Geist zu beherrschen. Ein beträchtlicher Teil des Buches ist der Darstellung gewidmet, wie man ZAZEN richtig übt und wie es sich auswirkt. Dieses ausführliche Eingehen auf das ZAZEN bedarf vielleicht gegenüber einigen Lesern der Rechtfertigung, denn in den Schriften von Daisetz T. Suzuki, denen wir in erster Linie die Einführung des Zen im Westen verdanken, findet sich diese Betonung nicht, und das hatte unvermeidlich großen

Einfluss auf alle Einführungen in Zen, die sich weithin auf sein Werk stützen (z. B. Alan Watts, The Way of Zen, New York 1957). Suzuki schrieb über Zen weitgehend unter einem theoretischen und kulturellen Blickwinkel und kümmerte sich nicht allzu sehr um die praktischen Aspekte der Zen-Übung. Traditionellerweise sind die Schüler individuell und persönlich im Üben des Zen unterwiesen worden und normalerweise in einem Kloster. Suzuki hat das als gegeben vorausgesetzt und hat vielleicht allzu unbedacht unterstellt, das sei selbstverständlich. Jedenfalls erwähnt er ZAZEN in seinen Büchern nur selten und beiläufig und ganz gewiss nicht in der Form von Unterweisungen und genauen Anleitungen. Deshalb muss hier von allem Anfang an betont werden, dass die Erfahrungen und Einsichten, die Suzuki beschrieben hat, immer durch das treue Üben des ZAZEN erworben sind und waren.

Darauf hat bereits Philip Kapleau hingewiesen (The Three Pillars of Zen, Tokyo 1965 und New York 1966, deutsch: Die drei Pfeiler des Zen, Weilheim 1974), dessen Buch wesentlich mehr als alles bislang Erschienene geboten hat – zumindest im Westen –, was die genaue Beschreibung, wie man Zen üben muss, betrifft. Es besteht weithin aus Übersetzungen von Vorträgen und anderen Materialien zeitgenössischer Zen-Lehrer, einigen älteren Zen-Texten und autobiografischen Schilderungen einer Reihe von Zen-Schülern, und es erfüllt besser als jedes andere auf Englisch erschienene Buch die Aufgabe, zu beschreiben, wie Zen als Religion wirkt. Aber dennoch leistet es noch nicht das, was ein Buch ganz dringend dem Westen bieten müsste: Nirgendwo erteilt es dem Leser jene präzisen Anleitungen zum Üben des ZAZEN, auf die er unbedingt angewiesen ist, wenn er Zen ohne Unterweisung durch einen persönlichen Zen-Lehrer üben will – was ja unvermeidlich die meisten westlichen Leser wollen. Wie Suzuki und die Verfasser der klassischen Zen-Texte sahen auch die Autoren des Materials, das Kapleau übersetzt hat, keine Notwendigkeit, solche bis ins Einzelne gehende praktische Unterweisungen zu geben. Soweit ich weiß, ist bislang etwas Derartiges noch in keiner europäischen Sprache veröffentlicht worden. Das erste große Verdienst von Sekidas Buch besteht also darin, dass es uns ganz genau sagt, wie man ZAZEN üben muss.

Beim Lesen dessen, was er dazu zu sagen hat, entdecken wir jedoch, dass er sich nicht damit begnügt, sich auf die Schilderung der wesentlichen praktischen Erfordernisse zu beschränken. Er geht weit darüber hinaus, denn er unternimmt eine bemerkenswerte Analyse der gesamten Zen-Übung, und zwar weithin unter dem Gesichtspunkt und mit den Begriffen der Physiologie. Haltung, Atmen, die Funktion der Unterleibsmuskulatur, Muskeltonus, die Mechanismen der Wachheit und der Aufmerksamkeit – das alles wird bis ins Einzelne in der Sprache der Physiologie erörtert. Der Ertrag ist, so scheint mir, in zweifacher Hinsicht beachtlich. Zunächst hilft er dem Schüler, das zu verstehen, was er versucht, wenn er sich zum ZAZEN hinsetzt. Er wird nicht lediglich angewiesen, sich hinzusetzen und sich zu konzentrieren, sagen wir, auf das Zählen seiner Atemzüge oder auf das Sprechen der Silbe »Mu«, sondern ihm wird ganz genau gesagt, weshalb er sich besser imstande fühlen wird, eine solche Übung durchzuführen, wenn er seinen Körper auf gewisse Weisen einsetzt. Zweitens – und für manche Leute wird das sogar das Wichtigere sein – trägt Sekidas Analyse mit ihrer nüchternen Logik und Wissenschaftlichkeit dazu bei, den ganzen Bereich des Zen-Übens als vernünftiges Unternehmen zu erweisen. Für viele Menschen, und vor allem für solche, die in irgendwelcher Form wissenschaftlich oder philosophisch gebildet sind, stellt die scheinbare Irrationalität des Zen eine schlimme Barriere dar, denn oft wird es in einem solchen Gewand dargestellt. Es ist eine wesentliche Hilfe, wenn man hier feststellt, dass ein erfahrener Zen-Lehrer in der Lage ist, die Grundwahrheiten des Zen-Übens derart nüchtern zur Diskussion zu stellen.

Diese Analyse des ZAZEN ist jedoch nur der Anfang dessen, was Sekida uns bieten kann. Denn nachdem er uns die erste klare Darlegung geliefert hat, wie wir ZAZEN üben sollen, geht er einen Schritt weiter und schildert uns genau die Ziele des ZAZEN und des Zen-Übens ganz allgemein, wobei sich das von ihm Beschriebene spürbar von dem unterscheidet, was uns bislang geboten worden ist. Um das wirklich schätzen zu können, müssen wir für einen Augenblick innehalten und uns vor Augen halten, was andere Autoren über Zen – und hier denke ich wieder an Verfasser in europäischen Sprachen – im Allgemeinen als die hauptsächlichen Ziele der Zen-Übung ausgegeben haben.

Ich denke, man wird kaum leugnen können, dass aus der Zen-Literatur weithin der Eindruck entsteht, das vorrangige Ziel des Schülers müsse darin bestehen, zur Erleuchtung zu gelangen – also die Erfahrung des KENSHŌ oder SATORI zu machen, bei der man im tiefsten Sinn »in seine eigene Natur hineinblickt«. Für viele westliche Leser ist Zen diejenige Schulrichtung des Buddhismus, die vor allem die »plötzliche Erleuchtung« betont.

Sekida legt in seiner Darstellung des Zen auf etwas ganz anderes den größten Wert. Wir werden sehen, dass er das KENSHŌ zwar durchaus nicht verkennt oder gering einstuft, aber er stellt es dem Schüler nicht als etwas vor Augen, das er bei seinem Üben unbedingt anstreben muss. Wenn er nachdrücklich sagt, man müsse das KENSHŌ ganz von allein zu seiner Zeit kommen lassen und solle es nicht direkt suchen oder mittels künstlicher Methoden herbeiführen, so ist er darin mit etlichen Zen-Autoren einig. Aber er geht weiter: Sekida liegt gar nichts in erster Linie am KENSHŌ, sondern in seinen Augen besteht das allererste, anfängliche Ziel im ZAZEN darin, den Zustand des *absoluten samadhi* zu erlangen: die Verfassung totaler Stille, bei der »Körper und Geist ausfallen«, sich kein Gedanke regt, der Geist leer ist und wir doch in einem Zustand äußerster Wachheit sind. »In dieser Stille oder Leere liegt die Quelle jeglicher Art von Tätigkeit verborgen. Diesen Zustand nennen wir das reine Dasein.«

Bereits die Erörterung des SAMADHI ist für sich eine Kostbarkeit in Sekidas Buch. Es ist ein Begriff, dem schon verwirrend viele Bedeutungen zugeschrieben worden sind. Sekida trägt zur Begriffsklärung bei, indem er die Unterscheidung zwischen zwei verschiedenen Arten des SAMADHI einführt. Gewöhnlich hat man diesen Begriff auf den Zustand angewandt, in dem die Bewusstseinstätigkeit fast ganz aufhört. Wenn wir uns jedoch beim ZAZEN-Üben auf etwas konzentrieren, wie z. B. das Zählen unserer Atemzüge oder das Umgehen mit einem KŌAN, gelangen wir vielleicht ebenfalls in einen Zustand, in dem die normale, logische, geradlinige Bewusstseinstätigkeit aufhört und der Geist dennoch sehr aktiv mit dem beschäftigt ist, auf das er sich konzentriert. Das kann auch im Alltagsleben vorkommen, wenn man z. B. voll und ganz in einer physischen Tätigkeit aufgeht. In allen diesen Situationen erfahren wir eine Art SAMADHI, doch sie sind in wichtigen Punkten voneinander verschieden. Sekida trägt diesem Unterschied Rechnung, indem er den einen Zustand als »absolutes SAMADHI« und den anderen als »positives SAMADHI« bezeichnet. Beide sind wichtig, beide muss der Zen-Schüler beherrschen, und doch ist es das absolute SAMADHI, das für Sekida die Grundlage jeglichen Lebens aus dem Zen darstellt.

Es ist möglich, dass wir das KENSHŌ erfahren, wenn wir aus dem SAMADHI auftauchen, und Sekida macht keine Anstalten, die Bedeutung dieser Erfahrung zu verkleinern. Doch die wesentliche Grundvoraussetzung ist das Eintreten in den Zustand des absoluten SAMADHI, und sie ist in sich äußerst kostbar. Grundsätzlich ist es wichtiger, anstelle eines armseligen, gewöhnlichen KENSHŌ das absolute SAMADHI zu erfahren. Wie andere Zen-Lehrer vertritt Katsuki Sekida die Meinung, dass die Auswirkungen einer KENSHŌ-Erfahrung keineswegs unbedingt von Dauer oder auch nur länger anhaltend sind. Selbst wenn Zen-Schüler das KENSHŌ erfahren haben, setzen sie ihre Übungen nicht unbedingt fort, und jedenfalls gibt es beträchtliche Qualitätsunterschiede zwischen ihren jeweiligen Erfahrungen. In Sekidas Sicht hängen Natur und Auswirkungen des KENSHŌ ganz davon ab, wie seine Grundlage beschaffen ist, also die ZAZEN-Übung und die Erfahrung des absoluten SAMADHI.

Ich habe keinerlei Zweifel, dass Katsuki Sekida den Wert härterer Methoden – wie des Anschreiens und Schlagens – skeptisch beurteilt, die manche Zen-Lehrer anwenden, um ihre Schüler ins KENSHŌ zu treiben. Es mag sein, dass sie damit Erfolg haben, aber das solchermaßen erlangte KENSHŌ hat wahrscheinlich wenig nachhaltigen Wert.

Diese Korrektur unserer Sicht des Zen, so denke ich, ist sehr wichtig. Vor allem eine Konsequenz, die sich daraus ergibt, verdient dabei Erwähnung.

Seit Langem war es offensichtlich, dass KENSHŌ-artige Erfahrungen nicht auf diejenigen beschränkt sind, die Zen praktizieren. Auch die

Anhänger anderer Religionen haben sie gemacht, und selbst Menschen, denen religiöse Vorstellungen ziemlich fremd sind; William James hat das eindeutig aufgezeigt. In neuerer Zeit ist bewiesen worden, dass man sie auch durch bestimmte Drogen herbeiführen kann (vgl. z. B. S. Cohen, Drugs of Hallucination, London 1965; für eine hilfreiche Diskussion dieses ganzen Themas: R. C. Zaehner, Mysticism: Sacred and Profane, Oxford 1957). Außerdem scheinen zumindest manche Epileptiker ähnliche Erfahrungen zu machen (allerdings gibt es davon erst wenige Darstellungen).

In diesem Zusammenhang dürfte es der Mühe wert sein, etwas ausführlicher aus den Schriften von Dostojewski zu zitieren, der selbst Epileptiker war. In einem Brief schrieb er: »Einige Augenblicke vor dem Anfall überkommt mich ein derartiges Glücksgefühl, wie das im Normalzustand unvorstellbar ist und von dem andere sich gar keine Vorstellung machen können. Ich fühle mich in völliger Harmonie mit mir selbst und mit der ganzen Welt, und dieses Gefühl ist so stark und so köstlich, dass man freudig zehn Jahre seines Lebens, wenn nicht gar sein ganzes Leben für wenige Sekunden eines solchen Glücks hergeben würde« (zitiert in D. Magarshacks Einleitung zu seiner englischen Übersetzung des »Idiot«, Harmondsworth/England 1953, 8).

Eine ausführlichere Beschreibung dessen, was er in solchen Augenblicken erfahren hat, gibt er in seinem Roman »Der Idiot«, wenn er die Erfahrung des von epileptischen Anfällen heimgesuchten Fürsten Myschkin schildert: »Er dachte daran, dass es in seinem epileptischen Zustand eine Pause unmittelbar vor dem Anfall gab (wenn der Anfall ihn im Wachen überraschte), wo plötzlich, mitten in allem Kummer, aller seelischen Finsternis und Niedergeschlagenheit, sein Hirn für Momente aufloderte und alle seine Lebenskräfte in ungestümem Drang mit einem Mal angespannt wurden. Das Lebensgefühl, das Selbstbewusstsein wurde in diesen blitzartig auftretenden Momenten beinahe verzehnfacht. Geist und Herz wurden von einem ungewöhnlichen Licht erhellt, alle seine Erregungen, alle Zweifel, alle Unruhe wurden mit einem Mal besänftigt, lösten sich in eine heitere, von klarer, harmonischer Freude und Hoffnung erfüllte Ruhe auf. Aber diese Momente, dieses Aufblitzen war nur eine Vorahnung jener endgültigen Sekunde (es war nie mehr als eine Sekunde), mit welcher der eigentliche Anfall begann. Diese Sekunde war allerdings unerträglich. Wenn er später, schon in normalem Zustande, über diesen Augenblick nachdachte, sagte er oft zu sich selbst: Dieses Aufblitzen und Aufflammen eines höheren Selbstempfindens und Selbstbewusstseins, also auch eines ›höheren Seins‹ sei nichts anderes als Krankheit, Störung des normalen Zustandes; wenn dem aber so sei, dann sei es auch durchaus kein höheres Dasein, sondern müsse im Gegenteil zum niedersten gezählt werden. Und doch kam er zuletzt zu der höchst paradoxen Schlussfolgerung: Was tut es denn, wenn es eine Krankheit ist? Was kümmert es mich, dass diese Spannung unnormal ist, wenn das Resultat selbst, wenn der Augenblick des Empfindens, schon in gesundem Zustande betrachtet, sich als höchste Harmonie und Schönheit erweist, wenn er eine bisher unerhörte und ungeahnte Empfindung von Fülle, Maß, Versöhnung und ekstatisch anbetender Verschmelzung mit der höchsten Synthese des Lebens bietet? Diese unklaren Ausdrücke schienen ihm selbst sehr verständlich, wenn auch noch viel zu schwach. Daran aber, dass es wirklich ›Schönheit und Gebet‹, wirklich die ›höchste Synthese des Lebens‹ war, konnte er nicht zweifeln, konnte er auch keinerlei Zweifel zulassen. Es erschienen ihm doch keine Visionen in diesem Augenblick, wie nach dem Genuss von Haschisch, Opium oder Wein, die den Verstand herabsetzen und die Seele verunstalten, die unnormal und unwirklich sind? Darüber konnte er nach dem Schwinden des krankhaften Zustandes ganz nüchtern urteilen. Diese Momente waren nur eine ungewöhnliche Anspannung des Selbstbewusstseins – wenn man diesen Zustand mit einem Wort hätte bezeichnen können –, eines im höchsten Grade unmittelbaren Selbstbewusstseins und gleichzeitig auch Selbstempfindens. Wenn er in jener Sekunde, das heißt im letzten bewussten Augenblick vor dem Anfall, noch Zeit fand, sich selbst klar und bewusst zu sagen: ›Ja, für diesen Moment kann man sein ganzes Leben hingeben‹ – so war gewiss dieser Moment an sich auch ein ganzes Leben wert ... ›In diesem Moment‹, hatte er einmal zu Rogoschin in Moskau bei einer ihrer Zusammenkünfte gesagt, ›in diesem Moment wird mir das ungewöhnliche Wort, *es werde keine Zeit mehr geben*, gewissermaßen verständlich‹« (nach der Ausgabe im Deutschen Taschenbuch Verlag, übers. v. A. Luther, München 1976, 296 f.).

In den »Dämonen« beschreibt Kirillow dieses Erlebnis ganz ähnlich: »Es gibt Sekunden, ihrer kommen im ganzen bei einem Mal nur fünf oder sechs zusammen, und man fühlt plötzlich die Gegenwart der höchsten Harmonie, die man vollkommen erreicht hat. Das ist nichts Irdisches; ich möchte nicht sagen, dass es himmlisch wäre, sondern, dass der Mensch in irdischer Gestalt es nicht ertragen kann. Er muss sich entweder physisch umwandeln oder sterben. Diese Empfindung ist klar und nicht abzuleugnen. Es ist, als fühle man plötzlich die ganze Natur und als spreche man plötzlich aus: ›Ja, das ist recht und wahr!‹ Als Gott die Welt geschaffen hat, sagte er auch am Abend jedes Schöpfungstages: ›Ja, das ist richtig, das ist gut.‹ Das ... das ist nicht Rührung, sondern nur so – Freude. Man verzeiht nichts, weil es nichts zu verzeihen gibt. Man liebt nicht eigentlich. Oh – da ist Höheres als Liebe! Schrecklicher als alles ist, dass es so entsetzlich klar und eine solche Freude ist, wenn es länger als fünf Sekunden dauert. In diesen fünf Sekunden durchlebe ich ein Leben, und für sie würde ich gern mein ganzes Leben hingeben, denn sie sind es wert« (nach der Ausgabe im Deutschen Taschenbuch Verlag, übers. v. M. Kegel, München 1977, 712).

Die Übereinstimmungen zwischen solchen Passagen und den Beschreibungen, die Zen-Schüler von ihren KENSHŌ-Erfahrungen geben, lassen sich, denke ich, nicht leugnen. (Vgl. z. B. in Ph. Kapleaus »Three Pillars of Zen«, S. 228: »Jäh lösten sich der roshi, der Raum, jeder einzelne Gegenstand in einem blendenden Lichtstrom auf, und ich fühlte mich in eine köstliche, unaussprechliche Wonne getaucht ... Eine fließende Ewigkeit lang war ich allein – und allein ich war da ...« Es gibt viele ähnliche Stellen in diesem und auch in anderen Büchern.)

Würde man nun das KENSHŌ als das eigentliche Ziel der Zen-Übung betrachten, bliebe die Frage unvermeidlich, wie sich diese Erfahrung eigentlich von derjenigen des Epileptikers oder Drogenkonsumenten unterscheidet. Weshalb sollte sich jemand lange Jahre mühsamem Üben hingeben, um diesen Zustand zu erreichen? Sekida bespricht diese Frage nicht lange ausdrücklich. Seine Bemerkungen auf S. 214 f. geben zu erkennen, dass er der Behauptung skeptisch gegenübersteht, durch Drogen herbeigeführte und andere KENSHŌ-ähnliche Erfahrungen und echtes KENSHŌ seien ungefähr dasselbe. Allerdings kann es sein, dass wir unkorrekterweise eine Vielzahl ziemlich unterschiedlicher Geisteszustände unter der Bezeichnung »KENSHŌ-artig« zusammengefasst haben. Aber selbst wenn das nicht der Fall wäre (obwohl Herr Sekida das in seinem Buch unterstellt, auch wenn er es nicht ausdrücklich sagt), wäre das für uns noch lange kein Grund, den Wert des Zen-Übens herabzumindern. Denn, um es noch einmal zu sagen, das Ziel des Zen-Schülers besteht nicht einfach darin, oder sollte jedenfalls nicht darin bestehen, das KENSHŌ zu erlangen. Wenn das Zen-Üben irgendeine bleibende Wirkung auf das Leben des Betreffenden haben soll, kommt es nicht auf die Erfahrung des KENSHŌ an, sondern darauf, immer wieder den Zustand des absoluten SAMADHI zu erfahren. Das, glaube ich, genügt, um die Argumente derer zu widerlegen, die behaupten, ZAZEN könne man sich ersparen, indem man einfach Drogen nimmt, und auch derer, die den Wert des Zen infrage stellen, weil sie glauben, es ziele auf die Erreichung eines Geisteszustands ab, der in anderem Zusammenhang eindeutig als Zeichen der Abnormalität bewertet würde.

Was das KENSHŌ bedeutet, wird noch deutlicher klar, wenn wir lesen, was Katsuki Sekida über die späteren Stufen der Zen-Übung zu sagen hat. Viel von dem, was bislang im Westen über Zen geschrieben worden ist, hat sich nur mit den Anfangsstufen dieser Übung befasst. Das KENSHŌ wurde als letztes Ziel vorgestellt, und wir wurden im Grunde im Unklaren darüber gelassen, was danach kommt. Sekida zeigt ganz klar, dass das Zen-Üben endlos weitergeht. Man macht erst den Anfang, wenn man in einem stillen Raum auf einem Kissen sitzt und sich darum bemüht, die irreführende Art des üblichen Bewusstseins abzulegen. Der Schüler muss lernen, in der Alltagswelt zu leben und dennoch die Qualität seiner Erfahrung des absoluten SAMADHI beizubehalten. In seinem äußerst interessanten Schlusskapitel und auch an anderen Stellen seines Buches erörtert Sekida diese Fragen auf eine Art, die uns zu einem ausgeglicheneren Bild der Ziele der Zen-Übung verhilft. Für viele mag die nicht selten beschworene Vorstellung wenig anziehend gewesen sein, ein Zen-Schüler sei jemand, der sich einer langen, höchst disziplinierten Übungsform hingibt, und zwar gewöhnlich unter den künstlichen Bedingungen eines Klosters, um irgendwelche privaten Offenbarungen und Erfahrungen zu erlangen. Das Bild, das sich aus Sekidas Buch ergibt, ist ziemlich anders. Die Übung des Zen ist ein Mittel, das uns in den Stand versetzen soll, unser Alltagsleben auf äußerst fruchtbare Weise zu leben. Ich denke, wenige Leser werden sich dem Reiz des Bildes entziehen können, das Sekida in seinem Schlusskapitel vom alten Zen-Meister malt, der »Zen und alle diese Dinge vergessen« und einen Zustand der Ausgeglichenheit und Harmonie erlangt hat. Es wäre ein Leichtes, noch viele andere Züge aus Sekidas Buch hervorzuheben und zu erörtern, die ziemlich neu sind. Er erklärt uns zum Beispiel – und wiederum glaube ich, dass damit zum ersten Mal eine derart ausführliche, anschauliche Beschreibung versucht wird –, wie man mit einem KŌAN umgeht. Und durch das ganze Buch hindurch stellt er Zen-Geschichten und -Sprüche vor und erklärt sie auf eine Art, die originell und einleuchtend ist. Er ruft damit nicht jenen Zustand verblüffter (und aufreizender) Verwirrung hervor, den so viele, die über Zen schreiben, hauptsächlich anzustreben scheinen, sondern er weckt in uns Nachdenklichkeit und Überlegung und vielleicht sogar die Ahnung, wir fingen zu verstehen an, wovon diese Geschichten und Sprüche reden. Man kann es dem Leser selbst überlassen, solche Dinge zu entdecken. Doch gibt es in diesem Buch zwei weitere Züge, die hier noch besondere Ausführungen verdienen.

In Kapitel 10 und anderswo skizziert uns Katsuki Sekida, wie der Geist arbeitet, um damit dann seine Analyse der Übung und Erfahrung des Zen durchzuführen. Sein System entwickelt er mithilfe des Begriffs NEN; das ist ein japanisches Wort, für das es in westlichen Sprachen keine genaue Entsprechung gibt. Man könnte es mit »Gedankenimpuls« übersetzen, aber es hat einen etwas weiteren Sinn als das, denn es wird auch dazu verwendet, um (unter anderem) eine spezielle Aktionsweise des Geistes zu bezeichnen. Sekida unterscheidet drei Arten von NEN-Tätigkeiten; ihre Verschiedenheit ergibt sich aus dem Grad der Unmittelbarkeit ihres Kontaktes mit der Außenwelt und dem Grad an Selbstbewusstsein, den sie haben. Eine kurze Zusammenfassung an dieser Stelle würde dem gesamten System nicht gerecht, und ich bin auf keinen Fall kompetent, um darüber ausführlich zu diskutieren. Vor allem weiß ich nicht, wie weit es dazu angetan ist, den Berufsphilosophen oder -psychologen zu überzeugen. Es würde mich nicht wundern, wenn sie auf einer präziseren Definition und einem eindeutigeren Gebrauch des Begriffs »NEN« bestehen und einen objektiveren Beweis dafür verlangen würden, dass es diese unterschiedlichen NEN-Tätigkeiten, die Sekida beschreibt, tatsächlich gibt.

Der Leser wird feststellen, dass das System völlig auf sorgfältiger Selbstbeobachtung beruht. Auf zwei Gesichtspunkte, denke ich, muss hier noch besonders hingewiesen werden.

Zum einen ist Sekidas Schema der Tätigkeit des Geistes zweifellos äußerst hilfreich, um nicht nur die Zen-Erfahrung, sondern die geistige Erfahrung überhaupt zu beschreiben und zu analysieren, ganz unabhängig davon, als wie verdienstvoll oder mangelhaft es sich letztlich herausstellen wird. Es gibt uns zumindest eine Reihe von Begriffen und eine Terminologie an die Hand, mittels deren sich das Ziel des ZAZEN und die Natur des SAMADHI klar und deutlich erörtern lassen; und ganz allgemein wirft es wertvolles Licht auf die – sowohl normale wie pathologische – Funktionsweise des Geistes und hilft, die Natur der Erkenntnis, des Selbstbewusstseins und des Bewusstseins zu erhellen.

Das Zweite, worauf ich hinweisen möchte, ist Folgendes: Es mag vielleicht der Fall sein, dass das, was Sekida zu sagen hat, den Philosophen oder Psychologen nicht in jeder Hinsicht zufriedenstellen wird; aber man muss sich zugleich darüber im Klaren sein, dass der Preis für höchste wissenschaftliche Exaktheit oder äußerste philosophische Strenge zu oft der ist, dass man alles tatsächlich Interessante aus der Diskussion ausschließen muss. Sekida schreibt über eine Reihe von äußerst komplexen und schwierigen Phänomenen, von denen einige für die meisten westlichen Denker völlig ungewohnt sind. So schlage ich vor, dass unsere erste Reaktion nicht das Kritisieren und Zerlegen sein sollte, sondern eher die Anstrengung, das, was er uns aufgeschrieben hat, äußerst sorgfältig zu lesen und den Versuch zu machen, es auf unser eigenes unmittelbares Wissen um geistige Vorgänge anzuwenden.

Und ein letzter Zug des Buches, auf den ich noch eingehen möchte, ist grundsätzlicherer Art. Offensichtlich hat Sekida durchweg alles ihm Mögliche versucht, um die traditionelle Art, im Zen zu denken und zu üben, ins Gespräch mit den Gedankengängen und Tätigkeiten zu bringen, mit denen der westliche Leser vermutlich vertraut ist. Wenn er seinem Leser zum Beispiel die Wichtigkeit des TANDEN – des unteren Teils des Unterleibs – als wichtiges Element bei der ZAZEN-Übung klarmachen will, veranschaulicht er das, indem er darauf hinweist, wie wichtig das auch beim Ringen, im American Football oder beim Wettlauf ist. Wenn er es unternimmt, den inneren Zusammenhang zwischen geistigen Vorgängen und körperlichen Tätigkeiten anschaulich zu machen, und insbesondere die Art und Weise, wie eine geistige Störung oder ungesunde Spannung durch eine körperliche Tätigkeit abgeleitet werden kann, tut er das, indem er uns einlädt, uns die Natur des Lachens klarzumachen, was dann zum Hauptthema eines brillanten Kapitels wird. Bei seiner geduldigen Suche nach Parallelen zwischen Gedanken des Zen und denjenigen westlicher Philosophen bespricht er Grundgedanken von Husserl und Heidegger, und obwohl er sie als mangelhaft empfindet, hilft uns der Umstand, dass er sie überhaupt ins Gespräch gebracht hat, ganz beträchtlich, um uns auf dem uns ungewohnten Gelände des Zen orientieren zu können. Das Gleiche spüren wir, wenn wir Zitaten aus der Bibel oder aus Proust begegnen. Ich bin sicher, dass kein anderer Autor, der mit solcher Kompetenz die Theorie und Praxis des Zen darstellen kann, in diesem Stil geschrieben hat.

Wenn er auf seine Art über die Physiologie des ZAZEN schreibt, wenn er den Versuch unternimmt, die Psychologie des Bewusstseins, des Erkennens, des SAMADHI, des KENSHŌ, zu beschreiben, so setzt Sekida stillschweigend voraus, dass dies alles Themen sind, die sich in Reichweite der wissenschaftlichen Untersuchung und Analyse bringen lassen. Ja, er zitiert angetan die Berichte über elektroenzephalografische Untersuchungen an Zen-Meistern und indischen Yogis, die in letzter

Zeit angestellt worden sind. Sich von wissenschaftlicher Seite der Meditation und veränderter Bewusstseinszustände anzunehmen ist heutzutage nicht mehr ungewöhnlich, obwohl ich glaube, dass hier zum ersten Mal jemand unter diesem Gesichtspunkt darüber geschrieben hat, der gleichzeitig über eine derartige persönliche Erfahrung verfügt. Hier ist nicht der Ort für den Versuch, ausführlich darzulegen, was auf diesem Gebiet schon erreicht worden ist, aber ich denke, die bislang erzielten Ergebnisse bestätigen die allgemeine Ansicht, dass die Übung des ZAZEN (oder in diesem Zusammenhang jede andere Weise meditativen Übens) zu Geisteszuständen führt, die ungewöhnliche, aber wissenschaftlich definierbare Eigentümlichkeiten besitzen. Wir sind zwar noch weit davon entfernt, die Psychologie oder Physiologie des SAMADHI oder des KENSHŌ ganz zu verstehen, aber das gilt auch für unser Verständnis der Natur jedes anderen Geisteszustands. Ich sehe keinen Grund, warum diese Zustände nicht in absehbarer Zeit analysiert werden könnten, zumindest in dem Maß, dass man künftig in der Lage sein wird, grundsätzlich die Gesetzmäßigkeiten und Funktionsweisen geistiger Ereignisse und Bedingungen durchschauen zu können.

Manchen Leser überkommt bei diesem Schluss vielleicht ein Unbehagen. Wie himmelweit ist der Unterschied, wenn man auf S. 232 die Sätze liest: »Für eine Weile stand sie in stummer Verwunderung und starrte auf den völlig neuen Anblick, der sich ihr offenbarte, und dann empfand sie ein gefühlsmäßiges Aufsprudeln, das ganz anders war als alles, was sie bisher jemals erfahren hatte – so, als werde sie innerlich von einer unbeschreiblich reinen Quelle her überflutet. Es war ein endlos breiter Strom: der Ausbruch der großen Wonne, wovon immer wieder die Rede ist«, und wenn man dann erfährt, das SAMADHI komme dadurch zustande, »dass im Lauf des ZAZEN zunächst Alpha-Wellen auftreten, dass sich dann die Amplitude dieser Alpha-Wellen verstärkt, hiernach die Alpha-Frequenz sinkt und sich schließlich ein Theta-Rhythmus einstellt« (S. 71). Wir spüren die Gefahr, dass eine tiefe, ungemein kostbare Erfahrung unvermeidlich ihre Qualität verlieren muss, wenn sich zeigen sollte, dass sie sich zur Beschreibung formalisieren lässt, wie bestimmte elektrische Wellen im Gehirn auftreten. Und weiter, wenn das Ergebnis der ZAZEN-Übung nur darin bestünde, dass man die Hirnrinde zu einem ganz bestimmten Funktionieren anregt, werden manche ganz selbstverständlich die Ansicht entwickeln, dieses Ergebnis müsse sich dann auch mit einer leichteren Methode herstellen lassen; tatsächlich gibt es ja bereits Bestrebungen in dieser Richtung, abgesehen vom bereits angesprochenen Einsatz von Drogen. Ferner denke ich, wenn wir auf diese Weise zu reden anfangen, also in Begriffen von »Geisteszuständen« oder »Funktionsmustern der Tätigkeit der Gehirnrinde«, ist nicht mehr recht einzusehen, warum ein Zustand oder Funktionsmuster unbedingt besser als der oder das andere sein sollte.

Dass es so weit kommen könnte, hat Arthur Waley mit charakteristischem Gespür schon vor siebzig Jahren in einem Essay geschrieben, den man mit Recht als die erste auf Englisch erschienene ausgewogene Darstellung des Zen bezeichnen kann. Er schrieb schon damals: »Es ist unwahrscheinlich, dass sie (die westlichen Konvertiten zum Zen) sich damit begnügen werden, die traditionellen östlichen Methoden der Selbsthypnose kennenzulernen. Wenn bestimmte Bewusstseinszustände tatsächlich wertvoller als diejenigen sind, die wir im Alltag kennen – dann müssen wir sie, ganz gleich mit welchem Mittel, zu erlangen versuchen. Ich kann mir eine Art Zahnarztstuhl mit rotierenden Spiegeln, blinkenden Lichtern und wabernden, sich ausdehnenden und zusammenziehenden Lichtkreisen vorstellen – kurz, einen Mechanismus, bei dem man nur auf einen Knopf zu drücken braucht, und der Hilfsarbeiter wirbelt ins Nirwana. Es ist schwierig zu sagen, ob solche Bewusstseinszustände tatsächlich wertvoller sind als unser gewöhnliches Bewusstsein. Jedenfalls hat niemand das Recht, darüber eine Meinung zu vertreten, der sie noch nicht selbst erfahren hat« (A. Waley, Zen Buddhism and Its Relation to Art, London 1922, 26). Für solche Überlegungen gibt es keine einfache Antwort. Vielleicht ist der Hinweis hilfreich, dass man ein Phänomen nicht unbedingt in seinem Wert herabsetzen muss, wenn man es mit wissenschaftlichen Ausdrücken beschreibt. Die Größe der Alpen wird nicht dadurch gemindert, dass man sie geologisch exakt beschreibt; beides ist getrennt voneinander möglich und kann nebeneinander bestehen. Im Fall von Bewusstseinszuständen ist das bestimmt noch viel eindrucksvoller. So sorgfältig wir auch die Gehirnströme eines Menschen messen mögen, wir werden nie entdecken – weil wir das grundsätzlich nicht können –, was nun geistig wirklich in ihm vorgeht, denn das ist seiner Natur nach etwas völlig Privates. Wenn Sie wissen wollen, wie eine Mangofrucht schmeckt, ist es nutzlos, dass Sie sie chemisch analysieren. Sie müssen sie schälen und essen. Ich glaube, entlang dieser Überlegungen müsste es möglich sein, die Befürchtung überzeugend zurückzuweisen, die Entdeckung der physiologischen Basis, sagen wir des Zustands des SAMADHI, werte unvermeidlich diesen Zustand ab.

Nachdem das gesagt ist, möchte ich noch hinzufügen, dass ich nicht glaube, es sei wirklich notwendig, auf diese Weise die Zen-Übung zu verteidigen. Ich bin der festen Überzeugung, dass wir alle notwendigen Gründe, die das Zen-Üben rechtfertigen, finden, wenn wir einfach die Ergebnisse betrachten, die die Zen-Übung zeitigt. Ich denke hier an die Qualität der betreffenden Menschen. Ich schätze mich selbst glücklich, neben dem Autor dieses Buches eine ganze Reihe japanischer Zen-Meister kennengelernt zu haben. Ohne Ausnahme haben sie mich als ganz und gar bewundernswerte Menschen tief beeindruckt. Ihnen war eine Heiterkeit, eine Würde und eine Spontaneität eigen, wie ich sie bei andern Menschen nicht gefunden habe. Es war nicht so, dass ein starres Übungssystem einen einheitlichen Menschentyp hervorgebracht hätte, denn die Individualität der jeweiligen Persönlichkeit stach immer eindrucksvoll hervor. In seiner besten Form – und natürlich ist offenkundig, dass vieles, was gegenwärtig als Zen-Übung im Schwange ist, weit davon entfernt ist – scheint die Disziplin des Zen beneidenswert ganzheitliche Persönlichkeiten hervorzubringen. Ihre Qualität äußert sich nicht nur in ihrem Leben und ihren Alltagsverrichtungen, sondern auch in ihren Kunstwerken – ihren Bildern und Kalligrafien, ihren Bauten und Gärten usw.

Woher kommt überhaupt die Notwendigkeit, dass der Mensch sich etwas derartig Mühsamem und Merkwürdigem wie dem ZAZEN unterziehen muss, wenn er im Vollmaß seine in ihn gelegten Möglichkeiten entfalten will? Ich frage das angesichts der Tatsache, dass es im Zen-Training darum geht – wie man beim Lesen dieses Buches feststellen wird –, sowohl vorhandene fehlerhafte Funktionsweisen zu korrigieren oder auszumerzen als auch verborgene Fähigkeiten zu entwickeln. Die Lehre des Zen unterstellt dabei, dass der normale Mensch unerleuchtet sei, in seinem Ego wie ein Krebs in seiner dicken Schale stecke und den Kontakt zur Wirklichkeit verloren habe. Katsuki Sekida legt den Finger auf unsere schon seit früher Kindheit entwickelte Gewohnheit, die Welt als Gegenstände, als »Zeug« (im Sinne Heideggers) zu gebrauchen. Wir gehen nicht nur mit Dingen, sondern auch mit Menschen wie mit Werkzeugen um, die wir für unsere Zwecke benützen und ausnützen. Dadurch setzen wir uns von ihnen ab. Warum muss ein derart wenig beneidenswerter Zustand unser normales Los sein, und warum kann man ihn nur mittels einer äußerst strengen Disziplin überwinden?

Ich bin ganz und gar nicht in der Lage, den Versuch einer umfassenden Analyse der Gründe dafür anzustellen, denn selbst wenn ich über die notwendige psychologische Kenntnis verfügte, glaube ich nicht, dass diese Wissenschaft, die immer noch in ihren Anfängen steckt, uns bereits eine zufriedenstellende Antwort darauf geben kann. Jedoch möchte ich deutlich darauf hinweisen, wie ernst wir die Tatsache nehmen müssen, dass der Weg aus unserem Zustand, den das Zen bietet, unbedingt die Erfahrung des totalen Aussetzens unserer gewohnten Bewusstseinstätigkeit erfordert, weil man diese im Zen als eine völlig verworrene, irreführende Denkensweise betrachtet. Dieses Aussetzen geschieht, wenn wir ins absolute SAMADHI eintreten.

Das Medium unserer Gedanken ist die Sprache. Mittels der Worte gehen wir mit der Wirklichkeit um. Diese Fähigkeit, Worte zu gebrauchen, war einer der Hauptgründe für das Durchsetzungsvermögen des Menschen als biologisches Lebewesen. Aber offensichtlich ist unser Gebrauch von Worten auch die Quelle unserer Schwierigkeiten, denn die Fähigkeit, Worte zu gebrauchen, ist zwar ungemein kostbar, neigt aber auch sehr stark dazu, im Übermaß zu wuchern. Unbewusst unterstellen wir nur allzu leicht, wir müssten einer Sache nur einen Namen geben, und schon hätten wir sie mehr oder weniger im Griff. Wir finden uns in einer Welt voller Wörter und Gedanken vor, die sich zwischen uns und die Wirklichkeit schieben und unseren unmittelbaren Kontakt mit ihr vereiteln. Wir sagen: »Da ist ein Baum«, aber wir sehen nicht wirklich den Baum. Es ist, wie Iris Murdoch gesagt hat: »Unser Geist ist pausenlos tätig, um einen Schleier aus Angst und Ichbezogenheit zu weben, der uns die Welt zu einem guten Teil verhüllt« (I. Murdoch, The Sovereignty of Good, London 1970, 84). Um die Welt so sehen zu können, wie sie ist, müssen wir diese alles verzerrende geistige Tätigkeit unter Kontrolle bekommen, müssen unseren Geist leer machen, müssen die Vorstellung loslassen, wir hätten mit unseren Wörtern die ganze Welt im Griff.

Der reife Zen-Schüler hat sich vermöge langer Praxis des Gewebes von Gedanken, Begriffen, Fehleinschätzungen, Verfälschungen und Tagträumen entledigt, das unser Geist normalerweise spinnt. Er erfährt den gegenwärtigen Augenblick, so wie er ist, in seiner ganzen Fülle, und er ist imstande, wirklich das zu sehen, was er vor Augen hat. Seine Wahrnehmung der Welt ist klar und unverzerrt.

Ich glaube, es lohnt sich, ausdrücklich darauf hinzuweisen, dass das so beschriebene Ziel der Zen-Übung sich nicht wesentlich von dem unterscheidet, was manche westliche Schriftsteller als das eigentliche Ziel aller moralischen Bemühung ausgemacht haben. Ich möchte in diesem Zusammenhang noch einmal Iris Murdoch zitieren. Sie sagt, wenn man korrekte moralische Entscheidungen treffen wolle, sei vor allem andern die Fähigkeit zur »attention«, also zur *Aufmerksamkeit*, erforderlich: »Ich habe den Ausdruck ›attention‹ gebraucht, den ich Simone Weil entlehne, um damit die Vorstellung eines unmittelbaren und liebenden Blicks auf die individuelle Wirklichkeit zu bezeichnen. Ich glaube, diese Fähigkeit zeichnet den aktiv moralisch handelnden Menschen aus« (ebd. 34).

»Attention«, schreibt sie weiter, »wird mit wirklicher Erkenntnis der Realität belohnt.« Und weiter: »Die Liebe, welche die richtige Antwort (auf moralische Probleme) findet, äußert sich in Gerechtigkeit, Wirklichkeitssinn und echtem *Hinschauen*. Das Schwere daran ist, die Aufmerksamkeit tatsächlich andauernd auf das wirklich Vorgegebene gerichtet zu halten und nicht plötzlich wieder in sein Ich zurückzufallen und seine Sicht durch Selbstmitleid, Voreingenommenheit, Wunschträume oder Verzweiflung zu vernebeln. Die Weigerung, wirklich aufmerksam zu sein, kann sogar zu einem unechten Gefühl der Freiheit führen, die so viel wert ist, wie wenn ich meine Entscheidungen mittels einer in die Luft geworfenen Münze treffe. Natürlich besteht Tugend aus guter Gewohnheit und verantwortungsvollem Handeln. Aber wirkliche Tugend setzt voraus, dass der Mensch die Welt richtig sieht und ein klares Bewusstsein für sie entwickelt. Folglich besteht die allerwichtigste Aufgabe darin, die Welt überhaupt erst einmal so zu sehen, wie sie wirklich ist« (ebd. 91).

Zen ist sehr lange, um mit Katsuki Sekida zu sprechen, »eine geheimnisvoll versteckte Wildnis« geblieben. Üblicherweise muss der Schüler diese Wildnis selbst für sich entdecken und muss versuchen, seinen eigenen Weg durch sie hindurch zu finden. Anweisungen dafür, wie er das anstellen sollte, konnte er direkt von seinem Lehrer erhalten. Wenn ich recht sehe, ist der Schüler nicht ermutigt worden, sich selbst gründlich Gedanken über die Natur des Geländes zu machen, das er erforschen wollte, oder über die Technik, die ihm dabei zur Verfügung gestellt wurde. Und wenn das schon die Einstellung im Osten ist, um wie viel mehr gilt das für den Möchtegern-Schüler im Westen! Hier haben wir keine eingebürgerte mönchische oder sonst wie verfasste Tradition des Zen, von der wir uns mittragen lassen könnten. Daher besteht ein ganz dringender Bedarf nach Anleitung. Aber ich denke, man kann zu Recht sagen, dass wenig von dem, was bislang im Westen über Zen erschienen ist, für den, welcher Zen für sich allein studieren und praktizieren möchte, recht hilfreich ist. Für uns hat die Wildnis eher den Charakter eines undurchdringlichen Dschungels.

Sekida möchte diesem Zustand abhelfen. Er glaubt, es sei an der Zeit, dass das Zen sich das Wissen dienstbar mache, welches man in anderen Studien- und Forschungsbereichen gewonnen hat. Er ist ganz dagegen, das Zen zu mystifizieren oder vorsätzlich Informationen darüber vorzuenthalten. Zen ist weder eine Mystik noch irgendeine esoterische

Praktik; es ist eine durch und durch rationale Methode, die uns helfen will, bessere Menschen zu werden. Das Gelände, das wir dabei erforschen müssen, mag zu Beginn recht fremdartig auf uns wirken, aber Sekida zeichnet uns Landkarten, stellt Wegmarken auf, gibt Hinweise. Er weiß, dass jeder von uns diese Reise selbst antreten muss; er weiß auch, dass es schwierig ist, sich auf den Weg zu machen und durchzuhalten. Mehr als jeder andere Autor vor ihm gibt er uns wertvolle Anleitungen, wie wir die Reise anstellen sollen, und eine genauere Beschreibung des Landes, das wir entdecken werden. So, scheint mir, stellt dieses Buch eine große Pionierleistung dar.

Ich halte es für angebracht, abschließend kurz zu sagen, worin mein Beitrag zur Fertigstellung von Sekidas Manuskript für die Veröffentlichung bestanden hat. Grundsätzlich habe ich es für meine wichtigste Aufgabe gehalten, den Gedanken von Katsuki Sekida so klar und deutlich zum Ausdruck zu verhelfen, wie das nur irgend möglich war. Das habe ich weithin dadurch getan, dass ich das Material so geordnet habe, dass es in meinen Augen in eine möglichst übersichtliche logische Reihenfolge kam; zu diesem Zweck habe ich auch die Einteilung in Kapitel vorgenommen. Zweitens habe ich so weit wie möglich unnötige Wiederholungen ausgemerzt. Das bereitete mir gelegentlich ziemliches Kopfzerbrechen. Der Leser erfasst nicht immer auf der Stelle die besonders wichtigen und schwierigen Gedanken. So kann es wertvoll sein, wenn sie ihm mehr als einmal begegnen; das ist der Grund, weshalb ich es nicht für notwendig oder wünschenswert gehalten habe, sämtliche Überschneidungen und Wiederholungen zu vermeiden. Dennoch habe ich den Text stark reduziert. Drittens habe ich an den Stellen hie und da Sätze oder kurze Abschnitte eingefügt, wo sie hilfreich oder notwendig schienen, um den Sinn oder die Gedankenfolge klarer zu machen.

Robert Aitken hatte ursprünglich einen guten Teil des Materials überarbeitet, und ich habe das vollends zu Ende geführt. Diese Aufgabe hatte ihre ganz eigenen Schwierigkeiten. Sekidas Prosa besitzt trotz aller ihrer Unvollkommenheiten einen ganz eigenen Charme; gelegentlich kann er Abschnitte von bestrickender Schönheit und Intensität aufs

Papier bringen. So war es nicht leicht, sein Englisch zu korrigieren, ohne die persönliche Eigenart des Originals zu beeinträchtigen. Grundsätzlich habe ich jedoch in Zweifelsfällen lieber auf Kosten des Charmes zugunsten der Klarheit entschieden, aus der Überzeugung, die Klarheit sei für ein Buch dieser Art im gegenwärtigen Stadium der Zen-Studien im Westen das Wichtigste.

Das Ergebnis aller dieser Überarbeitungen und Neu-Arrangierungen ist: Das Buch wirkt jetzt flüssiger, aber auch sachlicher als das Original. Ich brauche kaum noch anzufügen, dass Katsuki Sekida meine Fassung sorgfältig durchgesehen hat und mit diesem endgültigen Text voll einverstanden war.

*Erstes Kapitel*

# AUSBLICKE

In diesem einleitenden Kapitel möchte ich kurz einige der Hauptthemen streifen, die in diesem Buch behandelt werden sollen. Eine Zusammenfassung gleich am Anfang hilft dem Leser vielleicht, den Weg durch das weitere Buch leichter zu finden und besser zu verstehen, wie die verschiedenen Gedanken und Begriffe miteinander zusammenhängen.

Beim Studium des Zen fangen wir mit der praktischen Übung an. Allerdings stimmt es, dass es im Zen um das Problem geht, wie der Geist beschaffen ist, und das bringt ein Element philosophischer Spekulation mit ins Spiel. Während sich jedoch der Philosoph hauptsächlich auf Spekulation und Vernunftschlüsse stützt, können wir uns im Zen nie von der persönlichen Übung trennen, die wir mit Leib und Geist zugleich tätigen. Edmund Husserl, der Begründer der Phänomenologie, kommt dem Anliegen des Zen vielleicht ziemlich nahe, wenn er von der Notwendigkeit einer Technik spricht, die er die »phänomenologische Reduktion« nennt. Er sagt, er wolle das Ich als Person, die in einer objektiven Zeit vorhanden ist, hinter sich lassen und zum »Phänomen an sich« vorstoßen. Aber er scheint wie andere Philosophen über eine rein denkerische Übung nicht hinauszugehen. Auch bei der Zen-Übung geht es uns darum, das ichzentrierte, individuelle Ego auszulöschen, aber wir beschränken uns beim Versuch dazu nicht auf das bloße Nachdenken. Wir erfahren nicht nur mit unserem Geist, sondern zugleich auch mit unserem Körper das, was wir das »reine Dasein« nennen.

Die Grundübung des Zen nennt man ZAZEN (»Sitz-Zen«), und im ZAZEN gelangen wir zum SAMADHI. In diesem Zustand hört die Tätigkeit des Bewusstseins auf, und wir nehmen Zeit, Raum und die Kette von Ursachen und Wirkungen nicht mehr wahr. Die Daseinsweise, die dadurch zustande kommt, mag auf den ersten Blick nichts anderes mehr sein als bloßes Sein oder Dasein. Wenn Sie diesen Zustand jedoch wirklich erreichen, werden Sie entdecken, dass er höchst bemerkenswert ist. Ist man nämlich wirklich so weit gelangt, dass man alles abgetan hat und dass nichts mehr übrig bleibt, was man noch ablegen müsste, so gelangt man in eine Verfassung, in der absolutes Schweigen und Stille herrschen, und das ist in reines, heiteres Licht getaucht. Die Buddhisten früherer Zeiten nannten diese Verfassung das Zunichtewerden oder Nirwana. Aber das ist nicht lediglich ein völlig leerer Raum oder reines Nichtssein. Zugleich ist es etwas völlig anderes als der unbewusste Zustand eines Patienten auf dem Operationstisch, der im Narkoseschlaf liegt. Er zeichnet sich im Gegenteil durch äußerste Wachheit aus. Es ist ein Daseinszustand, der an das eindrucksvolle Schweigen und die Ruhe denken lässt, die wir mitten im Hochgebirge empfinden.

In unserem Alltagsleben ist unser Bewusstsein ständig damit beschäftigt, unsere Eigeninteressen zu schützen und zu verteidigen. Es hat sich angewöhnt, ständig nach den Maßstäben des Nutzens und der Nützlichkeit zu denken. Aus diesem Grund betrachtet es alles in der Welt als Mittel zu diesem Zweck, oder, mit Heidegger gesprochen, als »Zeug«: »Zeug ist wesenhaft ›etwas, um zu ...‹ Ein Zeug ›ist‹ strenggenommen nie.« (M. Heidegger, Sein und Zeit, Tübingen 1986, 68). Unser Alltagsbewusstsein betrachtet die Dinge unter dem Gesichtspunkt, ob und wie sie nützlich zu gebrauchen wären, und nicht absichtslos, »an sich«. Diese Einstellung nennen wir die »üblichen Bewusstseinsweisen«. Sie ist der Grund dafür, dass der Mensch die Welt nur verzerrt wahrnimmt. Die weitere Folge davon ist, dass er auch sich selbst unter dem Gesichtspunkt des »Zeugs«, der Nützlichkeit betrachtet und einschätzt; dadurch verpasst er es, seine eigene wahre Natur in den Blick zu bekommen – so wie er »an sich« ist. Diese Weise, mit sich selbst und der Welt umzugehen, führt zu einer mechanischen Denkungsweise. Sie ist die Ursache für viele der Leiden des modernen Menschen, und sie kann unter bestimmten Umständen zu Geisteskrankheiten führen. Im Zen geht es darum, diese verzerrte Sicht der Welt abzulegen, und ZAZEN ist das Mittel dazu.

Wenn man aus dem SAMADHI zurückkommt, kann es geschehen, dass man seines Daseins voll, in seiner reinen Form, gewahr wird; das heißt, man macht die Erfahrung reinen Daseins. Die Erfahrung des reinen Daseins seiner selbst führt uns in Verbindung mit der Wiederherstellung der reinen Bewusstheit im SAMADHI zugleich zur Wahrnehmung des reinen Daseins der uns umgebenden Welt. Eine gründliche Diskussion dieser Themen führt uns unvermeidlich in epistemologische Verwicklungen, aber um den Gedanken fortführen zu können, wollen wir für den Augenblick unterstellen, eine solche Wahrnehmung des reinen Daseins sei grundsätzlich möglich. Sich selbst und die Gegenstände der äußeren Welt unter dem Gesichtspunkt des reinen Daseins sehen zu können ist KENSHŌ oder Verwirklichung. Seit Buddha dies vollbracht hat, waren dazu Männer und Frauen jeder Generation imstande, und sie sind die Zeugen dafür, dass das möglich ist.

Diese Erfahrung, so haben wir bereits hervorgehoben, wird dadurch erlangt, dass man Körper und Geist intensiv einübt. Der Verstand kommt später und erleuchtet die Erfahrung, und so fügen sich an den Wagen der Erkenntnis die beiden erforderlichen Räder.

Wenn man zum Bergsteigen in die Alpen geht, lässt man sich dazu vermutlich in erster Linie durch die Schönheit der Berge verleiten. Doch wenn man dann zu klettern anfängt, merkt man schnell, dass jetzt alles darauf ankommt, geduldig auf dem Weg voranzuschreiten, Schritt um Schritt, mit großer Sorgfalt und Vorsicht. Ein gewisses Maß an Kenntnis der Klettertechnik wird wesentlich sein. Genauso ist es beim Zen. Wir greifen es auf, weil wir nach dem Sinn des Lebens suchen, oder weil wir hoffen, eine Antwort auf die Frage nach unserem Dasein zu finden; aber wenn wir dann wirklich anfangen, stellen wir fest, dass wir auf unsere Füße hinunterschauen und ganz nüchtern üben und noch mehr üben müssen. Das muss man geduldig und ernsthaft tun. Ein Großteil dieses Buches handelt von der Technik des ZAZEN.

Unser Ziel bei der Übung des ZAZEN besteht darin, in den Zustand des SAMADHI zu gelangen, bei dem, wie wir bereits gesagt haben, die normale Tätigkeit unseres Bewusstseins aufhört. Das ist etwas, was uns nicht leichthin zufällt. Der Anfänger im Zen wird gewöhnlich angewiesen werden, zunächst seine Atemzüge zu zählen – das heißt, jeden Ausatmungszug zu zählen, jeweils bis zu zehn, und dann wieder von vorne anzufangen (vgl. Kapitel 5). Der Leser (von dem wir jetzt einmal annehmen, er habe noch keine Erfahrung mit dem Zen) sollte das selbst versuchen. Wahrscheinlich werden Sie diese Aufgabe etwas läppisch finden und meinen, das würden Sie jederzeit ohne Schwierigkeiten fertigbringen. Aber wenn Sie damit anfangen, werden Sie rasch merken, dass Ihnen abschweifende Gedanken durch den Kopf gehen, und wenn Sie gerade bis »fünf« oder »sechs« gekommen sind, bricht Ihnen der Faden ab. Einen Augenblick später kommen Sie wieder zu sich und wissen nicht mehr, wo Sie stehen geblieben waren. Und so müssen Sie wieder mit »eins« von vorne anfangen usw.

Wie können wir unsere Gedanken davon abhalten, ständig umherzuschweifen? Wie können wir es lernen, unsere Aufmerksamkeit auf einen einzigen Punkt gerichtet zu halten? Die Antwort ist, dass wir das nicht allein mit unserem Gehirn fertigbringen können; das Gehirn kann, auf sich allein gestellt, seine Gedanken nicht unter Kontrolle halten. Die Kraft, um die Tätigkeit unseres Geistes unter Kontrolle zu halten, liefert uns unser Körper, und ob wir sie einsetzen können, hängt entscheidend von unserer Haltung und unserer Atemtechnik ab. (Das werden wir in späteren Kapiteln im Einzelnen genau aufzeigen.)

Was die Körperhaltung betrifft, so brauchen wir im Augenblick nur zu sagen, dass die Stille des Körpers zur Stille des Geistes führt. Die Reglosigkeit ist ein erstes wesentliches Element. Üblicherweise, und aus guten Gründen, üben wir in sitzender Haltung. Ein Grund dafür ist, dass wir in dieser Haltung unseren Körper still und zugleich unseren Geist wach halten können. Das zweite Kapitel ist ganz der Erörterung der Frage gewidmet, welche Haltung wir beim Sitzen am besten einnehmen sollen.

Die Unbeweglichkeit hat eine Verringerung der Reize zur Folge, die an das Gehirn gelangen, bis diese schließlich fast ganz aufhören. Wenn alles richtig verläuft, führt das zu einer Verfassung, bei der Sie Ihren Körper und seine Haltung gar nicht mehr wahrnehmen. Das ist kein Zustand der Benommenheit, denn Sie können Ihre Gliedmaßen und

Ihren Körper bewegen, sobald Sie das wollen. Aber wenn Sie Ihren Körper ganz still halten, fühlen Sie ihn nicht. Diese Verfassung nenne ich »Nicht-Empfindung«. In diesem Zustand verringert sich stetig die Tätigkeit der Gehirnrinde, und wir können ihn als Vorstufe zum Eintritt ins SAMADHI betrachten.

Natürlich atmen wir beim Sitzen weiterhin, und später werden wir zeigen, dass unsere Fähigkeit, unsere Aufmerksamkeit zu konzentrieren, wach zu bleiben und schließlich ins SAMADHI einzutreten, in hohem Maß von unserer Atemmethode abhängt. Selbst wer noch nie ZAZEN praktiziert hat, weiß, dass es möglich ist, seinen Geist mittels des Atmens zu beeinflussen. Ruhiges Atmen beruhigt auch den Geist. Wenn Sie das Gefühl haben, dass Sie vor Wut schreien möchten, und dann Ihren Atem verringern und dadurch ruhiger werden, können Sie Ihre Wut in den Griff bekommen. Wir werden später beschreiben, wie sich in Verbindung mit unterschiedlichen Tätigkeitsweisen ganz automatisch bestimmte Atemweisen einstellen. Beim ZAZEN atmen wir fast ausschließlich unter Einsatz unserer Unterleibsmuskeln und des Zwerchfells. Die Muskeln unseres Brustkorbs setzen wir fast gar nicht ein. Bei der Bauchatmung senkt sich das Zwerchfell, der Brustraum wird erweitert, und in die Lungen wird Luft eingezogen. Wenn sich die Unterleibsmuskeln zusammenziehen, wird der Bauchinhalt und mit ihm zusammen auch das Zwerchfell nach oben gedrückt; das Volumen des Brustkorbs wird kleiner, und die Luft wird aus den Lungen gepresst. Man bringt das langsame, verhaltene Ausatmen, das wir beim ZAZEN üben, dadurch zustande, dass man das Zwerchfell angespannt hält, wodurch es der Tätigkeit der Unterleibsmuskeln Widerstand leistet, die versuchen, die Luft aus den Lungen zu pressen. Dieser Widerstand führt zu einem Spannungszustand im Unterleib, und in der Praxis des ZAZEN ist es von äußerster Wichtigkeit, diese Spannung aufrechtzuerhalten. Alle anderen Körperpartien sind reglos, und ihre Muskeln sind entweder entspannt oder in einem Zustand konstanter, mäßiger Spannung. Nur die Unterleibsmuskeln sind aktiv. Wir werden später genauer erklären (siehe vor allem die Kapitel 3 und 7), wie es genau zustande kommt, dass diese Aktivität ganz wesentlich zu dem Mechanismus beiträgt, der die Konzentration und Wachheit des Gehirns aufrechterhält. In der östlichen Tradition wurde der untere Teil des Unterleibs (TANDEN genannt) als Sitz der spirituellen Kraft des Menschen angesehen. Eine korrekte ZAZEN-Sitzhaltung gewährleistet, dass das Körpergewicht genau darauf ruht und eine starke Spannung hervorruft, die durch die bewusst gewählte Atemmethode noch verstärkt wird. In Kapitel 3 entwickeln wir in Begriffen der Physiologie eine Hypothese darüber, auf welche Weise die Reizimpulse aus dem TANDEN dazu beitragen, das Wachsein aufrechtzuerhalten, und in Kapitel 7 und anderswo behandeln wir im Einzelnen die Wichtigkeit des TANDEN sowohl beim ZAZEN als auch bei anderen Aktivitäten.

Worauf es uns jetzt im Augenblick besonders ankommt, ist der Hinweis, dass uns die korrekte Steuerung des Unterleibs beim Sitzen und Atmen in den Stand versetzt, die Tätigkeit unseres Geistes unter Kontrolle zu bringen. Haltung und Atmung sind der Schlüssel zur Konzentration, zur Stilllegung der Aktivitäten unseres Geistes und zum Eintritt in das SAMADHI. Wenn sie in dieser Kürze formuliert wird, mag unsere Schlussfolgerung an den Haaren herbeigezogen wirken. Der Leser wird unsere Gründe für diesen Schluss später ausführlich dargelegt finden, und wir hoffen, dass er sie überzeugend findet. Und sollten sie ihn beim Lesen nicht überzeugen, so sollte er anhand der Anleitungen, die wir geben, einfach selbst den Versuch damit unternehmen. Zen ist in erster Linie eine Sache der persönlichen Erfahrung. Der Schüler braucht nichts anzunehmen, von dessen Wahrheit er sich nicht selbst beim Versuch mit seinem eigenen Geist und Körper überzeugen kann.

Wir haben bereits kurz vom Zustand der »Nicht-Empfindung« gesprochen, in dem wir unsere körperlichen Umstände überhaupt nicht mehr wahrnehmen. Wenn wir die Tätigkeit unseres Geistes dann immer weiter abklingen lassen, erreichen wir danach einen Zustand, in dem Zeit, Raum und Kausalität, die den Rahmen unseres Bewusstseins darstellen, ausfallen. Wir nennen diesen Zustand »Wegfall von Körper und Geist«. Bei der gewöhnlichen geistigen Aktivität spielt die Gehirnrinde die Hauptrolle, aber in diesem Zustand ist sie offensichtlich fast gar nicht tätig. Beim »Wegfall von Körper und Geist« scheint ein

Zustand einzutreten, bei dem es außer dem bloßen Dasein nichts anderes mehr gibt. Aber mit diesem bloßen Dasein geht eine bemerkenswerte geistige Kraft einher, die wir als eine Verfassung extremer Wachheit beschreiben könnten.

Denjenigen, die das noch nicht erfahren haben, mag diese Beschreibung seltsam vorkommen, aber dieser Zustand tritt im SAMADHI tatsächlich ein. Wenn wir uns darin befinden, sind wir uns seiner allerdings nicht bewusst, denn, wie wir in Kapitel 10 erläutern werden, setzt darin die Reflexionstätigkeit des Bewusstseins aus, und daher ist er schwer zu beschreiben. Aber wenn wir eine solche Beschreibung dennoch versuchen wollen, so lässt er sich am ehesten als eine außergewöhnliche Stille des Geistes bezeichnen. In dieser Stille oder Leere ist die Quelle aller Arten von Aktivitäten verborgen. Dieser Zustand ist es, den wir das reine Dasein nennen. Das ist vielleicht das Höchstmaß an Einfachheit des menschlichen Daseins.

Wenn Sie diesen Zustand reinen Daseins einmal erfasst haben und dann in die normale Welt der Bewusstseinstätigkeit zurückkehren, stellen Sie fest, dass Ihnen jetzt das Sein selbst ganz verwandelt erscheint. Weil es diesen Verwandlungsprozess gibt, sagt man, das Sein sei für die Augen derjenigen, die noch nie das reine Dasein erfahren haben, »im Dunkel verhüllt«. Wenn man in der ZAZEN-Übung reif geworden ist, sieht man mit eigenen Augen das Sein. Oder, wie es in den Sutren heißt: »Der TATHAGATA sieht die Buddha-Natur mit bloßem Auge.«

Wie man Energie für sehr verschiedene Zwecke einsetzen kann, so kann man auch das reine Dasein im Zusammenhang mit jedem Lebenszustand erfahren – sowohl im Zusammenhang mit Zorn, Hass oder Eifersucht als auch mit Liebe oder Schönheit. Nun muss aber jede menschliche Tätigkeit mittels des Ego ausgeführt werden, dessen Rolle sich mit einem Leitungsrohr oder Kanal vergleichen lässt, durch den die Energie ihrem jeweiligen Verwendungszweck zugeführt wird. Man kann jetzt die Frage stellen, was dieses Ego ist. Gewöhnlich stellen wir uns das Ego als eine Art konstanter, unwandelbarer Wesenheit vor. In Wirklichkeit ist es jedoch lediglich eine Abfolge physikalischer und mentaler Ereignisse oder Verdichtungen, die für einen Augenblick auftreten und dann genauso schnell wieder vergehen. Solange jedoch unser Geist subjektiv arbeitet, muss es auch ein Subjekt geben, das die Rolle des Ego spielt. Und weil normalerweise die Tätigkeit des Subjekts nie aussetzt, kann es normalerweise auch keinen Zustand geben, in dem wir bar jedes Ego wären. Indes kann sich die Natur dieses Ego ändern. Sooft es uns gelingt, ein schäbiges oder kleinkariertes Ego zu verscheuchen, rückt an seine Stelle ein großzügigeres, weitsichtigeres Ego und womöglich sogar eines, das wir als selbstloses, »Ego-loses Ego« bezeichnen könnten. Wenn es Ihnen gelungen ist, ein Ego-loses Ego zu erlangen, hören aller Hass, alle Eifersucht, alle Angst auf; Sie erfahren einen Zustand, in dem Sie alles so sehen, wie es wirklich ist. Das ist ein Zustand, in dem Sie sich an nichts hängen und von nichts abhängig sind. Das muss nicht heißen, dass Sie dann wunschlos wären, aber Ihre Wünsche und Ihre Zuneigung sind dann von der Art, dass Sie innerlich frei bleiben. Das »Diamant-Sutra« lautet: »Verbirg dich im Nirgendwo und lass den Geist wirken.« Das bedeutet: »Lass deinen Geist nicht durch dein Begehren gefesselt sein, sondern lass in deinem Geist, der frei von allem ist, deine Wünsche aufsteigen.« Die wahre Freiheit ist die Freiheit von deinen eigenen Wünschen.

Hat der Zen-Schüler einmal das reine Dasein erfahren, so vollzieht er eine vollständige Kehrtwendung seiner Weltsicht. Aber solange er ein Menschenwesen ist, kann er unglücklicherweise nicht der absoluten Notwendigkeit entrinnen, als Individuum zu leben. Er kann die Welt der Verschiedenheit nicht verlassen. Und so steht er vor einem neuen Dilemma, das er zuvor noch nicht gekannt hatte. Das bringt unvermeidlich einige innere Konflikte mit sich, die die Ursache für ziemlichen Verdruss sein können. Um damit umgehen zu können, bedarf es weiterer Schulung des Geistes, damit wir lernen, zwar in der Welt der Verschiedenheiten zu leben, aber dennoch alles parteiliche und abwertende Unterscheiden zu vermeiden. Wir müssen also jetzt lernen, uns im Geist der inneren Losgelöstheit an die Dinge in der Welt hinzugeben. Das nennt man die Einübung nach der Erlangung der Verwirklichung oder die Pflege der heiligen Buddhaschaft; sie gehört ganz wesentlich zum Zen (siehe Kapitel 17). Ein Zen-Spruch lautet:

»Gleichheit ohne Verschiedenheit ist schlechte Gleichheit; Verschiedenheit ohne Gleichheit ist schlechte Verschiedenheit.« Dieser Spruch klingt wie ein Gemeinplatz, aber der Verständnishorizont, auf den er abzielt, ist alles andere als gemeinhin üblich, denn man kann ihn nur in einem reifen Stadium des Zen-Übens erlangen.

Das Zen-Üben geht endlos weiter. Unversehens stellt man fest, dass sich das schäbige, kleinliche Ego, von dem man gemeint hatte, man sei es endgültig losgeworden, durch die Hintertür wieder in den Geist einschleicht. Die lange, chronische Fehlhaltung des Bewusstseins hat in den Geist des Menschen die schlechten Impulse so nachhaltig eingesenkt, dass sie ständig wieder aufbrechen, und es ist für uns unmöglich, sie zu bremsen, noch ehe sie ans Tageslicht kommen. Je länger wir jedoch üben, desto mehr werden wir von unserem kleinkarierten Ego befreit. Wenn sich Ihr kleinkariertes Ego meldet, kümmern Sie sich nicht darum. Übersehen Sie es einfach. Wenn Sie ein böser Gedanke überfällt, geben Sie ihn ehrlich zu und sagen Sie: »Der und der böse Gedanke ist mir gekommen«, und dann lassen Sie ihn fallen. Ein Zen-Spruch lautet: »Das Auftreten eines bösen Gedankens ist eine Krankheit: ihn nicht fortzuspinnen ist die Medizin.«

Im Zen ist von »Leere« die Rede. Was ist damit gemeint? Vielleicht hilft hier eine Geschichte. Der Tempelhüter wollte einen Blick auf Tozan Osho erhaschen, aber das gelang ihm nie, und so ersann er eine List. Er nahm aus der Küche des Klosters etwas Reis und Weizen und verstreute die Körner im Hof. Im Kloster achtet man sorgfältig auf die Dinge, ganz einfach deshalb, weil sie *da* sind. (Diese Vorstellung ist offensichtlich ganz anders als diejenige, von der sich das moderne ökonomische Denken beherrschen lässt.) Tozan entdeckte, dass Reis und Weizen auf den Boden gestreut waren, und sagte zu sich: »Wer kann denn so gedankenlos gewesen sein und das getan haben?« Und in diesem Augenblick war der Tempelhüter imstande, einen Blick auf Tozan zu werfen. Gewöhnlich hielt sich Tozan nirgendwo auf. Das war der Grund, weshalb der Tempelhüter keinen Blick auf ihn werfen konnte. Als Tozan die auf den Boden gestreuten Körner sah, erlaubte er seinem Geist, zu arbeiten. Am leeren Himmel zog eine Wolke auf; sie verging gleich wieder, aber der kurze Augenblick ihres Erscheinens hatte genügt, dass der Tempelhüter etwas von Tozan sehen konnte.

Ein christlicher Student, der sich mit dem Begriff der Leere im Zen beschäftigte, brachte zum Vergleich damit eine Definition der Heiligkeit. Er sagte, »Heiligkeit« bedeute »Ganzheit« (im Englischen ist die Wurzel dieselbe: holy = heilig; whole = ganz; d. Übers.); man kann nichts mehr hinzufügen. Auch im Buddhismus gibt es das Wort »Heiligkeit«. Ein Buddha ist heilig. Aber wenn im Buddhismus ein Mensch zum Buddha wird, soll er vergessen, dass er ein Buddha ist. Solange Sie sich dessen noch bewusst sind, dass Sie ein Buddha sind, sind Sie noch ein Gefangener dieser Vorstellung. Folglich sind Sie nicht leer. Immer wenn Sie denken, Sie hätten etwas erreicht – Sie seien ein Buddha geworden, hätten Heiligkeit erlangt, ja die Leere erreicht –, müssen Sie diesen Gedanken verscheuchen.

Die Leere ist ein Zustand, in dem der innere geistige Druck völlig aufgelöst ist. Wenn in Ihrem Geist ein Gedanke auftaucht, geht er notwendigerweise mit innerem Druck einher. Selbst wenn Sie den Gedanken haben: »Heute ist schönes Wetter«, wird in Ihrem Inneren ein gewisser Druck erzeugt, und Sie spüren, dass Sie gern zu jemand anderem sagen möchten: »Heute ist aber schönes Wetter!« Wenn Sie das tun, führen Sie den Druck ab. Diese Zusammenhänge werden in Kapitel 10 im Einzelnen erörtert.

In Zen-Texten taucht das Wort MUSHIN auf. Wörtlich übersetzt heißt das »kein Geist« (MU: kein; SHIN: Geist), was so viel bedeuten soll wie »kein Ego«. Das heißt, dass der Geist in einem ausgewogenen Zustand ist. Jeden Augenblick denken wir, und deshalb wird jeden Augenblick ein innerer Druck erzeugt, der unsere Ausgewogenheit beeinträchtigt. Im Zen nun üben wir uns darin, jeden Augenblick wieder die Ausgewogenheit zu finden. Das Ego baut sich aus einer Abfolge von inneren Druckzuständen auf. Wenn die Druckzustände aufgelöst werden, löst sich auch das Ego auf, und es stellt sich echte Leere ein.

Es gibt einen Satz oder ein KŌAN im Zen, nämlich die Frage: »Welchen Sinn hatte das Kommen des Bodhidharma nach China?« Die richtige Antwort lautet: »Keinen Sinn.« Das bedeutet: »Keinen Zweck«, keine vorgefertigte, fixe Absicht. Bodhidharma verbrachte drei Jahre damit, kreuz und quer durch China zu reisen. Für uns heute sind die Mühsale der Reise kaum mehr vorstellbar – und doch heißt es, er habe keinen Zweck damit verfolgt. Worauf es uns hier ankommt, ist, dass »kein Zweck« das Gleiche wie »Leere« bedeutet.

Als Bodhidharma in China ankam, war die erste hochrangige Persönlichkeit, der er begegnete, der Kaiser Wu von Liang. Der Kaiser Wu wurde »Kaiser Wu vom Buddha-Geist« genannt. Er war ein treuer Gläubiger des Buddhismus. Er baute viele Tempel, förderte die Mönche, stellte Fachleute an, um die Sutren ins Chinesische übersetzen zu lassen. Er selbst war ein großer Kenner der buddhistischen Schriften und legte ein heiliges goldenes Gewand an, um Vorlesungen über die Sutren zu halten. Es wird überliefert, bei einer solchen Gelegenheit seien Blumen vom Himmel geregnet und hätten die Erde in Gold verwandelt. Das wurde als Auszeichnung für seine großen Verdienste gedeutet. Hätte Wu jedoch ein wirkliches Verständnis für die buddhistische Leere gehabt und wäre diese Leere in ihm selbst verwirklicht gewesen, dann wären keine Blumen vom Himmel auf ihn herabgeregnet und die Erde hätte sich nicht in Gold verwandelt. Der Kaiser Wu sagt zu Bodhidharma: »Ich habe Tempel errichtet und die Mönche gefördert. Welchen Tugendlohn wird das bringen?« Er erwartete von Bodhidharma die Antwort: »Großen Tugendlohn!« Aber Bodhidharmas Antwort lautete: »Keinen Tugendlohn.« Vielleicht merkte Kaiser Wu seinen Fehler und versuchte es darum noch einmal. Er fragte: »Was ist der erste Grundsatz der heiligen Lehren des Buddha?« Bodhidharma sagte: »Leere, nicht Heiligkeit.«

In einer bekannten Zen-Episode fragte Joshu seinen Lehrer Nansen: »Was ist der Weg?« Nansen gab zur Antwort: »Gewöhnlicher Geist ist der Weg.« Aber wie können wir diesen gewöhnlichen Geist erlangen? Wir könnten sagen: Mach deinen Geist leer, und du hast einen gewöhnliche Geist. Aber damit nimmt man zu einer Ermahnung Zuflucht oder zu einer bloß verbalen Erklärung dessen, worauf das Zen abzielt. Der Zen-Schüler muss die Antwort in sich selbst verwirklichen und wahrnehmen. Folglich müssen wir jetzt damit anfangen, ausführlich zu erklären, wie wir das anstellen können. Erst wenn wir im ersten Teil unseres Buchs die praktischen Gesichtspunkte der Zen-Übung behandelt haben, gehen wir einen Schritt weiter und erörtern die theoretischen und philosophischen Aspekte des Zen.

*Zweites Kapitel*

# DIE KÖRPERHALTUNG IM ZAZEN

Wenn man ZAZEN übt, sitzt man gewöhnlich auf dem Boden auf einem Kissen oder einer zusammengefalteten Decke von ungefähr neunzig Zentimeter im Quadrat und blickt gegen eine Wand. Ein weiteres, kleineres und dickeres Kissen oder Polster benützt man als Sitzunterlage (Abb. 5). Es ist wichtig, dass dieses Polster dick genug ist, denn sonst ist es schwierig, eine korrekte, stabile Haltung, wie sie weiter unten beschrieben wird, einzunehmen. Das Polster sollte nur unter dem Gesäß zu liegen kommen und nicht bis unter die Oberschenkel reichen.

Grundsätzlich kann man im ZAZEN eine ganze Reihe unterschiedlicher Sitzhaltungen einnehmen. Der Schüler sollte sich zunächst in allen versuchen, um die für ihn geeignetste herauszufinden. Manche sind leichter als andere und eignen sich besser in den Anfangsstadien des Übens. Wenn der Schüler zwanzig bis dreißig Minuten lang ohne Unbehagen eine stabile, regungslose Haltung einnehmen kann, ist es nicht weiter von Belang, welche genaue Haltung er sich dazu ausgewählt hat. Bringt es jemand nicht fertig, bequem auf dem Boden zu sitzen, kann er auch versuchen, sich auf einen Stuhl oder Schemel zu setzen und dabei so weit wie möglich auf die für die Sitzhaltung wesentlichen Züge zu achten, wie sie im Folgenden beschrieben werden. Man sollte lockere Kleidung tragen, um keinen Teil des Körpers einzuzwängen. Es kann sein, dass man lange geduldig üben und Versuche anstellen muss, damit man das richtig Sitzen lernt.

Abbildung 1 zeigt KEKKA FUZA, die sogenannte »volle Lotus-Haltung« des Sitzens. Sie ist symmetrisch, mit dem rechten Fuß auf dem linken Oberschenkel und dem linken Fuß auf dem rechten Oberschenkel. Man kann die Beine auch in umgekehrter Verschränkung halten. Bei dieser wie bei allen anderen Sitzhaltungen bleiben beide Knie fest auf dem Sitzpolster. Die Hände ruhen im Schoß, gewöhnlich mit der rechten unter der linken Hand und mit nach oben gekehrten Handflächen. Die Daumen können sich an den Spitzen berühren und einen Kreis bilden, oder sie können parallel zu den anderen Fingern liegen. Eine andere Haltung der Hände besteht darin, den Daumen der einen Hand in der Handfläche der anderen zu halten (Abb. 2). KEKKA FUZA ist für die meisten Menschen, die mit dem Üben beginnen, eine ziemlich schwierige Haltung. Aber es handelt sich dabei um eine vollständig ausgewogene, harmonische Haltung, und sie führt am ehesten zu fruchtbarem Üben.

Eine weniger schwierige Haltung ist HANKA FUZA, die »halbe Lotus-Haltung« (Abb. 2). Hier liegt der rechte Fuß unter dem linken Oberschenkel, und der linke Fuß liegt auf dem rechten Oberschenkel (auch hier kann die Verschränkung umgekehrt sein). Die Hände hält man wie beim vollen Lotus-Sitz. HANKA FUZA ist eine asymmetrische Sitzhaltung und verleitet dazu, die Wirbelsäule schief zu halten, weil man zum Ausgleich eine Schulter höher hält. Man kann das mithilfe eines Spiegels oder einer anderen Person korrigieren, aber man sollte wissen, dass diese Haltung zuweilen von grundsätzlichen Haltungsschäden herrührt, vor allem von leichten Verkrümmungen des Oberkörpers. Wir können diese Haltung nicht besonders empfehlen. Genauso gut kann man die Kante des einen Fußes auf das Schienbein des anderen legen. Dann kommt die Haltung der in Abbildung 3 gezeigten ziemlich nahe und kann empfohlen werden.

Abbildung 3 zeigt eine abgewandelte burmesische Haltung mit beiden Fußrücken flach auf dem Sitzpolster. Achten Sie darauf, nicht in den kreuzweisen Schneidersitz zu verfallen, bei dem der Bauch eingedrückt wird. Den Bauch sollte man immer nach vorn drücken, wie es weiter unten noch genauer beschrieben wird. Diese Haltung ist völlig symmetrisch und trägt wirksam zur Entspannung des Oberkörpers bei.

Eine ganz andere Sitzhaltung zeigt Abbildung 4; hier sitzt der Schüler rittlings auf seinem Polster und lässt sein Gewicht auf ihm und auf seinen Knien ruhen.

Abb. 1

Abb. 2

Abb. 3

Abb. 4

1. *Die volle Lotus-Haltung* (KEKKA FUZA).
2. *Die halbe Lotus-Haltung* (HANKA FUZA).
3. *Eine abgewandelte Haltung aus Burma.*
4. *Eine Haltung, bei der die Beine nach hinten geknickt sind und rechts und links vom Polster liegen.*
5. *So sieht die Wirbelsäule in korrekter Haltung aus. Beachten Sie, dass sie nicht in kerzengerader Stellung ist.*
6. *Diese Abbildung zeigt, wie man sich entspannt und die Schultern senkt, indem man die Hände auf die Beine legt und tief ausatmet. Bei korrekter Haltung kann man durch Stirnmitte, Nase, Kinn, Kehle und Bauchnabel eine lotrechte Linie ziehen.*
7. *Bei korrekter* ZAZEN-*Haltung bilden Gesäß und Knie ein Dreieck, das als Basis für den Körper wirkt. Das Körpergewicht ist auf den Unterleib verlagert, und am stärksten belastet ist der* TANDEN *(T). Der Rumpf ist vollkommen im Lot.*

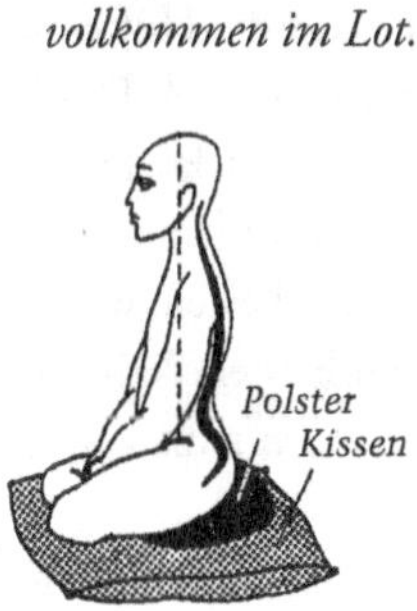


Abb. 5

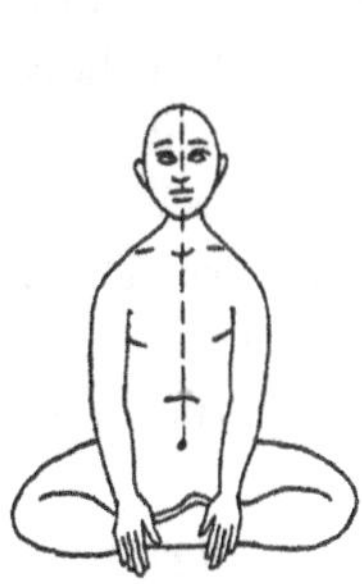

Abb. 6

Abb. 7

Diese Haltung ist sehr wirksam, vor allem für Anfänger, die lernen wollen, wie man die untere Hälfte des Unterleibs richtig einsetzt. Wenn Sie diese Haltung einnehmen und den Bauch nach vorne drücken, wird die Anspannung ganz von allein auf den Unterleibsboden verlagert, wie wir weiter unten genauer beschreiben werden.

Bei allen diesen Sitzhaltungen besteht die stabile Basis für den Körper aus einem Dreieck, das vom Gesäß und den beiden Knien gebildet wird. Daher ist es wichtig, sich wirklich so hinzusetzen, dass die Knie fest auf dem Polster aufsitzen und das Gewicht des Körpers tragen. Das Becken hält man fest und gerade, und der Rumpf ruht ganz lotrecht darauf, ohne nach irgendeiner Seite zu neigen.

Der Rumpf wird mittels der Hüftmuskeln aufrecht gehalten. Diese Muskeln sind bei der Körperhaltung von großer Bedeutung. Sie dehnen sich weit aus; manche von ihnen reichen tief in den Körper hinein, und ihre Ausläufer gehen bis in die obere Zone des Rückens. Bei allen Haltungen sind es diese Muskeln, die den Rumpf aufrecht halten, und einzig diese Muskeln werden besonders angespannt. Es ist besonders wichtig, dass der Körper so weit wie möglich, von vorn her gesehen, aufrecht gehalten wird. Man müsste von der Stirnmitte über Nase, Kinn, Kehle und Nabel bis zum Steißbein eine lotrechte Linie ziehen können (Abb. 6). Jede Abweichung von den Markierungen dieser Geraden sollte man sorgfältig korrigieren, nicht nur im ZAZEN, sondern auch bei seiner alltäglichen Körperhaltung.

Hat man irgendeine der obigen Haltungen eingenommen, so besteht der nächste Schritt darin, zu gewährleisten, dass die Hüften und der untere Teil des Unterleibs in der richtigen Stellung sind. Das Wesentliche dabei ist, dass man die Hüften nach vorne drückt. Dadurch werden zugleich die untere Partie des Unterleibs nach vorne und gleichzeitig das Gesäß nach hinten gedrückt. Das gelingt am besten, wenn Sie versuchen, den oberen Beckenrand nach vorne zu kippen. Wir haben nun schon öfter darüber gesprochen, wie wichtig es im ZAZEN ist, den Bauch herauszudrücken.

Wenn man seinen Rumpf kerzengerade hält, verlagert sich das Körpergewicht unwillkürlich auf die untere Partie des Unterleibs, und der

Bereich einige Zentimeter unterhalb des Nabels wird am meisten belastet. Diesen Bereich nennt man TANDEN (Abb. 7; beachte, dass dieser Begriff im weiteren Sinn auf den ganzen Unterleib angewandt wird). Wir werden später noch etliches zum TANDEN sagen müssen (siehe vor allem Kapitel 7). Halten wir hier lediglich fest, dass man, wenn das Körpergewicht auf dem TANDEN lastet, die stabilste Haltung und den ruhigsten geistigen Zustand erreichen kann. Im ZAZEN sollte sich die untere Unterleibspartie ganz zwanglos nach vorne wölben, weil man die Hüften nach vorne schiebt und zugleich sein gesamtes Körpergewicht auf sie verlagert.

Von der Seite her gesehen, bildet die Wirbelsäule keine gerade Linie, sondern ist leicht gebogen, wie Abbildung 5 zeigt. Die Haltung von Nacken und Kopf hat ziemliche Bedeutung. Es ist nicht schlimm, wenn das Gesicht leicht abwärtsgeneigt ist, so wie auch Buddha auf etlichen Darstellungen zu Boden schaut, mit leicht vorgeneigter Stirn und etwas eingezogenem Kinn. Wenn man das Genick leicht vorwärtsgeneigt und so gut wie reglos hält, verhilft das leichter dazu, ins SAMADHI zu kommen; ja Sie werden vielleicht merken, dass Sie das ganz unwillkürlich tun, wenn Sie einige Übung haben und sich dem SAMADHI nähern. Aber wenn es dem Schüler lieber ist (infolge seines Körperbaus), kann er Kopf und Genick auch ganz aufrecht halten.

Den Körper insgesamt muss man ziemlich bewegungslos halten, denn das ist eine notwendige Bedingung, um ins SAMADHI einzutreten.

Schließlich sollte man Brust und Schultern senken. Dadurch löst sich die Spannung in Schultern, Genick und Magengrube. Legen Sie die Hände auf die Knie, und atmen Sie tief aus. Das ist nicht die eigentliche Stellung der Hände im ZAZEN, aber Sie werden schnell merken, wie man so wirksam Brust und Schultern senken kann, und sie werden es dann ganz von allein tun. Auch die Rückwärtsbewegung des Gesäßes betätigt bestimmte Muskeln in den Schultern und hilft, die Spannung in Brust und Schultern zu lösen.

FALSCHE HALTUNGEN. Worauf es im Wesentlichen bei einer guten Sitzhaltung ankommt, kann uns noch deutlicher werden, wenn wir einige Fehler betrachten, die im Allgemeinen immer wieder vorkommen. In Abbildung 8 zum Beispiel sitzt der Rumpf nicht senkrecht auf dem Becken. Punkt A muss nach rechts verschoben werden, damit die Schultern in die Waage kommen. Korrigiert man stattdessen nur die Haltung der Schultern, so entsteht eine noch verzerrtere Haltung (Abb. 12). Ein solcher Fehler ist gar nicht leicht zu erkennen, wenn der Schüler Kleider trägt. Am besten setzt man sich mit bis zur Hüfte freiem Oberkörper vor einen Spiegel und betrachtet sorgfältig seine Haltung. Dann bewegt man den Körper in verschiedene Haltungen, um herauszufinden, wie weit welcher Körperteil entspannt und welcher gespannt werden muss. Man kann zu den erforderlichen exakten, winzigen Bewegungen von Muskeln und Skelett kaum von einem Außenstehenden angeleitet werden, sondern lernt sie am besten durch geduldiges Versuchen und Üben an sich selbst. Indes erkennt der Schüler selbst dann nicht bei sich die Fehler, wenn er einen Spiegel benützt. Er hat noch kein geschultes Auge, um seine eigene Haltung einschätzen zu können, und so übersieht er vielleicht Fehler, wenn man sie ihm nicht bis in alle Einzelheiten beschreibt. Mir liegt an diesem Hinweis ganz besonders, denn ich habe selbst lange Zeit meine eigenen Fehler übersehen. Viele Haltungsfehler, die ich beschreibe, habe ich ursprünglich selbst gemacht. Aus schmerzlichen Erfahrungen habe ich es gelernt, jetzt rasch die Fehler bei anderen zu entdecken und helfend einzugreifen. Ich empfand zum Beispiel lange Zeit einen dumpfen Schmerz in einer Gesäßhälfte, wenn ich längere Zeit gesessen hatte. Ich nahm an, das sei unvermeidlich, und zerbrach mir nicht weiter den Kopf mit der Frage nach der Ursache. Aber in Wirklichkeit hatte ich meinen Körper ganz leicht zur Seite geneigt gehalten, sodass mein Gewicht einseitig auf meinem Gesäß gelastet hatte. Ich brauchte lange Zeit, um hinter einen so einfachen Sachverhalt zu kommen. In der Tat wissen die meisten von uns sehr wenig über ihre Körperhaltung, und wir haben uns Fehlhaltungen angewöhnt, sowohl beim ZAZEN als auch in unserem Alltagsleben. Wenn man eine ganz korrekte Haltung einnimmt, sind nicht nur die Schultern, sondern auch die Rückenmuskeln, die Flanken und andere Körperteile, an die man gar nicht denkt, entspannt.

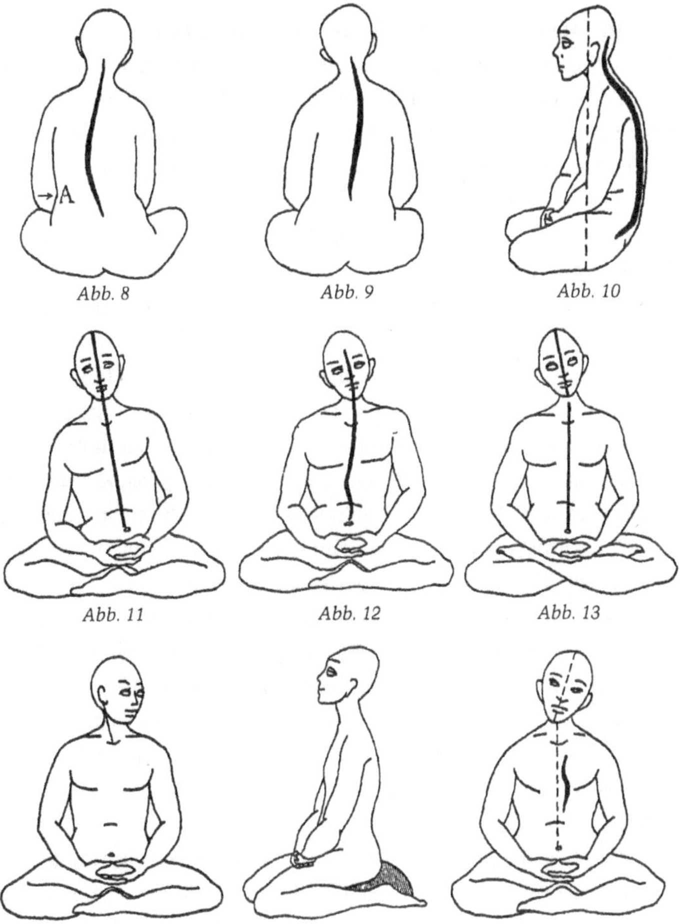


*Abb. 8–16: Fehlhaltungen beim* ZAZEN

Abbildung 9 zeigt, wie die obere Hälfte des Rumpfes auf eine Seite geneigt ist. Der Kopf ist auf die Gegenseite geneigt, um das Gleichgewicht zu halten. Bei einer solchen Haltung spürt der Betreffende eine Spannung auf der rechten Genickseite, links unten und rechts oben am Körper.

Eine wie bei einem alten Mann verkrümmte Haltung zeigt Abbildung 10. Das kommt im Allgemeinen daher, dass man nicht richtig »Bauch heraus, Gesäß zurück« durchführt. Der Betreffende klagt oft über Schmerzen hinten im Genick, weil er dort verspannt ist. Man kann sehen, dass die Wirbelsäule im Nacken zu stark verkrümmt ist. Außerdem treten Schmerzen im Rücken und in den Schultern auf. Sitzt man korrekt, mit dem Gesäß zurück und dem Bauch nach vorn, werden die Muskeln auf dem Schulterrücken (die Trapezmuskeln) nach unten gezogen, während sich die Schultern senken und sich ihre Spannung löst. Zugleich senkt sich ganz zwanglos auch die Brust, und die Magengrube verliert ihre Spannung. Dann hat man ein angenehmes Gefühl.

Steife Schultern und eine verkrampfte Magengrube rühren daher, dass man das Gesäß zu weit zurückdrückt. Auch ein zu dünnes Sitzpolster kann der Grund dafür sein, dass man den Rücken krümmt, die Hüften senkt und den Bauch einknickt. Die Knie berühren nicht das Kissen, und die ganze Haltung ist unstabil. Ein dickeres Polster kann helfen, den Bauch weiter vorzudrücken. Zugegeben, viele finden es ganz bequem, mit rundem Rücken dazusitzen, zumindest wenn sie in einem Lehnstuhl sitzen. Beim Hineinsinken in einen Lehnstuhl lehnt man sich an dessen Rücken an, Bauch und Taille werden entspannt, und man fühlt sich wohl. Aber wenn man eine solche Haltung beim ZAZEN einnimmt, wird man sie bald als unbequem empfinden, denn man muss versuchen, den gebeugten Körper mit dem runden Rücken aufrecht zu halten.

Wie oben erläutert, verlagert sich das Körpergewicht direkt auf den TANDEN, wenn man eine korrekte Haltung einnimmt. Dadurch entsteht im TANDEN ein starker innerer Druck, und wie wir später sehen werden, ist das für die Kontrolle des Geistes und den Eintritt ins SAMADHI wichtig. Ein reifer Zen-Schüler braucht sich nur hinzusetzen, um fast unverzüglich ins SAMADHI einzutreten. Das verdankt er seiner korrekten Haltung. Andererseits wird man sich mit verkrümmtem Rumpf, rundem Rücken und anderen Fehlhaltungen nicht nur unbequem fühlen, sondern es wird auch entsprechend schwierig sein, das SAMADHI zu erreichen.

Ganz gleich, welche falsche Haltung man für einige Zeit einnimmt, man wird sich unvermeidlich unbehaglich fühlen. Beim Bemühen, die unangenehme Lage zu erleichtern, wird man andere Teile des Körpers anspannen. Besonders schnell reagieren die Schultern aus diesem Grund, und deshalb ist die Klage über steife Schultern weit verbreitet. Wenn wir unsere Schultern verspannen, führt das zudem zu weiteren Verspannungen im Oberkörper. Diese Spannung beeinträchtigt das Gleichgewicht der inneren Organe, und dies wiederum wirkt sich abträglich auf unsere geistige Stabilität aus. So ist also körperliche und geistige Unruhe das unvermeidliche Ergebnis einer Verspannung der Schultern. Das können wir übrigens nicht nur beim ZAZEN beobachten, sondern auch in anderen Zusammenhängen. Wenn zum Beispiel ein Baseball-Werfer plötzlich die Beherrschung verliert, kommt das oft daher, dass er vor lauter Aufregung seine Schultern über Gebühr verspannt. Im ZAZEN muss man also genauso sorgfältig auf seinen Körper achten wie in der Leichtathletik oder Gymnastik.

Abbildungen 11–13 zeigen weitere falsche Haltungen und bedürfen kaum weiterer Erläuterung. In Abbildung 14 schaut das Gesicht zur Seite. In diesem Fall sind oft Schulter und Brust auf einer Seite weiter nach vorn geneigt. Die Folge ist ein verdrehter Rumpf. Der gleiche Fehler kann auch auftreten, wenn man sich nachlässig hinsetzt und nicht darauf achtet, dass der Körper im rechten Winkel vor der Wand sitzt. Die Verbindungslinie zwischen beiden Knien verläuft dann nicht parallel zur Wand. Ist dann das Gesicht genau auf die Wand gerichtet, führt auch das unvermeidlich zu einem verdrehten Rumpf.

Auf der in Abbildung 15 gezeigten Haltung steht das Kinn vor und der Nacken ist eingeknickt. Die Folge ist, dass die Nerven, die im Nacken verlaufen, unnatürlich eingedrückt werden, und das macht es schwieriger, ins SAMADHI zu gelangen.

Abbildung 16 zeigt ein bemerkenswertes Beispiel: Man sieht, was geschieht, wenn das Brustbein nicht auf der Geraden zwischen Nase und Nabel liegt. Der Rumpf ist verdreht, und die Schultern sind nicht in der Waage. Das Genick neigt sich nach einer Seite, um die Haltung auszugleichen. Will der Betreffende mit einem solchen körperlichen

Defekt seine Haltung »korrigieren«, so wird sich Spannung in Genick, Schultern und sogar in Gesicht und Kopf einstellen. Zudem wird er sogar einen Schmerz auf der rechten Brustseite oberhalb der Brustwarze empfinden. In einem solchen Fall ist es so gut wie unmöglich, die leichte Verdrehung des Brustkorbs zu korrigieren. Wer damit behaftet ist, bleibt am besten bei der Haltung, die er sich angewöhnt hat und als einigermaßen angenehm empfindet. Das ist nur eines von vielen Beispielen. Bei sorgfältiger Beobachtung lassen sich viele andere entdecken. Bei vielen Menschen ist die Wirbelsäule teilweise verkrümmt. Manche können das durch korrektes Sitzen beheben, aber bei anderen scheint die Verkrümmung nicht mehr heilbar zu sein. Man muss oft die Haltung, die einem angeboren ist oder die man sich in der Kindheit und Jugend erworben hat, als so gut wie unabänderlich hinnehmen. Daher wäre es ein Fehler, jedem Schüler die ganz »korrekte« Sitzhaltung aufzuerlegen. Jemand fühlt sich mit seiner gewohnheitsmäßigen Haltung vielleicht ganz wohl, und in diesem Fall soll er ruhig mit ihr weitermachen. Wenn man leicht von der idealen Haltung abweicht, versperrt einem das nicht notwendig den Weg zum SAMADHI.

Wovon ich in diesem Kapitel gesprochen habe, sind allgemeine Grundsätze. Ich will jetzt nur noch ein Beispiel anführen, um zu veranschaulichen, wie man sie seiner eigenen besonderen Situation anpassen muss. Jemand aus England schrieb mir unlängst: »Nach dem letzten fünftägigen SESSHIN verlor ich alles Gefühl in meinen Füßen. Das hat ungefähr vierzehn Tage lang angehalten. Der Arzt, den ich konsultiert habe, hat mir gesagt, bei einem Autounfall vor einigen Jahren sei mein fünfter Lendenknorpel stark beschädigt worden, sodass nur noch 10 Prozent des Knorpels an der richtigen Stelle seien.« Nun wird der Bereich um den vierten und fünften Lendenwirbel beim Zurückdrücken des Gesäßes scharf geknickt, und das kann der Grund für die Beschwerden gewesen sein. Ich wies ihn an, das Gesäß nicht mehr so stark zurückzudrücken. Erwiesenermaßen kann man sogar ins SAMADHI gelangen, wenn man in entspannter Haltung in einem Lehnstuhl sitzt, und es gibt viele Beispiele von kranken Menschen, die ans Bett gefesselt sind und dennoch im Zen einen hohen Reifegrad erlangt haben. Aber für die meisten von uns wird es eine große Hilfe sein, wenn wir uns so genau wie möglich an die Grundprinzipien korrekten Sitzens halten, die ich hier beschrieben habe. Übrigens hat mir der erwähnte Briefschreiber später mitgeteilt, im Laufe der Zeit sei der Verlust seines Gefühls in den Füßen ausgeblieben, auch wenn er das Gesäß nach rückwärts gedrückt habe. Ein Arzt sagte mir, dass sich vielleicht Kalk um seinen verletzten Knorpel gelagert und ihn zu einem festen Knochen verschmolzen habe.

*Drittes Kapitel*

# DIE PHYSIOLOGIE DER AUFMERKSAMKEIT

Stellen wir zunächst einen Versuch an, den wir »Ein-Minuten-ZAZEN« nennen wollen. Schauen Sie aufmerksam mit weit offenen Augen etwa auf eine Gebäudeecke vor dem Fenster oder auf einen Punkt auf einem Berg, an einem Baum oder einer Hecke oder auch auf ein Bild an der Wand. Schauen Sie auf einen ganz bestimmten Teil des Objekts und verbieten Sie es Ihren Augen, sich davon fortzubewegen. Zugleich hören Sie ganz oder jedenfalls fast ganz mit Atmen auf; konzentrieren Sie sich auf den einen fixierten Punkt, und versuchen Sie, jedem anderen Gedanken den Eintritt in Ihren Geist zu verwehren. Sie werden bemerken, dass Sie tatsächlich Ihre Gedanken am Aufkommen hindern können. Vielleicht spüren Sie, wie sich anfänglich so etwas wie ein Gedanke zu regen beginnt, aber auch das kann man unter Kontrolle halten. Übt man sich darin regelmäßig, so wird man in den Stand versetzt, das Entstehen auch des leisesten Schattens eines Gedankens zu unterbinden.

Dieses Verhindern ist so lange möglich, wie man den Atem anhält oder fast ganz anhält. Ihre Augen nehmen zwar ganz klar die Bilder der Objekte draußen auf, aber es findet keine »Wahrnehmung« statt. Das heißt, es taucht kein Gedanke an den Berg, keine Idee des Gebäudes oder Bildes, keine Geistestätigkeit bezüglich der Dinge außerhalb oder innerhalb Ihres Geistes auf. Ihre Augen reflektieren einfach genau wie ein Spiegel die Bilder der Objekte, die von außen auf sie treffen. Nennen wir diese einfachste geistige Tätigkeit »reine Sinnesempfindung«. William James beschreibt diese reine Sinnesempfindung in seiner klassischen Studie über Psychologie folgendermaßen: *»Empfindung*

*(Sensation) im Unterschied zur Wahrnehmung (Perception).* – Eine Empfindung lässt sich streng genommen nicht definieren. In der praktischen Bewusstseinstätigkeit gehen Sinnesempfindungen und Wahrnehmungen über unmerkliche Stufen ineinander über. Wir können lediglich sagen: *Mit Sinnesempfindungen meinen wir die ALLERERSTEN Dinge auf dem Weg des Bewusstseins.* Sie sind die *unmittelbaren* Auswirkungen der Nervenströme auf das Bewusstsein, wenn sie in das Gehirn eintreten, noch ehe sie irgendwelche Impulse oder Assoziationen mit vergangenen Erfahrungen auslösen. Aber offensichtlich sind *solche unmittelbaren Empfindungen nur in den ersten Lebenstagen möglich.* Erwachsene mit ihrem Vorrat an Gedächtnisinhalten und großen Lagern erworbener Assoziationen sind ihrer überhaupt nicht mehr fähig. Ehe das Gehirn den ersten Eindruck über die Sinnesorgane empfängt, ruht es in tiefem Schlummer, und das Bewusstsein existiert praktisch noch nicht. Menschenkinder verbringen sogar noch ihre ersten Wochen nach der Geburt fast unablässig mit Schlafen. Es bedarf einer eindringlichen Botschaft seitens der Sinnesorgane, um sie aus diesem Schlummer aufzuwecken. In einem neugeborenen Gehirn bewirkt das eine absolut reine Sinnesempfindung. Aber die erste Erfahrung hinterlässt ihre ›unsichtbare Spur‹ in den Gehirnwindungen, und wenn nun ein Sinnesorgan einen weiteren Eindruck übermittelt, reagiert das Gehirn bereits mit einer gewissen Voreingenommenheit infolge des vorausgehenden Eindrucks. Also ist diesmal das Gefühl schon etwas anders als beim ersten Mal, und es ergibt sich bereits ein höherer Erkenntnisgrad. Jetzt vermengen sich schon ›Ideen‹ über das Objekt mit der Empfindung seiner sinnenhaften Präsenz; wir geben ihm einen Namen, ordnen es ein, vergleichen es, äußern Vermutungen darüber. Zugleich fließen dem Bewusstsein immer neue Empfindungsströme zu und lassen sein Wahrnehmen immer komplexer werden, weil immer mehr Verknüpfungen mit immer mehr Inhalten möglich und notwendig werden. Das steigert sich bis ans Ende des Lebens. Im Allgemeinen nennt man dieses höhere Bewusstsein der Dinge ›Wahrnehmung‹ (Perception), während man das bloße unverarbeitete Gefühl ihrer Gegenwart, soweit wir das jemals in Reinkultur haben, ›Sinnesempfindung‹ (Sensation) nennt. Wir scheinen bis

zu einem gewissen Grad fähig zu sein, in dieses unverarbeitete Gefühl zu verfallen, und zwar dann, wenn unsere Aufmerksamkeit völlig zerstreut ist.« (W. James, Text-book of Psychology, London 1892, 12–13)

In unserem Experiment mit dem »Ein-Minuten-ZAZEN« war die reine Empfindung das Ergebnis unseres energischen Bemühens, den Denkprozess anzuhalten. Während James von der Möglichkeit spricht, »bis zu einem gewissen Grad ... in dieses unverarbeitete Gefühl zu verfallen, und zwar dann, wenn unsere Aufmerksamkeit völlig zerstreut ist«, halten wir unseren Geist ganz streng unter Kontrolle und hindern ihn daran, seine Aufmerksamkeit zu zerstreuen und in Gedanken umherzuwandern. Dabei handelt es sich also nicht um einen diffusen Geisteszustand, sondern um eine strenge, vorsätzliche innerliche Konzentration. Woher haben wir diese geistige Kraft? Bei unserem Experiment stammte sie daher, dass wir das Atmen ganz oder fast ganz eingestellt hatten. Um den Atem anzuhalten, muss man aber notwendigerweise die Atemmuskeln im Unterleib anspannen – mit anderen Worten, im TANDEN Spannung erzeugen. Geistige, oder wir könnten auch sagen: spirituelle Kraft im Sinne dieser starken innerlichen Konzentration ergibt sich also aus einer Spannung im TANDEN. Zunächst mag sich das ziemlich lächerlich anhören. Aber es erweist sich als wahr, wie wir nachweisen wollen.

Lassen wir uns zunächst vom Physiologen belehren, der über das Wachheitszentrum im Gehirn schreibt: »Im Nervensystem lassen sich zwei Erregungsbahnen finden, bei deren Aktivierung Wachheit bewirkt werden kann. Beide verlaufen durch das Sympathicus-Zentrum im hinteren Hypothalamus, weshalb dieser Bereich gern das *Wachheitszentrum* genannt wird. In einer der Erregungsbahnen werden die Signale vom Wachheitszentrum in den vorderen Thalamus geleitet, und von dort aus sind sie in alle Richtungen mit der Gehirnrinde vernetzt. Umgekehrt übertragen die Gehirnzonen Impulse ins Wachheitszentrum zurück, regen es neuerlich an und lösen immer weitere Impulse aus, mit denen das Gehirn stimuliert wird. Die Abfolge von Übertragungen wiederholt sich unablässig und führt zu einem Erregungskreis, der als ›Erregungskreis 1‹ in Abbildung 221 (hier als Abb. 17 wiedergegeben) dargestellt ist.

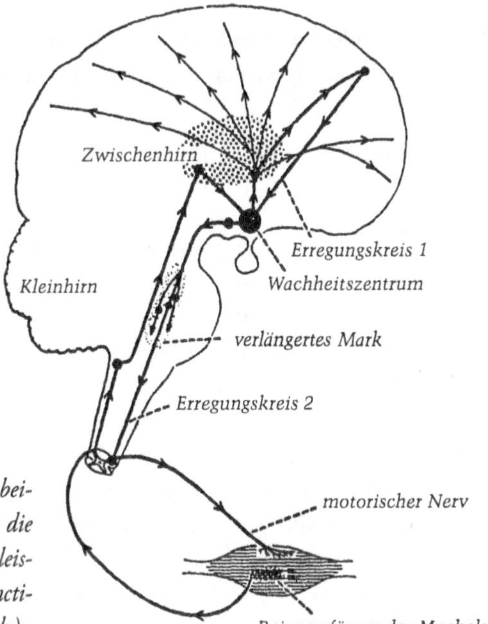


*17. Die Bahnen der beiden Erregungskreise, die die Wachheit gewährleisten (aus: Guyton, Function of the Human Body).*

Der zweite Erregungskreis, der Wachheit bewirken kann, ist folgender: Aus dem Wachheitszentrum werden Signale an das retikuläre Hirnstammsystem übermittelt, was zur Steigerung des Muskeltonus im ganzen Körper führt. Die Muskelspannung ihrerseits stimuliert die Reizempfänger der Muskeln und andere Gefühlsnervenenden am gesamten Körper. Das wiederum hat zur Folge, dass auf dem Weg zurück durch das Rückenmark Gefühlssignale zum Thalamus und schließlich zum Wachheitszentrum geleitet werden. So wird ein zweiter Erregungskreis aufgebaut, indem das Wachheitszentrum die Muskeln erregt, und dann Sinnesempfindungen aus dem Körper ihrerseits wieder das Wachheitszentrum erregen« (A. C. Guyton, Function of the Human Body, Philadelphia u. London 1959, 370–372).

Abbildung 18 zeigt, wie unter der Voraussetzung, dass im ZAZEN die Empfindungssignale des Körpers hauptsächlich aus dem TANDEN stammen (und diese Tatsache wird im Verlauf unserer Darstellung noch deutlicher werden), die beiden Erregungskreise in einem vereinfachten Schema in Beziehung zueinander gesetzt werden können.

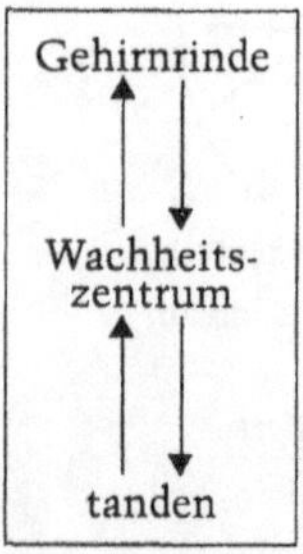


*18. Vereinfachtes Schema, das die dargestellte Wirkungsweise der beiden Erregungskreise im* ZAZEN *zeigt. Wir vertreten die Ansicht, dass im 2. Erregungskreis der* TANDEN *die Hauptquelle der Reizimpulse des Körpers auf das Wachheitszentrum ist.*

Die beiden Erregungskreise mit ihren Impulsen wirken aufeinander ein, wenn sie durch das Wachheitszentrum strömen. Der gedämpfte Tonus des einen wird auch den Tonus des andern dämpfen. Vor allem wenn der zweite Kreis still wird, hat das gewöhnlich starke Auswirkungen auf den ersten. Von der ZAZEN-Erfahrung her beurteilt, neigen wir zur Aussage, dass es zweifelhaft ist, ob der erste Kreis für sich allein die Aktivitäten des Bewusstseins ausführen kann. Zumindest ist gewiss, dass das Denken nicht allein durch die Aktivität des ersten Kreises unter Kontrolle gehalten werden kann. Wenn Sie das nicht glauben wollen, machen Sie das folgende ganze einfache Experiment. Sitzen Sie eine Zeit lang still mit dem Vorsatz, gar nichts zu denken. Aber augenblicklich wird Ihnen irgendein Gedanke in den Kopf schießen; Sie werden von ihm in Beschlag genommen und abgelenkt. Jedoch binnen Kurzem werden Sie sich plötzlich wieder besinnen und wiederum versuchen, an überhaupt nichts zu denken. Aber ehe auch nur zwanzig Sekunden vergangen sind, werden Sie bereits einen neuen Gedanken auftauchen sehen, der Ihr Denken wiederum in Beschlag nimmt, sodass Sie wieder zerstreut werden. Zum gleichen Prozess werden Sie immer und immer wieder neu ansetzen, und schließlich wird Ihnen klar, dass Sie das Eindringen von Gedanken in Ihr Denken nicht unter Kontrolle haben. Das meinen wir, wenn wir sagen, der erste Kreis allein sei nicht in der Lage, aus sich selbst heraus das zu regulieren, was in ihm selbst abläuft. William James äußert ganz ähnliche Gedanken, wenn er schreibt: »... der eine mentale Zustand wird nicht unmittelbar durch den anderen bewirkt, ... die körperliche Manifestation muss zuerst dazwischengeschaltet werden« (James, Text-book of Psychology, 376).

Das bestimmende Element des ersten Kreises, die Gehirnrinde, weiß ganz selbstverständlich darum. Wenn sie ihr eigenes Denken steuern will, bringt sie spontan die Spannung der Atemmuskeln ins Spiel. Deren Aktivität liefert die Weckenergie für das Wachheitszentrum, und mittels dieser Energie gelingt es ihm, sich selbst zu steuern. Im oben geschriebenen Experiment des Ein-Minuten-ZAZEN haben Sie mit Atmen ganz oder fast ganz aufgehört. Damit war beabsichtigt, Spannung in den Atemmuskeln zu erzeugen und dadurch den genannten Effekt zu erzielen.

Die Fähigkeit des Wachheitszentrums, seine Gedanken gezielt zu steuern, kann man als geistige oder spirituelle Kraft betrachten. Jedoch erhält diese Kraft ihre Nahrung durch die Stimulation, die sich aus der Spannung der Atemmuskeln im Unterleib ergibt, welche selbst natürlich nicht denken, aber durch ihre Anspannung mithelfen, diese Kraft zu erzeugen. So könnten wir diese Muskeln – oder ganz allgemein den TANDEN – als Wurzel der spirituellen Kraft betrachten. Zugegeben, das Handbuch der Physiologie sagt uns, dass der zweite Kreis zwischen dem Wachheitszentrum und ganz allgemein den peripheren Muskeln besteht. Aber wir vermuten, dass von allen Muskeln lediglich die Atemmuskeln einen genügend großen Stimulus bieten, um für jedwede Zeitdauer das Denken unter Kontrolle halten zu können. Wenn man einen Hammerschlag ausführt oder aus einem Fenster springt, stellt sich im Geist kein Gedanke ein. Die augenblickliche Spannung der Skelettmuskeln erzeugt hier vermutlich einen starken Impuls, der zum Wachheitszentrum hin übertragen wird, es in Beschlag nimmt und folglich alle Gedanken ausschaltet. Aber dieses Ausschalten wirkt nur einen kurzen Augenblick lang. Hingegen kann man die Spannung der Atemmuskeln im Unterleib dergestalt aufrechterhalten, dass sie eine sehr viel längere Zeit hindurch das Wachheitszentrum in Beschlag nehmen können.

Kehren wir jetzt noch einmal zu unserem Versuch mit dem Ein-Minuten-ZAZEN zurück, und beobachten wir sorgfältig, wie er ausgeführt wird. Wir stellen fest, dass wir dabei ein gewaltiges Maß an Anstrengung aufwenden. Und trotz allem gibt es gewisse Konzentrationsausfälle und drohen sich Gedanken einzuschleichen. Jedes Mal kämpfen wir wieder dagegen an, indem wir uns erneut um Konzentration bemühen. Die Bemühung besteht darin, dass wir die Spannung der Atemmuskeln aufrechterhalten oder neu erzeugen. Es scheint, dass auch die Atemmuskeln nur einen kurzlebigen Stimulus übermitteln können, der nur dann für die Kontrolle der Gedanken stark genug ist, wenn er ständig wiederholt wird. Unsere Schlussfolgerung daraus ist: Unser Ein-Minuten-ZAZEN gelingt in dem Maß, wie wir es fertigbringen, ständig neue Spannung in den Atemmuskeln des Unterleibs zu erzeugen.

Aufgrund unserer Erfahrung mit der ZAZEN-Übung würden wir sagen, dass auch die Aufmerksamkeit durch die Anspannung der Atemmuskeln aufrechterhalten werden kann. Und es ist derselbe physiologische Grund, weshalb man auch allerhöchste Aufmerksamkeit nur für einige Sekunden wahren kann: weil sich diese Muskeln nur wenige Sekunden lang im Höchstmaß anspannen lassen. Folglich müssen wir es unablässig wiederholen, in diesen Muskeln neue Spannung zu erzeugen, wenn wir ständig konzentriert aufmerksam bleiben wollen. Auf dieser Notwendigkeit baut die Atemmethode im ZAZEN auf, die wir in den folgenden Kapiteln beschreiben.

Für SAMADHI im ZAZEN bedarf es ständiger Wachheit, bei der die Gedanken streng kontrolliert und die geistliche Kraft im Höchstmaß eingesetzt wird. Wir schlagen vor, sie physiologisch als eine geistige Kraft zu beschreiben, die im zweiten Kreislauf auftaucht und das Ergebnis der Impulsströme zwischen TANDEN und Wachheitszentrum ist. In diesem Fall wird die Tätigkeit der Gehirnrinde im ersten Kreislauf auf fast null reduziert. Man könnte die Frage stellen: Welchen Sinn und Nutzen hat es, einen solchen geistigen und physiologischen Zustand herbeizuführen?

Die Antwort werden wir später finden. Worauf wir im Augenblick deutlich hinweisen wollen, ist, dass das Atmen bei der Kontrolle der Gedanken in der ZAZEN-Übung eine äußerst wichtige Rolle spielt.

*Viertes Kapitel*

# DAS ATMEN IM ZAZEN

In diesem Kapitel wollen wir einige einfache Tatsachen über die Physiologie des Atmens und ihre Bedeutung für das ZAZEN erörtern. Zunächst müssen wir besprechen, welches Luftvolumen wir in unsere Lungen aufnehmen und daraus ausstoßen können. Eine grafische Darstellung dazu findet sich in Abbildung 19. (Diese Zeichnung und die Beschreibung der normalen Atmung sind mit leichten Abwandlungen übernommen: A. C. Guyton, Function of the Human Body, 220 ff.)

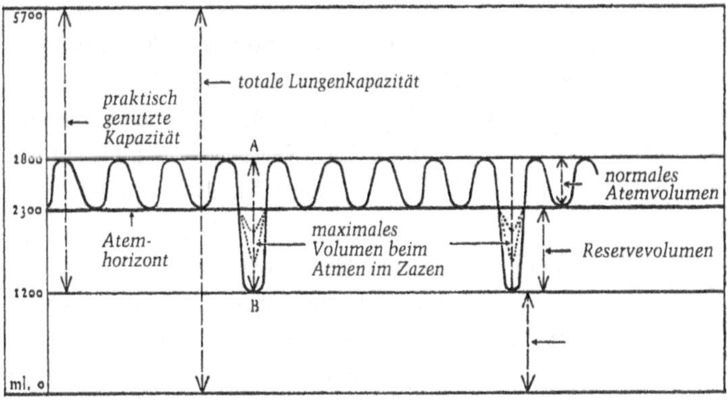


*19. Schematische Darstellung des Luftvolumens, das beim Atmen in die Lungen aufgenommen und von ihnen ausgestoßen wird. Die dicke durchlaufende Linie zeigt die Abfolge der Züge des Ein- und Ausatmens im zazen. Auf einen Zug tiefen Ausatmens, bei dem das Reservevolumen ganz oder fast ganz ausgestoßen wird, folgt eine Anzahl normaler Atemzüge (abgewandelt nach: Guyton, Function of the Human Body).*

Auf der Abbildung zeigt eine Linie im unteren Drittel das Durchschnittsmaß für das sogenannte Restvolumen der Lungen von ungefähr 1200 Millilitern an. Das bedeutet: Selbst wenn man alle Muskeln voll zum Ausatmen anspannt, bleiben immer noch 1200 Milliliter Luft in den Lungen, die man nicht ausstoßen kann. Das liegt daran, dass sich die Muskeln nicht derart stark betätigen lassen, dass man alle Lungenbläschen und Atemwege leer pressen könnte. Übrigens ist das der Grund dafür, dass wir bei der ZAZEN-Übung so viel Luft wie möglich ausatmen und dann beträchtliche Zeit ohne weiteres Atmen verharren können. Die zwischen den Markierungen von 2300 und 2800 Millilitern auf- und absteigende Kurve in Abbildung 19 stellt das normale Atmen dar. Beim Einatmen erhöht sich das Lungenvolumen von 2300 auf 2800 Milliliter, und beim Ausatmen sinkt es wieder auf 2300 Milliliter. Die Luftmenge, die bei jedem Atemtakt ein- und ausströmt, nennt man das Atemvolumen, und das beträgt also folglich ungefähr 500 Milliliter.

Wenn man keinen Atemmuskel zusammenzieht, enthalten die Lungen ungefähr 2300 Milliliter Luft. Das normale ruhige Atmen besorgen fast ganz die Muskeln, die für das Einatmen zuständig sind, und so entspricht dieses passive Volumen dem Lungenvolumen in dem Augenblick, wo man ganz ausgeatmet hat. Die horizontale Linie auf dem 2300-Milliliter-Stand werden wir im Folgenden als den Atemhorizont bezeichnen.

Wenn man am Ende eines normalen Ausatmens alle Ausatmungsmuskeln so stark wie möglich anspannt, kann man ungefähr weitere 1100 Milliliter Luft aus den Lungen pressen. Diese zusätzliche Luft, die man nur unter Aufbietung einer vorsätzlichen Anstrengung ausatmen kann, nennt man das Ausatmungsreservevolumen.

Auf der Grundlage dieser Daten können wir uns der gründlicheren Erörterung des Atmens bei der Praxis des Zen zuwenden. Natürlich gibt es bei der Technik der verschiedenen Schüler leichte Abwandlungen, ja auch der Einzelne verändert hie und da seine Art und Weise. So stellen wir hier nur das vor, was wir für die Grundzüge halten. Die Strecke A–B zeigt das maximale Atemvolumen beim ZAZEN. Wir werden gleich sehen, dass es in unserem Zusammenhang hauptsächlich um das Reservevolumen beim Ausatmen geht. Bieten wir die größtmögliche Anstrengung auf, wird das gesamte Reservevolumen ausgestoßen. Jedoch tun wir das nicht pausenlos. Auf ein solches tiefes Ausatmen folgen gewöhnlich drei bis fünf Züge normalen Atmens, wie in Abbildung 19 gezeigt, und dann setzt man zum nächsten vollständigen Ausatmen an. Manche Schüler schöpfen ihr Reservevolumen nicht ganz aus, sondern atmen vielleicht nur die Hälfte davon aus; das deuten die gepunkteten Linien an. Wenn man nicht so tief unter den Atemhorizont taucht, braucht man auch nicht zur Erholung die Zwischentakte mit dem normalen Atemvolumen. Je tiefer man jedoch unter den Horizont taucht, desto früher erreicht man das SAMADHI, und desto tiefer wird es sein.

Die hauptsächlichsten Atemmuskeln sind das Zwerchfell, die äußeren Rippenmuskeln und eine Anzahl kleiner Muskeln im Nacken. Die Atemmuskeln bewirken, dass sich die Brusthöhle in zweierlei Hinsicht weitet. Die erste Möglichkeit besteht darin, dass man die untere Hälfte des Unterleibs füllt oder aufbläst; das hat eine Abwärtsbewegung des Zwerchfells zur Folge, das dann seinerseits den Boden der Brusthöhle nach unten zieht. Das nennen wir die Bauchatmung. Bei der zweiten Möglichkeit wirken die äußeren Rippenmuskeln und die Nackenmuskeln zusammen, um die Vorderseite des Brustkorbs zu heben; sie pressen die Rippen weiter nach außen und weiten so die Brusthöhle. Das nennt man die Brustatmung. Beim ZAZEN setzt man ausschließlich die Bauchatmung ein. Der Grund dafür ist, dass bei der Brustatmung der Brustkorb hochgehoben und damit die Spannung nach oben verlagert wird, wodurch die untere Unterleibshälfte zum Teil um ihre Innenspannung gebracht wird; dagegen wird bei der Bauchatmung die Brusthöhle nach unten erweitert, wodurch der Druck in der unteren Unterleibshälfte gesteigert wird. Wir haben schon darauf hingewiesen, dass im ZAZEN die Spannung und der Druck so weit wie möglich im unteren Teil des Unterleibs erhalten bleiben müssen, weil das sowohl zu physischer wie auch geistiger Stabilität beiträgt.

Die wichtigsten Muskeln für das Ausatmen sind die Unterleibsmuskeln und in geringerem Maß die inneren Rippenmuskeln. Die Unterleibsmuskeln tragen auf zwei Weisen zum Ausatmen bei. Zunächst ziehen sie den Brustkorb nach unten und verringern seinen Umfang. Sodann drücken sie die Unterleibsmasse aufwärts gegen das Zwerchfell und verkürzen die Höhe des Brustkorbs. Die inneren Rippenmuskeln tragen in geringem Maß zum Ausatmen bei, indem sie die Rippen nach unten ziehen, was ebenfalls die Tiefe des Brustkorbs verringert.

Um es noch einmal zu sagen: Beim ZAZEN soll der Brustkorb so still wie möglich gehalten werden. Man atmet ein, indem man den Unterleib ausdehnt, und man atmet aus, indem man die Unterleibsmuskeln zusammenzieht. Es gibt jedoch einen wichtigen Unterschied zwischen der Methode des Ausatmens beim normalen Atmen und beim ZAZEN. Bei der normalen Bauchatmung werden die Unterleibsmuskeln einfach zusammengezogen; sie pressen die Eingeweide nach oben, was einen Druck auf das Zwerchfell bewirkt, das dann die Luft aus den Lungen herausdrückt. Im ZAZEN jedoch leistet das Zwerchfell dem freien Sich-Zusammenziehen der Unterleibsmuskeln und ihrer Druckbewegung nach oben Widerstand. Das führt zu einem stark verhaltenen Atmen.

Die Anweisung, mit dem Zwerchfell der Kontraktion der Unterleibsmuskeln entgegenzuwirken, klingt kompliziert. In Wirklichkeit ist es ganz einfach: Man muss nur den Atem anhalten. Wenn man dann langsam nach und nach ausatmet, geschieht das notwendigerweise dadurch, dass man das Zwerchfell nach unten gedrückt hält und stetig den Aufwärtsdruck der Unterleibsmuskeln dämpft. Letztere sind dann der Widerpart des Zwerchfells, und die Anspannung beider Komponenten ist gesteigert. Das meinen wir, wenn wir davon sprechen, »Kraft in den TANDEN zu drücken«. Das Ergebnis ist letzten Endes eine spirituelle Stärke, wie wir das oben beschrieben haben. Wenn es Ihnen gelingt, das Zwerchfell und den gegen es gerichteten Druck der Unterleibsmuskeln ziemlich im Gleichgewicht zu halten, hört ihr Atem fast ganz auf. Infolge des natürlichen Körperdrucks entweicht vielleicht noch leise und fast unmerklich etwas Atem aus den Lungen. Wenn Sie wollen, können Sie auch das noch beheben, aber dieser Versuch hat einen unangenehmen Druck in der Brust zur Folge und ist deshalb nicht anzuraten. Wenn wir vom Anhalten oder Fast-Anhalten des

Atems sprechen, meinen wir im Allgemeinen den oben beschriebenen Zustand eines sehr stillen, verhaltenen Atmens.

Im vorigen Kapital war vom Experiment des »Ein-Minuten-ZAZEN« die Rede, und wir hatten gesehen, dass man Gedanken, die sich ins Bewusstsein eindrängen, mittels Anhaltens des Atems eindämmen kann. Diese Kontrolle und Verbindung der Gedanken stammt also aus der einander entgegengesetzten Anspannung der Unterleibsmuskeln und des Zwerchfells. Aus der Erfahrung mit dem ZAZEN können wir zwingend darauf schließen, dass wir die Vorgänge in unserem Gehirn steuern können, indem wir unsere Atemmuskeln im Unterleib anspannen. Auch wer von Zen noch nie etwas gehört hat, drückt spontan Kraft in den Unterleib, indem er den Atem anhält, wenn er beißende Kälte oder einen stechenden Schmerz ertragen oder Kummer oder Zorn unterdrücken muss. Jeder Mensch wendet diese Methode unwillkürlich an, um, wie wir also sagen könnten, spirituelle Kraft zu erzeugen. Mehr noch: Man kann die Unterleibsmuskeln als eine Art Schaltzentrale der Muskelbewegungen des gesamten Körpers auffassen. Will man schwere körperliche Arbeit verrichten, wie zum Beispiel ein Gewicht heben oder einen Schmiedehammer schwingen, so kann man die Muskeln des übrigen Körpers nicht einsetzen, ohne auch diese Muskeln anzuspannen. Selbst wenn man eine Hand hebt oder ein Bein bewegt, belastet man die Unterleibsmuskeln. Kritzeln Sie mit einer Feder oder fädeln Sie eine Nadel ein: Immer werden Sie spüren, dass das mit einer Anspannung des Zwerchfells verbunden ist. Wenn Ihre Atemmuskeln nicht mitwirken, können Sie keinen Teil des Körpers bewegen, können auf nichts aufmerksam achten, können also keinerlei geistige Tätigkeit verrichten. Darauf lässt sich gar nicht oft genug hinweisen, denn das ist von größter Bedeutung, aber bis heute noch kaum beachtet worden.

Doch erörtern wir jetzt noch einmal genauer den Atemhorizont. Er bezeichnet die Grenze zwischen dem Atemvolumen und dem Ausatmungsreservevolumen bei ungefähr 2300 Millilitern. In passivem Zustand enthalten die Lungen am Ende eines normalen Ausatmens ungefähr diese Luftmenge, und die Spannung der Atemmuskeln ist bei null. An diesem Punkt setzt das Einatmen ein, und in den Muskeln, die dieses Einatmen bewerkstelligen, baut sich nach und nach neue Spannung auf. Wenn das Lungenvolumen beim normalen Atmen ungefähr 2800 Milliliter erreicht, kippt das Einatmen unwillkürlich ins Ausatmen um; die Einatmungsmuskeln entspannen sich, das Volumen sinkt wieder auf 2300 Milliliter, die Spannung geht wieder auf null zurück. Gewöhnlich setzt dann spontan wieder das Einatmen ein. Im ZAZEN jedoch hört man mit dem Ausatmen nicht bei 2300 Millilitern auf, sondern atmet weiter aus. Dazu bedarf es einer besonderen Anstrengung. Wir können ganz allgemein sagen, dass oberhalb des Atemhorizonts das Einatmen Mühe erfordert, während unterhalb des Atemhorizonts das Ausatmen einer besonderen Anstrengung bedarf. Das gewöhnliche Atmen spielt sich oberhalb des Atemhorizonts ab; dabei wird nur das Atemvolumen ausgeschöpft, und das Ausatmen erfolgt, indem man die Einatmungsmuskeln entspannt. Im ZAZEN greift das Ausatmen unter den Atemhorizont, und dieses zusätzliche Ausatmen bedarf der größten Anstrengung. Aber dieses Ausatmen unterhalb des Horizonts ist es vor allem, was wirksam zur Erlangung des SAMADHI beiträgt, denn hier werden Zwerchfell und Unterleibsmuskeln am stärksten in gegeneinander gerichtete Spannung gebracht.

Es ist wichtig zu beachten, dass man diese gegensätzliche Spannung zwischen Zwerchfell und Unterleibsmuskeln nicht erzeugen muss, wenn man noch genügend Luft in den Lungen hat, denn das würde zu einem unangenehmen Druckgefühl in der Brust führen. Man sollte erst eine gewisse Atemmenge ziemlich rasch austreten lassen, und dann kann man mit dem langsameren Ausatmen einsetzen. Wenn man das Ausatmen über dem Horizont einschränkt und seinem Atem nur sehr zögerlich das Entweichen gestattet, hat das eine ähnliche Folge, wie wenn man ein Auto stark abbremst, das einen Berg hinunterrollt. Das ist keine positive, sondern eher eine negative Haltung.

Eine ähnliche negative Wirkung kann sich auch beim Einatmen unterhalb des Horizonts einstellen, wenn man das Einziehen des Atems zügelt und zu langsam einatmet. Tut man das, so muss man unvermeidlich das Entspannen der Unterleibsmuskeln abbremsen, und wenn man dabei ein vernünftiges Maß überschreitet, führt auch dieses Fehlverhalten zu einem unnatürlichen Druckgefühl in der Brust. Zur Erneuerung des ausgeatmeten Reservevolumens ist ein ziemlich schnelles Einatmen natürlich und wünschenswert. Vermeiden Sie also sowohl beim Ein- wie beim Ausatmen diese negativen Wirkungen, denn sie führen zu einer oberflächlichen und unangenehmen Geistesverfassung. Wenn man das Ausatmen bremst, obwohl man zu viel Luft in den Lungen hat, oder trotz des dringenden Bedürfnisses danach das Einatmen bremst, vereitelt man ein gesammeltes Üben, und zwar nicht nur beim ZAZEN, sondern auch bei anderen kunstvollen Verrichtungen wie bei der Teezeremonie, dem Blumenstecken oder dem Bogenschießen.

Was die für das ZAZEN richtige Methode des Einatmens betrifft, so schlagen wir vor, es in zwei Phasen einzuteilen. In der ersten Phase, beim Atmen *unterhalb* des Horizonts, atmet man ganz natürlich und zwanglos ein, indem man Zwerchfell und Unterleibsmuskeln entspannt und zugleich die untere Hälfte des Unterleibs anschwellen lässt (das heißt also, indem man die Bauchatmung praktiziert). In der zweiten Phase, *oberhalb* des Horizonts, atmet man ein, indem man das Zwerchfell zusammenzieht. In dieser zweiten Phase ist es vorteilhaft, wieder mit dem Anspannen der Unterleibsmuskeln einzusetzen, um den Unterleib auszudehnen (das heißt also, aktiv Bauchatmung zu praktizieren). Damit kommt man dem Übergang zur Brustatmung zuvor. Sonst kann es sein, dass man versucht ist, nach Luft zu schnappen und dabei den Unterleib einzuziehen. Diese Methode mag etwas kompliziert klingen, aber in der Praxis verläuft sie ganz natürlich und leicht, wenn man nur darauf achtet, nicht nach Luft zu schnappen (das heißt, nicht in die Brustatmung zu verfallen).

Was das Ausatmen oberhalb des Horizonts betrifft, lässt man das ganz natürlich geschehen und achtet lediglich darauf, negative Anspannung zu vermeiden. Ungefähr auf der Höhe und unterhalb des Horizonts kann man mit dem Anspannen des Zwerchfells einsetzen, um es in die gegenläufige Spannung zu den Unterleibsmuskeln zu versetzen; dadurch werden die inneren Organe nach oben gedrückt.

Das in diesem Kapitel Dargelegte stellt unseres Erachtens die wesentlichen Grundprinzipien des Atmens im ZAZEN dar. In den folgenden

Kapiteln wollen wir ausführlicher beschreiben, wie man diese Prinzipien bei den verschiedenen Übungen des ZAZEN anwendet. Das in diesem Kapitel Beschriebene ist bislang nirgendwo in der Zen-Literatur zu finden. Es ist ein neuer Ansatz. Wenn Sie Ihre eigenen Erfahrungen im ZAZEN haben und Ihnen die hier vorgeschlagene Methode nicht zusagt, können Sie sie ruhig beiseitelassen. Wenn Sie hingegen in der Praxis Fortschritte machen, wird Ihnen vielleicht ihr Wert aufgehen.

*Fünftes Kapitel*

# WIE MAN DEN ATEM ZÄHLT UND AUF IHN ACHTET

WIE MAN DEN ATEM ZÄHLT. Gewöhnlich fängt man mit der ZAZEN-Übung so an, dass man seine Atemzüge zählt. Dafür gibt es drei Möglichkeiten:

1. Zählen Sie still für sich die Züge sowohl des Ein- wie des Ausatmens, also beim Einatmen »eins«, beim Ausatmen »zwei« und so weiter bis »zehn«. Dann fangen Sie wieder mit »eins« an und wiederholen das Gleiche bis »zehn«. Vielleicht ist es am Anfang hilfreich, beim Zählen lautlos oder sogar hörbar vor sich hinzuflüstern. Abgesehen von Zeiten, wo Sie spüren, dass es sinnvoller wäre, hörbar zu zählen, konzentrieren Sie sich mehr und mehr auf das innerliche Zählen. Belasten Sie dabei Ihre Stimmbänder, ohne irgendein Geräusch zu verursachen.
2. Zählen Sie nur Ihre Züge des Ausatmens von »eins« bis »zehn«, und fangen Sie dann immer wieder von vorne an. Das Ausatmen lassen Sie geschehen, ohne mitzuzählen.
3. Zählen Sie nur Ihre Züge des Einatmens.

Von diesen drei Möglichkeiten wird für die Einführung von Anfängern gewöhnlich die erste verwendet; die zweite gilt als Methode für Fortgeschrittenere; die dritte ist für einen Anfänger ziemlich schwierig, aber eine wirksame Hilfe für das Üben des Einatmens.

Wenn Sie bei der ersten Möglichkeit beim Einatmen »eins« gesagt haben und dann versuchen, gleich darauf »zwei« zu sagen, kann es sein, dass Sie ein Druckgefühl in der Brust spüren, auch wenn es nur ganz leicht sein mag. Das ist eine negative Wirkung der Art, wie wir sie auf S. 64 f. beschrieben haben. Sie können das ganz zwanglos vermeiden, indem Sie erst ein klein wenig Atemluft aus den Lungen entweichen lassen, ehe Sie »zwei« sagen. Woher kommt das ungute Gefühl in der Brust? Wenn Sie Ihre Stimmbänder anspannen, ganz gleich, ob Sie einen Laut äußern oder nicht, entsteht auch eine zusätzliche Spannung in den Lungen, die etwas stärker ist als beim gewöhnlichen Ausatmen, und wenn in ihnen noch ziemlich viel Luft ist, äußert sich das durch einen Schmerz in der Brust. Das wird genauso sein, wenn Sie »Mu« rezitieren oder mit einem KŌAN beschäftigt sind (siehe Kapitel 6). In der Praxis sehen wir uns natürlich fast unwillkürlich vor, um diese Art des Atmens zu vermeiden, aber es ist besser, das bewusst statt nur unbewusst zu tun.

Wenn man die zweite Möglichkeit verwendet, sollte man »ei-i-ins« mit einem langen Ausatemzug sagen und nach dem Einatmen beim nächsten Ausatmen genauso »zwei-i-i«. Mit jedem Zählschritt taucht dann das Ausatmen ganz natürlich unterhalb des Atemhorizonts. Und so machen Sie weiter mit »drei-i-i«, »vi-i-i-er« und so fort bis »ze-e-ehn«. Aber mitten im Zählen wird Ihnen plötzlich irgendein anderer Gedanke in den Kopf kommen, der Sie eine Zeit lang in Beschlag nehmen wird. Sie werden sich bald wieder sammeln und wieder das Zählen aufgreifen; aber da stellen Sie fest, dass Sie vergessen haben, wo Sie aufgehört hatten. Folglich müssen Sie wieder von vorne anfangen. Jeder Anfänger, der sich mit dieser Übung versucht hat, wird unvermeidlich die Erfahrung dieses Versagens gemacht und sich darüber gewundert haben, wie unfähig er ist, seine Gedanken nach Wunsch unter Kontrolle zu halten. Vielleicht wollen das manche Leser kaum glauben. Sie sollten selbst den Versuch machen, und sie werden alsbald sagen: »Tatsächlich, so ist es!« und zu sich selbst: »Das schaffe ich nicht.« Das ist übrigens genau das, was ein Zen-Lehrer hören möchte, denn dann wird er anordnen: »Folglich können Sie Ihren Geist genauso gut eine Zeit lang mit dieser Methode trainieren.«

Die dritte Möglichkeit stellt ein Einatmungstraining dar. Worauf es in diesem Fall vor allem ankommt, ist, dass man den Unterleib ausdehnt und einatmet. Während man »eins« sagt, wird im Allgemeinen das normale Atemvolumen eingeschöpft. Gegen Ende dieses Atemtakts wird das Atmen zur Brustatmung neigen, und deshalb bedarf es einer vorsätzlichen Anstrengung, um beim Bauchatmen zu bleiben. Sie werden hier den Wert des Einatmens in zwei Phasen entdecken, das wir auf S. 65 beschrieben haben und bei dem in jeder Phase im Unterleib neue Spannung erzeugt wird. Wenn Sie versuchen, in einer einzigen Phase einzuatmen, wird die Spannung zur Brust hochwandern, und Sie werden nach Luft schnappen, ehe Sie es recht merken. Das Einatmen in zwei Phasen ist eine sehr gute Hilfe, um die Bauchatmung beizubehalten, und zwar auch beim Atmen mit dem normalen Atemvolumen, das sich lediglich oberhalb des Horizonts bewegt.

POSITIVES SAMADHI UND ABSOLUTES SAMADHI. Obwohl wir erst in Kapitel 8 ausführlich über das SAMADHI sprechen werden, wollen wir doch schon hier eine Unterscheidung zwischen zwei Arten von SAMADHI vorstellen, weil sie für unsere Darlegungen über das Zählen des Atmens wichtig ist. Wir wollen diese beiden Arten als das *absolute samadhi* und das *positive samadhi* bezeichnen. Gewöhnlich bringt man den Begriff SAMADHI mit Nirwana in Verbindung, in dem die Bewusstseinstätigkeit so gut wie ganz aufhört. Aber zum SAMADHI, das man mit dem Zählen der Atemzüge erreicht, gehört eine ganz klare Tätigkeit des Bewusstseins. Das ist dann also eine aktive Form von SAMADHI. Wir wollen sie »positives SAMADHI« nennen, um es so von der anderen Form zu unterscheiden, die wir als »absolutes SAMADHI« bezeichnen wollen. Wir nennen es nicht »negatives« SAMADHI, denn einmal ist absolutes SAMADHI die Grundlage aller Tätigkeiten im Zen, und zum andern auch deshalb, weil es uns zur Erfahrung reinen Daseins führt.

Bislang hat man diese beiden Formen von SAMADHI nicht klar voneinander unterschieden, und die Folge war eine Verwirrung der Begriffe. Zum KANNA-Zen der Rinzai-Sekte (das mit KŌANS arbeitet; siehe Kapitel 9) gehört ein gutes Stück weit positives SAMADHI (obwohl man auch in dieser Schule Anleitungen zum Training auf absolutes SAMADHI hin findet), während in der Praxis des SHINKANTAZA der

Soto-Sekte (siehe S. 91 f.) das absolute SAMADHI wichtiger ist (obwohl natürlich auch hier das positive SAMADHI seine Rolle spielt). Unser Vorschlag geht dahin, positives und absolutes SAMADHI gleichermaßen zu entwickeln. Ins Schweigen des absoluten SAMADHI einzutreten bedeutet, das abzuschütteln, was wir die übliche Bewusstseinsweise nennen – also das verwirrende Drunter und Drüber unserer unbeherrschten Gedanken. Indem wir uns darin einüben, läutern wir Leib und Geist. Wenn wir dann in die Alltagswelt und zu unserer normalen Bewusstseinstätigkeit hinausgehen bzw. zu ihr zurückkehren, erfreuen wir uns inmitten aller verwickelten Zustände der Welt des positiven SAMADHI und der Freiheit des Geistes. Darin besteht die wirkliche Befreiung und Selbstständigkeit.

Doch kehren wir jetzt zum Thema des Atemzählens zurück. Vielleicht ist es hilfreich, das mit der Geistesverfassung zu vergleichen, die man braucht, um ein Auto zu fahren. Während des Fahrens muss man unbedingt zwei Arten von Aufmerksamkeit üben. Die eine richtet sich ganz konzentriert auf ein Ziel, nämlich auf einen genau und eng umschriebenen Bereich vor der Windschutzscheibe draußen. Die andere ist von geradezu gegenteiliger Art, denn sie richtet sich auf ein sehr weites Umfeld; man ist auf der Hut vor allen nur erdenklichen unvorhergesehenen Fällen, die von allen Seiten her eintreten können. Ganz ähnlich sind auch beim Atemzählen sowohl eine ganz konzentrierte als auch eine allumfassende Aufmerksamkeit erforderlich. Wir müssen uns auf das Sprechen der Zahlen konzentrieren und zugleich aufpassen, dass wir nicht den Faden verlieren. Das mag ganz einfach klingen, aber in Wirklichkeit wird es umso schwieriger, die allgemeine Aufmerksamkeit wachzuhalten, je mehr man sich auf jeden einzelnen Atemzug und seine Zahl konzentriert. Es bedarf äußerster Anstrengung, beides auf einmal mit wirklichem Erfolg fertigzubringen. Übrigens mag hier der Hinweis gut sein, dass man beim Autofahren besonders aufpassen sollte, wenn man gerade von einem SESSHIN kommt, bei dem man vielleicht ziemlich lange mit »Mu« meditiert hat. Dann hat man sich nämlich sehr stark auf das konzentrierte Aufmerksamsein verlegt und die breiter gestreute Form der Aufmerksamkeit vernachlässigt, und es könnte sein, dass man sich mit dieser speziellen, dann nicht ungefährlichen Verfassung in den Straßenverkehr begibt.

Es scheint, dass den beiden Arten des SAMADHI zwei unterschiedliche elektrische Schaltkreise im Gehirn entsprechen. Das und Gastaut haben bei sieben Kundalini-Yogis in Kalkutta die Hirnströme gemessen und aufgezeigt, dass während des SAMADHI ein verstärkter Beta-Rhythmus auftritt (N. Das/H. Gastaut, Variations de l'activité électrique du cerveau, de cœur et des muscles squelettiques au cours de la méditation et de »l'extase« yogique, in: Electroencephalography and Clinical Neurophysiology, suppl. 6 [1955] 211–219. Ein weiterer Beitrag zu dieser Thematik: B. K. Anand/G. S. Chhina/B. Singh, Some Aspects of Encephalographic Studies in Yogis, in: ebd. 13 [1961] 452–456). Vom Beta-Rhythmus weiß man, dass er eine angeregte Tätigkeit der Hirnrinde signalisiert. Andererseits haben Untersuchungen von Kasamatsu und Hirai an Soto-Zen-Meistern in Japan erwiesen, dass im Lauf des ZAZEN zunächst Alpha-Wellen auftreten, dass sich dann die Amplitude dieser Alpha-Wellen verstärkt, hiernach die Alpha-Frequenz sinkt und sich schließlich ein Theta-Rhythmus einstellt (A. Kasamatsu/T. Hirai, An Electroencephalographic Study of the Zen Meditation [ZAZEN], in: Folia Psychiatrica et Neurologica Japonica 20 [1966] 315–336). Man weiß, dass Alpha-Wellen erscheinen, wenn jemand wach ist, aber nicht angestrengt nachdenkt. Die Zunahme der Amplitude dieser Wellen scheint anzuzeigen, dass die geistige Ruhe zunimmt, während wir vom Auftreten der Theta-Wellen vermuten dürfen, dass sie das Erreichen des absoluten SAMADHI anzeigen. Vergleichbare Studien von Zen-Meistern in positivem SAMADHI sind meines Wissens nicht überliefert. Aber wir dürfen vermuten, dass sie ein aktives Muster elektrischer Aktivität anzeigen würden, vielleicht ähnlich demjenigen der Yogis.

Und noch ein letztes Wort zum Thema Atemzählen. Wenn Sie im ZAZEN gute Fortschritte gemacht haben und dann wieder zu dieser Praxis zurückkehren, werden Sie feststellen, dass sie zu einem außerordentlich klaren Bewusstseinszustand verhilft. Aber das kann man nicht schon beim ZAZEN von Anfängern erwarten. Daher ist der Lehrer gewöhnlich zufrieden, wenn sein Schüler zumindest alle Elemente des

Atemzählens beherrscht, und leitet ihn dann zu einer anderen Übung an. Der Schüler kann dann meinen, er könne diese Art Übung abhaken und brauche nicht mehr auf sie zurückkommen; aber das ist ein Irrtum. Auch Schüler, die allein üben, sollten von Zeit zu Zeit wieder das Atemzählen üben, auch wenn sie inzwischen zu anderen Übungen fortgeschritten sind.

AUF DEN ATEM ACHTEN. Bei einem bestimmten Verständnis von Zen (zumindest in Japan, vermutlich infolge des allgemeinen kulturellen Hintergrunds) suchen die Übenden mehr oder weniger ausdrücklich nach dem absoluten SAMADHI, wenn auch vielleicht gar nicht bewusst. Wenn Sie das Atemzählen üben und Ihnen klar ist, dass dies eine Übung in positivem SAMADHI ist, werden Sie das wunderbar erhellend finden. Aber so weit werden Sie nur kommen, wenn Sie in Ihrem Studium des Zen beträchtliche Fortschritte gemacht haben. Wenn hingegen Anfänger eine Zeit lang das Atemzählen geübt haben, kommt es ihnen vor, als stelle das Zählen für sie eher ein Hindernis dar, ohne dass sie wissen, warum. Sie wünschen sich dann eine stillere Form des Meditierens, bei der sie die Bewusstseinstätigkeit transzendieren können. Und dann ergibt sich ganz natürlich, dass sie in die Übung des Achtens auf den Atem verfallen.

Die Anleitung, auf den Atem zu achten, ist ganz einfach. Folgen Sie jedem Zug des Einatmens und des Ausatmens mit konzentrierter Aufmerksamkeit. Zu Beginn des Ausatmens atmen Sie ganz natürlich aus, und wenn Sie dann einen Punkt in der Nähe des Atemhorizonts erreichen, betätigen Sie die Atemmuskeln, um fast ganz mit dem Atmen aufzuhören. Bei geöffnetem Kehldeckel entweicht die in den Lungen verbliebene Luft nach und nach fast unmerklich. Anfangs wird ihr Entweichen so sanft sein, dass Sie es überhaupt nicht merken. Aber dann wird es spürbar, und je mehr das Ausatmen unter den Atemhorizont sinkt, wird die Luft in aufeinanderfolgenden leichten Stößen herausgepresst. Wenn Sie dieses Entweichen der Luft mit Methode regulieren, werden Sie wirksamer dem SAMADHI näherkommen. Je länger der Vorgang des Ausatmens andauert, desto eher werden Sie dorthin gelangen.

Jedoch folgen auf ganz lange Ausatmungszüge notwendigerweise kurze, ziemlich schnelle Züge des Einatmens, damit der hervorgerufene Sauerstoffmangel wieder ausgeglichen wird. Dieses raschere Einatmen muss nicht unbedingt das SAMADHI stören, solange Sie die Bauchatmung beibehalten. Wenn Sie jedoch spüren, dass Ihnen eine solche ungewöhnliche Atemmethode nicht liegt, versuchen Sie es mit kürzeren Zügen des Ausatmens. Es scheint, dass das viele Zen-Schüler tun.

Wenn man jedoch in mäßigeren Zügen ausatmet, werden es auch solche, die schon beträchtliche Fortschritte im ZAZEN gemacht haben, oft schwierig finden, herumschweifende Gedanken unter Kontrolle zu halten. Sehen wir uns diese schweifenden Gedanken für einen Augenblick näher an. Es gibt davon zwei Arten. Die erste Art sind die Gedanken, die jäh auftauchen und genauso schnell wieder verschwinden. Die zweite Art sind erzählender Natur und rollen eine ganze Geschichte auf. Die erste Art lässt sich in zwei Unterarten einteilen: (1) die Wahrnehmung, dass jemand hustet, dass das Fenster schlägt, dass Vögel zwitschern und ähnliche Zerstreuungen, die für einen Augenblick von außen eindringen; und (2) der momentane Gedanke, der von innen entspringt und einen denken lässt: »Jetzt komme ich ins SAMADHI«, oder »Heute bin ich schlecht in Form«. Diese Art Denken ist nicht sehr hinderlich auf dem Weg zum SAMADHI, und je mehr Fortschritte man in Richtung SAMADHI macht, desto eher verschwinden solche Gedanken.

Die zweite Art umherschweifender Gedanken hat Erzählform, wie das bei Tagträumen der Fall ist. Man denkt dabei zum Beispiel an eine Unterhaltung mit jemandem und wird noch einmal von dieser Begebenheit absorbiert. Dem Leibe nach sitzt man zwar bei der Meditation, aber der Geist ist ganz woanders und grübelt noch einmal bitter vor sich hin oder amüsiert sich über die Szene. Diese Art Gedanken stellt eine ernsthafte Beeinträchtigung dar. Aber es sind Gedanken dieser Art, denen man besonders leicht zum Opfer fällt, wenn man das kürzere Ausatmen praktiziert. Wieder und wieder fällt man auf sich selbst zurück, stellt fest, dass man in Gedanken wieder ganz woanders ist, und bietet wiederum alle Konzentration auf, um seine Fantasie zu zügeln. Man stellt dann fest, dass man zu schwach ist, um Herr seiner Gedanken zu werden. Wie kann man dieser Lage entrinnen? Es gibt keinen anderen Weg, als Spannung in den Atemmuskeln zu erzeugen, indem man den Atem ganz oder fast ganz anhält. Und wenn Sie dann die Stimmbänder einsetzen und innerlich »Mu« sagen, spüren Sie, dass größere Kraft auf den Unterleib einwirkt und Ihre geistige Energie zunimmt. Diese Kraft und Energie macht Sie stärker bei der Beherrschung Ihrer umherschweifenden Gedanken. Jedoch arbeiten Sie jetzt mit »Mu« und achten nicht mehr vornehmlich auf Ihren Atem. Damit sind wir schon beim Thema unseres nächsten Kapitels.

Merken wir abschließend noch an, dass, wenn Sie reif sind, das Achten auf den Atem ganz natürlich zu SHIKANTAZA führt.

*Sechstes Kapitel*

# DAS ÜBEN MIT DEM MU

Unser Üben mit dem Mu können wir in drei Stufen einteilen (Mu ist in der Tradition gewöhnlich das erste KŌAN, das dem Zen-Schüler aufgetragen wird. (Für die Erläuterung des Hintergrunds siehe Ph. Kapleau, Die drei Pfeiler des Zen, Weilheim 1974, Anm. d. Hrsg.)

DIE ERSTE STUFE. Wenn Sie sich zum Üben hinsetzen, wird Ihnen ziemlich sicher Ihr Geist alsbald wie ein Topf kochenden Wassers vorkommen: Ruhelos brodeln ständig Impulse im Innern auf, umherschweifende Gedanken rennen gegen die Tür des Bewusstseins an und versuchen, sich zur Bühne des Geistes Zutritt zu verschaffen. Es bedarf energischer Maßnahmen, um das alles unter Kontrolle zu halten. Von entscheidender Bedeutung ist, dass Sie den ersten Gedanken gar nicht erst aufkommen lassen. Wenn Sie so nachlässig sind, ihn erst einmal eindringen zu lassen, drängen in seinem Gefolge sofort endlos weitere Gedanken nach und schwemmen Sie rettungslos fort. Deshalb müssen Sie von allem Anfang an jeden umherschweifenden Gedanken völlig ausschließen. Je eher Sie diese Gedanken unter Kontrolle bekommen, desto rascher können Sie zum SAMADHI gelangen, und zwar mit dem geringsten Aufwand an Zeit und Energie. Darum ist diese erste Stufe der Übung einzig und allein der Aufgabe gewidmet, die umherschweifenden Gedanken in den Griff zu bekommen.

Auf dieser Stufe atmet man mit leicht geöffnetem Mund; man stößt den Atem durch den engen Spalt zwischen den Lippen aus. Diese Übung versetzt die Atemmuskulatur in stärkere Spannung als das Atmen durch die Nase, und sie trägt wirksam dazu bei, die schweifenden Gedanken abzuwehren. Sagen Sie beim Ausatmen innerlich »Mu ...

Mu ... Mu ...« Jedes Mal, wenn Sie neu zum »Mu«-Sagen ansetzen, wird eine neue leichte Spannung in Ihrem TANDEN aufgebaut. Der Unterleib wird stufenweise eingezogen, aber Sie sollten darauf achten, ihn in seinem unteren Teil nicht ganz einzuziehen. Atmen Sie so lange aus, bis Ihre Atemreserve fast ganz aufgebraucht ist. Weiten Sie dann den Boden des Unterleibs und beginnen Sie mit dem Einatmen. Atmen Sie so ein, dass Sie dabei den unteren Teil des Unterleibs benützen.

Nach einem tiefen Ausatmen auf diese Weise werden Sie wieder Atem schöpfen müssen, und einige kurze Atemzüge im Rahmen des gewöhnlichen Atemvolumens werden ganz natürlich folgen, wie weiter oben beschrieben (S. 60 f. und Abb. 19). Bei diesem Erholungsatmen atmet man in zwei (oder drei) Phasen ein und aus (Abb. 20). Hat man wieder das volle Atemvolumen gewonnen, kann man wieder einmal lang ausatmen. Wenn Sie in dieser Weise zwei- oder dreimal geatmet haben, werden Sie feststellen, dass Ihr Unterleib aufgebläht und von einer Kraft erfüllt ist, die Sie bei Ihrem normalen Atmen noch

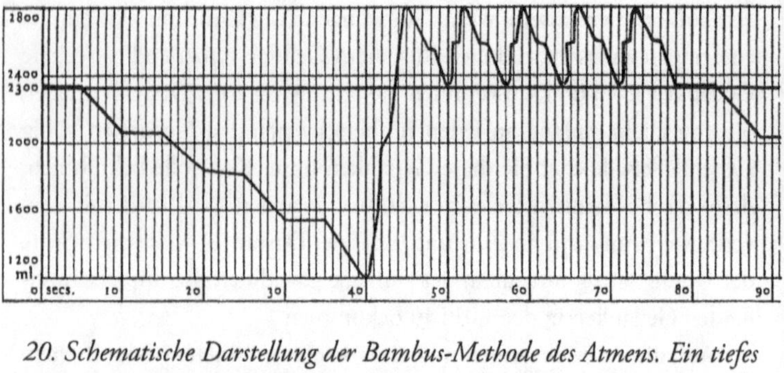


*20. Schematische Darstellung der Bambus-Methode des Atmens. Ein tiefes Ausatmen zu Beginn (links) wird so dargestellt, dass es in vier Schüben erfolgt, zwischen denen jeweils eine kurze Pause eingelegt ist. Darauf folgen fünf normale Atemzüge, bei denen in zwei Schüben ausgeatmet wird. In allen Fällen erfolgt das Einatmen in zwei Schüben. Dann wiederholt sich*

nie so gespürt haben. Mit anderen Worten: Im TANDEN wird ein starker Druck erzeugt. Es gibt Ihnen das Gefühl, dass Sie sozusagen »auf dem Thron des Daseins sitzen«. Sind Sie im ZAZEN zu Reife gelangt, so wird Ihnen ein zwei- bis dreimaliges Wiederholen dieser Übung genügen, aber wenn Sie wollen, können Sie sie beliebig lange wiederholen.

In diesem Stadium kann man die Augen entweder offen oder geschlossen halten. Wem es schwerfällt, seine Gedanken unter Kontrolle zu halten, für den kann es hilfreich sein, starr auf einen Punkt auf dem Boden vor sich zu blicken, so als fixiere er einen Gegner. Wir werden später noch genauer erörtern, dass konzentrierte Aufmerksamkeit mit den Augen (mittels Anspannung der Augenmuskeln) sehr wirksam zur Beherrschung unsteter Gedanken beiträgt, genau wie es die angespannten Atemmuskeln tun. Auf dieser ersten Stufe können Sie, wenn Sie wollen, weiter Ihren Atem zählen, statt »Mu« zu sagen. Beim Einstieg ins Üben empfehlen viele Zen-Meister als sehr wirksame Methode zur Beherrschung unsteter Gedanken das Zählen der Atemzüge.

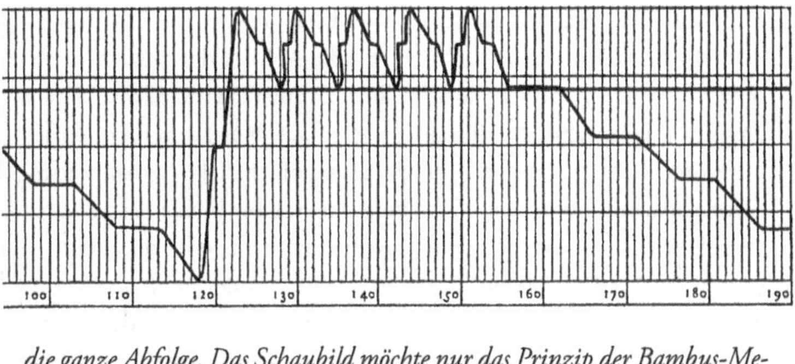


*die ganze Abfolge. Das Schaubild möchte nur das Prinzip der Bambus-Methode vorführen, die genaue Dauer jedes Schubs, die Zahl der Pausen während des Ausatmens und die Anzahl der Atemzüge nach jedem tiefen Ausatmen sind eine Frage der persönlichen Wahl und werden sich auf jeden Fall im Verlauf der ZAZEN-Übung ändern.*

Laut zum andern übergehen, geben wir unseren Atemmuskeln wieder einen leichten Spannungsimpuls (das bezieht sich allerdings vornehmlich auf das Zählen mit den japanischen Zahlen, die mehr Silben und Vokale haben: HITOTSU, FUTATSU, MITTSU usw., Anm. d. Hrsg.). Das geht ganz natürlich vonstatten, und wir brauchen uns keine Gedanken darüber zu machen, wann wir die Spannung erneuern müssen, wie das der Fall sein kann, wenn wir lediglich »Mu« sagen. Wenn Sie auf dieser Stufe also lieber Ihren Atem zählen wollen, brauchen Sie gar nicht unbedingt bis zehn zu zählen. Sie können auch immer wieder »ei-i-ins« sagen oder bis drei zählen und dann wieder von vorne beginnen.

Das alles klingt vielleicht ziemlich kompliziert, aber in Wirklichkeit ist es sehr einfach. Welches Wort Sie auf dieser Stufe auch immer verwenden wollen – im Wesentlichen kommt es darauf an, stetig und so lange wie möglich auszuatmen. Wenn Sie darauf achten, die Spannung im Unterleib nicht aufzugeben, sollten sich eigentlich alle anderen Vorkehrungen ganz von allein ergeben. Sogar ich selbst, der ich diese Methode vertrete, habe mich nicht mehr an alle Einzelheiten erinnern können und musste sie

Ich glaube, der Grund dafür liegt darin, dass wir, wenn wir zum Beispiel sehr langsam »ei-i-ins« sagen, dazu neigen, das Wort in mehrere Einzellaute aufzuteilen, und jedes Mal, wenn wir von einem noch einmal ganz bewusst durchführen, mir die Abfolge der einzelnen Elemente klarmachen und sie aufschreiben. Bei manchen wird sich daraus eine etwas abgewandelte Methode ergeben; das hängt von ihrer Verfassung und ihrem Grad der Reife ab. Dagegen ist nichts einzuwenden. Auch ich selbst halte mich nicht immer genau bis in alle Einzelheiten an das Verfahren, das ich gerade beschrieben habe, oder an andere in diesem Buch beschriebene Übungen. Letzten Endes muss jeder seine ganz persönliche ZAZEN-Übung entwickeln. Wenn man indes einiges aus den Erfahrungen seiner Vorgänger lernen kann, erspart einem das unnötige Versuche und Fehler.

Dogen Zenji sagt in seinen »Regeln des ZAZEN«: »Ist die Sitzhaltung korrekt, so atme einmal in der Weise des KANKI aus.« Dieses »KANKI« wird als Ausatmen durch den Mund interpretiert. Aber es ist unbekannt, wie diese Übung ganz genau ausgesehen hat. Die früheren Zen-Meister haben ihre Schüler individuell entsprechend ihrem Reifegrad unterwiesen, und diese Unterweisung geschah weitgehend mündlich direkt an den Schüler. Daher ist vieles, was sie gelehrt haben, jetzt unvermeidlich verloren. Jedoch ist klar, dass Dogen zum Beginn der Sitzübung im ZAZEN einmal durch den Mund ausgeatmet hat. Ein solches Ausatmen hat einem reifen Meister vielleicht genügt, aber mehr als einmal auszuatmen, mag für Schüler auf einer früheren Stufe des Übens durchaus angebracht sein.

DIE ZWEITE STUFE. Auf der ersten Stufe geht es hauptsächlich darum, seine umherschweifenden Gedanken unter Kontrolle zu bringen. Die Atemmethode ist dabei stark, ja geradezu grob. Vielleicht kann man sogar das Geräusch Ihres Atmens hören. Wenn Sie einige Male das Atmen der ersten Stufe geübt haben, stellt sich das Gefühl ein, Ihre untere Unterleibspartie sei in einer Verfassung, die dem entspricht, was man »das unermessliche Sich-Erstrecken der Erde« nennt. Es ist, als dehne sich Ihr Unterleib so fest und stabil aus wie die Erde selbst. Wenn nun dieser Zustand andauert, können Sie mit der Atemmethode der zweiten Stufe anfangen.

Auf dieser zweiten Stufe hält man den Mund geschlossen und presst die Zunge fest gegen Gaumen und Oberkiefer. Atmen Sie durch die Nase. Es ist nicht ratsam, ZAZEN regelmäßig mit offenem Mund zu üben; man tut es auf der ersten Stufe, weil man am besten Druck im unteren Unterleib erzeugen kann, wenn man kräftig mit fast geschlossenen Lippen ausatmet. Auf der ersten Stufe haben Sie mit offenem Mund in Wirklichkeit vermutlich eher innerlich so etwas wie »hu« statt »Mu« gesagt. Auf der zweiten Stufe, bei geschlossenem Mund, begleitet das Wort »Mu« ganz natürlich, obschon lautlos, Ihr Ausatmen.

Jetzt bedeutet »Mu« »Nichts« und ist das erste KŌAN im Zen. Sie denken vielleicht, dass Sie, wenn Sie so dasitzen und »Mu« vor sich hinsagen, den Sinn des Nichtseins erkunden. Aber das stimmt genau genommen nicht. Gut, es mag sein, dass Ihr Lehrer, der Sie zum Mu-Sagen angeleitet hat, wiederholt zu Ihnen sagt: »Was ist Mu?«, »Zeigen

Sie mir Mu!« usw., aber das bedeutet nicht, dass er Sie auffordert, in begriffliches Nachdenken abzuschweifen. Er möchte, dass Sie Mu *erfahren*. Um, technisch gesprochen, dahin zu gelangen, müssen Sie Mu lediglich als den Laut Ihres eigenen Atems nehmen und keine andere Vorstellung davon haben. Bleiben Sie nur aufmerksam dabei, »Mu« zu sagen. Wenn Ihnen diese Übung gelingt, und zwar ohne jegliche philosophische Spekulation, wird Ihnen eines Tages aufgehen, dass Sie die Antwort schon bekommen haben; Sie werden in die Hände klatschen und in lautes Lachen ausbrechen. Wenn Sie hingegen anfangen, über den Sinn von Mu nachzudenken, verlieren Sie den Bezug zu Ihrer eigenen Unmittelbarkeit; schließlich treiben Sie hilflos auf hoher See umher, hin und her geworfen von den Fluten zahlloser Begriffe und Ideen.

Bleiben Sie also im Anfang schlicht und einfach dabei, ständig »Mu« zu sagen. Sagen Sie es innerlich, wobei Sie jedoch Ihre Stimmbänder so einsetzen, als wollten Sie laut »Mu« sagen. Dieser Einsatz der Stimmbänder trägt sehr wirksam dazu bei, Kraft in Ihren Unterleib zu bringen. Im weiteren Verlauf der Übung beobachten Sie vielleicht, dass sich das »Mu« unmerklich in »U...« oder sogar »n...« wandelt. Das sind natürliche Entwicklungen, und sie sind ganz in Ordnung, weil diese Laute sich leichter bilden lassen, wenn man die Zunge fest gegen den Gaumen presst.

DIE BAMBUS-METHODE DES AUSATMENS. Ich möchte hier ausführlich eine Atemmethode darlegen, die wir schon beiläufig erwähnt haben, welche meines Erachtens äußerst wertvoll für das ZAZEN, aber meines Wissens noch irgendwo in der Zen-Literatur beschrieben worden ist. Ich glaube jedoch, dass sich in der Praxis schon viele Zen-Schüler dieser Methode bedient haben, ohne sich dessen bewusst zu sein. Sie ist bislang einfach deshalb noch nicht ausführlich beschrieben worden, weil sich noch niemand die Mühe gemacht hat, sein Tun bis in alle Einzelheiten zu analysieren.

Diese Methode besteht darin, in einem Einatemzug »Mu ... Mu ... Mu ...« oder »Mu-u-u« zu sagen, aber das Ausatmen in einzelne kleine

Stöße oder Wellen zu unterteilen. Auf den Namen »Bambus-Methode« für diese Art des Ausatmens sind wir gekommen, weil sich diese Atemweise, bei der man mehrmals kurz innehält und Pausen einlegt, mit einem Bambusstamm vergleichen lässt, der in regelmäßigen Abständen Bünde oder Knoten hat. Die Dauer der Intervalle und Ausatemszüge kann man entsprechend seiner Atemlänge einteilen. Die Möglichkeiten dafür sind zu vielfältig, um hier beschrieben werden zu können. Ich habe einmal törichterweise versucht, eine zu detaillierte Anweisung zu geben, bei der ich so weit ging, genau zu sagen, wie viele Sekunden lang man bei jeder Pause mit Atmen aufhören solle und wie lange die Züge des Ausatmens sein sollten. Das war ein Fehler. Diese Methode hatte sich als Frucht langer Praxis entwickelt und hatte sich also bei mir ganz natürlich ergeben, aber für andere, die es mit ihr versuchten, erwies sich eine so genaue und starre Anleitung als zu steif und unflexibel. Die Folge war, dass sie zu viele Schwierigkeiten empfanden und mit dieser Methode nichts anfangen konnten.

Wenn Sie vorhaben, es mit dieser Methode zu versuchen, so stellen Sie sich vor, Sie drücken immer wieder gegen eine verschlossene Tür, die sich nicht öffnen will, und sagen dabei »Mu-u-u-u-u«. Dann wird sich im Lauf der Zeit Ihre eigene Art, mit dieser Methode zu üben, einpendeln. Die Methode selbst wird zweifellos einige Abwandlungen erfahren, wenn Sie im Üben Fortschritte machen, und schließlich werden Sie merken, dass Sie Ihren eigenen Stil entwickelt haben.

Wir haben gesagt, man solle das Ausatmen in einzelne kleine Stöße oder Wellen unterteilen. Gemeint ist damit, dass man ununterbrochen ausatmet, aber dem Atem dabei immer wieder kleine Stöße gibt. Zwischen den einzelnen Ausatmenstakten sollte man dann ziemlich lange Pausen machen. Wird dann das SAMADHI allmählich tiefer, kann es sein, dass das Ausatmen eine ganze Zeit lang ganz aufzuhören scheint, sodass lediglich ab und zu ein wenig Atem entweicht und fast unmerklich etwas eingeatmet wird. Solche Abweichungen vom Atemrhythmus treten spontan auf, entsprechend der Entwicklungsstufe des erreichten SAMADHI. Jedenfalls greifen wir mit allen diesen Atemweisen im Allgemeinen tief in das Reservevolumen.

Weshalb machen wir diese Atemübung? Die Antwort lautet noch einmal: (1) um den TANDEN mit Kraft zu erfüllen; und (2), um immer wieder Impulse vom TANDEN ins Wachheitszentrum des Gehirns zu senden, wodurch wir, wie bereits besprochen (auf S. 56 ff.), das Auftreten von Gedanken verhindern und so ein absolutes SAMADHI herbeiführen. Das Bewusstsein ist von Natur aus darauf angelegt, immer irgendetwas zu denken; wenn es sich selbst überlassen bleibt, verfällt es in Tagträume. Diese umherschweifenden Gedanken sind etwas ganz Natürliches, aber man kann nicht ins SAMADHI eintreten, wenn der Geist mit ihnen beschäftigt ist. Die Bambus-Methode des Ausatmens ist nichts anderes als ein Kunstgriff, um schweifende Gedanken unter Kontrolle zu bringen. Wir denken, wenn Sie die gerade beschriebene Methode anwenden, wird Ihnen diese Kontrolle etwas leichter fallen.

Wir haben bereits gesagt, dass sich das schubweise Ausatmen mit dem wiederholten festen Drücken gegen eine klemmende Tür vergleichen lässt, wobei man nicht einen beständigen Druck ausübt, sondern immer neue Anläufe macht. Man könnte es auch mit dem Tauziehen vergleichen, wo es auch viel wirkungsvoller ist, leicht nachzulassen und dann wieder fest anzuziehen, statt gleichmäßig stark am Seil zu zerren. Oder einen anderen Vergleich würde das Malen bieten. Wenn ein japanischer Künstler einen Bambusstamm malt, setzt er seinen Pinsel unten auf das Papier und fährt einige Zentimeter nach oben. Dann hält er an, hebt den Pinsel leicht vom Papier ab und setzt ihn etwas höher wieder an, um ihn dann wieder einige Zentimeter weiter nach oben zu führen. Der schmale Zwischenraum zwischen den einzelnen Pinselstrichen stellt die Knoten am Bambusstamm dar. Man wiederholt diesen Vorgang des Aufmalens, Absetzens und Weitermalens nach oben so lange, bis der Bambusstamm in seiner vollen Länge gemalt ist. Der Künstler führt das in einem einzigen Zug des Ausatmens aus. Bei jedem Absetzen hält auch sein Atem an; bei jedem weiteren Pinselstrich lässt er auch wieder leicht etwas Atem entweichen. So zeigt das gemalte Bild schließlich nicht nur den Bambusstamm, sondern auch den genauen Verlauf seiner Bewegung des Ausatmens. An einem solchen Bild kann man nichts mehr retuschieren; es stellt die spirituelle Kraft des Künstlers im Augenblick des Malvorgangs dar. Diese Weise, wie man beim Malen eines Bambusstamms ausatmet, ist ein ausgezeichneter Vergleich dafür, wie man sein Ausatmen in einzelne kleine Stöße oder Wellen unterteilt, um wirksam ZAZEN zu üben.

Abbildung 20 zeigt im Schaubild die Bambus-Atemmethode (ich verdanke Geoffrey Hargett die Idee für diese Darstellung). Wir wollen noch einmal ausdrücklich betonen, dass man sich nicht zu eng daran halten muss.

EIN NEUER GEISTESZUSTAND. Es geschah mir selbst einmal während des Übens, als ich schon dem tiefen SAMADHI nahe war, dass ich merkte, wie sich mein Geisteszustand leise wandelte und sich eine völlig neue Szenerie einstellte. Auf dieser neuen Szene tauchte keinerlei umherschweifender Gedanke mehr auf; es herrschten absolute Stille und völliges Schweigen, als wäre ich auf dem Mond gelandet. Da ich schon hie und da diese Verfassung wahrgenommen hatte, war mir klar, dass in meinem Gehirn eine ganz spezifische Aktivität meines Bewusstseins vor sich ging. Aber das war nicht mehr als eine punktuelle Aktivität des auf sich selbst reflektierenden Bewusstseins (darüber mehr in Kapitel 10), die mich so gut wie gar nicht dabei störte, mich dem SAMADHI zu nähern. Der Zustand, den ich erreicht hatte, konnte von dieser Art Einwirkung gar nicht gestört werden. Aber es wäre verfrüht, diesen Geisteszustand bereits als absolutes SAMADHI zu bezeichnen. Dennoch war diese Erfahrung für mich etwas ganz Besonderes. Ich benutzte sie als Sprungbrett und war imstande, einen weiteren Schritt nach vorne zu machen.

Wenn man im SAMADHI Fortschritte macht, erreicht man tatsächlich eine Stufe, auf der man umherschweifende Gedanken sogar herbeirufen kann – und sie kommen gar nicht. Nachdem ich wiederholt eine solche Erfahrung gemacht hatte, versuchte ich herauszufinden, was ich eigentlich unternahm, um eine solche Stufe zu erreichen. Und schließlich merkte ich, dass ich mich unmittelbar vor Erreichen dieser Stufe ganz auf mein schubweises Ausatmen einließ und es Stück um Stück vorantrieb. Das war, wie wenn ein verwundeter Soldat über den Boden kriecht, die Hände in die Erde krallt und sich stöhnend Zentimeter um Zentimeter weiterschleppt. Von da an setzte ich diese Weise des Atmens ganz vorsätzlich ein, und zu meinem Erstaunen war die Wirkung unmittelbar und tiefgehend. Sie erlöste mich von dem seitherigen Ringen mit wirren Gedanken, und ich stellte fest, dass ich ziemlich leicht bis zum absoluten SAMADHI gelangen konnte. Natürlich gab es viele Höhen und Tiefen, aber grundsätzlich lag der Weg offen vor mir. Jetzt kann ich klar erkennen, welche Route ich beim Klettern zurückgelegt habe; es ist so ähnlich, als betrachtete ich eine Luftaufnahme der Alpen. Darum muss ich Ihnen das unbedingt beschreiben.

NICHT-EMPFINDEN. Wenn wir in ZAZEN-Haltung sitzen und wenn unser Ausatmen unter den Atemhorizont taucht, stellt sich ziemlich zwanglos eine neue Empfindung ein, die wir das Nicht-Empfinden nennen, denn jetzt taucht man geistig sozusagen in die lautlosen Tiefen des Meeres hinab. Außer dem TANDEN sind alle Gliedmaßen entspannt und reglos. Ganz natürlich ergibt sich ein Nicht-Empfinden.

Nicht-Empfinden ist nicht das Gleiche wie Starrheit. Wenn Sie Ihre Hände oder Arme bewegen wollen, können Sie das jederzeit tun, und das normale Empfinden kehrt wieder. Aber wenn Sie sie unbeweglich belassen, empfinden Sie Ihre Hände und Arme und Ihren Leib nicht mehr. Das Dasein seines Körpers fühlt man dann, wenn Haut, Gelenke, Organe und mechanische Rezeptoren der Muskeln gereizt werden. Wird die Haut nicht berührt, gehen auch keine Reize von ihr aus; werden die Gelenke nicht bewegt, senden sie keine Signale aus. In der ZAZEN-Haltung legen sich deshalb zwanglos alle diese Empfindungen. Aber bestimmte Signale, die von den mechanischen Rezeptoren aufgefangen werden, wirken weiter und vermitteln immer noch ein vages, allgemeines Gefühl dafür, dass man da ist, selbst wenn die Muskelspannung weder zu stark noch zu schwach ist und man den Muskeltonus im ganzen Körper in einem konstanten Zustand lässt. Dieses Empfinden ist anders als jedes andere gewöhnliche alltägliche Empfinden. Man spürt es als einen allgemeinen inneren und äußeren, irgendwie schmerzlichen Druck im gesamten Körper. Man hat das Gefühl, als trage man eine schwere Rüstung. Der Druck wird stärker, je tiefer das SAMADHI wird. Vermutlich ist das eine ganz schwache Empfindung, aber das ist wie das weithin vernehmliche Geräusch einer Nuss, die um Mitternacht im Herzen des Gebirges vom Baum fällt. So wird auch dieser Druck als stark empfunden, weil alle anderen Empfindungen minimal sind.

Es gibt Formulierungen im Zen, die beschreiben, wie sich dieser Zustand ausbreitet: »stählerne Ufer, die sich über Millionen von Meilen erstrecken« und »silberne Gebirge und eiserne Klippen«. Es handelt sich um eine Art geistlicher Kraft, die zur geistlichen Kraft des JISHU-ZAMMAI, der Selbstbeherrschung, wird.

Wenn sich jedoch das SAMADHI immer noch weiter vertieft, erlischt nach und nach alles Empfinden der Wachheit, der starken geistlichen Kraft, des Gefühls eines ziemlich schmerzlichen Drucks im gesamten Körper, und ein echtes Nicht-Empfinden stellt sich ein. Das ist nun tatsächlich das Wegfallen von Körper und Geist. Doch es gibt da immer noch etwas, aber man kann nicht mehr sagen, was das ist.

Vielleicht wird jemand sagen: »Ich habe alle Ihre Anweisungen genau befolgt, aber ich habe ganz und gar nicht all das erfahren, was Sie hier beschreiben.« Meine Antwort lautet: »Übe!« Man mag ZAZEN zwanzig, dreißig, vierzig oder gar fünfzig Jahre üben und mannigfaches Versagen und Enttäuschtwerden erleben, aber jede Niederlage und jede Verzweiflungsphase ist in Wirklichkeit eher ein Gewinn als ein Verlust. Man muss jegliche Erfahrung als Element seines fruchtbaren Fortkommens ansehen.

DIE AUGEN UND DIE VISUELLE AUFMERKSAMKEIT. Bei der Zen-Übung und der Erfahrung des SAMADHI spielen die Augen eine wichtige Rolle. Deshalb möchte ich jetzt darüber einiges sagen. Ich unternehme das mit einigem Zögern, weil nämlich das, was ich vertrete, von den traditionellen Vorstellungen über den Gebrauch der Augen abweicht. Die Zen-Lehrer geben fast durchweg die Anweisung, beim ZAZEN die Augen ganz oder halb geöffnet zu halten. Ja, üblicherweise wird nachdrücklich darauf hingewiesen, dass ZAZEN mit geschlossenen Augen nicht sinnvoll sei. Als Grund dafür wird gewöhnlich angegeben, dass das Üben mit geschlossenen Augen zur Schläfrigkeit und zum Umherschweifenlassen der Gedanken führe. Zugegeben, das ist ein kluger Ratschlag für Anfänger. Ich persönlich schließe allerdings immer die Augen, wenn ich ZAZEN übe. Meiner Erfahrung nach blickt der Geist natürlicherweise immer nach außen, wenn man die Augen offen hat. Wenn ich meine Aufmerksamkeit nach innen richten will, muss ich mich bewusst anstrengen, die visuellen Eindrücke, die mir meine Augen liefern, auszuschließen. Wenn ich die Augen geschlossen halte, kann ich das besser, und es erleichtert meine Aufmerksamkeit auf das Innere.

Nach außen gerichtete Aufmerksamkeit gehört zum positiven SAMADHI, nach innen gerichtete Aufmerksamkeit zum absoluten SAMADHI. Es stimmt, dass man auch mit offenen Augen das Denken beherrschen kann; aber man kann die Augen nicht davor bewahren, äußere Objekte zu reflektieren, wodurch unvermeidlich Sinnesempfindung stattfindet. Dieser Umstand macht es uns ziemlich schwer, vollständig in absolutes SAMADHI einzutreten. Vielleicht praktizieren diejenigen, die die Augen offen halten, positives SAMADHI. Aber leider kennen die meisten Zen-Schüler nicht den Unterschied zwischen positivem und absolutem SAMADHI. Allerdings kann auch die Praxis von positivem SAMADHI zum KENSHŌ führen, und Schüler, die diese Erfahrung machen, mögen mit ihrer Übung zufrieden sein. Ich glaube jedoch, dass diese Art Übung nur zu einem teilweisen Erfassen des Zen führt. Es gibt zahlreiche Fälle von Menschen, die das sogenannte KENSHŌ erreichen, aber immer wieder aus dem Kreis der Zen-Schüler auf Nimmerwiedersehen verschwinden. Vielleicht sind sie nicht tief genug in die Welt des Zen eingedrungen.

Es lassen sich zwei Arten von Aufmerksamkeit unterscheiden: die abstrakte und die sinnenhafte. Erstere geschieht unabhängig von den Sinnesorganen, Letztere bedient sich ihrer. Die sinnenhafte Aufmerksamkeit kann natürlich verschiedenartige Ausprägungen haben: Sie kann über die Augen, das Gehör, den Leib usw. erfolgen. Bei der

ZAZEN-Übung ist die sinnenhafte Aufmerksamkeit wirksamer als die abstrakte Aufmerksamkeit. Letztere neigt dazu, sich ziemlich bald zu erschöpfen. Wenn Sie sich einfach abstrakt mit Mu befassen, werden Sie ziemlich schnell von umherschweifenden Gedanken übermannt, aber wenn Sie Ihre visuelle Aufmerksamkeit einsetzen, um in sich selbst hineinzuschauen – oder genauer, um sie auf Ihren TANDEN zu richten –, erreichen Sie einen Zustand des Bewusstwerdens Ihres Daseins an sich. Und Sie werden zugleich feststellen, dass Sie zügig auf das absolute SAMADHI zugehen. Tiefes Schweigen umhüllt Sie. Es ist, als tauchten Sie in die Tiefen des Meeres, um sich schließlich auf dessen Grund still niederzulassen.

Wenn ich meine Augen schließe und meine visuelle Aufmerksamkeit nach innen wende, kann ich zunächst nur Dunkelheit sehen, aber alsbald wird die innere Szenerie klar erleuchtet, und das Auge meines Geistes schaut beständig in den innersten Kern meiner selbst. Dieses Richten der visuellen Aufmerksamkeit nach innen neigt immer dazu, zu einem Anhalten des Atems zu führen und die Aufmerksamkeit des ganzen Körpers zu wecken. Diese drei Elemente, visuelle Aufmerksamkeit, angehaltener Atem und körperliche Aufmerksamkeit, können zu einem einzigen Akt der Konzentration verschmelzen, der eine mächtige Schubkraft in Richtung des absoluten SAMADHI entwickelt. Wir können diese Schubkraft die »Willenskraft« oder die »geistliche Kraft« nennen.

Die Aufmerksamkeit des Gehörs neigt von Natur aus nach außen. Wenn Sie auf das Ticken einer Uhr hören, ist Ihr Geist auf den Klang ausgerichtet, und das führt zu positivem SAMADHI. Auch die visuelle Aufmerksamkeit ist normalerweise nach außen gerichtet. Nur wenn Sie die Augen schließen, können Sie Ihre Aufmerksamkeit vollständig nach innen richten.

Sie können folgenden Versuch machen. Konzentrieren Sie Ihre Aufmerksamkeit auf Ihre Handflächen, wie sie in Ihrem Schoß liegen. Sie werden nach einiger Zeit darin ein leichtes Beben spüren, das vermutlich vom Pulsieren des Blutes stammt, und Sie werden direkt mit dem Dasein Ihrer Handflächen in Verbindung stehen. Sie üben also jetzt die körperliche Aufmerksamkeit. Immer wenn man seine visuelle Aufmerksamkeit auf irgendeinen Teil seines Körpers lenkt, stellt sich notwendigerweise an dieser Stelle auch die körperliche Aufmerksamkeit ein. Das ist, als schwenke man einen Scheinwerfer auf der Suche nach einem wichtigen Objekt umher. Mit anderen Worten: Sie konzentrieren Ihren Geist auf Ihre Handflächen. Praktisch sind hier visuelle Aufmerksamkeit, körperliche Aufmerksamkeit und der Geist ein und dasselbe.

Oder noch einmal: Wenden Sie Ihre visuelle Aufmerksamkeit Ihren Armen zu, und versuchen Sie, Ihre Vorstellungskraft ganz aufmerksam auf sie zu richten. Sie werden feststellen, dass Ihr Atem langsamer und Ihr Körper ruhiger als zuvor werden und dass sich in Ihrer Haut ein Zustand sanfter, konstanter Spannung entwickelt. Und fast mit einem Mal werden Sie vermutlich wie eine Art feinen Schauer ein zartes Gefühl empfinden, das zuerst auf der Rückseite der Oberarme und in den Händen einsetzt und sich dann leise in alle Richtungen ausbreitet. Gleichzeitig regt sich zunächst im Bereich der Ohren ebenfalls eine Art leichtes, schauerartiges Beben und breitet sich dann über Wangen, Stirn, Kehle und Schultern hin aus. Dieses leichte, wohlige Empfinden eines Schauers ist von einem klaren Empfinden des Wohlseins begleitet, das Leib und Geist mit tiefer Ruhe erfüllt. Die Befindlichkeit der inneren Organe, des Blutkreislaufs und anderer psychophysischer Vorgänge – all das wird von der Haut reflektiert. Das Schauern wird eine Zeit lang anhalten, und dann strömen ein Friede und ein Schweigen ein, die Leib und Geist erfüllen. Das Nicht-Empfinden setzt ein, ehe Sie sich dessen bewusst werden. Zwischen dem schauerartigen Empfinden und dem Nicht-Empfinden besteht eine gewisse Verwandtschaft, und Letzteres folgt auf das Erstere. Es mag sein, dass Sie als Anfänger dies alles nicht unmittelbar erfahren, aber der Umstand, dass Sie um das Auftauchen eines derartigen Phänomens wissen, wird Ihnen dabei helfen, ziemlich schnell die Fertigkeit zu erwerben, so weit zu kommen. Das schauerartige Empfinden wird von besser geübten Schülern weniger häufig erfahren, und wenn Sie reif sind, wird es fast ganz verschwinden. Es gibt auch Menschen, die den Schauer überhaupt nicht empfinden, vielleicht aus Gründen ihrer leib-seelischen Verfassung. Sie brauchen sich deshalb keine Sorgen zu machen, denn dieses Gefühl ist keine notwendige Bedingung dafür, ins SAMADHI eintreten zu können. Jedoch scheint vielen Musikern, Poeten und Malern dieses Schauerempfinden eine ganz geläufige Erfahrung zu sein.

Hakuin Zenji beschreibt eine andere Methode dafür, Nicht-Empfinden zu erlangen; doch entspricht sie in vieler Hinsicht dem, was wir gerade beschrieben haben, denn auch sie setzt die visuelle und körperliche Aufmerksamkeit ein. Er weist den Schüler an, sich vorzustellen, dass auf seinen Kopf ein Klümpchen brennenden Weihrauchs gelegt wird. Dann soll er sich auf die Vorstellung konzentrieren, dass dieser Weihrauch schmilzt und ganz langsam in ihn einsinkt, durch Schädeldecke, Gehirn, Kehle in die Brust, den Magen, den Unterleib und die Beine. Das wird dann zum Nicht-Empfinden führen.

Wenn Sie in der Ausübung dieser Kniffe eine gewisse Fertigkeit erlangt haben, schleift sich in Ihrem Leib und Ihrem Geist eine Art Spur ein, sodass sich dieser Verlauf auch dann einspielt, wenn Sie ihn gar nicht vorsätzlich durchführen, und so wird sich bei Ihrer ZAZEN-Übung ziemlich leicht das Nicht-Empfinden einstellen.

Wenn Sie Ihre visuelle Aufmerksamkeit nicht auf Ihre Handflächen oder Arme richten, sondern auf Ihr Inneres – oder genauer, auf den TANDEN –, werden Sie feststellen, dass Sie beharrlich in Ihr eigenes Dasein hineinschauen. Haben Sie in dieser Übung Reife erlangt, so können Sie mit einem einzigen Atemzug ins absolute SAMADHI eintreten.

Erfahrene Zen-Schüler, die beim Üben erfolgreich sind, müssen eigentlich dieses nach innen gerichtete visuelle Aufmerksamsein geübt haben, aber es scheint, dass sie nie über diese Tatsache nachgedacht und sich erst recht nicht so gründlich klargemacht haben, dass sie anderen etwas darüber sagen könnten. Es ist ein großer Unterschied, ob man etwas wissentlich oder unwissentlich tut. Wenn Ihnen das klare Verständnis für das, was Sie tun, fehlt, ist es ziemlich wahrscheinlich, dass Sie gelegentlich das Gefühl bekommen, an Ihrer Übung stimme irgendetwas nicht, ohne den Fehler ausmachen zu können. Manche Zen-Schüler beschränken sich wahrscheinlich einfach darauf, die abstrakte Aufmerksamkeit auf Mu zu üben, und die Folge ist, dass sie von wirren Gedanken geplagt werden, weil sich diese Art Aufmerksamkeit rasch erschöpft.

Noch einmal: Richten Sie Ihre visuelle Aufmerksamkeit auf ihren TANDEN. Die Empfindung des TANDEN wird plötzlich sehr deutlich und füllt Ihren Geist aus. Dann werden Sie merken, dass Sie sich stetig und kräftig im Griff haben und überwachen können. Gönnen Sie dann Ihren Atemmuskeln Entspannung, und nehmen Sie die visuelle Aufmerksamkeit zurück; Sie denken dann nur noch abstrakt an den TANDEN und werden feststellen, dass Ihre Konzentration schlagartig nachlässt.

DIE DRITTE STUFE. Auf der dritten Stufe werden die Atempausen, bei denen man das Atmen fast ganz einstellt, immer länger; das Atmen selbst wird weicher und sanfter, und zeitweise kommen Augenblicke, in denen es scheint, als rege sich gar kein Atem mehr. Dabei unterbrechen Sie nicht mit einer Anstrengung den Atem, und Ihr Kehldeckel ist nicht geschlossen (das heißt, halten Sie den Atem nicht mittels der Brust an). Sie steuern alles mit Ihrem Unterleib, und das Ausatmen erfolgt hauptsächlich durch ein gelegentliches leichtes Entspannen des Zwerchfells. Selbst in dieser Verfassung wird das Reservevolumen nach und nach aufgebraucht. Aber beträchtliche Zeit vergeht, bis es erschöpft ist: vierzig, fünfzig, sechzig oder sogar mehr Sekunden. Und dann wird spontan wieder das Einatmen beginnen.

Auf dieser dritten Stufe hat das SAMADHI bereits eingesetzt. Sie konzentrieren sich auf etwas Einziges: Sie blicken mit ungeteilter Aufmerksamkeit in den TANDEN. Obwohl kein Gedanke auftaucht, erhellt offensichtlich ein klares Leuchten den Geist. Oder richtiger, der Geist selbst strahlt Helligkeit aus. Aber vielleicht wäre es richtiger, zu sagen, alles sei dunkel, statt von Licht zu sprechen. Ein Vergleich mag zur Erläuterung hilfreich sein. Stellen Sie sich vor, Sie dringen in eine Höhle vor und erreichen ihren tiefsten Punkt, an dem eine kleine Glühbirne brennt. Sie können nichts sehen. Aber je mehr sich Ihre Augen an das Licht gewöhnen, desto klarer sehen Sie im Licht der Birne. Obwohl Sie in einer Höhle sind, spüren Sie, dass Sie endlos weit vom Universum umhüllt sind. Alles ist Stille und Schweigen. Und es mag merkwürdig klingen: Kein Gedanke regt sich in Ihrem Geist. Das ist ein Bild, aber vielleicht hilft es Ihnen, sich einigermaßen die Verfassung vorstellen zu können, in der man ist, wenn kein Gedanke mehr auftritt und ein glasklares Licht den Geist erleuchtet. Es ist, als wären Sie in tiefem Schlaf und zugleich hellwach. Da erleuchtet kein Licht den Geist, sondern der Geist leuchtet selbst und schenkt sich Licht. Nichts ist darin zu finden: keine Welt, keine anderen, kein Selbst, keine Zeit. Da ist nur hauchzartes Da-sein, das sich nicht beschreiben lässt.

Mancher mag da die Frage stellen: »Wie haben Sie dieses Wissen erlangen können? Die Verfassung, von der Sie sprechen, scheint reine Subjektivität zu sein, auf die man nicht reflektiert, die man nicht wahrnimmt, die man nicht kennt und die sich nicht beschreiben lässt. Wie erklären Sie das?« Die Antwort lautet kurz gesagt: Dieses Tätigsein des Geistes schwingt noch ganz kurz nach, sodass ich unmittelbar, nachdem ich in dieser Verfassung gewesen bin, bei ihrem Entschwinden noch einen Eindruck von ihr erhaschen kann. Dieses Thema wird in Kapitel 10 noch ausführlicher erörtert.

Aber wir sind noch nicht am Ende unserer gegenwärtigen Überlegungen. Wenn das SAMADHI noch tiefer wird, werden alle Reflexionstätigkeiten des Geistes stillgelegt, und man behält selbst die unmittelbare Vergangenheit nicht mehr. Auch wenn Sie sich noch so viel Mühe geben, können Sie keinen verstohlenen Blick in Ihr eigenes SAMADHI hineinwerfen, noch viel weniger es beschreiben. Was ich oben beschrieben habe, ist noch kaum der Anfang des SAMADHI. Aber vielleicht genügt das doch schon, um Ihnen in etwa eine Vorstellung davon zu geben, was das SAMADHI ist.

Kehren wir jetzt noch einmal zum Atmen zurück. Sie fragen vielleicht: »Auf dieser dritten Stufe wird doch auch die Bambus-Methode gebraucht?« Das stimmt, jedoch ohne jegliche klar umschriebene Struktur. Wie ich gesagt habe, hat das Atmen jetzt fast aufgehört, und nur gelegentlich darf der Atem in ganz kleinen Zügen entweichen. Und bei jedem kleinen Ausstoß – und mag er noch so unmerklich leicht sein – verändert sich die Spannung der Atemmuskeln und der Impuls wird zum Gehirn übermittelt und so weiter. Alles ist still geworden. Wenn jemand auf dieser Stufe mit dem »Mu«-Sagen aufhört und in jenen Zustand eintritt, in dem man einfach innehält und auf den TANDEN achtet, kann man diese Übung SHIKANTAZA nennen. Das ist kein Zustand geistesabwesenden Sitzens; es ist eine Verfassung äußerster Wachheit.

Oben habe ich gesagt, dass, wenn Sie damit anfangen, »Mu« zu sagen, Sie nicht zu versuchen brauchen, über den Sinn von Mu nachzudenken, sondern dass Sie es einfach als den Laut Ihres Atmens nehmen sollen. Und wenn Sie einfach so weitermachen und inständig »Mu« sagen, geht Ihnen vielleicht plötzlich auf, dass sich Ihnen der Sinn von Mu längst erschlossen hat. Wenn Sie sich stattdessen auf begriffliches Nachdenken darüber einlassen, was wohl mit Mu gemeint sein könnte, häufen Sie lediglich Begriff auf Begriff und werden damit nie an ein Ende kommen. Ich wiederhole noch einmal: Haben Sie erst einmal eine gewisse Erfahrung des SAMADHI gemacht, so werden Sie sehen, dass der Sinn von Mu längst auf Sie gewartet hatte.

WARNUNGEN. Diese Anweisung, nicht mit Ihrem Kopf über Mu nachzudenken, ist äußerst wichtig. Es ist etwas völlig anderes, Mu in seinen Unterleib zu drücken, statt es mit dem Kopf zu rezitieren. Ich hatte einmal mit einem Schüler zu tun, der lange und ernsthaft mit Mu geübt, dabei sein geistiges Auge konsequent auf das abstrakte Mu ausgerichtet gehalten hatte und der Überzeugung gewesen war, seine Übung sei ganz korrekt. Aber nach einiger Zeit hatte er das Gefühl, dass etwas doch nicht ganz stimme, und schließlich kam ihm zu Bewusstsein, dass er zwei Dinge auf einmal tat. Zum einen übte er mit seinem Kopf Mu, und zum andern überwachte er die Regungen seiner Atemmuskeln und die Bewegungen seines Unterleibs. Es war für ihn äußerst wichtig, diesen Fehler zu erkennen. Wenn Sie sich in positives SAMADHI einüben wollen, müssen Sie nun aber tatsächlich mit Mu üben, dazu Ihren Kopf gebrauchen und sich mit der Frage beschäftigen: »Was ist Mu?« Aber wenn Sie sich in absolutes SAMADHI einüben wollen, müssen Sie die Bewegungen und das Spannen und Entspannen Ihrer Atemmuskeln überwachen, oder genauer: Sie müssen sie *werden*.

Oft erreichen Schüler durch das Einüben ins positive SAMADHI (unter Einsatz des Mu) das sogenannte KENSHŌ früher, als wenn sie sich ins absolute SAMADHI einüben, das ein Wesensbestandteil der Zen-Übung ist. Letzten Endes muss man zum Meister in beidem werden. Aber uns geht es hier jetzt vor allem um Letzteres. Ich würde so weit gehen, zu sagen, Sie sollten nicht nach dem sogenannten KENSHŌ trachten. Wenn Sie absolutes SAMADHI verwirklichen, ist in dieser Erfahrung bereits echtes KENSHŌ enthalten. Wir werden zu diesem Thema weiter unten noch mehr sagen müssen.

Manche beklagen sich darüber, dass sich zu ihrem großen Unbehagen während ihres Übens mit Mu eine Art schmerzvolle Empfindung einstellt, und zwar auf ihrer Stirn mitten zwischen den Augen. Das ist eine der Folgen davon, dass die Aufmerksamkeit nicht auf den TANDEN konzentriert ist. Sie glauben zwar theoretisch, dass die spirituelle Kraft ihren Sitz im TANDEN habe, aber eigentlich haben sie eher das Gefühl, ihr Geist sei zwischen den Augen oder in der Kehle lokalisiert, und folglich richten sie ihre Aufmerksamkeit unbewusst auf ihre Stirn oder ihre Kehle. Solche konzentrierte Aufmerksamkeit verursacht oft einen Schmerz; das ist so ähnlich wie bei einem Sonnenstrahl, den man mit dem Brennglas auf einen bestimmten Punkt konzentriert. Wird das zur Gewohnheit, kann schon ein Schmerz in der Stirn auftreten, wenn man nur daran denkt. Selbst wenn man denkt, man wolle nicht daran denken, ist schon dieser Gedanke, nicht daran denken zu wollen, ein Beweis dafür, dass man daran denkt. Eine solche unbewusste Gewohnheit muss man überwinden, indem man seine Aufmerksamkeit direkt auf den TANDEN richtet.

Schließlich sei dieses Kapitel mit einigen weiteren Bemerkungen über das Einatmen abgeschlossen. Die meisten wichtigen Gesichtspunkte, die das Einatmen betreffen, sind schon erwähnt worden, als wir die erste und zweite Stufe des Übens mit Mu besprochen haben. Wir wollen nur noch einen oder zwei weitere Punkte nennen, die noch nicht zur Sprache gekommen sind. Zunächst einmal: Die kürzeren Atemzüge, die auf ein tiefes und langes Ausatmen folgen, sind ebenfalls zur Erlangung des SAMADHI sehr nützlich. Man sollte dabei in zwei

Schüben einatmen und in zwei oder mehr Schüben wieder ausatmen. Vielleicht spüren Sie den Drang, schnell wieder zu Atem zu kommen und nach Luft zu schnappen (also die Brustatmung einzusetzen). Ist das der Fall, so üben Sie für einen Augenblick Geduld, und atmen Sie auf zweimal ein, wobei Sie beim ersten Schub zunächst den untersten Teil Ihres Unterleibs einsetzen. Halten Sie die Spannung so niedrig wie möglich, denn so vermeiden Sie das rasche Schnappen nach Luft.

Und zum andern: Zusätzlich zu diesem kürzeren Atmen wird es Ihnen gelegentlich passieren, dass Sie, fast ohne es zu wollen, mit einem ganz natürlichen und tiefen Zug einatmen, und zwar mit Brustatmung. Das kommt dann aus physischer Notwendigkeit und beeinträchtigt Ihr SAMADHI nicht. Sie brauchen sich dessentwegen also keine Sorgen zu machen.

*Siebtes Kapitel*

# DER TANDEN

Im dritten Kapitel haben wir dargelegt, dass zwischen der Spannung der Körpermuskeln und der spirituellen Verfassung des Menschen ein enger Zusammenhang besteht und dass der TANDEN, den wir als Steuerzentrale der Muskeln des gesamten Körpers betrachten, für den Zen-Schüler eine äußerst wichtige Rolle spielt, wenn er Konzentration entwickeln und das hervorbringen will, was wir spirituelle Energie nennen können. Wir greifen jetzt dieses Thema noch einmal auf und besprechen dazu einige weitere Gesichtspunkte.

Stellen Sie sich vor, wir versuchen in uns selbst hineinzuschauen – also auf uns selbst zu achten und unseren Geist unter Kontrolle zu bringen. Der Leser sollte diesen Versuch für sich selbst machen. Wenn Sie das tatsächlich zu tun versuchen, stellt sich die Frage, wo man seinen Geist überhaupt finden kann. Vielleicht richten Sie Ihre Aufmerksamkeit auf das Innere Ihres Kopfes, aber Sie finden dort keine Antwort. Oder vielleicht richten Sie Ihren inneren Blick in Ihre Brust oder auf Ihr Herz – auch von dort her kommt keine Resonanz, selbst wenn Sie Ihr Herz schlagen hören. Anscheinend können Sie Ihren Geist nirgendwo lokalisieren. Wenn Sie jedoch fest entschlossen sind und diese Innenschau beharrlich fortsetzen, werden Sie vermutlich irgendwann unwillkürlich den Atem anhalten, und bei dieser Gelegenheit werden Sie mit einem Mal spüren, dass eine Art spiritueller Wirklichkeit in Ihnen auftaucht. Als Sie dazu angesetzt haben, Ihren Atem anzuhalten, hat sich unvermeidlich in Ihrem TANDEN Spannung aufgebaut, und dadurch, dass Sie in Ihren TANDEN geblickt haben, ist Ihnen die Spannung Ihres Geistes vor Augen getreten.

Wenn wir dem TANDEN so große Bedeutung beimessen, heißt das nicht, dass wir dem Gehirn absprechen, es leiste die Arbeit des Denkens, Planens und Befehle-Erteilens; aber die Befehle des Gehirns werden in erster Linie vom System der Unterleibsmuskeln zusammen mit dem Zwerchfell ausgeführt. Wenn sie nicht im Einsatz sind, wird kein Vorhaben wirklich durchgeführt. Man kann kein Musikstück aufführen, indem man lediglich auf die Partitur starrt. Wenn die Atemmuskeln einsetzen, wird geistige oder spirituelle Kraft in Marsch gesetzt. Diese Tätigkeit wird dem Gehirn weitergemeldet, das dann weitere Befehle ersinnt und zyklische Ketten von Prozessen in Gang setzt, wie wir früher schon beschrieben haben. Das geistige Tätigsein kommt zustande, indem ein ständiger Informationsfluss zwischen Gehirn und Muskeln und Muskeln und Gehirn hin- und herpulsiert. Der gleiche Prozess läuft ab, wenn wir Gefühle zum Ausdruck bringen: Wir können Lachen, Ärger und Trauer nur dann zum Ausdruck bringen, wenn wir unsere Unterleibsmuskeln anspannen. Sie könnten einen Freund am Strand bis zur Brust in den Sand eingraben und ihm eine lustige Geschichte erzählen; aber Sie können versuchen, was Sie wollen: Sie können ihn nicht zum Lachen bringen. Er versteht zwar mit dem Kopf die witzige Pointe der Geschichte, aber er fühlt sich nicht belustigt. Damit ein Gefühl der Belustigung entstehen kann, ist es absolut notwendig, dass vom Unterleibsboden aus ein bestimmter physischer Impuls gegeben wird. Dieser Impuls stammt vom stoßweisen Zusammenziehen der Atemmuskeln.

Vor einem Dreivierteljahrhundert war die Theorie über die Emotionen von James-Lange beliebt, der zufolge »ein bestimmter mentaler Zustand nicht unmittelbar von einem anderen ausgelöst wird ... sondern zuerst müssen körperliche Ausdrucksformen dazwischengeschaltet werden ... wir fühlen uns traurig, weil wir weinen, zornig, weil wir zuschlagen, voller Angst, weil wir zittern ...« Wir lachen nicht, weil wir etwas lustig finden, sondern wir finden etwas lustig, weil wir lachen. Diese Theorie scheint von den Psychologen nicht übernommen worden zu sein, zumindest nicht in ihrer simplen Form. Aber immerhin müssen wir zugeben, dass wir ohne Mitwirkung unseres Körpers keinerlei geistige Tätigkeit fruchtbar durchführen können. Offensichtlich lacht der Mensch mit seinem Körper, wird wütend, weint und will etwas mit seiner physischen Energie. Diese Beziehung zwischen Kopf und Körper gleicht derjenigen zwischen Generalstab und Soldaten im Feld: Ein Generalstab mag noch so kompetent sein und das Gehirn noch so sehr anstrengen – ohne Truppen kann er keine Schlacht durchführen.

In der Praxis gebieten wir umherschweifenden Gedanken Einhalt, indem wir unseren Atem unter Kontrolle halten, und mit dieser Methode gelingt es uns, ins SAMADHI einzutreten. Zunächst gibt das Gehirn dem Körper den Befehl, sich in einer bestimmten Haltung hinzusetzen und auf eine bestimmte Weise zu atmen. Jedoch endet die Rolle, die der Kopf spielt, hier, und von da an kontrolliert die Tätigkeit der Atemmuskeln das Maß der Gedanken, die das Gehirn beschäftigen. Der Kopf weiß oder lernt es, dass er auf sich allein gestellt nicht regieren kann; deshalb kommt er auf dem Umweg an sein Ziel, dass er die Atemmuskeln anspannt und so dazu beiträgt, dass er selbst unter Kontrolle kommt. Ich weiß nicht, was die Psychologie und Physiologie unserer Tage zu diesem Thema zu sagen haben; aber meine eigene Erfahrung im TANDEN sagt mir, dass es für einen gewöhnlichen Menschen absolut unmöglich ist, seine Gedanken unter Kontrolle zu halten, wenn er nicht eine günstige Haltung einnimmt und seine Atemmuskeln im Unterleib in eine angemessene Spannung versetzt. Die Atemkunst im TANDEN dient der Aufrechterhaltung dieser Spannung. Wenn die Atemmuskeln angespannt werden, werden zugleich die Muskeln des gesamten Körpers in Spannung versetzt, sodass also der TANDEN der Anführer der Muskeln des ganzen Körpers ist.

In entscheidenden Augenblicken stockt einem der Atem unwillkürlich. Diese Erfahrung ist dem Akrobaten geläufig, dem Sportler, dem Töpfer an der Drehscheibe und dem Kartenzeichner, der unbewusst den Atem anhält, wenn er eine besonders feine und exakte Linie ziehen will. Bei der Teezeremonie, beim Noh-Spiel, beim Judo und beim KENDO übernimmt es der TANDEN, die Bewegungen des Körpers zu dirigieren. Wir haben schon beschrieben, wie der Künstler oder Kalligraf fast das Atmen vergisst, wenn er bestimmte Linien malt, und wie er seinen Atemmuskeln jedes Mal einen neuen Spannungsimpuls versetzt, wenn er an einen wichtigen Punkt kommt. Praktisch übt er das, was wir das schubweise Ausatmen oder die Bambus-Methode genannt haben. Diese Atemweise ist der Ausdruck erhöhter spiritueller Aktivität.

Daraus leiten wir also die Behauptung ab, dass beherrschtes Atmen spirituelle Kraft erzeuge und dass Aufmerksamkeit, die in Wirklichkeit spirituelle Kraft ist, niemals ohne Spannung im TANDEN aufgebracht werden kann. Einige ausführlichere Beispiele sollen diesen Gedanken noch genauer zu erläutern helfen.

Als ich zum ersten Mal bei einem amerikanischen Football-Spiel zuschaute, fand ich das ziemlich uninteressant. Die Mitglieder zweier Mannschaften, die gegeneinander spielen, werden in Reih und Glied aufgestellt; auf ein Signal hin stürzen sie sich auf die gegnerische Linie und fallen binnen weniger Sekunden übereinander her. Sie wiederholen diese gleiche abrupte, ruckartige Bewegung unablässig und scheinen ihrer niemals überdrüssig zu werden. »Wie eintönig! Wie kann man nur Spaß an solchen abrupten Bewegungen haben?«, dachte ich mir. Gelegentlich warf einer den Ball über die Köpfe der Gegner, aber sobald er wieder eingefangen war, fielen sie wieder übereinander her. Das Auge, das gewohnt ist, bei Rugby oder Fußball zuzuschauen, vermisst beim American Football jegliche Entfaltung spielerischer Bewegungen. Aber bald begann ich, Gefallen am Reiz des sekundenschnellen Aufeinanderprallens zu finden, und mir schien, ich hätte etwas Wichtiges über den amerikanischen Geist erfasst.

Halten wir jetzt inne und stellen uns die Haltung der Spieler unmittelbar vor dem Aufeinander-Losstürmen vor. Wie atmen sie in diesem Augenblick? Welcher Körperteil ist in dem Moment besonders angespannt, in dem sie losstürmen? Natürlich werden sie den Atem anhalten, ihre Arme und Beine in höchste Spannung versetzt haben. Und ihr Unterleib? Tatsächlich kann man nicht vorwärtsstürmen, wenn man nicht in den Unterleib Kraft geschickt hat. Man mag dem Gegner seinen gesamten Körper entgegenwerfen: Wenn man dabei den Schwerpunkt nicht in den Unterleib verlagert hat und die Hüften und das Gesäß nicht das Schwerpunktzentrum schützen, erleidet man unweigerlich einen schweren Sturz. Alle amerikanischen Footballspieler müssen wissen, dass das jähe Aufeinanderprallen nicht nur ein Zusammenprallen zweier Körper ist, sondern der Zweikampf zweier spiritueller Kräfte. Das ist der Grund, weshalb die Leute von diesem Spiel fasziniert sind. Aber woher kommt diese spirituelle Kraft? Würden Sie sagen, sie kommt aus dem Kopf?

Genau wie ich zunächst keinen Geschmack am American Football finden konnte, sind vermutlich auch westliche Menschen enttäuscht, wenn sie zum ersten Mal bei einem japanischen SUMO-Ringkampf zuschauen. Sie sehen zwei Kämpfer im Ring, die einander auf allen vieren entgegenkriechen; aber nach wenigen Sekunden stehen beide auf, jeder geht in eine Ecke und ergreift irgendeinen weißen Gegenstand, den er in den Ring wirft. Dann sind sie erneut auf allen vieren mitten im Ring. Sie scheinen in einem starren Kampf begriffen, aber ehe man recht zusieht, stehen sie schon wieder auf. Diese scheinbar sinnlose Abfolge wiederholen sie immer wieder. Bald wird einem das langweilig. Man möchte ihnen zurufen: »Auf! Geht endlich aufeinander los!« Endlich greifen sie einander an, aber in Sekundenschnelle ist einer aus dem Ring geworfen oder liegt platt auf dem Rücken oder Bauch, und es heißt, die Runde sei vorbei. Gelegentlich ringen sie länger miteinander, aber nie vollführen sie derartig aufsehenerregende Bewegungen, wie man sie von westlichen Ringkämpfern geboten bekommt, wo vielleicht einer kopfüber hinstürzt oder der eine den anderen mit dem Kopf nach unten hängen lässt und seinen Kopf auf den Boden hämmert. SUMO-Ringer sind Gentlemen. Man denkt »SUMO ist nicht besonders interessant«. Aber vielleicht bekommt man dann doch einen Blick für seine Bewegungsabläufe.

In Wirklichkeit ist SUMO ein Spiel, bei dem die Ringer gegenseitig ihre Kräfte messen; aber vor allem kommt es darauf an, dass man bei den schnellen und gewalttätigen Bewegungen nicht sein Gleichgewicht verliert – beim Schlagen, Drücken, Zusammenprallen und Ausweichen. Man muss endlos lange trainieren, um die ganze Zeit seinen Schwerpunkt im unteren Teil des Unterleibs zu behalten. Man muss die Hüften niederhalten und das Gesäß zurückdrücken. Weshalb gehen sie zu Beginn auf allen vieren? Die Antwort finden Sie am leichtesten, wenn Sie es selbst versuchen. Lassen Sie sich auf Ihre Hände und Füße nieder, als wären Sie ein Löwe, der im Ansprung auf seine Beute ist, und starren Sie mit Löwengeist auf Ihren vorgestellten Gegner. Sie werden spüren, dass sich in Ihren Hüften und Ihrem Unterleib eine starke Kraft entwickelt. Wiederholen Sie das drei- oder viermal – dann haben Sie etwas gelernt.

Der Grund, weshalb sich der SUMO-Kämpfer auf allen vieren bewegt und seinen Gegner anstarrt und das wiederholt tut, ist also der, dass er jedes Mal die Haltung einnimmt, in der er ein Höchstmaß an Kraft in seinem Körper entwickelt. Nach fünf oder sechs Anläufen spürt er, dass sein ganzer Körper mit Kraft aufgeladen ist. Sie können das mit eigenen Augen sehen. Sein Gesicht, ja sein ganzer Körper werden stärker von Blut durchströmt und röten sich. Seine Haut schimmert immer heller, und schließlich ist er imstande, mit seiner vollen Kraft vorwärtszuschnellen. Er ist nicht nur physisch mit Kraft geladen, sondern auch voller spiritueller Energie. Man sagt dann, er sei voller KIAI. KI bedeutet wörtlich »Atem«, wozu sowohl das Einatmen (KYUKI) als auch das Ausatmen (KOKI) gehören. AI bedeutet wörtlich »anpassen, einstimmen«. Verknüpft man »KI« und »AI« in dem einen Wort »KIAI«, so bedeutet das eine starke geistige und physische Kraft, derer man sich mit einem kurzen explosionsartigen Ausatmen entledigen kann. Die Intensität von KIAI hängt vom Spannungsgrad der Atemmuskeln ab. Kurz, alles kommt auf die Spannung im TANDEN an.

Das Maximum an Spannung in den Atemmuskeln wird nur für einen kurzen Augenblick erzeugt, und so kommt alles darauf an, den Zeitpunkt dafür genau zu treffen. Ob man genau diesen Zeitpunkt trifft, hängt wiederum davon ab, wann man anfängt, im Unterleib Spannung zu entwickeln. Der kleinste Irrtum wirkt sich entscheidend aus, denn dann kann man nicht im richtigen Moment seine äußerste Kraft aufbieten. So muss man also auf dem Gipfel seiner Aufmerksamkeit sein, wenn man sich seinem Gegner vom Gipfel seiner Kraft her explosionsartig entgegenwerfen will. In dem Augenblick, in dem die SUMO-Ringer vorstürmen, äußern sie wie ein aufzuckender Blitz die größte spirituelle Energie und Konzentration, und das macht den ganzen Reiz des SUMO aus. Wenn irgendein anderer Körperteil außer den Fußsohlen den Boden berührt, bedeutet das die Niederlage. Folglich muss man sich immer in optimalem Gleichgewicht halten. Die wichtigste Technik beim SUMO besteht darin, seinen Schwerpunkt im TANDEN zu halten. Beim ZAZEN tut man das, indem man eine korrekte Haltung einnimmt, die man dann beim reglosen Sitzen beibehält, aber beim SUMO (und auch bei Zirkusvorstellungen) muss man das mitten in lebhaften und anstrengenden Bewegungen fertigbringen. ZAZEN ist im Vergleich zu den Kunststücken dieser Athleten ein Kinderspiel!

Beim Start für den Hundert-Meter-Lauf kommt es sehr auf den Anfangssprung der Beine des Sprinters an. Genau betrachtet wird der Startimpuls erzeugt, indem die angespannten Atemmuskeln explosionsartig Energie freigeben. Werden sie um den Bruchteil einer Sekunde zu früh oder zu spät angespannt, dann wird auch der Start vermutlich zu früh oder zu spät sein. Wenn Sie genügend Erfahrung im Üben von ZAZEN haben, werden Sie ganz von allein den Augenblick spüren, in dem die Spannung der Atemmuskeln abzusinken beginnt, und Sie werden sie spontan wieder im richtigen Maß anspannen – also automatisch in die Bambus-Atemmethode verfallen.

Setzen Sie sich jetzt in ZAZEN-Haltung und stellen Sie sich vor, Sie wären ein Football-Spieler und machten energische stoßende Bewegungen. Sie werden feststellen, dass Sie Ihren ganzen Körper anspannen, und vor allem die Unterleibsmuskeln. Aber die Spannung hält nur einen kurzen Augenblick lang an, und wenn Sie die Übung wiederholen wollen, müssen Sie Ihren Unterleib immer wieder von Neuem anspannen. Dann wiederholen Sie in Ihrer Fantasie die stoßenden Bewegungen auf Ihrem Sitzkissen. Wenn Sie das vier- oder fünfmal wiederholt haben, werden Sie merken, dass Sie jetzt mit Einatmen aufhören müssen. Wenn Sie während des Ausführens einer Bewegung einatmen, wird die erzeugte Spannung weitgehend gedämpft; wenn Sie hingegen erst kurz einatmen, indem Sie den unteren Teil Ihres Unterleibs anschwellen lassen, und dann weiter einatmen, indem Sie den oberen Teil Ihres Unterleibs ausdehnen (also in zwei Schüben einatmen, wie vorhin beschrieben), werden Sie einen Großteil der Spannung aufrechterhalten können. Es ist eine recht gute asketische Übung, diese anspruchsvolle Anstrengung zwanzig oder dreißig Minuten lang zu machen. Aber wenn Sie eine solche selbst-auferlegte Folter bis zum Ende durchstehen, werden Sie schließlich daraus mit dem Gefühl hervorgehen, in Ihrem Unterleib eine Art große physische und auch spirituelle Kraft zu spüren, wie Sie sie noch nie empfunden haben. Sie werden das Gefühl haben, mit dem Geist eines mächtigen Herrschers auf Ihrem Kissen zu sitzen. Das rührt daher, dass Ihr TANDEN voller Vitalität geworden ist.

Als ich selbst in einem Kloster intensiv übte, machte ich gelegentlich die anspruchsvolle Übung, mich in meiner Fantasie mit der Wucht eines SUMO-Ringers gegen die Zimmertür zu werfen. Das war ein schmerzvoller, verrückter Kraftakt. Ich hatte kurz vorher einen amerikanischen Schüler in dieser Richtung angeregt und ermutigt, und daher hatte ich das Gefühl, ich müsse eine ähnliche Mühe wie er auf mich nehmen. Die feierliche Atmosphäre eines SESSHIN in einem Kloster steigert den Schüler in eine Bewusstseinsverfassung, die derjenigen auf einem Schlachtfeld gleicht, und lässt ihn Dinge tun, die in den Augen des gewöhnlichen Menschen lächerlich oder verrückt sind. Was war nun das Ergebnis meiner vorsätzlichen Selbstquälerei? Es war großartig! Es war eine Neuentdeckung. Viele Zen-Schüler müssen irgendetwas dieser Art getan und dadurch Beachtliches erlangt haben, aber sie sagen nicht viel über ihre Methoden. Ihnen geht es in erster Linie darum, ein Ziel zu erreichen, und wenn das Ziel erreicht ist, vergisst man den Weg. Die Geschichten ihrer Versuche, die uns helfen und inspirieren könnten, sind nicht überliefert. Jedenfalls war das Ergebnis meines Experiments bemerkenswert. Ich erlangte dadurch große physische und geistige Stabilität. Die untere Hälfte meines Körpers war fest wie in einem Felsstock verankert und glich dem Felsenfundament, auf dem die Manhattan-Insel steht, während mein Oberkörper sicher wie die Wolkenkratzer darauf saß. Was immer auch geschehen sollte, ich würde mich nicht regen.

Es gibt im Zen die – bereits einmal zitierte – Formulierung: »silberne Gebirge und eiserne Klippen«. Das ist eine erhabene Wand wie die schneebedeckten Hänge des Himalayas. Der Zen-Schüler drückt gegen diese Wand, drückt sie gelegentlich einen Millimeter, einen zehntel Millimeter, einen hundertstel Millimeter vor sich her. Die spirituelle Kraft dafür stammt aus der Spannung im TANDEN. Der Kopf ist dabei hilflos: Er kann lediglich Befehle erteilen, unverwandt in den TANDEN zu blicken. Die Aktion des Blickens wird selbst wiederum durch die Anstrengung des TANDEN aufrechterhalten, und der Anstrengung des TANDEN verdanken auch das silberne Gebirge und die eisernen Klippen ihr Dasein. Wenn wir das Gefühl haben, gegen sie zu drücken, ist es uns, als seien sie etwas, was von außen her vor uns steht. In Wirklichkeit sind sie nichts anderes als wir selbst. Ist die Zeit gekommen, so spüren wir, dass wir selbst als silberne Gebirge und eiserne Klippen ragen. Während ich in meiner inneren Vorstellung gegen die Wand anrannte, war die Wand das silberne Gebirge und die eisernen Klippen. Schließlich werde ich das selbst. Ich bin das souveräne Wesen zwischen Himmel und Erde. Ich sitze auf dem Thron des Daseins. Dieses feierliche Gefühl stammt aus der Kraft des TANDEN.

Der TANDEN hat so große spirituelle Bedeutung erlangt, weil er Teil eines Erregungskreises ist, dessen anderer Hauptknotenpunkt das Gehirn ist. Wir haben bereits darauf hingewiesen, dass das Gehirn nur über so viel Energie verfügt, dass es sein Schaltbrett für Impulse in Betrieb halten kann. Das erklärt, weshalb das Gehirn die willensmäßige Aufmerksamkeit nicht länger als wenige Sekunden aufrechterhalten kann. Es braucht neue Energie – genauer: neue Anreize – vom Körper und vor allem von der Spannung der Atemmuskeln her, um sein Denken unter Kontrolle halten zu können. William James traf diesen Sachverhalt ganz genau, als er schrieb: »Ein bestimmter mentaler Zustand wird nicht unmittelbar von einem anderen ausgelöst ... sondern zuerst müssen körperliche Ausdrucksformen dazwischengeschaltet werden.« Das Gehirn weiß das aus langer Erfahrung. Es ist nicht in der Lage, allein die umherschweifenden Gedanken zu steuern, sondern die Atemmuskeln müssen einschreiten, um ihm zu helfen. Es ist äußerst merkwürdig, dass dieser offensichtliche Punkt seither übersehen worden ist. Der TANDEN hat keine Bewusstseinsfunktionen, aber wenn er seine Funktion als ein Knotenpunkt des spirituellen Kreislaufs des Gehirns ausübt, erlangt er eine wichtige spirituelle Bedeutung. Die Wörter »Unterleibsmuskeln« und »Zwerchfell« mögen jeder spirituellen Bedeutung bar sein; »TANDEN« ist in angemessener Weise mit spirituellem Sinn gefüllt. Aus unserer eigenen unmittelbaren Erfahrung können wir bestätigen, dass es diese spirituelle Kraft des TANDEN tatsächlich gibt.

*Achtes Kapitel*

# SAMADHI

Rinzai Zenji hat vier Kategorien aufgestellt. Sie lauten:

1. Der Mensch ist bloß; die Umstände sind nicht bloß.
2. Die Umstände sind bloß; der Mensch ist nicht bloß.
3. Sowohl der Mensch als auch die Umstände sind bloß.
4. Weder der Mensch noch die Umstände sind bloß.

Welchen Sinn haben diese Sätze?

DIE ERSTE KATEGORIE. »Der Mensch ist bloß; die Umstände sind nicht bloß.« Das beschreibt einen Zustand, bei dem der Geist des Menschen voll mit den äußeren Umständen beschäftigt ist. Ein berühmter Chirurg war einmal bei einer Operation, die äußerste Konzentration erforderte. Während er an der Arbeit war, gab es plötzlich ein Erdbeben. Die Stöße waren so stark, dass die meisten Assistenten unwillkürlich aus dem Raum rannten, um sich in Sicherheit zu bringen. Aber der Chirurg war derart in seine Arbeit vertieft, dass er die Stöße überhaupt nicht wahrnahm. Nach dem Ende der Operation erzählte man ihm von dem Erdbeben, und erst da nahm er es zur Kenntnis. Er war vollständig in seiner Arbeit aufgegangen. Da ist eine Art von SAMADHI.

Wir machen die Erfahrung dieser Art von SAMADHI, wenn wir bei einem Fußballspiel zuschauen oder wenn wir lesen, schreiben, denken, angeln, Bilder anschauen, über das Wetter reden oder auch nur die Hand ausstrecken, um die Tür zu öffnen, oder im Augenblick des Hinsetzens oder Vorwärtsschreitens. Tatsächlich gehen wir jeden Augenblick im Tun oder im Gedanken dieses Augenblicks auf. Es gibt unterschiedliche Grade des Aufgehens, unterschiedliche Zeitdauern, und es gibt auch Unterschiede zwischen vorsätzlicher und unwillkürlicher Aufmerksamkeit: Das ist zum Beispiel der Unterschied zwischen dem Fasziniertwerden von einem Fußballspiel (unwillkürliche Aufmerksamkeit) und der Konzentration, die ein Chirurg für seine Operation aufwendet (willentliche Aufmerksamkeit). Jedoch machen wir die Erfahrung, uns sozusagen fast unablässig leicht oder ziemlich intensiv im Zustand eines augenblicklichen SAMADHI zu befinden. Wenn wir in dieser Art von SAMADHI sind, vergessen wir uns selbst ziemlich. Wir sind uns unseres Verhaltens, unserer Gefühle, unserer Gedanken nicht bewusst. Der innere Mensch ist vergessen, und äußere Umstände nehmen unsere volle Aufmerksamkeit in Beschlag. Oder um es anders auszudrücken: Inneres Sorgen fehlt; äußeres Sorgen herrscht vor.

Wir müssen uns daran erinnern, dass das Bewusstsein auf zwei verschiedene Weisen wirkt; die eine ist nach außen, die andere nach innen gerichtet. Wenn das Bewusstsein mit äußeren Dingen beschäftigt ist, vergisst man die innere Aufmerksamkeit und umgekehrt. Es gibt auch zwei Arten und unterschiedliche Phasen von SAMADHI. Den Unterschied zwischen absolutem und positivem SAMADHI haben wir schon gemacht; Rinzai Zenjis vier Kategorien geben uns die Möglichkeit, die verschiedenen Phasen noch genauer zu beschreiben.

Allerdings ist es äußerst wichtig, auf den Unterschied zwischen wirklichem SAMADHI, das mit Selbstbeherrschung verbunden ist (vgl. S. 109f.), und der falschen Art von SAMADHI, das der Selbstbeherrschung entbehrt, zu achten. Bei der ersten Art wird der innere Mensch nicht aufgegeben, selbst wenn er für den Augenblick vergessen ist. Dem gut entwickelten inneren Menschen geht es im Verborgenen gut, und er kann jederzeit wieder zum Vorschein kommen. Falschem SAMADHI fehlt diese Selbstbeherrschung von Anfang an. Es gibt alle möglichen Arten von SAMADHI: SAMADHI beim Kämpfen, beim Stehlen, beim Hassen, in der Eifersucht, in der Sorge, in der Trauer, im Entsetztsein – aber in all diesen Fällen ist man nicht von der Selbstbeherrschung geleitet. Darum handelt es sich bei ihnen nicht um das wirkliche SAMADHI, um das es im Zen geht.

Ein Tier oder Vogel erfreut sich jeden Augenblick des SAMADHI. Wenn eine Kuh auf der Wiese weidet, ist sie im SAMADHI des Weidens. Wenn ein Vogel beim Knall eines Gewehrs auffliegt, ist er im SAMADHI des Fliegens. Wenn man lange ruhig und reglos in einer Wiese steht und sich von der Abendsonne umfließen lässt, könnte man sagen, dass man im »SAMADHI des Umflossenwerdens« ist – in einem wunderbaren Bild und Zustand, um den man von jedem Menschen beneidet werden kann. Aber das Tier hat kein Bewusstsein seiner selbst. Sosehr man es bewundern kann – das SAMADHI des Tiers ist und bleibt ein Tier-SAMADHI, ein niedrigerer Zustand als derjenige, den der Mensch zu erreichen imstande ist. Der Zustand des Umflossenseins, den manche unter dem Einfluss einer Droge wie etwa LSD erreichen, mag auf schwächere Charaktere eine große Anziehungskraft ausüben, aber er lässt sich mit dem SAMADHI der Tiere vergleichen. Er stellt eine Regression zu einer niedrigeren Lebensstufe dar. Der wahre Sinn von »Der Mensch ist bloß; die Umstände sind nicht bloß« besteht darin, seine Selbstbeherrschung nicht zu verlieren, aber zugleich ganz auf äußere Dinge ausgerichtet zu sein. In diesem Zustand ist der innere Mensch lediglich untätig, aber nicht ausgelöscht.

DIE ZWEITE KATEGORIE. Die zweite Kategorie: »Die Umstände sind bloß; der Mensch ist nicht bloß« bezieht sich auf die innere Aufmerksamkeit. Wenn wir mit Mu üben oder SHIKANTAZA praktizieren, konzentrieren wir uns in unserem Inneren, und es entwickelt sich ein SAMADHI, bei dem eine Art selbstständige spirituelle Kraft den Geist beherrscht. Diese spirituelle Kraft ist das Letzte, an das wir im Innersten unseres Daseins rühren können. Wir blicken nicht in sie hinein, denn die Subjektivität reflektiert nicht auf sich selbst, genau wie das Auge sich nicht selbst sieht, sondern wir sind dieses Letzte selbst. Es enthält in sich den Ursprung aller Gefühle und Verstandeskräfte, und es ist eine Wirklichkeit, die wir direkt in uns selbst wahrnehmen.

Rinzai Zenji nennt dieses Letzte den »Menschen«. Wenn dieser »Mensch« in tiefem SAMADHI in uns selbst die Herrschaft übernimmt, sind alle äußeren Umstände vergessen. Keine äußere Sorge taucht auf.

Dieser Geisteszustand ist gemeint mit »Die Umstände sind bloß; der Mensch ist nicht bloß«. Es handelt sich dabei um ein inneres SAMADHI, und es ist das, was ich absolutes SAMADHI genannt habe, denn es liefert die Grundlage für jegliche Praxis des ZAZEN. Es unterscheidet sich deutlich von dem von außen gesteuerten SAMADHI der ersten Kategorie, das ich positives SAMADHI nenne. Positives SAMADHI ist ein SAMADHI in der Welt bewussten Tätigseins. Absolutes SAMADHI ist ein SAMADHI, das das Bewusstsein übersteigt. Wenn wir den Begriff »SAMADHI« ohne genauere Qualifizierung gebrauchen, meinen wir im Allgemeinen dieses absolute SAMADHI.

DIE DRITTE KATEGORIE. Die dritte Kategorie lautet: »Sowohl der Mensch als auch die Umstände sind bloß.« Bevor wir diese Kategorie genauer besprechen, müssen wir erst einiges über das Selbst-Bewusstsein sagen.

Ich habe schon dargelegt, dass das Bewusstsein auf zwei Weisen arbeitet, nach innen oder nach außen gerichtet. Es gibt noch eine weitere wichtige Tätigkeit, die das Bewusstsein ausübt: Es denkt über sein eigenes Denken nach. Diese Art Nachdenken muss man vom allgemeinen Achten auf sein Inneres unterscheiden, bei dem es um den eigenen Charakter oder das eigene Verhalten geht. Wenn wir denken: »Heute ist es schön«, nehmen wir das Wetter wahr, aber wir nehmen nicht wahr, dass wir über das Wetter nachdenken. Der Gedanke bezüglich des Wetters mag nur den Bruchteil einer Sekunde dauern, und sofern nicht unsere anschließende Bewusstseinstätigkeit darin besteht, über diesen Gedanken nachzudenken und ihn zu erkennen, geht unser Gedanke über das Wetter unbemerkt vorbei. Selbst-Bewusstsein stellt sich ein, wenn man sich des Gedankens, den man gerade gedacht hat, bewusst wird und man diesen Gedanken als einen eigenen Gedanken registriert.

Wenn wir dieses bewusste Wahrnehmen unserer Gedanken nicht ausüben, werden wir uns unseres Denkens nicht bewusst, und wir werden niemals um unser Bewusstsein wissen. Bezeichnen wir diese Tätigkeit, unsere eigenen Gedanken wahrzunehmen, als die

»Reflexionstätigkeit unseres Bewusstseins«, um sie vom allgemeinen Hineinschauen in sich selbst zu unterscheiden. Ich arbeite ganz bewusst diese Reflexionstätigkeit unseres Bewusstseins deutlich heraus, denn wir werden noch sehen, dass sie bei der Erörterung wichtiger Themen im Zen eine wesentliche Rolle spielt.

Wenn man nun also im absoluten SAMADHI in seiner tiefsten Phase ist, erscheint keinerlei Reflexionstätigkeit des Bewusstseins. Das ist Rinzais dritte Kategorie: »Sowohl der Mensch als auch die Umstände sind bloß.« In einer flacheren Phase des SAMADHI setzt gelegentlich eine Reflexionstätigkeit des Bewusstseins ein und bringt uns unser SAMADHI zu Bewusstsein. Solches Nachdenken kommt und geht augenblicklich, und jedes Mal unterbricht es in leichtem Maß das SAMADHI. Je tiefer das SAMADHI wird, desto weniger häufig tritt die Reflexionstätigkeit des Bewusstseins auf. Schließlich kommt die Zeit, wo überhaupt keine Reflexion mehr eintritt. Man kommt dann so weit, dass man nichts wahrnimmt, nichts fühlt, nichts hört, nichts sieht. Dieser Geisteszustand wird das »Nichts« genannt. Aber das ist keine hohle Leere. Es ist eher der lauterste Zustand unseres Daseins. Man denkt nicht über ihn nach, und direkt weiß man nichts von ihm. Dieses Nichtssein ist gemeint mit »Sowohl der Mensch als auch die Umstände sind bloß«, und Hakuin Zenji nennt diese Verfassung den »großen Tod«. Die Erfahrung dieses großen Todes ist zweifellos beim gewöhnlichen ZAZEN-Üben der meisten Zen-Schüler nichts Alltägliches. Dennoch muss man vollständig durch diesen Zustand hindurch, wenn man echte Erleuchtung und Verwirklichung erlangen will; denn zur echten Erleuchtung kann man nur kommen, wenn man seine alten, gewohnten Bewusstseinsweisen abgestreift hat.

JISHU-ZAMMAI. Was ist der Unterschied zwischen Schlaf und SAMADHI? SAMADHI verliert nie seine Wachheit. Die Qualität von SAMADHI beschreibt man mit dem Ausdruck »JISHU-ZAMMAI«.

»JI« heißt »Selbst«, »SHU« bedeutet »Beherrschung« und »ZAMMAI« ist »SAMADHI«; der Ausdruck bezeichnet also das SAMADHI der Selbst-Beherrschung. JISHU-ZAMMAI geht nie seiner Unabhängigkeit und Freiheit verlustig. Es ist spirituelle Kraft, und es ist die Quelle aller Gefühle und aller Vernunft. Wenn Sie aus dem absoluten SAMADHI kommen, fühlen Sie sich voller Frieden und Heiterkeit und mit starker geistiger Kraft und Würde ausgestattet. Sie sind intellektuell wach und klarsichtig, in Ihren Gefühlen rein und empfindsam. Sie sind in der Hochstimmung eines großen Künstlers. Ihre Fähigkeiten zum Verständnis und zum Genießenkönnen der Musik, der Kunst und der Schönheiten der Natur sind beachtlich gesteigert. Daher kann es sein, dass Ihr Geist vom Klang eines Steines, der auf einen Bambusstumpf fällt, oder vom Anblick einiger Blüten äußerst lebhaft getroffen wird, wie das in so vielen Beschreibungen des KENSHŌ berichtet wird (vgl. Kapitel 9). Dieser Eindruck ist derart überwältigend, dass »das ganze Universum zusammenbricht«.

KENSHŌ ist nicht mehr und nicht weniger als das Erkennen Ihres eigenen geläuterten Geistes, wenn er sich vom irreführenden Weg des Bewusstseins gelöst hat. Ziemlich selten nimmt man den inneren Menschen wahr, denn in den erhabensten Augenblicken des Daseins ruht die Reflexionstätigkeit des Bewusstseins. Aber wenn Ihr Geist nach außen gerichtet ist, dass er etwa den Stein wahrnimmt, der auf einen Bambus fällt, oder einige Blüten anschaut, und wenn dieser Klang oder Anblick auf die Tür Ihres Geistes prallt, werden Sie von diesem Eindruck ungeheuer stark bewegt, und es stellt sich die Erfahrung von KENSHŌ ein. Sie scheinen wunderbare Dinge zu sehen und zu hören, aber die Wahrheit ist, dass Sie selbst wunderbar und erhaben geworden sind. KENSHŌ ist das allumfassende Gewahrwerden, dass Ihr eigener Geist geläutert ist. Wir werden über KENSHŌ in späteren Kapiteln noch ausführlicher sprechen.

DIE VIERTE KATEGORIE. Diese Kategorie: »Weder der Mensch noch die Umstände sind bloß« ist die Verfassung, die der Zen-Schüler im Stadium der Reife erlangt. Er geht in die Alltagswelt hinaus und lässt seinen Geist ungehemmt arbeiten, aber er geht dabei niemals des »Menschen« verlustig, den er in seinem absoluten SAMADHI zum Leben erweckt hat. Wenn wir annehmen, dass es bei der Zen-Übung überhaupt ein Ziel gibt, dann dieses: die Freiheit des Geistes im alltäglichen Leben.

Oder um es anders zu sagen: Wenn Sie so reif sind, dass Sie absolutes SAMADHI einüben können, kombinieren Sie bei Ihrer Rückkehr in Ihr Alltagsleben spontan in sich selbst die erste und die dritte Kategorie. Sie sind im positiven SAMADHI aktiv, und zugleich sind Sie fest im JISHU-ZAMMAI verwurzelt – in der Selbstbeherrschung des absoluten SAMADHI. Das ist »Weder Mensch noch Umstände sind bloß«, der höchste Reifezustand im Zen. Echtes positives SAMADHI, das man durch Zen-Übungen erlangt hat, löst sich letztlich in diese vierte Kategorie hinein auf.

Da praktiziert vielleicht jemand ZAZEN, macht gewisse Fortschritte im absoluten SAMADHI und weckt mit Erfolg in sich den (neuen) »Menschen«. Dann stellt sich ein Problem: Wie kann er diesen Menschen in seinem tatsächlichen Leben in dieser geschäftigen Welt einsetzen? Wenn er auf seinem Polster sitzt und ZAZEN übt, kann er SAMADHI erreichen und den »Menschen« spüren, kann wahrnehmen, dass der »Mensch« wirklich sein absolutes Selbst ist. Aber wenn er in seinen gewöhnlichen Tageslauf hinauskommt und isst, plaudert und seinen beruflichen Aktivitäten nachgeht, stellt er oft fest, dass ihm der »innere Mensch« abhandengekommen ist. Und er stellt sich die Frage, wie er es fertigbringen könnte, diesen »Menschen« in sich selbst im Alltagsbetrieb lebendig zu halten.

Oder ein anderes Beispiel: Der Zen-Schüler wird vielleicht zunächst angewiesen, mit Mu zu üben. Anfangs weiß er nicht, was er mit diesem Mu anstellen soll. Aber im Lauf des Übens kommt er so weit, dass er Mu in der reinen Zuständlichkeit seines Daseins, wie es ihm in seinem SAMADHI aufgeht, kennenlernt, und er bemerkt, dass Mu sein eigenes wahres Selbst ist. Aber wenn er in den Alltag zurückkehrt, stellt er fest, dass selbst beim Gehen sein Mu verwirrt wird und er außerstande ist, den Zustand aufrechtzuerhalten, dessen er sich in seinem SAMADHI erfreut hatte. Wenn er seinen Löffel zum Mund führt oder seine Hand nach irgendetwas auf dem Tisch ausstreckt, ist sein Geist nicht in der gleichen Verfassung wie während dieser Verrichtungen, wenn er bei einem SESSHIN im Kloster oder sonst wie im SAMADHI gewesen war. Er kehrt jetzt vielleicht mit dem Besen in der Hand den Boden und versucht ganz ernsthaft, beim Mu zu bleiben, aber es ist hoffnungslos: Die ihn umgebenden Dinge dringen in seinen Geist ein oder ziehen die Aufmerksamkeit seiner Augen auf sich, und er stellt fest, dass er zerstreut ist. Alles stürmt auf ihn ein; der »Mensch« findet keinen Platz mehr frei, an dem er sich in seinem Geist niederlassen könnte. Wohin ist der »Mensch« gegangen, der in der zweiten Kategorie als »nicht bloß« beschrieben worden war? Der Schüler wechselt jetzt vielleicht seine Haltung und kehrt zur ersten Kategorie zurück: Er versucht, sich von äußeren Umständen voll in Beschlag nehmen zu lassen. Aber auch das erweist sich als sehr schwierig. Während er kehrt, bringt er es nicht fertig, ganz Kehren zu werden. Anders gesagt, er bringt es nicht fertig, alles andere außer dem Kehren zu vergessen, so wie der Chirurg während seiner Operation alles andere vergessen hatte. Wenn er allerdings einem Fußballspiel zuschaut, nimmt ihn das natürlich in Beschlag. Aber das ist der Fall einer passiven, unwillkürlichen Aufmerksamkeit, bei der jedermann in Aufregung versetzt und zum Schreien gebracht werden kann, wobei man alles andere vergisst, einschließlich den inneren Menschen. Man kann voll im Kämpfen aufgehen oder voll in Liebesleidenschaft, und bei alldem geht der innere Mensch verloren. Das Opfer ist der Gnade äußerer Umstände ausgeliefert. Das ist ein falsches oder oberflächliches SAMADHI. Das SAMADHI der ersten Kategorie ist nicht dieser Art. Was in den genannten Fällen fehlt, ist die innere Beherrschung, JISHU-ZAMMAI. Im echten SAMADHI steht zwar der »Mensch« nicht sichtbar auf der Bühne, aber er ist im Inneren hellwach da. Kurz, der Schüler, der sich den Kopf zerbricht, wie er den inneren Menschen in seinem Alltagsleben beibehalten soll, oder der die Antwort auf die Frage sucht, wie er in seinem konkreten Leben Mu in sich selbst verkörpern kann, ist auf der Suche nach dem Zustand, in dem sowohl sein innerer Mensch als auch seine äußeren Interessen nicht nur grundsätzlich vorhanden, sondern frei in Tätigkeit sind. In der ersten Kategorie war der »Mensch« nicht aktiv; in der vierten Kategorie ist der »Mensch« an die Front zurückgekehrt.

Jemand, der im Zen Reife erlangt hat, kann sich frei verhalten und verletzt dennoch nicht das heilige Gesetz: Sowohl sein »Mensch« als auch seine äußeren Interessen sind voll in Aktion, und nichts hindert sie. Nur Reife im Zen kann diesen Zustand gewährleisten – das letzte Ziel der Zen-Übung. Wir werden auf dieses Thema im Schlusskapitel zurückkommen.

*Neuntes Kapitel*

# KŌANS

Wenn der Schüler im absoluten SAMADHI ganz bei Mu verweilen kann, wird er angewiesen, sich das auch im Licht der Vernunft anzueignen. Was er intuitiv kennengelernt hat, weckt in ihm eine subjektive Überzeugung; aber er muss diese auch mit dem Verstand erhellen, um seine Erfahrung durch objektives Verstehen begründen zu können.

Um nun Zen objektiv verstehen und begründen zu können, bedarf es einer Anzahl von Begriffen und Ideen.

Es gibt zwei Weisen, Begriffe zu handhaben: (1) indem man sie in einer rein verstandesmäßigen Übung miteinander verknüpft und also Begriff an Begriff reiht oder (2) indem man jeden Begriff zu seiner eigenen konkreten Erfahrung in Beziehung setzt. Bei der ersteren Methode zieht man Stockwerk um Stockwerk ein Gedankengebäude wie den Turm zu Babel hoch und endet in völliger Verwirrung; die zweite lässt sich mit dem Anlegen eines Obstgartens oder eines Reisfelds vergleichen, bei dem man jede Pflanze fest im Boden verankert. Diese Methode wenden wir beim Zen an. Mit welcher Art von KŌAN wir auch immer arbeiten mögen, niemals ist er für uns lediglich der Gegenstand abstrakten intellektuellen Studiums. Er muss ein Stück unserer selbst werden. Wie können wir das zustande bringen?

Nehmen wir als erstes Beispiel folgendes: »Denke jetzt nicht an Gutes noch an Böses: Kennst du deine ursprüngliche Natur?« Es ist völlig fruchtlos, dieses Thema mithilfe von Gedanken oder Begriffen anzugehen, die Sie aus Büchern und im Philosophiestudium gelernt haben. Was Sie gelernt haben, haben Sie von anderen übernommen, und es stammt nicht aus Ihrer eigenen Erfahrung. Ihr wirkliches Verstehen muss aus Ihrer eigenen Erfahrung entspringen. Wie können wir also mit diesem KŌAN arbeiten? Sagen Sie es vor sich hin, richten Sie Ihre gesamte geistige Kraft darauf, in einem Ausatmen; wenden Sie die Bambus-Methode des Atmens an. »Den-ke jetzt nicht an Gu-tes noch an Böses: Kennst du dei-ne ur-sprüng-li-che Na-tur?« Sprechen Sie es Silbe um Silbe, Wort um Wort, sagen Sie es mit Ihrer ganzen Aufmerksamkeit, verweilen Sie still bei jedem Wort. Begleiten Sie den Übergang zu jeder neuen Silbe mit einem kurzen Impuls Ihrer Atemmuskeln im Unterleib.

Wenn man ein Wort oder einen Satz eine gewisse Zeit lang im Sinn behält, ohne ihn mit anderen Inhalten zu vermischen, scheint er in jeden Teil des Gehirns einzufließen. So schnell die Übertragung nervöser Impulse im Gehirn auch sein mag, sie brauchen dennoch eine gewisse Zeit, um überall einzudringen und immer wieder Rückmeldungen einzuholen.

Im Zen ist der Begriff »NEN«, den man mit »Gedankenimpuls« übersetzen könnte, von großer Bedeutung (siehe Kapitel 10). Wenn ein NEN-Gedanke das gesamte Gehirn durchsetzt, hat das eine wunderbare Wirkung. Bei unserer üblichen Lesegeschwindigkeit bleibt diese Wirkung weithin aus. Aber zuweilen kann sie sich doch einstellen, so zum Beispiel, wenn man den Text eines Dichters liest, zu dem man eine besondere innere Beziehung hat, oder wenn man die Bibel liest, dabei bei jedem Wort verweilt und sich ausreichend Zeit dafür lässt. Da liest man dann wahrscheinlich Wort für Wort ganz sorgfältig, trinkt es voll Ehrfurcht in sich hinein, und mit einem Mal scheint der Textabschnitt voll unendlicher Bedeutung; es scheint fast, als erschließe er sich einem wie eine himmlische Offenbarung. Jeder, der jemals die Bibel mit andächtiger Hingabe gelesen hat, wird schon eine solche Erfahrung gemacht haben. Diese Weise des Lesens nennen wir »Sprach-SAMADHI«, und um das müssen wir uns bemühen, wenn wir ein Zen-KŌAN rezitieren.

Der NEN-Gedanke hat seine Arbeit nicht getan, wenn er das gesamte Gehirn durchströmt hat. Er mag zwar für eine gewisse Zeit aus dem Zentrum des Bewusstseins treten, aber im Untergrund wirkt er weiter und lässt eine bestimmte Frucht reifen. Ist der Zeitpunkt gekommen, bricht diese Frucht an die Oberfläche des Bewusstseins hervor und beansprucht das Zentrum der Aufmerksamkeit. Ein Beispiel für das, was dann geschieht, ist die sogenannte »Inspiration«. Sie kommt uns, genau besehen, nicht von außen zu, sondern sie ist die Frucht des angereicherten NEN-Gedankens.

Wenn Sie also, wie oben beschrieben, rezitieren: »Kennst du deine ur-sprüng-li-che Na-tur?«, wird irgendwann plötzlich Ihr ursprüngliches Selbst aufspringen, vor Ihnen stehen und sich in seiner ganzen Großartigkeit entfalten. Die ursprüngliche Natur ist reines Dasein, das bereits in Ihnen verwirklicht wurde, als sich Ihr SAMADHI vertiefte, und jetzt ist es ins Zentrum Ihres Bewusstseins gesprungen. Seine Ausdrucksweise, die es annimmt, ist von Mensch zu Mensch unterschiedlich, und wir können jetzt einige weitere Beispiele betrachten.

DAS GERÄUSCH DES EINSTÜRZENDEN BRENNHOLZHAUFENS. Ein Mönch wurde seines ursprünglichen Selbst in dem Augenblick jäh gewahr, als er das Geräusch eines umstürzenden Stoßes aus Brennholz vernahm. Mit diesem Geräusch hörte er alles zusammenbrechen – irreführende Gedanken, die übliche Weise des Bewusstseins –, und das reine Dasein lag nackt vor ihm. Aber in Wirklichkeit hatte der Zusammenbruch schon lange vorher in seinem absoluten SAMADHI stattgefunden. Aber jetzt wurde er dieser Wirklichkeit zum ersten Mal gewahr, und es schien ihm nur so, als finde der Zusammenbruch genau in dem Moment statt, in dem er das Geräusch des stürzenden Holzstoßes hörte. Das reine Dasein, das in Verbindung mit dem Zusammenbruch aufschien, umfasste die gesamte Wirklichkeit; zugleich war es ein Ereignis im Inneren des Mönchs.

Wem etwas Derartiges widerfährt, der vernimmt im Geräusch des einstürzenden Holzhaufens das Geräusch des Zusammenbruchs des gesamten Universums. Der Mönch hörte die Berge, die Täler, die Wälder und alles andere mit einem gewaltigen Krachen in den Abgrund stürzen. Viele solche Erfahrungen sind von Zen-Schülern berichtet worden, und auch in der Zen-Literatur findet man viele Beispiele dafür. Das sind Erzählungen über das KENSHŌ. KENSHŌ ist ein Ereignis im positiven SAMADHI, in dem das Bewusstsein mit der äußeren Welt in Kontakt ist.

REINE BEWUSSTHEIT. Einen solchen Zustand, bei dem man in seine eigene Natur und zugleich in die universelle Natur blickt, kann man nur erreichen, wenn man sein Bewusstsein von seiner üblichen Denkungsart gereinigt hat. Ein Weg dazu ist das Arbeiten mit einem KŌAN. Den erforderlichen Bewusstseinszustand, den es zu erreichen gilt, nennen wir »reine Bewusstheit«. Die Begriffe der »reinen Bewusstheit« und des »reinen Daseins« sind für die Diskussion über Zen vom heutigen Wissensstand aus von grundlegender Bedeutung.

Der Phänomenologe Husserl sagt, wenn man mit der Methode der phänomenologischen Reduktion jegliche Beteiligung des Ego als Person ausschalte, erreiche man das reine Phänomen. Er führt diese Reduktion denkerisch durch, indem er die Einstellung seines Geistes ändert, und er scheint die Auffassung zu vertreten, das könne man mühelos tun. Dieser Gedanke, man müsse jede Beteiligung des persönlichen Ego ausschalten, entspricht ziemlich genau unserer Auffassung, es sei notwendig, die übliche Art des Bewusstseins abzulegen. Jedoch sind die Methoden, die Husserl und die Tradition des Zen dafür vorschlagen, völlig unterschiedlich. Im ZAZEN bewerkstelligen wir das nicht lediglich durch eine einfache Änderung unserer Denkweise, sondern mittels einer harten Disziplin von Körper und Geist; wir schreiten durch absolutes SAMADHI, in dem Zeit, Raum und irreführende Gedanken wegfallen. Wir entwurzeln die emotional und intellektuell gewohnte Art unseres Bewusstseins und stellen fest, dass dann ein reiner Zustand der Bewusstheit eintritt. Folglich muss ein ziemlich großer Unterschied zwischen dem bestehen, was wir die reine Bewusstheit nennen, und dem reinen Phänomen des Phänomenologen. Allerdings muss es zwischen beidem auch Ähnlichkeiten geben, und wir werden später (in Kapitel 14) noch mehr über die Natur der phänomenologischen Reduktion sagen müssen.

KENSHŌ DURCH DEN ANBLICK VON PFIRSICHBLÜTEN. Ein Mönch wurde seiner ursprünglichen Natur gewahr, als er Pfirsichblüten sah, die gerade voll erblüht waren. Nun sind zweifellos viele Menschen vom Anblick voll erblühter Pfirsichblüten hingerissen. Aber im Allgemeinen spielt sich das innerhalb der normalen Bewusstseinstätigkeit ab, die unter dem Einfluss ihrer eingefleischten Gewohnheit steht, alle Dinge als nützliche Gegenstände (als »Zeug« im Sinne Heideggers) anzusehen und die Augen vor der Reinheit des Gegenstandes in sich selbst zu verschließen. Im Gegensatz dazu fällt im absoluten SAMADHI diese Gewohnheit des Bewusstseins ab, und man erblickt die Dinge unvoreingenommen. Dann nimmt man gewahr, dass alles ein strahlendes Licht aussendet.

Diese Erfahrung wurde dem besagten Mönch nicht rein zufällig zuteil. Er hatte eine lange Erfahrung mit dem absoluten SAMADHI und hatte es sich zur festen Gewohnheit gemacht, die alte Denkungsart seines Bewusstseins abzulegen und sich folglich dem reinen Dasein auszusetzen. Aber man wird sich selten selbst subjektiv dieses Zustands bewusst. Weil jedoch diese Erfahrungsweise zu einer allumfassenden neuen Qualität des Erfahrenden wird, die er als solche an sich nicht wahrnehmen kann, geht sie ihm erst auf, wenn sie an Objekten der äußeren Welt aktiviert wird, und deshalb musste der Mönch ihrer irgendwann innewerden. Der Auslöser dafür, dass er das reine Dasein sah, waren in seinem Fall die Pfirsichblüten.

DER KLANG EINES STEINCHENS, DAS AUF DEN BAMBUS FÄLLT. Ein Mönch, der das Gelände eines Patriarchengrabes kehrte, wurde seiner eigenen Natur inne, als er den Klang eines Steinchens vernahm, das von seinem Besen gegen einen Bambusstamm geschleudert wurde.

Die Erfahrung von KENSHŌ knüpft sich sehr häufig an das Sehen, Hören, Berühren und andere sinnenhafte Tätigkeiten. In ihrer reinen Verfassung nehmen die Sinne das eigene Dasein und das des anderen wahr; das ist reine Empfindung. Aber in unserem Alltagsleben ist ihre reine Verfassung im Allgemeinen beeinträchtigt und von ichsüchtigen Wünschen und Ansichten befleckt, weshalb es nicht zu reiner Empfindung kommt. Der springende Punkt ist ganz einfach: Sobald die gewöhnliche Einstellung des Bewusstseins wegfällt, wird alles richtig.

Dieser Mönch war ein Mensch von brillanter Geisteskraft. Er beherrschte das gesamte Wissen seiner Zeit, von buddhistischen Lehren bis zu nicht buddhistischen Philosophien. Aber sein Zen-Meister trieb ihn in die Enge, indem er von ihm verlangte, er solle etwas Originelles über seine eigene wahre Natur sagen. Er musste eingestehen, dass nichts von dem, was er wusste, seinen Geist wirklich befriedigte, was die Fragen um Leben und Tod anging. Er war in schweren Nöten. Er rang intensiv mit seinem Lehrer, konnte das Problem jedoch nicht lösen. Er war ganz verzweifelt und kam sich völlig unwert vor. So beschloss er, seine Tage als Grabwächter des Patriarchen zu verbringen; denn für irgendetwas musste man ja leben. Seiner Meinung nach konnte er nur noch leben, indem er diese schlichte Arbeit versah.

In dieser Geistesverfassung war jeder Gedanke, andere für die Befriedigung seiner eigenen Wünsche zu gebrauchen, in ihm erloschen. Und jetzt erwies sich selbst ein so unbedeutender Gegenstand wie ein Kehrbesen als sein intimer Freund. Es schien ihm, als seien ihm die welken Blätter auf dem Boden, die er tagtäglich aufkehrte, freundschaftlich zugewandt. Alles wurde ihm zum Anlass ehrfürchtigen Staunens: ein Grashalm, die kleine, unscheinbare Blüte eines Krautes – Dinge, die er bislang als unbedeutend übergangen hatte.

Im Kloster werden bis heute die Besen und ähnliche Werkzeuge von den Mönchen selbst angefertigt. Die Werkzeuge sind somit ein Teil dessen, der sie herstellt, und wenn man sie benützt, sind sie die eigenen Arme und Hände.

Ganz daheim in meinem Alltagsleben,
Wird selbst das Kehren mir zur Wonne!

Dieser Mönch hielt sich selbst für einen Nichtsnutz, aber er hatte, ehe er dessen gewahr wurde, ein großes, allumfassendes Ich entwickelt. Mehr noch: Er übte täglich ZAZEN und kannte sehr genau den Zustand des absoluten SAMADHI. Während er so seine Tage verbrachte, widmete er sich eines Tages gerade wieder dem Kehren, als plötzlich ein Steinchen auf einen Bambusstamm prallte und einen klaren, volltönenden Klang hervorrief. Das Steinchen war voller Leben; der Bambusstamm war voller Leben. Und der Klang war ebenfalls voller Leben. Umrisse, Farben – alles zur Rechten und zur Linken, allüberall, war voller Leben. Da vernahm er die Stimme des Daseins selbst.

Die äußere Welt ist tatsächlich um uns herum da. Dieses ihr Dasein ist uns normalerweise verhüllt, und das liegt nicht am Dasein, sondern an unseren Augen. Die übliche Bewusstseinsweise lässt uns mechanisch auf die Dinge blicken und gibt uns die Meinung, sie seien tot. Lässt man diese mechanische Sichtweise hinter sich, so liegt einem das Dasein unverhüllt vor Augen. Dieser Mönch kam mit ihm in unmittelbaren Kontakt. Der Klang, den der Bambusstamm aussandte, war die Stimme im Inneren des Mönches selbst, und zugleich war das die Stimme, die die gesamte Welt durchtönt.

UNGEBOREN. Ein Mönch wurde vom Wort »ungeboren« getroffen, und das war für ihn die Lösung jahrelanger Zweifel. Er wurde seiner eigenen wahren Natur inne. Schon als Kind hatte man ihn angeleitet, sich mit einem chinesischen Klassiker zu beschäftigen, in dem von der Aufgabe die Rede war, »Klarheit über die berühmte Tugend zu finden«, und er plagte sich mit der Frage ab, worin diese »berühmte Tugend« denn bestehe. Ein frühreifes Kind wird sich der Problematik des Lebens schon in jungen Jahren bewusst. Er hatte nach Worten gesucht, um seine Fragen und Zweifel zum Ausdruck bringen zu können, und als Mönch hatte er sie in dieser Formulierung gefunden.

Einem Kind eine angemessene Antwort auf seine Frage nach dem Sinn des Lebens zu geben, ist keine leichte Sache. Er besuchte viele Lehrer, aber keiner konnte ihm eine befriedigende Antwort geben. Einer gab ihm die Anregung, dass Zen ihm helfen könnte, und er fing damit an, ZAZEN zu üben. Er muss eine natürliche Neigung zum Zen besessen haben. Jahrelang setzte er diese Übung ohne Lehrer fort. Gelegentlich ging er in die Berge, fernab jeder menschlichen Gesellschaft, und verbrachte dort viele Tage unter extremem Fasten. Von der Idee beherrscht, aus Askese müsse man den Leib missachten, setzte er sich auf eine Felsspitze und verharrte darauf reglos, bis er herunterrollte. Durch überlanges Sitzen wurde seine Gesäßhaut rissig und blutig. Es scheint, dass er sogar einmal Tuberkulose bekam und Blut zu husten begann. Er wurde völlig geschwächt und war dem Tod nahe. Er hatte keine Angst vor dem Sterben, sondern litt nur unter dem Gedanken, dass er womöglich sterben müsse, ohne es fertiggebracht zu haben, sich Klarheit darüber zu verschaffen, was mit der »berühmten Tugend« gemeint sei. Familienangehörige richteten ihm ein kleines Häuschen ein und bestellten ihm einen Diener, der sich um seine alltäglichen Bedürfnisse kümmerte. Aber er hatte fast keinen Appetit mehr. In diesem Zustand muss die unterschwellige Tätigkeit der NEN-Gedanken etwas zutage gefördert haben, das in die Sphäre seines Bewusstseins gelangte; mit einem Mal traf ihn das Wort »ungeboren«, und alles klärte sich. Er begann, mit gesundem Appetit zu essen, und kam wieder zu Kräften. Später wurde er ein großer Zen-Meister.

»Ungeboren« ist ein abstraktes Wort, aber es enthielt ganz genau das gesamte seitherige Üben dieses Mönches und das, was er damit erreicht hatte, und so wurde es für ihn klar und konkret zum Schlüssel für die Deutung seines Daseins. Es gibt viele abstrakte Begriffe im Zen, aber sie alle stellen ganz konkrete Erfahrungen von Zen-Schülern dar, und für Mönche werden sie zum lebhaften Ausdruck für das, was sie erreicht haben. Dieser Mönch sprach in der Folge sein Leben lang nur noch über dieses Wort »ungeboren« und über kein anderes Thema.

Die Mönche, die ich erwähnt habe, wurden alle in ihren späteren Jahren große Zen-Meister. Ihre Namen finden sich in der Zen-Literatur. Man könnte noch viel mehr von ihnen erzählen, aber für den Augenblick habe ich genug gesagt. Einen Fall möchte ich jedoch noch besprechen.

Dieser Mönch litt auch sehr lange Zeit unter den Fragen um Leben und Tod. Ein Tier mag Angst haben, aber es empfindet nicht eigentlich Leid. Es leidet lediglich vom SAMADHI eines Augenblicks zu dem des nächsten, denn es verfügt über keine Reflexionstätigkeit des Bewusstseins, mit der es über sich selbst nachdenken könnte. Der Mensch empfindet Leid, weil er über Bewusstseinstätigkeit verfügt und über den Gedanken nachdenkt, der ihm gerade gekommen ist. Daraus entsteht Selbst-Bewusstsein, und dieses ist es, was zu den Problemen um das Selbst und auch um Leben und Sterben führt. Der Mensch teilt seinen Geist in zwei Hälften, deren eine über die andere nachdenkt. In Wirklichkeit ist der Geist natürlich nicht aufgeteilt, sondern der

NEN-Gedanke des einen Augenblicks denkt ständig über den NEN-Gedanken des vorausgehenden Augenblicks nach, zerbricht sich über ihn den Kopf und gerät darüber in Erregung.

»Was geschehen ist, ist geschehen; was vorbei ist, ist vorbei«: Wenn man das Leben nur so versteht, gibt es nichts, worunter man leiden müsste. Aber um dieses Verständnis zu erlangen, muss man sehr lange Zen üben, damit man absolutes SAMADHI erlangt, die Bewusstseinstätigkeit aufhört und das reine Dasein nackt und bloß daliegt. Das reine Dasein kennt keine Fragen um Leben und Tod. Dieser Mönch schaute das reine Dasein ganz klar und sehr konkret genau in dem Augenblick, als er aus seinem SAMADHI auftauchte. Er sang:

*Da stehst du vor mir,*
*O mein ewiges Selbst!*
*Seit meinem ersten Atemzug*
*Warst du meine heimliche Liebe.*

KANNA. Wenn man im ZAZEN mit einem KŌAN arbeitet, nennt man das KANNA. »KAN« bedeutet »ins Auge fassen«, und »NA« bedeutet »ein Thema«. Dieser Ausdruck heißt also übersetzt: »ein Thema ins Auge fassen«. In der Praxis sieht das so aus, dass wir jedes einzelne Wort mit höchster Aufmerksamkeit rezitieren und so hartnäckig wie nur irgend möglich daran festhalten. Das ist Sprech-SAMADHI. »Der östliche Hügel läuft auf dem Wasser immer weiter« wird dann Silbe um Silbe sorgfältig rezitiert: »Der öst-li-che Hü-gel läuft auf dem Was-ser im-mer wei-ter.« Man muss dabei jedes Wort in seinen Kopf eindringen lassen und sich beim Rezitieren Zeit lassen. Dann entfaltet sich dieser rätselhafte Spruch auf wunderbare Weise und führt einen zu einem bestimmten Verständnis der Wirklichkeit, die in ständiger fließender Bewegung ist.

DIE TROMMEL SCHLAGEN. Ein Mönch fragte Kasan, einen alten chinesischen Zen-Lehrer: »In welcher Verfassung ist ein wirklich erleuchteter Mensch?« Kasan sagte: »Er schlägt die Trommel.« Der Mönch fragte weiter: »Worin besteht eigentlich die Lehre des Buddha?«

Kasan gab zur Antwort: »Man soll die Trommel schlagen.« Der Mönch fuhr fort mit der Frage: »Ich möchte nicht fragen, was ›Der Geist selbst ist Buddha‹ bedeutet, sondern was das heißt: ›Kein Geist, kein Buddha.‹« Kasan sagte: »Dass man die Trommel schlägt.« Hartnäckig fragte der Mönch weiter: »Wenn ein Mensch zu dir kommt, der die höchste Stufe erreicht hat, wie gehst du mit ihm um?« Kasan sagte: »Ich schlage die Trommel.«

Wer existenziell sein eigenes Tun wahrhaben kann, der wird Kasans Antwort verstehen können. Was meinen wir mit »existenziell«? Es bedeutet einfach, dass man sein Empfindungsvermögen nicht einbüßt oder verzerren lässt. Mit anderen Worten, man wird nicht vom begrifflichen Denken verdorben. Wenn man eine Trommel schlägt oder ein Streichholz anreißt und eine Kerze anzündet und wenn man das in echtem positivem SAMADHI tut, dann nimmt man in diesem Augenblick sein eigenes Dasein wahr. Dann mag man sich vor Bildern des Buddha verneigen und dennoch nicht Götzendienst treiben.

Setcho, der Autor der Hekigan Roku (»Berichte vom Blauen Felsen«), rühmt diese Geschichte in seinem GATHA oder Gedicht mit folgenden Worten:

*Schleppst du einen Stein, trägst du Erde,*
*Tu es mit der spirituellen Kraft*
*Eines Tausend-Tonnen-Bogens.*
*Zokotsu Roshi rollte drei hölzerne Kugeln;*
*Wie könnten sie Kasan übertreffen?*
*Ich sage dir: Was süß ist, ist süß,*
*Was sauer ist, ist sauer!*

»Schleppst du einen Stein, trägst du Erde« stammt aus bestimmten Zen-Geschichten und genügt, um in uns die Vorstellung zu wecken, dass wir einen großen Stein an einem Seil schleppen und in einem Strohkorb Erde auf unserer Schulter tragen. Alle Zen-Geschichten sind unsere eigenen Geschichten. Zokotsu Roshi ist ein berühmter Zen-Lehrer mit dem Beinamen Seppo. (Zokotsu ist ein Ortsname; es war weithin üblich, den Namen des Ortes, an dem ein Lehrer Unterricht gab, als seinen Beinamen zu verwenden.) Über Seppo sind viele Anekdoten überliefert. Einmal rollte er vor den Augen seines Schülers drei hölzerne Kugeln umher. Was bedeutet das? Bewegung! Auch wenn man einen Stein schleppt oder Erde trägt, ist das Bewegung. Setcho war ein großer Meister. Er sah klar, was Kasan zum Ausdruck bringen wollte, und nannte diese Beispiele für eine Zen-Bewegung in seinem GATHA. Wegen seines äußerst klarsichtigen Auges sind die Hekigan Roku einer der größten Klassiker der Zen-Literatur. Ein Tausend-Tonnen-Bogen ist eine fürchterliche Waffe. »Wie könnten sie Kasan übertreffen?« Keiner übertrifft die andern. Kasan, Zokotsu Roshi und alle andern sind auf der gleichen Stufe. Daraus schloss Setcho: »Was süß ist, ist süß, was sauer ist, ist sauer.« Das Süße ist absolut süß; das Saure ist absolut sauer. Um das Dasein kann man nur wissen, indem man es unmittelbar spürt, nicht indem man indirekt darüber kluge Gedanken anstellt. Das ist die fundamentale Wahrheit des Zen. Deshalb sagte Setcho: »Ich sage dir.«

WARUM HAT BODHIDHARMA KEINEN BART? Ein KŌAN stellt die Frage: »Warum hat Bodhidharma keinen Bart?« Bodhidharma steht hier für das reine Dharma. Gewöhnlich wird er mit Bart dargestellt. Aber in diesem KŌAN heißt es, Bodhidharma habe keinen Bart. Diese Aussage zielt darauf ab, dass das wirkliche Dharma nicht nur keinen Bart, sondern auch keine Augen, keine Nase, keinen Mund, kein Gesicht, keine Hände, keine Beine, keinen Leib hat. In den Hekigan Roku, Fall 88, steht geschrieben: »Blind, taub und stumm ist es absolut isoliert von der Bewusstseinstätigkeit.« Absolute Isolierung bedeutet nichts anderes als absolutes SAMADHI. Aber dieser KŌAN spricht nicht nur vom absoluten SAMADHI, sondern auch von den positiven Lebensverrichtungen. Wie kann man bei seinen Alltagstätigkeiten blind, taub und stumm sein? Kannst du im Gewühl von Ansehen und Profit ein Tor sein – kannst du einen Felsen erklimmen, ohne deine Hände zu gebrauchen, kannst du von einem dreißig Meter hohen Mast springen?

Wenn Sie auf einem Felsen Ihre Hände loslassen, werden Sie hinabstürzen und Ihr Leben verlieren. Im spirituellen Leben jedoch sollten

Sie das wirklich tun. Sie müssen einmal alles von sich werfen, was Ihr Bewusstsein seit Ihrer Kindheit eingelagert hat, das heißt, Ihr illusorisches Selbst.

Im absoluten SAMADHI ist es ziemlich leicht, sich loszulassen, aber im aktiven Alltagsleben ist es schwierig, den Griff um sein Ego zu lockern. Sie sagen sich zwar, Sie sollten nicht andere hassen, sollten Zorn und Wut unterdrücken, sollten der Versuchung widerstehen, sollten den Wunsch nach Ansehen, Macht, eitlem Ruhm und so weiter töten – aber Sie sind nicht imstande, Ihre eigenen Vorschriften durchzuführen. Sie können sich nicht einmal den Bart abnehmen, geschweige Ihre Augen, Ihre Nase, Ihren Mund und Ihr Gesicht. Aber ein wirklich erleuchteter Mensch hat kein Gesicht, wenn er über die ernsthaften Lebensfragen spricht, verhandelt und diskutiert. Mitten in der höchsten Geschäftigkeit seines Bewusstseins hat er nichts, an das er sich klammern würde. Mitten in den flackernden Flammen des Lebens bewahrt er seinen Geist so heiter und lichtvoll wie die Lotusblüte im Feuer.

*Zehntes Kapitel*

# DREI NEN-TÄTIGKEITEN UND DER EIN-ÄON-NEN

DER MENSCH DENKT UNBEWUSST. Der Mensch denkt und handelt, ohne dessen gewahr zu werden. Wenn er denkt, »Heute ist schönes Wetter«, denkt er an das Wetter, aber nicht daran, dass er denkt. Erst durch die Reflexionstätigkeit des Bewusstseins, die unmittelbar nach dem Denken des Gedankens einsetzt, wird er sich dessen bewusst, dass er denkt. Der Akt des Denkens an das Wetter ist nach außen gerichtet und geht im Objekt seines Gedankens auf. Die Reflexionstätigkeit des Bewusstseins dagegen schaut nach innen und beschäftigt sich mit dem gerade erfolgten Denkakt, der ganz mit dem Denken ans Wetter beschäftigt gewesen war und als unmittelbar Gewesenes noch seine Spuren hinterlassen hat. Dank dieser Reflexionstätigkeit des Bewusstseins kann der Mensch erkennen, was in seinem Geist vor sich geht, ja dass er überhaupt einen Geist hat; und er erkennt sein eigenes Dasein und Wesen.

Diese zwei Arten der Bewusstseinstätigkeit werden beide »NEN« genannt, ein Begriff, den wir bereits im vorigen Kapitel eingeführt haben und den wir annähernd als »Gedankenimpuls« übersetzen können. Die NEN wechseln einander von einem Augenblick zum andern ab, und gelegentlich kommt es uns vor, als tauchten sie alle gleichzeitig auf. Aber es tritt immer nur ein voll tätiger NEN beherrschend auf die Bühne des Bewusstseins. Hinter den Kulissen können sich allerdings viele auf einmal drängeln, weil sie unbedingt auch ihren Auftritt haben wollen. Jede NEN-Tätigkeit hat ihre Grenze, und die vielen gleichzeitigen unterbewussten Impulse geben uns das Gefühl, als tauchten viele von ihnen parallel zueinander auf. Aber in Wirklichkeit arbeitet unser Geist so, dass er immer nur einen Akteur auf die Bühne lässt und sich das Bewusstsein nur auf diesen einen konzentriert.

Nehmen wir an, jemand denkt: »Was für ein schrecklicher Mensch ist das!«, oder er glüht vor Eifersucht. Er wird zur inkarnierten Wut oder Eifersucht. Er wird sich dessen gar nicht bewusst, dass er besessen ist. Einen Augenblick danach macht er sich vielleicht Vorwürfe darüber, als wie gemein er sich in seinem Denken offenbart hat. Aber er mag sich noch sosehr Vorwürfe machen – er kann das, was gerade in ihm hochgekommen ist, nicht rückgängig machen. Erst nachdem es aufgetaucht ist, hat er davon wissen können.

Einem streng durchtrainierten Geist mag es gelegentlich gelingen, einen noch unterbewussten Impuls rechtzeitig zu entdecken und zu entschärfen, bevor er auf der Ebene des Bewusstseins aufbricht, aber sogar in diesem Fall ist der Impuls zuerst da, und erst dann nimmt man ihn wahr. Wenn Sie sich im Ein-Minuten-ZAZEN versucht haben, haben Sie vielleicht gelegentlich eine Art Vorwarnung gespürt, dass sich in Ihrem ansonsten leeren Geist ein NEN zu regen beginnt und dass ihm wie ein Schatten auf dem Fuß die Regung gefolgt ist, ihn zu verhindern. Auch in diesem Fall war die Reihenfolge so, dass zuerst aus dem Unterbewusstsein der Ansatz zu einer Tätigkeit aufgetaucht ist, und danach eine unterbewusste Reflexion.

Alle Impulse, etwa diejenigen zum Stehlen, zur Gier, zum Ärger, zur Klage, tauchen zunächst einmal auf, und erst danach wird man sich ihrer bewusst. Setzt dann keinerlei Reflexionstätigkeit des Bewusstseins ein und werden sie nicht klar erkannt, so gehen sie unbemerkt vorüber und lagern sich in den Tiefen des Unbewussten ein. Ein NEN ist jedoch immer in irgendeiner Weise ein innerer Druck, und wenn er nicht bewusst erkannt wird, bleibt er unaufgelöst im Unterbewussten liegen. Auf diese Weise setzen manche NEN eine Art Gärungsprozess in Gang und fügen womöglich dem Geist Schaden zu. Das werden wir später genauer erklären.

DER ERSTE UND DER ZWEITE NEN. Nennen wir jetzt den nach außen gerichteten Denkakt (»Heute ist schönes Wetter«) den ersten

NEN und den Reflexionsakt des Bewusstseins (»Ich habe gerade gedacht, dass heute schönes Wetter ist«) den zweiten NEN. Der erste und der zweite NEN kommen und gehen in einem Augenblick (Abb. 21), und wenn eine ganze Gedankenkette entsteht, taucht häufig der zweite NEN auf, um den vorausgehenden NEN zu beleuchten, und beide vermischen sich unentwirrbar miteinander. Daher kommt es, dass jemand, der etwas Bestimmtes denkt, das Gefühl hat, gleichzeitig höre er eine innere Stimme, die von seinem Denken weiß und ihm dafür Anweisungen gibt. Da brüllt zum Beispiel gerade jemand vor Zorn, und zugleich sagt ihm eine innere Stimme: »Sei doch nicht so zornig! Vergiss dich doch nicht vor lauter Wut!« Diese zuredende Stimme ist verhältnismäßig nüchtern, aber der erste NEN walzt sie nieder, wobei der gesamte Körper in Erregung ist. Das ganze Nervensystem, die Drüsen, selbst der Blutkreislauf werden aufgepeitscht. Es ist, als schlügen Wogen wie eine Menschenmenge hoch, die vor einem öffentlichen Gebäude demonstriert und schreit: »Unsere Geduld ist am Ende! Egal jetzt, ob wir gewinnen oder verlieren!« Die andere Stimme sagt dann wieder ruhig: »Nein, du solltest dir alle Mühe geben, nicht aus der Haut zu fahren.«

Das ist natürlich nur ein Beispiel von vielen. Der erste NEN kann oft auch still und heiter sein wie das Schweigen des Himalayas, die Barmherzigkeit des Kannon oder die spirituelle Kraft der »silbernen Berge und eisernen Felsen«.

DER DRITTE NEN. Der zweite NEN, der über den unmittelbar vorausgegangenen NEN reflektiert und Licht auf ihn wirft, weiß ebenfalls nichts von sich selbst. Seiner bewusst wird wiederum erst ein weiterer Akt der Reflexionstätigkeit des Bewusstseins, der wieder unmittelbar auf ihn folgt. Dieser Akt ist ein weiterer Schritt in Richtung Selbst-Bewusstsein. Er verfestigt die Grundlage, die von den vorhergehenden Akten geschaffen wurde. Wir wollen ihn den dritten NEN heißen. Dieser dritte NEN denkt zum Beispiel: »Ich weiß, dass ich gemerkt habe, dass ich gedacht hatte: Heute ist schönes Wetter.« Oder er sagt vielleicht: »Ich weiß, dass ich mir des Wissens bewusst war, dass ich gemerkt habe, dass ich gedacht hatte: Heute ist schönes Wetter.«

Abb. 21

Abb. 22

Abb. 23

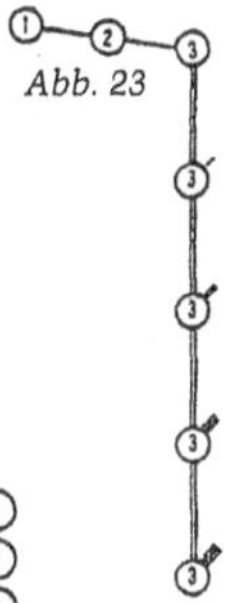

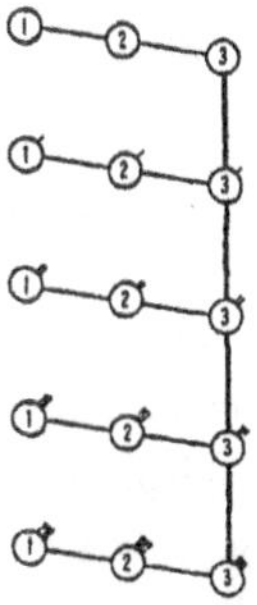

Abb. 24

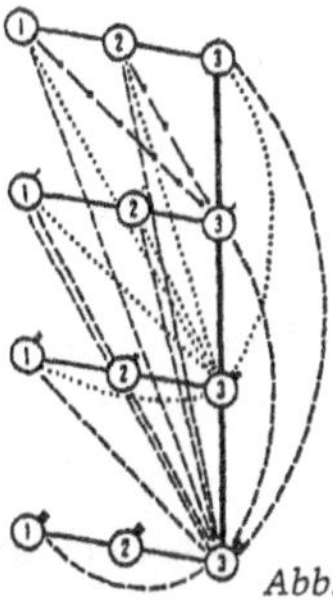

Abb. 25

Abb. 26

*21. Eine einfache Abfolge alternierender erster und zweiter* NEN.
*22. Eine einfache Abfolge von Serien erster, zweiter und dritter* NEN. *Eine solche lineare Aufeinanderfolge bezeichnen wir als die A-Linie.*
*23. Dieses Schema zeigt, dass auf einen ersten* NEN *(z. B. die Beobachtung des Wetters) und zweiten* NEN *(durch den wir uns bewusst werden, das beobachtet zu haben) eine ganze Reihe dritter* NEN *folgt (Erkenntnis unser selbst als derer, die sich der Beobachtung bewusst werden, und darauffolgende Bestätigung dieser Erkenntnis, und entsprechend ein fortschreitend klareres Selbst-Bewusstsein). Diese ganze Reihe von dritten* NEN*, im Schema durch eine vertikale Doppellinie verbunden, bezeichnen wir als die B-Linie.*
*24. Auf diesem Schema wird gezeigt, dass ständig neue erste und zweite* NEN *auftauchen, weil mit der Zeit ständig neue Beobachtungen eingehen, sodass jeder darauffolgende dritte* NEN *nicht nur von seinem Vorgänger, sondern auch von neuen ersten und zweiten* NEN *gespeist wird. Jeder dritte* NEN *enthält deshalb alle vorausgegangenen* NEN.
*25. Eine detailliertere Darstellung der tatsächlichen Interaktion jedes dritten* NEN *mit den vorausgegangenen* NEN*-Tätigkeiten.*
*26. Diese Zeichnung stellt die stete Abfolge erster* NEN *dar, wie sie sich beim* ZAZEN-Üben *einstellt. Diese ersten* NEN *werden gar nicht mehr durch selbst-beobachtende zweite* NEN *oder selbst-bewusste dritte* NEN *unterbrochen.*

Der Einfachheit halber können wir diese NEN schematisch so darstellen, dass sie zunächst in linearer Folge entstehen, wobei sich an sie dann jeweils Serien von ersten, zweiten und dritten NEN anhängen (Abb. 22). In unserem Beispiel mit dem Gedanken über das schöne Wetter kommt zuerst die Beobachtung, dann zweitens das Bewusstsein, diese Beobachtung zu machen, und drittens die Feststellung, dass ich selbst mir der Tatsache, diese Beobachtung gemacht zu haben, bewusst werde. Weitere Feststellungen können folgen, aber alle hängen jetzt mit diesem dritten NEN zusammen, und so ist die Abfolge also: erster NEN, zweiter NEN, dritter NEN, dritter NEN, dritter NEN und so fort wie in Abbildung 23.

Unser Geist ist in seiner Funktion jedoch komplex und dynamisch, und es ist unmöglich, die wirkliche Abfolge unserer Gedanken mittels solcher klarer Schaubilder darzustellen. Um die tatsächliche Komplexität der Dinge anzudeuten, haben wir uns kompliziertere Schemata ausgedacht (Abb. 24 und 25), die anzeigen, dass im Verlauf der Abfolge 1, 2, 3, 3, 3 ... tatsächlich etwas Subtileres geschieht. Das heißt, während dieses Fortschritts an Selbst-Erkenntnis tauchen auch noch weitere erste und zweite NEN als Fortsetzung der ursprünglichen Beobachtung auf. Man stellt zum Beispiel fest, dass sich der Wind dreht, dass die Wolken neue Gestalt annehmen, und dann tritt der nächste dritte NEN zutage, um diese Beobachtung mit den Strängen sowohl der neuen NEN-Reihen als auch des vorangegangenen dritten NEN zu verknüpfen, jeder wieder mit seiner eigenen Verzweigung. So läuft in Abbildung 24 die erste Reihe von Beobachtungen des Wetters vom Punkt oben diagonal nach rechts (1, 2, 3) und dann vertikal abwärts durch die Abfolge von dritten NEN. Jeder folgende dritte NEN seinerseits wird auch wieder mit einer neuen Folge von NEN gespeist (von neuen Eindrücken), weil sich im Lauf der Zeit neue Phänomene einstellen. So verfestigt jeder nachfolgende dritte NEN dynamisch alle vorausgegangenen dritten NEN und erschließt für sich selbst gleichzeitig eine neue Reihe von ersten und zweiten NEN, die unvermeidlich auf den Fluss der Bewusstseinstätigkeit einwirken. So verkörpert jeder gegebene dritte NEN in sich alle vorausgegangenen NEN.

Wir haben also Sequenzen von ersten, zweiten und dritten NEN (1, 2, 3), die wir jetzt der Einfachheit halber als die A-Linie bezeichnen wollen, und eine andere Art von Sequenzen, wie in Abbildung 23, 24 und 25 dargestellt, bei der es sich um Abfolgen von dritten NEN handelt; im Schaubild sind sie so dargestellt, dass sie durch eine doppelte vertikale Linie miteinander gekoppelt sind. Das bezeichnen wir als B-Linie. A- und B-Linien fließen ineinander und bilden den Bewusstseinsstrom ungefähr in der Gestalt, wie sie Abbildung 25 zeigt. Diese Abbildung stellt auch die direkten und indirekten Verknüpfungen jedes dritten NEN mit seinen vorausgehenden NEN-Akten dar. Sie zeigt, dass der dritte NEN jeder Reihe direkt den vorausgehenden dritten NEN und seinen gesamten Inhalt übernimmt und zugleich auch den vorausgehenden zweiten NEN auf seiner eigenen Abzweigung und dass indirekt alle vorausgehenden NEN in jeden im Augenblick aktuellen NEN einbezogen sind. Wir sagen »indirekt«, aber das stimmt nur auf dem Papier. In Wirklichkeit wird alles in einer einheitlichen Erfahrung des Selbst-Bewusstseins zusammengefasst. Alles Vorausgehende ist in den Bewusstseinsstrom aufgenommen und wird zusammen mit neuen Eindrücken an den nächsten dritten NEN weitergegeben.

Die B-Linie stellt den Hauptstrang dar, der den Bewusstseinsstrom lebendig hält, aber der Strom selbst ist aus einer ständigen Abfolge unterschiedlicher NEN zusammengesetzt. Jeder dritte NEN ist innerlich mit seinen Vorgängern verknüpft. Aber der erste NEN bezieht unablässig neue Anreize aus der äußeren Welt, und unablässig springt man von einer NEN-Tätigkeit zur nächsten; das Ganze wird dann vom dritten NEN in den steten Gedankenstrom einbezogen. Der zweite NEN folgt immer unmittelbar auf den vorausgehenden NEN-Gedanken und stellt ihn fest. Und wie uns auf der Filmleinwand die abrupten Szenenwechsel nicht verwirren, so bringen uns auch die pausenlos wechselnden NEN, die auf die Leinwand unseres Geistes projiziert werden, nicht durcheinander.

Diese ganze Erläuterung soll dem Zweck dienen, uns deutlich vor Augen zu führen, wie unser Geist arbeitet, wenn er sich selbst überlassen wird. Die ZAZEN-Übung hingegen will in uns die Fähigkeit stärken, ganz in einem einzigen NEN aufzugehen, zum Beispiel in Mu. Das wird in Abbildung 26 dargestellt. Der Schüler, der bewusst immer wieder »Mu« wiederholt und danach jeweils ausatmet, erzeugt eine stete Abfolge von ersten NEN-Akten, ohne darüber auf sie in Form von zweiten NEN zu reflektieren und ohne zu Selbst-Bewusstsein in Form von dritten NEN zu führen. Der Geist bringt lediglich »Mu-mu-mu-mu ...« hervor. Nach und nach entwickelt sich das zu der Verfassung des »Ein-Äon-NEN«, die wir später in diesem Kapitel erörtern werden. Das ist in Wirklichkeit nichts anderes als ein anderer Ausdruck für »absolutes SAMADHI«, das wir in einem ersten Anlauf bereits einmal erläutert haben und auf das wir in Kapitel 13 zurückkommen werden.

EIN GERÄUSCH WAHRNEHMEN. Wenn jetzt ganz plötzlich eine Fabriksirene zu heulen anfinge, wären Sie vermutlich für einen Augenblick ganz von diesem Geräusch eingenommen und würden dann feststellen, dass es sich um die Sirene einer Fabrik handelt. Würde es sich dabei um das Zeichen für den Mittag handeln, könnte es sein, dass Ihnen spontan von dem Augenblick an, wo Sie die Sirene wahrgenommen haben, zu Bewusstsein käme, dass es Zeit zum Mittagessen ist. Schauen wir nun etwas sorgfältiger in unser Inneres. In Wirklichkeit war es folgendermaßen: Als die Sirene anfing, war Ihre Aufmerksamkeit (der erste NEN) für den Bruchteil von Sekunden vom Geräusch eingenommen; sie war sozusagen im Zustand eines gelinden Schocks. Diesen Zustand, in dem der Geist den Reiz aufnimmt, können wir die reine Sinnesempfindung nennen, die sich jedoch unmittelbar in eine sogenannte gewöhnliche Sinnesempfindung umwandelt. Dann taucht der zweite NEN auf und registriert diese Sinnesempfindung, und schließlich erscheint der dritte NEN, um den Eindruck des ersten und des zweiten NEN in eine Wahrnehmung umzuwandeln. Bevor jedoch die Wahrnehmung ganz hergestellt wird, knüpfen Sie Querverbindungen zu einschlägigen Wissensinhalten, die Sie bereits als Begriffe eingespeichert haben. Dann erkennen Sie das Heulen der Sirene als das Signal für die Mittagspause. So läuft der Prozess der Wahrnehmung ab, und er schreitet von ersten zu zweiten und zu dritten NEN, ähnlich dem Prozess des Schlussfolgerns.

Wenn Sie denken, »Heute ist schönes Wetter«, ist der erste NEN ein Gedanke, nicht eine einzelne Sinnesempfindung. Auch der zweite und der dritte NEN arbeiten auf der Ebene der Gedanken. Aber ehe Sie sagen können, »Heute ist schönes Wetter«, müssen Sie die Sinnesempfindung gehabt und die begriffliche Wahrnehmung gehabt haben (in der Form einer Abfolge von ersten, zweiten, dritten NEN), dass die Sonne scheint, wie der Himmel aussieht, wie die Bäume und die Blumen und alles andere wirken; erst daraus folgt der intuitive Gedanke, »Heute ist schönes Wetter« (wieder als ein erster NEN).

Vielleicht sagen Sie, dass Sie bei sich keine Reflexionstätigkeit Ihres Bewusstseins feststellen, wenn Sie einen Laut hören. Dann versuchen Sie, etwa auf das Ticken einer Uhr zu hören, und achten Sie darauf, ob Sie derart im Hinhören aufgehen können, dass Sie sich selbst völlig vergessen. Wenn Sie das nicht können, müssen Sie zugeben, dass Sie sich selbst nicht vollständig in den Akt des Hinhörens hineingeben und ganz Hören werden können. Die Reflexionstätigkeit Ihres Bewusstseins war aktiv und hat hartnäckig Ihrem Geist ins Ohr geflüstert. Für jemanden, der nicht im ZAZEN geübt ist, ist es fast unmöglich, sich vorsätzlich in den Zustand des reinen Hörens zu versetzen.

SUBJEKTIVITÄT. Wir müssen uns darüber im Klaren sein, dass die Tätigkeit unseres Geistes immer subjektiv ist, das heißt: Alles, was wir tun oder denken, sind Aktivitäten unser selbst als Subjekt. Was immer ich denke oder tue, das denke oder tue immer ich mit meiner Subjektivität, und in meiner Subjektivität handle ich immer, ohne mir meiner selbst als Subjekt bewusst zu sein. Ob ich nun nach außen blicke oder in mir selbst nachdenke, ich bin auf jeden Fall in diesem Augenblick selbst an diese Tätigkeit hingegeben, ohne mir meiner selbst bewusst zu sein. Einen Augenblick später kann ich mir vielleicht dessen bewusst werden, dass ich etwas tue oder denke, aber der Akt des Sich-Bewusstwerdens als solcher geschieht auch wieder, ohne dass ich mir dessen bewusst bin. Im Augenblick des Aktes selbst ist mein Verhalten notwendigerweise unbewusst, denn das macht das innere Wesen der Subjektivität aus.

Das Wort »subjektiv« wird oft in einem missverständlichen Sinn gebraucht, wenn man damit das Denken von einem ichbezogenen Standpunkt aus meint. Aber hier verwenden wir den Begriff »Subjektivität« nur in dem Sinn, dass wir damit das denkende oder handelnde Subjekt bezeichnen. Ganz gleich, ob man nun auf subjektive oder auf objektive Weise (das heißt, unabhängig von seinem eigenen Ich) denkt, immer geschieht der Akt des Denkens in der eigenen Subjektivität. Die Subjektivität nimmt andere Dinge wahr, aber nie sich selbst. So wie das Auge sich selbst nicht sehen kann, so kann die Subjektivität nicht sich selbst beobachten. Wenn sie beobachtet wird, ist sie in ein Objekt verwandelt, und es bedarf eines anderen Subjekts, um sie anzuschauen. Das, was denkt: »Heute ist schönes Wetter«, denkt in seiner Subjektivität und ist sich seiner selbst nicht bewusst. Nur wenn es erhellt und durch die anschließende Reflexionstätigkeit des Bewusstseins zum Gegenstand des Nachdenkens gemacht wird, wird es erkannt und identifiziert als das Subjekt, das unmittelbar vorher gedacht hatte: »Heute ist schönes Wetter.« Aber in dem Augenblick ist es bereits durch den Umstand, dass man über es nachdenkt, in ein Objekt verwandelt; durch die Tätigkeit des Nachdenkens, die nun ihrerseits in Subjektivität erfolgt, ist es objektiviert worden.

DER DRITTE NEN. SAMMLUNG UND ERINNERUNG. Wenn Sie sorgfältig auf einen Dauerton achten und versuchen, die Qualität Ihres Hörens wahrzunehmen, werden Sie feststellen, dass der Ton ganz leicht schwingt und einmal dünner, einmal stärker wird. Das kann daher rühren, dass Ihre Aufmerksamkeit einen Augenblick nach außen und dann einen Augenblick nach innen gerichtet ist. Wenn Sie ganz nach außen schauen, sind Ton und Eindruck in unmittelbarem Bezug zueinander, wenn Sie dagegen nach innen schauen, ist der Eindruck indirekt. So entstehen die verschiedenen Dichtegrade des Eindrucks. Dieses Phänomen hängt zweifellos außerdem noch mit der Ermüdung Ihrer Aufmerksamkeit zusammen, die sich alle paar Sekunden einstellt.

Jeder Augenblick eines Dauertons wird von den aufeinanderfolgenden dritten NEN mittels der ersten und zweiten NEN aufgefangen. Der abschließende dritte NEN fasst in seinem gegenwärtigen Augenblick alle vorausgehenden Wahrnehmungen und Erleuchtungen und den Dauerton selbst zusammen und integriert das alles in den einen Strom des Tones.

Wenn wir uns Musik anhören, wird unserem Bewusstsein der Verlauf der Melodieführung durch aufeinanderfolgende Reihen erster, zweiter und dritter NEN gemeldet. Jeder dritte NEN integriert die vorausgegangenen Eindrücke der Komposition bis zum gegenwärtigen Augenblick und reicht sie zusammen mit den jüngsten Eindrücken aus den darauffolgenden Klängen an den nächsten dritten NEN weiter. Während des gesamten Verlaufs seiner Durchführung, Entwicklung und Wandlung wird so das betreffende Musikstück wachgehalten. In seinem gegenwärtigen Augenblick erfasst der abschließende dritte NEN den Charakter des gesamten musikalischen Werkes, ohne einen Abschnitt davon zu verlieren, obwohl die einzelnen Abschnitte bereits verklungen und in die Vergangenheit entschwunden sind. Dadurch wird die unmittelbare Vergangenheit bewahrt. Der Klang selbst ist zwar vorbei, aber in diesem gegenwärtigen Augenblick wird er noch als lebendig festgehalten.

Das Maß an Klarheit, mit dem der dritte NEN auf direkte Eindrücke aus der Vergangenheit zurückgreifen kann, hängt von der angeborenen Qualität des jeweiligen Bewusstseins und auch von seiner jeweiligen augenblicklichen Verfassung ab. Wenn das Bewusstsein ermüdet ist, wird der Bereich seiner Erhellung eng und dunkel. Sie können das leicht beim Lesen feststellen. Wenn Sie müde sind, behalten Sie fast nichts mehr, und selbst wenn Sie den Text ein paarmal nachlesen, erfassen Sie seinen Sinn nicht mehr klar. Am nächsten Morgen dagegen ist Ihr Auffassungsvermögen überraschend dynamisch, und Sie folgen mit erfrischender Klarheit Zeile um Zeile dem Verlauf der Gedanken.

Alles, was nicht zur Reflexionstätigkeit des Bewusstseins gehört: Sammlung, Selbstkritik, Fantasie, Wunschvorstellungen und Pläne, spielt sich im Bereich der ersten NEN ab. Wir haben an anderer Stelle gesagt, dass der erste NEN nach außen gerichtet ist. Aber er schaut auch auf das eigene Denken oder auf das eigene objektivierte Ich zurück, das nicht mehr nur das reine Ego ist. Wenn wir an Vergangenes zurückdenken, bewegen wir uns mit unserem Denken im Raum unserer Vorstellungskraft. Die Reflexionstätigkeit des Bewusstseins hat jedoch weder etwas mit der Vorstellungskraft noch mit der Wiederbelebung der Vergangenheit zu tun, sondern bei ihr geht es um das lebendige Erfassen des unmittelbar vorhergegangenen NEN.

Psychologische Tests haben erwiesen, dass das Opfer eines Verkehrsunfalls unmittelbar nach dem Unfall oft eine sehr klare Erinnerung an den Hergang behält. Aber wenn es wenig später danach gefragt wird, stellt sich heraus, dass es viele Einzelheiten vergessen hat. Man kann das folgendermaßen erklären: Unmittelbar nach dem Ereignis ist der dritte NEN, der den Unfall unmittelbar zusammen mit dem ersten und zweiten NEN erfasst hat, noch aktiv am Werk, und er hält dem Geist noch ganz klar die Szene vor Augen. Mit anderen Worten, das Opfer sieht im Geist immer noch den Unfall vor sich. Das bezeichnen wir als das Festhalten der unmittelbaren Vergangenheit, und im Allgemeinen hält das die wenigen Augenblicke lang an, die die erste Phase der Erinnerungsbildung darstellen. Aber wir können die unmittelbare Vergangenheit in ihrer lebendigen Phase nicht lange festhalten. Wir überweisen sie alsbald an die zweite Phase der Erinnerungsbildung. Während dieses Vorgangs des Weiterreichens betrachtet ein neuer erster NEN die Unfallszene, die der dritte NEN vor Augen führt, und im weiteren Verlauf bildet sich eine Rückkoppelung der ersten Reihe von dritten NEN an eine zweite und dann an eine dritte Reihe und so fort. Die Rückkoppelung besteht darin, dass die Beschreibung des Beobachteten wiederholt wird. Aber im Allgemeinen werden ganz unwillkürlich bei jeder Wiederholung neue Daten hinzugefügt oder einige weggelassen. Das führt dann auf die zweite Stufe, die sogenannte Zwischenphase der Erinnerungsbildung.

In dieser Phase, bei der die Rückkoppelung aktiv bleibt, überlebt die Erinnerung im Allgemeinen eine Stunde lang oder etwas länger. Wenn einer der Anschlüsse der Rückkoppelung ermüdet und ausfällt, lässt die Erinnerung nach. Bei der Erschöpfung, die auf den Schock einer Notsituation folgt, ist vielleicht die Rückkoppelung gar nicht richtig in Gang gekommen oder ihre Initialzündung ist zu schwach gewesen; dann findet keine Weitergabe statt. Das erklärt das Phänomen, dass wenige Augenblicke nach dem Unfall die Erinnerung erlöschen kann. Jedoch hinterlässt ein NEN seine Spuren, und wenn eines Tages ein passender Anreiz auf die Spur einwirkt, kann er wiederbelebt und auf die Ebene des Bewusstseins gehoben werden.

Die dritte Phase, von der wir annehmen, dass in ihr die Erinnerung zu bleibender Dauer verfestigt wird, scheint nach ziemlich eigenständigen Regeln abzulaufen. Wir wissen sehr wenig darüber, wie sich dieser Prozess abspielt. Bislang kennen wir noch nicht die physische Grundlage des Langzeit-Gedächtnisses.

Vielleicht können wir an dieser Stelle eine schwache Vermutung wagen. Solange man eine Erinnerung auf seinem gegenwärtigen Bewusstseinsniveau wiederbeleben kann, muss sie von der Art sein, dass sie identisch oder jedenfalls verwandt mit der gegenwärtigen Bewusstseinsverfassung ist. Nehmen wir nun an, dass eine sogenannte Erinnerungsspur irgendwie ein verfestigter innerer Abdruck ist und dass jeder innere Abdruck seine eigene Stimmung hat und dass jede Stimmung durch die ständig aufeinanderfolgenden dritten NEN bis zu diesem gegenwärtigen Zeitpunkt weitergereicht worden ist. Von diesem Prozess können wir annehmen, dass er den Grund zur Persönlichkeit legt. Erinnern wir uns nun an einen vergangenen Gedanken oder eine frühere Tat, so identifizieren wir diesen Gedanken oder diese Tat als etwas zu uns Gehöriges. Das geschieht dadurch, dass wir die vergangene Stimmung als die unsrige wiedererkennen. Die Stimmung, die wir solchermaßen wiederbeleben, kann von unserer augenblicklichen Stimmung sehr verschieden sein, aber sie ist durch die aufeinanderfolgenden dritten NEN weitergereicht worden, und im Lauf der Zeit ist sie nach und nach mit vielen anderen Stimmungen vermischt worden – mit Reue, Selbstvorwürfen, Freude, Stolz, Eitelkeit, Depression usw. –, bis aus ihr die gegenwärtige Stimmung geschmolzen worden ist. Wenn wir versuchen, eine vage Erinnerung wachzurufen, erscheint zunächst vor unserem geistigen Auge eine Art verschwommener Atmosphäre. Sie hat einen bestimmten Beigeschmack – ist warm oder kalt, angenehm oder schlimm.

Sie kann das Gefühl eines nebligen Frühlingsdämmers oder eines Sommermorgens, eines Herbstabends oder eines strengen Winters wecken. Aus dieser vagen Atmosphäre taucht dann von innen her nach und nach die Gestalt des gewünschten Gegenstands auf, zunächst in symbolischer und dann allmählich in konkreter Form. Es scheint also, dass unsere Erinnerungen in ein Leichentuch aus Stimmungen gehüllt und mit einem symbolischen Etikett versehen sind.

Das Gefühl, dass unser Ich etwas Kontinuierliches ist, entsteht also auch dadurch, dass wir eine Stimmung als solche wiedererkennen, die wir bereits einmal gehabt haben, die wir jeden Augenblick verspüren können und die uns bis zum gegenwärtigen Zeitpunkt weitergereicht worden ist.

INTUITION. Das sogenannte intuitive Urteilen ist vielleicht ein komplizierterer geistiger Prozess, als wir gemeinhin denken. Wenn uns der Gedanke kommt: »Heute ist schönes Wetter«, haben wir vielleicht das Gefühl, dieser Gedanke falle uns augenblicklich zu. Aber ehe dieser Gedanke auftaucht, müssen wir schon unbewusst die strahlende Sonne, den blauen Himmel, die vorüberziehenden Wolken und die Ansicht der Landschaft genossen haben und natürlich von ihrer Schönheit angerührt worden sein. Ehe jedoch die Reihe solcher unbewusster Wahrnehmungen (oder Sinnesempfindungen) ans Licht gehoben wurde, hat sich bereits die Schlussfolgerung aus ihnen in Gestalt des Gedankens, »Heute ist schönes Wetter«, ergeben. Dieser schlussfolgernde Gedanke nun hat die Aufmerksamkeit derart auf sich gelenkt, dass er vorzugsweise ans Licht gehoben wurde und sich in unserem Geist festgesetzt hat. Gleichzeitig war es der vorausgehenden Würdigung, die sich unbewusst abgespielt hatte, nicht vergönnt, ans Licht zu kommen; sie wurde vom schlussfolgernden Gedanken überspielt und schied aus der Erinnerung aus. Oder anders gesagt: Der Gedanke, »Heute ist schönes Wetter«, war so herzerfrischend und sympathisch, dass er im Augenblick seines Auftretens alles andere von der Bühne des Bewusstseins verdrängte. Die starke Aufmerksamkeit wirkt immer so, dass sie anderes ausschließt und alle anderen Gedanken oder Wahrnehmungen vorübergehend vom Platz weist. Kurz gesagt, die Reflexionstätigkeit des Bewusstseins war nicht auf dem Plan, um die vorbereiteten Wahrnehmungen oder Gedanken zu erfassen – in diesem Fall also diejenigen über das Wetter.

Im ziemlich ähnlichen Sinn sagt man oft vom schöpferischen Einfall eines Erfinders oder von der Lösung eines schwierigen Problems, die ein Mathematiker plötzlich findet, sie sei ihm jäh und intuitiv eingegeben worden. Aber auch in diesen Fällen müssen vorher zahlreiche vergebliche gedankliche Anläufe unternommen worden sein, bis endlich der Treffer gelang. Das Nachdenken mag bereits Stunden, Tage, Monate oder Jahre vor sich gegangen sein, aber sein unablässiges zähes Suchen hat sich im Unterbewusstsein in Form einer inneren Spannung abgespielt.

Gelegentlich hört man jemanden sagen: »Als ich sein Gesicht sah, war mir intuitiv die Lage klar.« Aber in Wirklichkeit haben Sie beim Anblick Ihres Freundes einen Eindruck aufgenommen, und dieser Eindruck wurde sofort mit einer Reihe von Umständen in der Vergangenheit verknüpft, und dann wurde eine Schlussfolgerung gezogen. All diese Verknüpfungen wurden hergestellt, noch ehe Sie ihrer gewahr wurden, und zum Zeitpunkt der Formulierung der Schlussfolgerung waren sie bereits wieder aus Ihrem Wahrnehmungshorizont verschwunden. Auf Sie hinterließ das den Eindruck, Sie seien intuitiv zu diesem Schluss gekommen.

Bankej Zenji wurde erleuchtet, als ihn das Wort »ungeboren« traf. Es schien, als sei es ihm von einer Stimme vom Himmel her zugesprochen worden. Aber sein Ringen auf Leben und Tod im ZAZEN hatte ihn bereits in die geistige Verfassung des »Ungeborenseins« versetzt. So brauchte er nur noch dem dazu passenden Wort zu begegnen, um der Stimme gewahr zu werden. Der heilige Paulus hörte die Stimme Gottes auf der Straße nach Damaskus. Bankej Zenji hörte sie in den buddhistischen Schriften. Es gibt Mönche, die demselben »ungeboren« begegnen, wenn sie täglich ihre Sutren rezitieren, aber für wenige hat es den gleichen Klang wie für Bankej Zenji. Ehe die »jähe Verwirklichung« eintritt, geben sich große Männer unendliche Mühe.

EIN NEN, EIN ÄON. Bislang haben wir verschiedene Tätigkeiten der NEN besprochen. In den Tiefen des absoluten SAMADHI hören diese Tätigkeiten jedoch auf. An ihrer Stelle erscheint »ein NEN, ein Äon«. Diese Bezeichnung bedeutet, dass das Auftauchen eines bestimmten NEN in einem bestimmten Augenblick das gleiche ist wie ein Äon; es bedeutet auch, dass in der NEN-Tätigkeit dieses Augenblicks ein Äon gegenwärtig ist.

Benützen wir den Begriff »Ein-Äon-NEN« als Hauptwort. Dieser Ein-Äon-NEN ist die Grundform aller anderen NEN-Tätigkeiten. Unter einem bestimmten Gesichtspunkt haben wir ihn JISHU-ZAMMAI genannt, das SAMADHI der Selbstbeherrschung; von einem anderen Gesichtspunkt aus »reines Dasein«. »Reines Dasein«, JISHU-ZAMMAI, Ein-Äon-NEN – welchen Begriff wir auch dafür gebrauchen, dieses Phänomen tritt in seiner reinen Form im absoluten SAMADHI auf und unterscheidet sich ganz klar von anderen NEN-Tätigkeiten. Wir betonen das ganz besonders, denn dieser Zustand bildet den Ausgangspunkt für den Wiederaufbau der gewöhnlichen Art des Bewusstseins.

In unserem Alltagsleben äußert sich dieser Ein-Äon-NEN jedoch ganz unterschiedlich: in der Verfassung der Täuschung als getäuschtes Ego, in der Verfassung des Ärgers als verärgertes Ego und so weiter. In Wirklichkeit ist das nicht weniger als der erste oder zweite oder dritte NEN. Auf was es ankommt, ist die Läuterung dieser NEN-Gedanken, zunächst durch absolutes SAMADHI, bei dem die übliche Bewusstseinsweise aufgehoben wird, und dann durch positives SAMADHI, das heißt, durch die sogenannte Pflege der heiligen Buddhaschaft (siehe Kapitel 17), bei der ein Wiederaufbau des Bewusstseins stattfindet.

Das Ziel der ZAZEN-Übung besteht darin, uns zur Überprüfung unserer NEN-Tätigkeiten anzuleiten und diese in ihrer reinsten Form wiederherzustellen; dem Dasein ein Auge zu schenken, damit es sich selbst anschauen kann; das Bewusstsein neu aufzubauen, damit es sich von seinen trügerischen Gewohnheiten löst, und dem Leben aus der Fülle des Daseins zu helfen, sich in seiner ureigenen Art zu entwickeln.

Das Dasein hat keine spezifische Phase. Es hat sich selbst blind in unzähligen Formen ausgeprägt, in manchen erfolgreich, in manchen erfolglos. Im Zen nun versuchen wir, ihm sein eigenes Auge zu verleihen, damit es sich selbst klar sehen und sich selbst auf dem Weg führen kann.

*Ein ehrgeiziges Unterfangen –*
*Zen ist darauf aus, den Lauf der Schöpfung zu beeinflussen.*
*Es möchte das Dasein in den Griff bekommen.*

PSYCHOLOGISCHE ZEIT UND ABSOLUTES SAMADHI. Im absoluten SAMADHI gibt es keine Zeit. »Keine Zeit« – das heißt: nur die gegenwärtige Zeit. Das ist nicht nur im SAMADHI wahr, das man im ZAZEN erreicht, sondern auch immer dann, wenn Sie sich ganz auf etwas Ernsthaftes einlassen. Wenn Sie zum Beispiel eine wichtige Untersuchung anstellen, kann es sein, dass Ihnen die Zeit beträchtlich verkürzt erscheint. Eine Stunde verfliegt wie fünf Minuten. Wenn man Sie darauf aufmerksam macht, dass die Zeit abgelaufen ist, werfen Sie einen Blick auf die Uhr im Raum und vermuten fast, jemand müsse die Zeiger verstellt haben. In Wirklichkeit waren Sie in einer Art SAMADHI so in Ihrer Arbeit aufgegangen, dass Ihre psychologische Zeit ganz kurz geworden ist. Ihre Aufmerksamkeit war ganz auf Ihre Tätigkeit gerichtet, und für die Reflexionstätigkeit des Bewusstseins blieb nichts übrig. Sie waren ganz und gar hingegeben, und darum waren Sie sich Ihrer selbst, Ihrer Gedanken oder Ihres Verhaltens gar nicht bewusst. Sie waren zeitlos. Oder mit anderen Worten, Sie waren in reiner Gegenwart, und in dieser Gegenwart kommt und geht vieles, spielen sich Dinge ab und hören auf.

In einem Schlachtengetümmel ist es das Gleiche: Sie vergessen sich selbst, Sie vergessen die Zeit. Wenn eine Katastrophe eintritt – ein Erdbeben oder ein Brand –, und Sie retten Menschen oder Gegenstände aus einem Gebäude, sind Sie zeitlos. Da läuft nur noch die Gegenwart weiter – Gegenwart, Gegenwart, nichts als Gegenwart. Diese Gegenwart wird erst unterbrochen, wenn ein Reflexionsakt Ihres Bewusstseins einsetzt. Dann denken Sie über Ihr Denken nach und stellen den Unterschied zwischen dem gerade vergangenen Augenblick und dem gegenwärtigen Augenblick fest. Sie merken, dass die Ereignisse eine Reihenfolge haben, Sie erinnern sich an Vergangenes, Sie mutmaßen

Künftiges. Nach einer Katastrophe schreiten Sie noch einmal das Gelände ab und staunen, was alles blitzschnell getan worden ist, Dinge, die Ihnen jetzt bemerkenswert vorkommen, ja die fast Menschenmögliches übersteigen. Während des Ereignisses selbst wussten Sie in jedem Augenblick, was Sie zu tun hatten, aber Sie dachten über Ihre Gedanken und Taten nicht nach; diese blieben nicht in Ihrem Geist haften, sondern Sie vergaßen sie auf der Stelle wieder. Gelegentlich, in weniger angespannten Momenten, haben Sie vielleicht kurz über Ihre Gedanken oder über die Situation nachgedacht, aber solches Nachdenken war selten, und die psychologische Zeit war drastisch verkürzt.

Aus diesen Beispielen können wir den Schluss ziehen, dass die psychologische Zeit mit der Häufigkeit von Reflexionsakten des Bewusstseins steht und fällt. In unserem Alltagsleben gibt es ein durchschnittliches Maß der Häufigkeit solcher Akte, und infolge langer Erfahrung schätzt unser Gefühl, dass ungefähr eine Stunde physischer Zeit verstrichen sein müsse, wenn wir so und so viele Akte getätigt haben. Unter außergewöhnlichen Umständen jedoch, wenn die Reflexionstätigkeit des Bewusstseins aussetzt, versagt unser Zeitgefühl, und dann kommt uns eine Stunde wie fünf Minuten vor.

Im absoluten SAMADHI verschwindet die Zeit vollständig; dasselbe gilt für den Raum. Auch die Kausalverknüpfung verschwindet. Was bleibt, ist nur noch eine Reihe von Ereignissen. Dieser Zustand von Nicht-Zeit, Nicht-Raum und Nicht-Verursachung wird im absoluten SAMADHI schlicht und einfach ohne jede Reflexion als eine unmittelbare Erfahrung wahrgenommen.

Unser gewöhnliches Bewusstsein ist so aufgewachsen und erzogen, dass es in einer Welt lebt und sich verhält, die von den Grenzen der Zeit, des Raumes und der Kausalverknüpfungen eingezäunt ist. Weil alles nach Zeit, Raum und Ursachenzusammenhang eingeteilt wird, entsteht jene Welt der Gegensätze und Bewertungen, in der wir uns gewöhnlich vorfinden. Das gewöhnliche Bewusstsein träumt nie von der Möglichkeit, es könne eine Welt mit anderen Dimensionen geben, sondern im Gegenteil: Diese gewöhnliche Geisteshaltung schafft das Trugbild einer verrückt auf den Kopf gestellten Welt. Im absoluten SAMADHI sind Zeit, Raum und Kausalität weggefallen, und folglich bricht unsere gewöhnliche Bewusstseinsweise zusammen. Welche Folgen hat das?

Wenn man die Erfahrung macht, dass alle Dinge eins sind, wird man ganz plötzlich der Welt der Nichtgegensätzlichkeit gewahr. In den Sutren heißt es, der TATHAGATA schaue mit seinem bloßen Auge die Buddha-Natur. Gesicht um Gesicht, wie Weizenähren im Kornfeld, schaut uns an, und jedes Gesicht ist das Gesicht des Buddhas.

Solange man im SAMADHI ist, zieht Augenblick um Augenblick vorüber, und jeder ist gegenwärtig, und es ist ein steter Strom von Gegenwärtigem. Dass wir da seien, kann man von uns eigentlich nur in der Gegenwart sagen. Es liegt in der Natur des SAMADHI, dass wir um diese Tatsache nicht wissen, aber wir erkennen sie *wieder* in dem Augenblick, in dem wir aus dieser Verfassung heraustreten. Aus dieser Erfahrung lernen wir, dass das Leben im gegenwärtigen Augenblick absolut unabhängig ist und unser wahres Dasein darstellt.

Wenn wir andererseits in uns hineinschauen, stellen wir fest, dass jeder auftretende Gedanke alle anderen nachfolgenden Gedanken beeinträchtigt. Selbst der kürzeste Gedanke, der lediglich den kleinsten Bruchteil einer Sekunde dauert, mag er nun erkannt oder nicht wahrgenommen werden, kann nicht vorübergehen, ohne seine Auswirkung auf die folgenden Gedanken zu haben. Dass dies tatsächlich so ist, haben wir hoffentlich weiter oben zur Genüge dargetan. Jetzt können wir das vielleicht unter einem anderen Gesichtspunkt betrachten, indem wir sagen, dies sei eine Manifestation des KARMA. Jede Handlung hinterlässt ihre Auswirkung auf alle folgenden Handlungen. Dieser gegenwärtige Augenblick lebt vom Erbe aller vergangenen Ereignisse, die ohne eine einzige Ausnahme von zahllosen Zyklen des Daseins her bis zu uns hier und heute weitergereicht worden sind. In diesem Sinn hängt der gegenwärtige Augenblick von der gesamten Vergangenheit ab. Er blickt in die Zukunft, und dieses Blicken in die Zukunft hat zur Folge, dass er auch von der Zukunft abhängig ist.

ES GIBT KEIN SELBST, SONDERN NUR VERURSACHUNG. Ein Zen-Spruch lautet: »Nicht Mensch, nein: Verursachung.« Er will besagen, dass alle Phänomene das Ergebnis von Ursache und Wirkung sind und dass es keine Wesenheit gibt, die man im strengen Sinn ein Selbst nennen kann. Alles ist das Ergebnis von Ursachen; alles ist seinerseits Ursache. Wir alle stehen unter diesem Gesetz, und infolge dieses Gesetzes sind wir ständiger Wandlung unterworfen. Es gibt kein konstantes Selbst. Vielleicht empfinden Sie den Gedanken als schwindelerregend, dass von Ihrer Kindheit von vor zwanzig oder fünfzig Jahren nichts übrig bleibt. Eine ziemlich andere Person ist in Ihre Schuhe geschlüpft, und auch nicht in Ihre unschuldigen Babyschuhe, die aus allen Nähten platzen würden, wollten Sie sie heute noch einmal anziehen. Vom Kind ist nur noch eines da: Ihr Dasein selbst. Die Linie, die von Ihrer Kindheit bis in die Gegenwart verläuft, kann gegen keine andere Linie ausgetauscht werden. Glied um Glied einer langen Kette von Ursachen und Wirkungen sind bis zur Gegenwart aneinandergereiht worden, und es gibt nichts, was man als Person bezeichnen könnte. Es gibt nichts, an das man sich halten, nichts, an das man sich klammern könnte. Wenn Sie die Tatsache wirklich erfassen, dass das Da-Seiende nur im gegenwärtigen Augenblick zu finden ist, fühlen Sie sich in Ihrem gegenwärtigen Dasein sicher und wohl und trauern nicht der Person nach, die gestern und vorgestern Ihre Kleider angezogen und sich in ihnen bewegt hat. Augenblick um Augenblick folgt ein Daseinsmoment auf den nächsten, und dabei wandelt sich das Dasein unablässig.

Im MUMONKAN, Fall 32, schreibt Mumon: »Er tritt fest auf die scharfe Schneide eines Schwerts. Er eilt über den steilen Grat eines Eisbergs.« Jeder Augenblick ist die scharfe Schneide eines Schwerts. Der kleinste Fehltritt ist verhängnisvoll. Jeden Augenblick erschaffen Sie sich selbst; Ihr Gedanke ist Ihr eigenes Erzeugnis und hat Auswirkungen auf alle Ihre weiteren Gedanken; er entscheidet darüber, ob Ihr Geist mehr zur Ganzheit oder mehr zur Schwäche neigt. Jeder Augenblick und jeder Gedanke sind der Einstieg in den nächsten Augenblick und den nächsten Gedanken. Jeden Augenblick sehen wir unser Dasein wieder anders. Mit einem Wort: Augenblick für Augenblick ist unserer freien Verfügung und unserer eigenen Verantwortung anheimgestellt, und ein Gedanke um den andern jedes Augenblicks bringt uns etwas Neues, das uns entweder zum Guten oder zum Schlechten gereicht. Wir sind verantwortlich für unsere Zukunft und für die Zukunft der ganzen Menschheit. Es gibt kein Ausweichen und keine Ausrede für unsere Unachtsamkeit auf die Pflicht dieses gegenwärtigen Augenblicks. Wir müssen nur einen Augenblick darüber nachdenken, und wir sehen unschwer, dass dies eine allzu offensichtliche Tatsache ist, als dass man eigens darauf hinweisen müsste, und doch hat noch kaum jemand auf diese einfache Wahrheit und folgenschwere Tatsache hingewiesen.

Die Theorie des KARMA ist eine Vorstellung aus der buddhistischen Ethik. Man hat das KARMA als die Ansammlung aller Taten des Individuums aus seiner Vergangenheit erklärt, aber vielleicht wäre der bessere Begriff, von allem »Verhalten« der Vergangenheit zu sprechen. Gedanken sind eine Form des Verhaltens und sind die Ursache für alle Taten. Mit der Theorie des KARMA wird deutlich gemacht, dass Sie für Ihr gegenwärtiges Dasein und für das, was Sie in der Zukunft sein werden, verantwortlich sind. Jeder gegenwärtige Augenblick ist wie eine Weiche auf dem Bahngleis, über die Sie frei verfügen können. Sie können von einer schlechten auf eine gute Strecke umstellen, oder umgekehrt. Alles hängt von Ihrem gegenwärtigen Verhalten ab. Sie sind genau in der gleichen Position wie die beiden Führer des östlichen und westlichen Lagers, in deren Köpfen und Händen bei jeder Entscheidung die Möglichkeit liegt, die ganze Welt in Brand zu setzen.

REINES EGO. Versuchen wir jetzt, das über NEN Gesagte auf den Begriff des Ego anzuwenden. NEN ist eine Tätigkeit der Subjektivität, ist das Verhalten des Ego. Wenn man seines eigenen NEN gewahr wird und ihn als seinen eigenen erkennt, taucht das Selbst-Bewusstsein auf. Wiederholen wir noch einmal kurz. Bei der Tätigkeit des Bewusstseins haben wir drei Phasen gefunden: (1) der erste NEN, der nach außen blickt und unbewusst arbeitet; (2) der zweite NEN, der seinen unmittelbar vorausgegangenen ersten NEN ins Licht hebt und erkennt; und (3) der dritte NEN, der alle ihm vorausgegangenen NEN ans Licht bringt und sie in den Strom des Bewusstseins integriert. Entsprechend können wir auch drei Phasen des reinen Ego ausmachen: (1) die Phase, die unbewusst denkt oder begehrt – das Ego schaut nach außen und erkennt sich selbst nicht; (2) die Phase, die die unmittelbar vorhergegangene unbewusste Phase erkennt – das Ego, das sein vorhergehendes Ego erkennt; und (3) die Phase, die selbst-bewusst arbeitet – das Ego, das die erste und zweite Phase des Ego als die eigenen Phasen erkennt. Die Frage ist sinnlos, welches davon das wirkliche Ego ist. Jeder NEN ist eine Tätigkeit der Subjektivität, und wenn er auftaucht, stellt er das wirkliche Ego des Menschen in diesem Augenblick dar. Wie wir gesehen haben, erkennt sich kein Ego selbst unmittelbar; es wird von der nachfolgenden Reflexionstätigkeit des Ego erkannt.

Es kann vorkommen, dass jemand einen bestimmten Wunsch, den er hat, nicht zulassen will, weil er sich selbst vormacht, er habe »edlere« Wünsche. Folglich verbannt er diesen »zu niedrigen« Wunsch von der Oberfläche seines Bewusstseins. Jedoch bleibt ein solcher missachteter oder uneingestandener Gedanke im Unterbewussten und kann irgendwann aufbrechen. Vielleicht hat man einen geheimen oder offenen Wunsch – sagen wir, eine bestimmte Gelegenheit, einen Gegenstand, die Liebe eines Menschen zu bekommen –, aber aus irgendeinem Grund hat man sich selbst verleugnet oder den Gedanken abgetan.

So wird manchen Wünschen nicht die Aufmerksamkeit zuteil, die sie begehren. Das sind die Egos, die bewusst oder unbewusst denken und wünschen, aber nicht durch den zweiten und dritten NEN ins Licht gehoben werden; oder wenn sie ins Licht gehoben werden, dann erfahren sie keine angemessene Würdigung; oder wenn sie gründlich erwogen werden, lösen sie Bestürzung aus, werden schnell zugedeckt und wieder in die Finsternis verbannt; sie bleiben als ungelöster innerer Druck in den Tiefen des Unbewussten. Ein solcher Druck kann gelegentlich wie eine explodierende Bombe in einer starken Festung wirken und gelegentlich völlig unerwartet eine verheerende Wirkung zeitigen. Angesichts dieses Phänomens könnten wir die Frage stellen, ob nicht diese Explosion das wahre Ego ist. Die Antwort lautet, dass dieser Wunsch ein wahres Ego war, als er zum ersten Mal auftauchte, aber er wurde im Wettbewerb mit anderen Egos übergangen oder besiegt. Wenn er wieder auftaucht, ist er wieder das Ego der Gegenwart.

Der springende Punkt, auf den es ankommt, ist, dass wir ganz klar verstehen müssen, dass das Ego keine Dauer hat. Das Dasein ist ein beständiger Wandel. Wenn es aufgetaucht ist, ist es aufgetaucht; wenn es vergangen ist, ist es vergangen. Wenn es sich mit einer Täuschung herumquält, ist es ein getäuschtes Ego; wenn es voller Wut ist, ist es ein wuterfülltes Ego; wenn es aufbegehrt, ist es ein aufbegehrendes Ego. Ist es geisteskrank oder neurotisch, so ist es ein verwirrtes oder geplagtes Ego.

Kurz gesagt: Alle Dinge sind in Bewegung, sind fließend. Auch das Ego wandelt sich ständig. Deshalb ist es leer. Wenn es auftaucht, ist es da; wenn es verschwindet, ist es verschwunden. Weil es sich ständig wandelt, hat es keine endgültige Phase. Da es an sich leer ist, können Sie sagen, es gibt nichts Derartiges wie ein Ego. Aber wenn es in diesem Augenblick lebhaft da ist, müssen Sie sagen: »Da ist es.« Für den Augenblick müssen wir dieses Thema verlassen, aber wir werden später wieder darauf zurückkommen.

ABNORMALE GEISTIGE ERFAHRUNGEN UND ZEN. Gelegentlich kommen Zen-Schüler zu mir mit Klagen wie zum Beispiel: »Während ich ZAZEN übe, höre ich in meinen Ohren Stimmen; manche singen, andere schreien, und manche geben mir sogar Schimpfnamen.« Oder: »Sie quälen mich unablässig, überwachen mich bei allem, was ich tue, und funken alle Angaben über mich in die weite Welt hinaus: ›Jetzt geht er die Straße entlang, jetzt betritt er ein Lokal, jetzt setzt er sich an einen Tisch ...‹«

Ich bin weder Psychologe noch Psychiater, aber unvermeidlich muss ich mir Gedanken über solche Aussagen machen. Vielleicht kann man ihre Erfahrungen anhand der folgenden Überlegungen deuten. Jeder NEN-Gedanke wird von einem bestimmten inneren Druck begleitet, der unwillkürlich jedes Mal eine Wirkung hinterlässt. Diese bleibt in den Tiefen des Geistes eingespeichert, und die Ansammlung der Erinnerungen an solche Druckempfindungen stellt im Leben des erwachsenen Menschen eine gewaltige Kraft dar. Zusätzlich zu diesen Wirkungen hat jeder Mensch von seinen Eltern und Vorfahren und auch von seinen vormenschlichen Urahnen bestimmte Leidenschaften geerbt, die ebenfalls eine Art inneren Drucks darstellen. Alle diese Wirkungen zusammengenommen machen das KARMA aus. Wenn ich mich gestern unwohl gefühlt habe, wirken die Folgen auch heute noch in mir nach. Selbst wenn das Gefühl nur verschwommen da war, hat es mein Geist dennoch wahrgenommen und muss in Reaktion darauf eine gewisse Stimmung erzeugt haben. Alle Stimmungen wie etwa Zorn, Leid und Hass hinterlassen ihre Wirkungen und lagern diese Schicht um Schicht im Geist ab.

Man kann den Geist des Menschen mit einer über lange Zeit unbeachtet liegen gebliebenen Grube vergleichen, in die Generation um Generation gedankenlos ihren Müll und Abfall gekippt hat, sodass sich darin dicke Schichten von sich zersetzender Materie angesammelt haben. Das ist nun ständig am Sich-Auflösen und Gären und entwickelt dabei giftige Gase. Tagsüber nimmt man das Geräusch des Gärens und das Entweichen der Gasblasen nicht wahr, aber bei Nacht, wenn alles ganz still ist, hört man ganz leise das Zischen: »Bzzzz ... bzzzz ...« Ganz ähnlich verhält es sich mit dem Geist, wenn er ganz still wird, im Bett oder beim Üben von ZAZEN. Dann nimmt man auch wahr, wie der innere Druck von gestern, vorgestern und von vor langer Zeit auf die Oberfläche des Bewusstseins hinausströmt und abgeführt werden muss. Innerer Druck, der sich auf diese Weise den Weg auf die Bühne des Bewusstseins verschafft, kann in symbolische Bilder übersetzt werden und sich in ihnen ausdrücken. Zum Beispiel kann sich das Gefühl des Unbehagens oder des Bedrohtseins als Fluch einer Hexe oder Schrei eines Gespenstes äußern, oder natürlich in Form einer alltäglicheren Stimme. Ein normaler Geist mag zwar auch solche Stimmen hören, aber er glaubt nicht an sie; aber wenn die Struktur der NEN-Gedanken zusammenbricht, vor allem dadurch, dass die Tätigkeit der dritten NEN aussetzt, nehmen die ersten NEN, die gewöhnlich nach außen gerichtet sind, diese Stimmen wahr und registrieren sie als etwas von außen Kommendes.

ZAZEN ist eine Übung, mit der man die Schichten, die sich infolge inneren Drucks abgelagert haben, nach und nach abträgt. Im Zen wird dieses Abtragen in die Aufforderung »Leere den Geist« gefasst. Geschädigte Geister haben seit frühesten Zeiten ZAZEN geübt, um sich von allem, was sie belastet hat, zu befreien. Sakyamuni Buddha selbst fing mit dem Üben an, um Todesängste loszuwerden, von denen er nicht wusste, wie er ihrer anders Herr werden sollte. ZAZEN ist also eine selbst gesteuerte psychiatrische Methode. Aber man muss einschränkend sagen, dass es manche Geister gibt, die zu sehr geschädigt sind, als dass sie noch in der Lage wären, still hinzusitzen und wieder eine friedvolle Verfassung zu finden.

Erst unlängst, als ich gerade im Begriff zu verreisen war, kam ein junger Mann hereingestürmt und bat mich dringend um Hilfe. Da ich nur wenige Minuten für ihn Zeit hatte, fragte ich ihn auf den Kopf zu: »Hören Sie die Stimmen?« – »Ja, die Stimmen«, sagte er. »Oh, die sind unerträglich.« In seiner Verzweiflung machte er eine Geste, als werde er mit einem Schwert durchbohrt. »Männer, Frauen, Hexen – alle gellen mir in den Ohren!« – »An die Arbeit«, sagte ich. »Fangen wir damit an, dass Sie dieses Gepäck zum Wagen tragen.« Er nahm den Koffer und ging. Ich stand unter der Tür des ZENDO und schaute ihm nach. Er trug den schweren Koffer ganz ernst, ging rasch, war mit Leib und Seele ganz bei dieser Tätigkeit, so als hinge sein ganzes Heil davon ab. In diesem Augenblick hörte er keinerlei Stimmen. Er war in positivem SAMADHI. Aber wie konnte er das beibehalten? Das ist ein großes Problem. Ich gab diesem jungen Mann den Rat, sich ganz auf landwirtschaftliche Arbeit einzulassen. Aber ganz bestimmt brauchte er obendrein noch die Begleitung durch einen erfahrenen Therapeuten.

UNBEWUSSTE ANZIEHUNG DURCH NEN-GEDANKEN. Ein Mönch aus einer weit entlegenen Gebirgsgegend erzählte mir einmal von einer seltsamen Erfahrung. Sein Geburtsdorf war dünn besiedelt, und die einzige Verbindung zum viele Kilometer entfernten Nachbardorf war ein Fußpfad entlang eines hohen Steilhangs. Zu Füßen des Steilhangs gähnte ein tiefer Abgrund mit einem See, und es ging die

Sage, dass darin ein Geist lebe, der Menschen in den Abgrund locke, die in einer finsteren Nacht diesen Pfad passierten. Tatsächlich wurde immer wieder einmal ein Toter im See gefunden. So fürchteten sich die Menschen davor, nachts diesen Pfad zu begehen. Ein neuer Briefträger hörte von der Geschichte und lachte darüber; er hielt kühne Reden, dass er in einer besonders finsteren Nacht über diesen Pfad gehen und damit beweisen werde, dass es in unseren zivilisierten Zeiten keine solchen Ungeheuer mehr gebe. Einige Tage später fand man ihn tot in den Fluten des Sees. Die Leute legten zum Schutz für die Passanten ein Geländer entlang des Pfades an.

In einer dunklen Nacht musste der Mönch, der damals noch sehr jung war, infolge eines Notfalls ganz dringend noch ins Nachbardorf und folglich allein über den Pfad. Er tastete sich auf dem Weg vorwärts und hielt sich die ganze Zeit sorgfältig an die Innenseite des Steilhangs. Plötzlich jedoch griffen dämonische Arme aus dem Abgrund nach ihm und hielten ihn fest im Griff. Er stieß sie verzweifelt mit den Ellbogen von sich und hörte einen dumpfen metallischen Klang. Da merkte er, dass das, was er für die dämonischen Arme gehalten hatte, nichts anderes als das Geländer gewesen war. Er hatte mit aller Kraft versucht, sich an die Innenseite des Steilhangs zu halten, aber ehe er es recht gemerkt hatte, hatte es ihn unbewusst auf die Seite des Abgrunds gezogen. Wäre nicht das Geländer gewesen, so wäre auch er in den Abgrund gestürzt und umgekommen. Das kann man als ein unbewusstes Angezogenwerden von NEN-Gedanken bezeichnen.

Je mehr sich ein Frosch anstrengt, der Schlange zu entkommen, desto mehr zieht sie ihn an, bis sie ihn schließlich verschlingt. Ein Mensch, der von einer Psychose befallen ist, wird von der Vorstellung besessen, die er zu vermeiden versucht.

Als Christus sagte: »Steh auf und geh«, stand der gelähmte Mann unverzüglich auf, nahm seine Bahre und ging heim. Christus war ein großer Therapeut. Mich würde interessieren, was aus dem Mann in seinem weiteren Leben geworden ist.

*Elftes Kapitel*

# DASEIN UND GESTIMMTHEIT

In den vorausgegangenen Kapiteln haben wir häufig vom Dasein gesprochen. In Kapitel 7 zum Beispiel habe ich eine Verfassung erwähnt, in der man sagen kann: »Ich sitze auf dem Thron des Daseins.« Sie hat sich aus dem Zustand ergeben, in dem der TANDEN mit einem Höchstmaß an Kraft erfüllt war. Aber was heißt das wirklich, wenn man sagt, man sitze auf dem Thron des Daseins? Was ist das Dasein? Vielleicht können wir uns einer Antwort nähern, wenn wir versuchsweise zunächst einmal sagen, dass der Schlüssel zum Dasein die Gestimmtheit sei. Die Hauptfunktion des Gehirns mag darin bestehen, geistige Aktivität zu entfalten, aber damit ist nicht das Gesamt des Daseins umschrieben. Der Leib ist der Träger der vollen Lebendigkeit, aber darüber hinaus führen psychosomatische Prozesse zu dem, was wir die Gestimmtheit nennen. Und die Höchstform des daseinserfüllten Lebens besteht in jener voll entfalteten Geistesverfassung oder Gestimmtheit, die von geläuterter Weisheit rührt – von einer Weisheit, die in der Zen-Tradition mit der Lotusblüte verglichen wird, die wie ein Diamant im Herzen eines Feuers strahlt. Was die volle Lebendigkeit betrifft, so wiederhole ich noch einmal, dass ich der Überzeugung bin, sie habe ihre Quelle hauptsächlich im Leib, und vor allem im TANDEN. Wenn der TANDEN mit Kraft erfüllt ist, sind wir auch voller geistlicher Kraft, und dann können wir uns in einem Zustand befinden, in dem wir zu Recht sagen: »Ich sitze auf dem Thron des Daseins.«

JEDER MENSCH HAT SEINE WELT EINGESCHRÄNKT. Ausnahmslos jeder Mensch hat durch eigenes Zutun seine Welt eingeschränkt. Jeder, vom weitsichtigsten Herrscher bis zum armseligsten

Geisteskranken, lebt in seinem eigenen beschränkten Umfeld. Ein Schizophrener mag über höchste Geistesschärfe verfügen; er mag imstande sein, seinen Zustand äußerst präzise zu beschreiben und zu analysieren. Aber seine Welt wird von Tag zu Tag enger. Zu Beginn war er mit der Menschheit eins, war eine Person mit einem gerechtfertigten Stolz auf ihre Qualitäten, aber je mehr sich sein Zustand verschlimmert, desto stärker wird er in eine Verfassung getrieben, die kaum besser ist als diejenige eines Wurms, und schließlich ist er nicht mehr überlebensfähig. Die Welt eines gesunden Menschen schrumpft nicht auf diese Weise immer weiter zusammen. Von einem bestimmten Punkt an ist einer weiteren Verringerung eine Schranke gesetzt. Aber diese Schranke scheint nicht absolut sicher zu sein. Fast alle Menschen leiden unter dem engen Horizont, in dem sie leben und der durch ihr trügerisches Denken gezogen ist. Unglücklicherweise sind sie sich zum größten Teil dessen nicht bewusst.

Manche Menschen stellen sich bei der Lösung ihrer Lebensprobleme sozusagen an wie beim Rätselraten. Sie meinen, sie brauchten bloß einige Probleme wie Quizfragen zu lösen, und dann seien sie endgültig in Sicherheit. Aber solange sie in ihrer engen Welt eingesperrt bleiben, sind sie wie ein Insekt, das versehentlich ins Haus geraten ist, ständig bis zur Erschöpfung gegen das Fenster oder die Decke anfliegt und hilflos leidet.

Manche Menschen stellen sich die Frage: »Was bin ich?« und quälen sich endlos mit dieser Frage herum. Aber ihre vorgefasste Meinung über dieses »Ich« ist gerade die Ursache dafür, dass ihre Welt so eng ist, und das treibt sie in eine Stimmung des Entfremdetseins von anderen.

Solange man überhaupt denkt, herrscht im eigenen Denken immer die Subjektivität. Dieses »Ich« ist jedoch das Erzeugnis eines trügerischen Denkens. Es gibt gar kein solches »Ich«.

GESTIMMTHEIT. Der Mensch lebt in Stimmungen, solange er lebt. Selbst die Erfahrung, die wir in der Tiefe des absoluten SAMADHI haben, also das, was wir die Erfahrung des reinen Daseins nennen, ist von einer Stimmung geprägt, von der sie ihre charakteristische Färbung erhält:

von einer Stimmung des Zunichtewerdens. Wenn wir aus dem absoluten SAMADHI zurückkommen, werden wir ihrer in Form einer unmittelbaren Erinnerung an etwas gerade Entschwindendes gewahr. Sie entstammt nicht philosophischer Abstraktion. Würde es sich um eine Abstraktion handeln, könnten wir sie nicht direkt spüren. Zwar mag das Ergebnis einer abstrakten Schlussfolgerung mit dem realen Dasein übereinstimmen, so wie ein statistisches Rechenergebnis mit dem übereinstimmt, was in einem Warenhaus gelagert ist, aber abstrakt bleibt abstrakt: Nie ist ein abstrakter Schluss das Dasein selbst. Im Zen möchten wir jedoch das Dasein unmittelbar erfassen.

Das Leben eines Kindes, das noch nicht stark von der trügerischen Tätigkeit des Bewusstseins beeinflusst ist, und das Leben eines Erwachsenen, der unter der fast absoluten Kontrolle eines irregeführten Bewusstseins steht, stellen zwei verschiedene Stimmungswelten dar: Die eine ist warm, die andere kalt, die eine weich, die andere hart. Jeder wird sich daran erinnern, dass er als Kind eine ziemlich andere Welt bewohnt hatte als diejenige, in der er jetzt als Erwachsener lebt. Mancher kann das noch handgreiflich beweisen, wenn er Zeichnungen oder Gedichte aufbewahrt hat, die er als Kind angefertigt hat.

Ich weiß noch, dass wir als Erstklässler einmal japanische Kalligrafie üben sollten. Wir hatten pro Woche zwei oder drei Unterrichtsstunden, und ein Fachmann kam eigens für diesen Unterricht. Der Kalligrafie als Form des Kunstunterrichts wurde große Bedeutung beigemessen. Sie hat vieles mit der japanischen Tintenmalerei gemeinsam. Bei beiden Kunstformen kann man nichts retuschieren. Der Geist des Künstlers im Augenblick der Ausführung wird direkt auf sein Kunstwerk übertragen. Dabei stellt sich heraus, dass sein Atmen, mit dem seine spirituelle Kraft steht und fällt, sehr wichtig ist. Ein guter Kalligraf und Künstler beherrscht spontan seine Atemweise, ohne dass er darin besonders unterwiesen wird, und diese Atemweise gleicht sehr derjenigen, die man im Zen übt, wie ich es bereits beschrieben habe. Wenn man sich mit Herz und Seele an die Ausübung einer Kunst begibt, stellt sich notwendigerweise eine bestimmte Atemweise ein. Als Kind, das ich war, hörte ich fast ganz mit Atmen auf, während ich den Pinsel für mein Werk führte. Ich erinnere mich ganz besonders deutlich daran, weil mich meine Großmutter, die mir in Kalligrafie Nachhilfe gab, einmal darauf aufmerksam machte, dass ich beim Schreiben den Atem anhielt. Wenn sich Kinder ernsthaft mit einer Arbeit abgeben, sind sie bald im SAMADHI. Ich griff nach dem Pinsel und vergaß mich alsbald in meiner Tätigkeit. Das Klassenzimmer, das Pult, der Junge neben mir auf der Bank, die Lehrer – alles verschwand aus meinem Bewusstsein. Plötzlich kam ich wieder zu mir und entdeckte, dass die beiden Lehrer neben mir standen. Der alte Kalligrafie-Lehrer zeigte auf meine Schrift. Er schaute meinen Klassenlehrer an und sagte aufgeregt einige Worte. Mein Klassenlehrer nickte zustimmend. Bei einer solchen Gelegenheit ist ein Kind voller Unschuld. Ich verstand nicht, worüber die Lehrer staunten. Ich muss gespürt haben, dass sie etwas an mir lobten, aber weil ich nicht wusste, was es war, blieb ich völlig ungerührt. Kinder schätzen nicht die Schönheit ihrer Erzeugnisse. Etwas aus der Mitte ihres Daseins heraus leitet sie an, Kunstwerke zu schaffen. Erst in späteren Jahren, wenn ihr Bewusstsein mit dem Auge eines Künstlers ausgestattet ist, fangen sie an, ihr eigenes Werk zu schätzen.

Das Werk, das ich damals hervorgebracht hatte, wurde noch sehr lange aufbewahrt, und jedes Mal, wenn ich es anschaute, erfasste mich Bewunderung darüber. Es waren zwei Buchstaben des japanischen Alphabets namens KATAKANA; der eine besteht aus einem Strich, der andere aus zweien (Abb. 27). Der erste wurde mit einem ziemlich dicken und starken Strich von oben rechts begonnen und dann leicht nach links unten quer über die obere Hälfte des Blattes geführt, das ungefähr 25 cm breit war. Am Anfang drückte man stark und fest auf, zog den Pinsel mit sattem Strich über das Blatt und hob dann sanft und doch kraftvoll vom Blatt ab. Später dachte ich: »Habe das wirklich ich gemalt? Jetzt brächte ich das nie mehr so zustande. Kein Wunder, dass der Lehrer damals mit offenen Augen staunte.« Fünfzehn oder zwanzig Jahre später schaute ich es immer wieder voller Bewunderung an. Der andere Buchstabe, den ich damals malte, füllte die untere Hälfte des Blattes aus und war ebenfalls wunderbar ausgeführt. In der darauffolgenden Unterrichtsstunde kamen die beiden Lehrer oft zu mir und schauten mir zu, und wenn ich mit Schreiben fertig war, brachen sie in bewundernde Rufe aus.

*27. Die japanischen* KATAKANA-*Silben* NO (oben) und ME, mit dem Pinsel geschrieben.

Danach entwickelten die Lehrer und meine Familie für meine Kalligrafiearbeiten ein besonderes Interesse und ermutigten mich sehr. Sie setzten mich an einen Tisch und ließen mich zusätzliche Übungen machen. Und was kam dabei heraus? Je mehr sie mich bewunderten, desto schlechter schrieb ich. Meine Kalligrafie wurde scheu, zaghaft und kümmerlich, und gelegentlich waren die Buchstaben nur mehr jämmerliche Zwerge.

Es gibt sogenannte Wunderkinder. Sie können unablässig Wunderwerke hervorbringen, die die Bewunderung der Erwachsenen hervorrufen. Sie zeigen über lange Zeit keinen Abfall in ihrer Leistung. Das müssen echte Wunderkinder sein. Ich dagegen war nur eine Nachahmung davon. Aber selbst ein echtes Wunderkind weiß nicht, warum seine Werke so bewundert werden. Man hat ihm gesagt, wenn es auf eine gewisse Art arbeite, rufe das die Bewunderung der Erwachsenen hervor, und folglich macht es in dieser Art weiter. Bemerkenswerterweise lässt die Qualität seiner Schöpfungen lange Zeit nicht nach, obwohl es darum weiß. In meinem Fall hatte das Eindringen der Bewusstseinstätigkeit die hoffnungslose Verschlechterung meiner Werke zur Folge. Meine unschuldige Gestimmtheit war verdorben. Die Vorstellung, dass ich mich an die Anweisung der Erwachsenen halten und die Art Werke hervorbringen sollte, die sie bewunderten, verdarb mich.

Offensichtlich gibt es zwischen dem Leben des Erwachsenen und der Gestimmtheit eines Kindes einen gewaltigen Unterschied. Stellen wir uns vor, ein Kind kommt zur Welt. Im Maße, wie es wächst und Bewusstheit entwickelt, wird es von der Tätigkeit seines Bewusstseins gefärbt. Im Laufe seines Aufwachens, durch das zweite, dritte, vierte über das fünfte, sechste, siebte, durch das achte, neunte, zehnte bis zum elften, zwölften, dreizehnten und vierzehnten Lebensjahr entwickelt sich das Bewusstsein mehr oder weniger vollends. Das Bewusstsein findet sich selbst von Anfang an als »Sein in der Welt« vor, denn andere sind ein wesentlicher Hintergrund, gegen den es sich in seinem Dasein abhebt und definiert. Von seinem ersten Auftreten an versteht sich das Bewusstsein selbst als ein Wesen, das mit anderen zusammen da ist. Und es ergibt sich, dass das Bewusstsein infolge seiner Lebensnotwendigkeiten auf Dinge in der Welt, also auf »Zeug«, blickt, auf Material, dessen es sich zu seinem Selbsterhalt bedient. Das fördert die Entwicklung eines egozentrischen »Ich«, und diese Entwicklung ihrerseits verstärkt die Neigung, die Welt vornehmlich als »Zeug« ins Auge zu fassen. Aber das Bewusstsein beschränkt sich nicht darauf, lediglich Dinge und Sachen in die Kategorie von »Zeug« zu stecken, sondern es begegnet auch Menschen auf dieser Ebene. Deine Angestellten sind dein »Zeug«. Oft, wenn nicht fast immer, behandelst du deinen Vater, deine Mutter, deine Brüder und deine Schwestern als »Zeug«. Ja, das gilt sogar für deine Frau, die du liebst – wenn du dich genau überprüfst, wirst du entdecken, dass auch sie keine Ausnahme ist und dass du sie zumindest in gedankenlosen Augenblicken oder zu Zeiten, wo du ichbezogener als sonst bist, mit Heideggers Formulierung gesprochen, als »Zeug« behandelst.

*Der Mensch, welcher zum ersten Mal sagte:*
*»Brüder sind die ersten Fremden!«,*
*Muss mit brechendem Herzen*
*Diesen Satz formuliert haben.*

Dieser Abgrund der Herzlosigkeit muss einen geradezu entsetzen, und man möchte schreien: »Das darf nicht wahr sein! Das darf nicht wahr sein!« Andere behandeln dich natürlich ihrerseits genauso als »Zeug«. Dieser Zustand hat nun den Punkt erreicht, an dem sich der Mensch völlig von der Welt isoliert hat. Obwohl er ein »Sein in der Welt« ist, ist er die verlorenste, verlassenste und elendeste Kreatur. Niemand kann ihm helfen, außer er selbst. Diese Art Beziehung zur Welt führt ihn in eine schreckliche Lage. Überall, wohin er sich wendet, trifft er auf

Widerstand und Gegnerschaft. Er ist von feindseligen Elementen umgeben. Schließlich fällt die Welt sofort über ihn her, sobald er morgens aufwacht und sein Geist noch gar nicht für den Tageskampf gerüstet ist.

Wenn der Mensch so gegen die Welt ankämpft, gegen seine Einsamkeit ankämpft, gegen sich selbst ankämpft, hat er jegliches Gefühl, reich beschenkt zu sein, wie es ihm in seiner Kindheit vergönnt war, verloren. Jetzt sieht er alles nur noch unter dem Gesichtspunkt des »Zeugs« und bemisst es danach, wie weit es ihm nützt und dient. Die Tasse auf dem Tisch hat einzig den Zweck, den Tee bis an die Lippen zu führen (während der Teemeister, der im Geist des Zen die Teezeremonie feiert, mit seiner Hand zärtlich über seine Schale streicht und sie unermüdlich voller ästhetischer Zuneigung anschaut). Die Biene, die durch die Sonnenstrahlen fliegt, wird vom Auge des Erwachsenen gar nicht wahrgenommen, denn sie hat nichts mit ihm zu tun (während ihr Flug in den Augen des Kindes dem Flug eines Meteors durch die Milchstraße gleicht und unendlich schön ist). Herabfallende Blätter interessieren ihn nicht (während ein Kind unmittelbar vom Fallen selbst eingenommen wird). Die Lebendigkeit seiner Sinnesempfindungen und Stimmungen ist erstorben; an ihre Stelle ist eine abstrakte Denkweise in Begriffen getreten. Er ist zum intellektuellen Wesen geworden und hat den kostbaren Sinn und das Lebensgefühl der Kindheit in sich ertötet.

Muss sich unser Dasein notwendigerweise in diese Richtung entwickeln? Gibt es keinen anderen Weg? Könnte sich unser Dasein auch in der Gestimmtheit des Kindes weiterentwickeln? Tatsächlich ist im Menschen durchaus auch diese Weise der Daseinsentwicklung angelegt. Ein Kleinkind setzt sich noch nicht von seiner Mutter ab. Wenn das Kleinkind zum Kind wird und mit seinen Spielkameraden spielt, vergisst es oft den Unterschied zwischen sich und seinen Spielgefährten. Sie spielen als eine Gruppeneinheit. Gelegentlich funkt die erwachende Bewusstseinstätigkeit dazwischen, das Kind setzt sich von den anderen ab, und die Welt der Gegensätze reißt auf. Aber im nächsten Augenblick ist das gleich wieder vergessen. Kinder streiten zwar, aber gleich danach sind sie wieder Freunde. So erscheint im Leben von Kindern zeitweise die Welt der Einheit und zeitweise die Welt der Gegensätze. Diese Erfahrung wiederholt sich tagtäglich, und im Geist bürgert sich ein Gefühl der Gewöhnung an beide einander gegenüberstehende und ausschließende Welten ein. Kinder sind sehr anpassungsfähig, und so kommen in ihrem Alltagsleben die beiden Welten kaum in Konflikt miteinander. Ihr beweglicher Geist nimmt die Dinge hin, wie sie sind.

Welch wunderschöne Welt findet ein Säugling vor, wenn er mit einem Schrei den Vorhang hebt und auf die Bühne des Lebens tritt! Er betrachtet die Welt mit dem Auge eines Künstlers. Auch Zen-Schüler nehmen die Dinge in ihrem wirklichen Da-sein wahr, wenn sie aus dem absoluten SAMADHI kommen, und in diesem Augenblick tritt das Phänomen des KENSHŌ ein. Gewöhnliche Erwachsene dagegen erfassen die Menschen und die Dinge nur in begrifflichen Kategorien. Sie sehen die Dinge nicht so, wie sie wirklich sind.

Wenn Sie eine Straße entlanggehen, schauen Sie die Dinge vielleicht nur so an, wie Sie das gewöhnlich immer tun. Aber nehmen Sie einmal einen Stift und einen Zeichenblock mit, und betrachten Sie dann die Straße. Wenn Sie sie jetzt mit dem Auge eines Künstlers betrachten, sieht sie für Sie plötzlich ganz anders aus. Alles ist voller Leben. Und welche Symmetrie ist in allen Dingen! Wie herrlich ist die Harmonie aller Farben! Die Biegung der Straße, die Dächer, Fenster, Verkehrszeichen, Bäume, die Menschen, die kommen und gehen, und im fernen Hintergrund die Hügel und der herrliche Himmel! Ihr Geist hat eine völlig andere Brille aufgesetzt. Sie schauen mit Ihrem ganzen Da-sein auf die Welt, Sie werden mit Ihrem ganzen Da-sein von ihr in Beschlag genommen. Das ist die Welt des Künstlers und auch die Welt des Kindes. Wenn wir auf diese Weise in Beschlag genommen sind, sind wir in einem Zustand des wirklichen positiven SAMADHI.

Ein Mönch fragte Ummon, einen großen Zen-Meister: »Was ist SAMADHI in Teilchen um Teilchen?« Ummon gab zur Antwort: »Reis in der Schale, Wasser im Eimer!« Eine große Frage und eine große Antwort. Aber keiner kann sie verstehen, mag er sie zum ersten, zweiten oder gar hundertsten Mal hören, wenn er versucht, sie intellektuell zu verstehen. Ich will Ihnen sagen, wie man es lernen kann, diese Frage und diese Antwort zu verstehen. Rezitieren Sie diese Frage mit äußerster Konzentration, und verweilen Sie fünf oder zehn Sekunden bei jedem Wort. Tun Sie das, während Sie nur einmal ausatmen. Während Sie es vor sich hinsagen, schauen Sie in jedes Wort hinein. Sie brauchen vielleicht eine Minute oder länger, um die Frage zu rezitieren. Aber achten Sie gar nicht auf die Zeit oder die verstreichenden Minuten. Schauen Sie nur mit höchster Aufmerksamkeit in jedes Wort hinein, bis Ihr Geist in es eindringt. Dann wenden Sie sich Ummons Antwort zu; rezitieren und meditieren Sie sie auf die gleiche Weise. Wiederholen Sie das oft. Denken Sie nicht, es sei albern, so etwas zu tun. Zunächst kann es sein, dass Sie das vier- oder fünfmal wiederholen, ohne damit irgendetwas zu erreichen. Seien Sie nicht enttäuscht, wenn das so ist, und stellen Sie den Wert der Übung nicht infrage. Machen Sie geduldig weiter.

Allmählich werden Sie in dieses Zwiegespräch eintreten; eine Art von SAMADHI wird sich einstellen. Sie sollten in einer guten ZAZEN-Haltung sitzen, während Sie das üben. Nach einiger Zeit werden Sie merken, dass in Ihrem Geist spontan eine bestimmte Lösung dieses Problems auftaucht. Diese Lösung finden Sie nicht durch Ihr intellektuelles Nachdenken, sondern sie ist das natürliche Ergebnis Ihres SAMADHI. Sie ist auch nicht von der Art, dass man damit etwas als wahr oder als falsch beweisen könnte; und dennoch haben Sie eine Antwort gefunden. Die Antwort ist ein Spiegelbild Ihrer selbst. Sie können nicht mehr zeigen oder tun, als Sie selbst haben oder sind. Die Lösung ist vielleicht nicht richtig, aber sie sind der wahren Vergegenwärtigung des Problems nähergekommen. Wenn Sie diese Übung Tag für Tag, Monat für Monat wiederholen, wird Ihnen eines Tages der wahre Sinn dieses Dialogs aufgehen.

»Teilchen um Teilchen« in der Frage bedeutet »Augenblick um Augenblick«, das heißt: Gegenwart um Gegenwart. In diesem gegenwärtigen Augenblick können Sie Ihr eigenes Dasein wahrhaftig verwirklichen, und nirgendwann sonst. Das Dasein enthüllt sich Ihnen nur *jetzt*. Es gibt kein Dasein, außer in diesem Augenblick. Deshalb kann man die Frage des Mönchs auch so übersetzen: »Was ist SAMADHI im Dasein in einem gegenwärtigen Augenblick um den andern?« Oder: »Was ist

SAMADHI, wenn man in das Dasein eines Wesens um das andere hineinschaut?« Vom Ansatz her enthält die Frage in sich bereits die Antwort. Ein Zen-Spruch lautet: »Die Antwort liegt in der Frage.« Aber was bedeutet Ummons Antwort nun wirklich? Wenn Sie mit Ihrem ganzen Dasein den gekochten Reis in der Schale oder das Wasser im Eimer oder die Blume in der Vase oder die geschäftige Straße oder das Fallen der Blätter oder die fliegenden Schmetterlinge anschauen, dann sehen Sie, dass der Reis *ist*, dass das Wasser *ist*.

Wenn Sie diese Erfahrung wirklich einmal gemacht haben, werden Sie entdecken, dass der gekochte Reis in der Schale etwas Großartiges ist. Er leuchtet wie Diamanten in der rot glühenden Hitze eines Feuers. Vielleicht ist es ziemlich einfach, mit seinem ganzen Dasein wahrzuhaben, dass der Schmetterling fliegt. Dem Reis, der dort still liegt, ist schwieriger auf die Spur zu kommen. Aber wenn Sie wirklich in positivem SAMADHI sind, ist beides gleich leicht wahrzunehmen. Ummon bediente sich des schwierigeren Beispiels, und das ist immer seine Art. Ummon ist gütig. Schmetterlinge könnten trügen, weil sie sich leichter intellektuell verstehen lassen, aber dieser Reis macht jede begriffliche Täuschung zunichte. Was für eine Offenbarung wird Ihnen zuteil, wenn Sie wirklich in diesen schwierigen Reis vor Ihren Augen hineinschauen! Das ist das Höchste an spiritueller Offenbarung: Sie haben in das Dasein geschaut.

Manche Zen-Schüler, denen die Tradition sehr teuer ist, könnten mich schelten und sagen, ich offenbarte das Geheimnis dieses KŌAN vorzeitig und schadete deshalb angehenden Zen-Schülern. Aber haben Sie dieses KŌAN wirklich erfasst, weil Sie diese Erklärung gelesen haben? Wenn Sie der Meinung sind, das sei so, dann haben Sie sich geirrt. Um es noch einmal zu sagen: Jedes intellektuelle, begriffliche Verständnis ist lediglich ein totes Verständnis. Um die wahre Verwirklichung dieses KŌAN zu erreichen, müssen Sie die oben vorgeschlagene Übung ganz durchlaufen. Sie müssen das mit Ihrem Leib, mit Ihren Atemmuskeln, mit Ihrem TANDEN tun.

»Und Jesus ging von dort weg und kam in die Nähe des Sees von Galiläa.« Diesen Abschnitt in der Bibel haben Sie vielleicht schon oft gelesen. Wahrscheinlich haben Sie ihn nicht besonders interessant gefunden. Zweifellos werden ihn manche unbeachtet übergehen. Aber der eine oder andere wache Christ sollte ihn gleich jetzt lesen, sollte sich für jedes einzelne Wort Zeit lassen, sollte mit den Augen in tiefer Meditation und in regloser Körperhaltung darin eindringen. Er ist dann in der gleichen Geistesverfassung, als wenn er ein Gebet sprechen würde. Er hat dann ein lebendiges Bild von Christus vor Augen, wie er am Ufer des Galiläischen Meeres entlanggeht. Er ist dann bei Christus.

EINE IDYLLISCHE WELT. Ich erinnere mich daran, dass ich im Alter von vier oder fünf Jahren ins Geschäft eines Onkels ging, der Bücher und Schreibwaren verkaufte. Vom Dachvorsprung über dem Eingang hing ein großes Aushängeschild in Form eines Schreibpinsels. Das war in einem Landstädtchen, und es kamen nur wenige Passanten vorbei. Mein Onkel sagte, er wolle in einen rückwärtigen Raum gehen, um sich die Hände zu waschen, und bat mich, ihn zu rufen, wenn ein Kunde käme. Ich schwoll vor Verantwortungsbewusstsein, war ganz gespannt und behielt den Ladeneingang fest im Auge. Lange Zeit – nach dem Zeitempfinden eines Kindes – kam niemand; es gingen auch keine Passanten vorbei. Wenn ich mich recht entsinne, wünschte ich auch eher, es würde niemand kommen.

Die Morgensonne schien auf das Aushängeschild. Die Luft war klar. Plötzlich summte eine Wespe herzu, und ihre Flügel glitzerten in der Sonne. Sie näherte sich dem Aushängeschild, verharrte kurz schwebend darüber, vielleicht in der Absicht, darauf zu landen, und flog dann wieder davon. Mit äußerster Aufmerksamkeit beobachtete ich, wie sie weiter hin und her flog, und ich hoffte ernstlich, sie werde nicht auf dem Schild landen. Aber schließlich landete sie darauf. »Oh! Ich muss doch aufpassen! Will sie das Schild mitnehmen?« Sie krabbelte energisch darauf herum, als wolle sie es in Besitz nehmen. »Muss ich das meinem Onkel sagen?« Sie krabbelte immer noch herrisch auf dem Schild umher. »Halt! Halt!« Aber sie hörte nicht auf. Geplagt von Unentschlossenheit, fast verzweifelt, sagte ich zu mir selbst: »Ich muss es ihm sagen.« Ich ging ins Innere des Hauses, fand meinen Onkel und erzählte ihm alles über die Wespe. Zunächst schien er von meinem bitteren Ernst erschrocken zu sein, aber plötzlich brach er in helles Gelächter aus und sagte, das mache überhaupt nichts aus. Seine Worte lösten meine Angst in nichts auf, und ich fühlte mich wohltuend beruhigt. Er führte mich in den Laden zurück. Wie genoss ich den Anblick des Ladens und der Straße! Den wunderbaren Sonnenschein, die klare Luft und die energischen Bewegungen der in der Sonne glitzernden Wespe!

JEDER GEHT FÜR SICH DAHIN. Das Kind hält es für selbstverständlich, dass es selbst, sein Vater, seine Mutter, seine Brüder und Schwestern für immer miteinander leben werden. Es träumt nie von einer anderen Möglichkeit. Es lebt in einer idyllischen Welt. Doch eines Tages stellt es angesichts irgendeiner Situation plötzlich fest, dass sein Vater ein individueller Mensch ist, dass seine Mutter ein individueller Mensch ist und dass es auch selbst ein individuelles Wesen ist, getrennt von Vater, Mutter, Brüdern und Schwestern. Diese Entdeckung wirkt vielleicht wie ein Schock. Jedoch kann der Schock gemildert werden, wenn sich diese Entdeckung ganz allmählich im Lauf des Alltagslebens des Kindes ergibt. Ein Kind kann sich äußerst gut an die Umstände anpassen und lernt ganz von allein aus den geringfügigen Alltagsereignissen, dass es sich auf die Welt der Erwachsenen einstellen muss. Wenn sich die beim ersten Mal schockierende Erfahrung, ein Individuum zu sein, wiederholt, gewöhnt es sich daran, und nach und nach wächst es in die Welt der Unterschiede und Gegensätze hinein.

Kurz gesagt, im Lauf der Entwicklung des Bewusstseins wird notwendigerweise das Wachstum des individuellen Ego gefördert. Schließlich besetzt die Welt der Unterschiede und Gegensätze den größeren Teil des Bewusstseins des heranwachsenden Kindes. Zudem kommt es vor, dass das Kind vor so schwerwiegende Ereignisse wie den Tod gestellt wird und dann feststellen muss, dass Vater, Mutter, Brüder, Schwestern, die viel geliebte Tante und der Onkel, ja sogar es selbst unvermeidlich irgendwann gehen müssen, einer um den andern, ganz für sich und ganz allein. Dadurch kann es in einen Zustand der Trauer und Verzweiflung geraten. Durch die Trauer wird es mit den ernsthaften

Problemen des Lebens konfrontiert. Auch sozial wird es ihm nicht erspart, in vielerlei Hinsicht vor schmerzliche Entscheidungen gestellt zu werden. Es stellt fest, dass die Welt ihm feindlich gesinnt ist. Ich möchte jetzt die Geschichte eines Lebens erzählen, die meine Vorstellungen über diese Dinge anschaulich macht.

DIE GESCHICHTE EINES NISEI-MÄDCHENS. Als Kind lebte dieses NISEI-Mädchen mit seinen Eltern und Brüdern in Kalifornien. Bei Ausbruch des Zweiten Weltkriegs wurde die Familie ganz überraschend von Staatsbeamten aufgesucht, die sie alle in ein Internierungslager brachten. Sie war acht Jahre alt und konnte nicht verstehen, warum man sie solchermaßen unter Arrest stellte. Bis zu diesem Zeitpunkt hatte sie sich für ein ganz normales amerikanisches Mädchen gehalten. Sie hatte alles als ganz selbstverständlich hingenommen. Jetzt wurde ihr gesagt, dass sich alles ganz anders verhalte und dass sie und ihre Familie Japaner seien. Wozu wurde plötzlich dieser Unterschied gemacht? Wie war das möglich? Sie hatte an die Welt geglaubt, das Leben angenommen, auf das Leben vertraut, sich ihres Lebens gefreut. Sie hatte nie von einem anderen Leben geträumt. Jetzt brach der Himmel für sie zusammen. Ihre Kinderwelt lag völlig in Trümmern, und sie fühlte nur noch Ungnade, Verachtung, Beschränkung und Elend. »Warum bin ich anders als die andern – als meine Freundinnen, meine Lehrer? Warum hat man mich im Stich gelassen? Warum ist das passiert?« Zunächst empfand sie das alles als starkes, allumfassendes Gefühl und nicht so sehr als eine Anzahl bestimmter Fragen. Dieses Gefühl verließ sie nicht wieder. Sie befand sich in einer Lage, die sie als unerträglich empfand. In ihrem Kindersinn konnte sie nichts anderes denken als: »Warum ist das nur so?«, und großer Zweifel am Leben befiel sie.

Aus dieser Art Verrat lernen Kinder wohl oder übel, wie sie sich an die Welt anpassen müssen. Ist die Lage jedoch zu bedrohlich und ist das Kind von Natur aus zu sensibel, kann es unheilbare Schäden davontragen. Dann werden seinem Geist Zweifel und Misstrauen eingepflanzt und werden zur Grundstimmung seines Lebens. Das Kind leidet dann womöglich zeit seiner Jugend darunter. Vielleicht rächt es sich unbewusst an seinen unbekannten Feinden, indem es sich dazu treiben lässt, ein schwieriges Kind zu werden. Liebe und Erfolg mögen zeitweise seinen Geist ablenken, aber das Misstrauen bleibt dennoch der Grundakkord seines Lebens und kann zu jedem Zeitpunkt und bei jeder Gelegenheit wieder aufbrechen und seinen Geist einnehmen. Manche leiden dann innerlich, manche äußerlich. Wenn sie morgens aufwachen, fühlen sie sich schon chronisch unwohl. Der wirre Gedanke an den Tod grollt wie ferner Donner im Hintergrund. Am Ende des Lebens wird alles zu nichts: die Liebe, die Heimat, das Geld – alles ist sinnlos. Ja, der Gedanke an das Nichts! Vor dem gnadenlosen Blick des Todes gibt es kein Entrinnen. Dieser Zustand grenzt ans Neurotische. Die Welt hat sich weithin verengt.

Das Mädchen in unserer Geschichte reifte zur Frau und heiratete. Aber sie fand kein Mittel gegen das Trauma, das ihrem Geist im Alter von acht Jahren zuteil geworden war. Sie zog mit ihrem Mann nach Japan, und als sie vom Zen hörte, dachte sie, dass ihr das vielleicht helfen könnte, ihr Problem zu lösen. Sie las Bücher über dieses Thema, folgte den darin gegebenen Anweisungen und versuchte sich in ZAZEN-Übungen. Sie hatte keine Gelegenheit, einen Lehrer zu treffen, aber ihr starker innerer Druck (GIDAN) klopfte unaufhörlich von innen an die Tür ihres Geistes und verlangte nach einer Lösung. Dieser ständige GIDAN wird von den Zen-Lehrern als etwas sehr Positives betrachtet. Klopfe an die Tür, und sie wird dir aufgetan werden. Eines Tages, als sie gerade dabei war, ein Bad zu nehmen, vollzog sich in ihr ein gewisser Wandel. Später wurde das zwar von einem Lehrer als KENSHŌ bestätigt, aber damals wusste sie überhaupt nicht, was das hätte sein können. Als sich die Änderung vollzog, spürte sie jedenfalls, dass sie in einer ganz anderen Grundstimmung war. Sie fühlte sich frei von allen Sorgen. Die Welt, die sie als feindselig erlebt hatte, als Element, das sie unablässig bedrohte und verfolgte, hatte sich völlig verändert und kam ihr nun ganz und gar freundlich vor. Sie stellte fest, dass sie die Welt jetzt plötzlich mit ganz anderen Augen ansah. Sie war voller Wonne. Was immer sie tat, was immer sie sah, sie fühlte sich glücklich, dankbar und gesegnet. Sie kannte nicht den Grund dafür, aber sie fühlte sich von ihren Lasten befreit. Ihr innerer Mensch, der bislang in einer engen Schale eingesperrt gewesen war, fühlte sich nun plötzlich frei. Die düstere, schwermütige Stimmung, in die sie gehüllt gewesen war, war verschwunden. Sie stellte sich die Frage, was geschehen sei, und beschloss, den Versuch zu machen, sich bei einem Zen-Meister Rat darüber zu holen. Ein Freund konnte ihr das vermitteln, und der ROSHI, bei dem sie sich aussprach, bestätigte ihr, dass sie die Erfahrung des KENSHŌ gemacht hatte.

Die Welt, in der sich jeder von uns vorfindet, ist sein eigenes Machwerk. Manche befinden sich in einer engen, bedrohlichen Welt, andere in einer freundschaftlicheren. Das hängt jeweils vom Ego des Einzelnen ab. Ist das Ego anderen gegenüber eher feindselig gestimmt, so erschafft es auch um sich herum eine Welt, die ihrerseits über es herzufallen droht. Das Ego entwickelt dann eine feste Kruste, um sich gegen die Welt zu verteidigen. Im Anfang herrscht Einheit zwischen dem Ego und der Welt; ursprünglich sind sie eins. Je weiter sich jedoch das Bewusstsein entwickelt, desto stärker arbeitet es den Unterschied zwischen sich selbst, den anderen Egos und der Welt heraus.

Wird die Kruste des Ego zerbrochen, so wird alles zerbrochen – ja wirklich alles. Dann gibt es keine mich verfolgende Welt mehr. Die Kruste des Ego ist natürlich das Produkt des individuellen Bewusstseins, aber oft wird sie uns auch von außen aufgezwungen. Im Fall des Mädchens in unserer Geschichte war es so, dass das Kind von den äußeren Instanzen (den Regierungsbeamten) gezwungen wurde, ein Ego zu entwickeln, das Zweifel und Vorbehalte gegenüber der Außenwelt hegte. Dieser Zweifel und dieses Misstrauen gegen die Welt und das Leben (obgleich sie selbst der Welt und dem Leben ernsthaft vertrauen und mit ihnen versöhnt sein wollte) erlegten ihr ein lebenslanges Problem auf. Solange das nicht gelöst war, konnte ihr Geist nie zur Ruhe kommen. Jedoch machte sie dann ziemlich plötzlich die Erfahrung dessen, was wir einen »Sinneswandel« nennen. Ihre sämtlichen Probleme waren gelöst, und sie schritt in die Welt des Einsseins hinein.

Der Mensch muss Nahrung in seinen Mund stecken, um am Leben zu bleiben. Steckt er diese Nahrung in den Mund eines anderen Menschen, so bleibt sein eigener Magen leer. Er muss sich Kleidungsstücke über den eigenen Leib streifen, um sich warm zu halten; es hilft nichts, wenn er sie anderen Leuten anzieht. In der Welt der Gegensätze muss man sich an erster Stelle um sich selbst kümmern; sonst würde man nicht überleben. So wird unvermeidlich ein Ego geboren, das Unterschiede macht. Die Gewohnheit, andere als »Zeug« zu betrachten, entwickelt sich ganz natürlich, wie wir weiter oben in diesem Kapitel erläutert haben. Zwar erkennt jedes »Sein in der Welt« von Anfang an auch andere, aber diese Erkenntnis bleibt unvollständig. Man weiß zwar, dass auch noch andere da sind, aber man trägt dem Umstand nicht voll und ganz Rechnung, dass die eigenen Gefühle und das eigene Wollen in den anderen genauso am Werk sind. Mit anderen Worten, man kann sich in die Geistestätigkeit anderer nicht vollständig hineinfühlen, auch wenn man weiß, dass es blutet, wenn man geschnitten wird, und obwohl man die Tätigkeit seines eigenen Geistes gut genug kennt und weiß, wie das ist, wenn es blutet.

Der Umstand, dass die Menschen einander nicht wirklich erkennen und dass sie sich folglich gegenseitig als »Zeug« behandeln, führt dazu, dass sie einander als Feinde gegenüberstehen. Der gegenwärtige Zustand unserer Welt zeigt uns deutlich, dass das so ist. Der »In-der-Welt-Seiende« betrachtet die Welt als feindliches Element, das ihn zu verfolgen und, wenn möglich, auszumerzen trachtet. Um damit fertig zu werden, entwickelt sein Ego die Gewohnheit, Schlag für Schlag mit gleicher Münze heimzuzahlen. Das ist im Wesentlichen die Grundstimmung eines Erwachsenen, der zum Sklaven der üblichen Bewusstseinsweise geworden ist.

Können wir diese Stimmung nicht loswerden? Das können wir. Es gibt eine andere Stimmungswelt, die sich völlig von der Welt des Erwachsenen unterscheidet. Das ist die Welt, die wir in diesem Kapitel zu skizzieren versucht haben, die Welt der Kinder. Wenn ich sie als eine »idyllische« Welt beschrieben habe, haben das vielleicht einige Leser mit der romantischen Weltsicht der Verfasser von Hirtengedichten in eins gesetzt und es abgetan als etwas, das nicht viel mehr als ein subjektiver Traum ist, der sowieso nie Wirklichkeit werden kann. Das stimmt aber nicht. Die Erfahrung des ZAZEN sagt uns, dass es einen bestimmten

Stimmungsstrom gibt, der ununterbrochen, vom Kleinkindalter bis in unser Erwachsenenleben, durch unseren Geist fließt. Wenn ein Zen-Schüler auf dem Grund des absoluten SAMADHI an das reine Dasein rührt, taucht er daraus auf und findet diesen Strom. Wenn Sie das bezweifeln, sollten Sie selbst ZAZEN üben, so wie ein Wissenschaftler ein Experiment anstellt, um die Erkenntnisse eines anderen Wissenschaftlers zu bestätigen. Die Übung des ZAZEN wurde vor 2500 Jahren begonnen und mittels der ernstlichen Mühe außergewöhnlicher Menschen Generation um Generation weitergereicht. Die Ergebnisse sind in der umfangreichen Zen-Literatur belegt, die jedermann lesen kann.

So gibt es also zwei verschiedene Stimmungswelten; die eine wird von der Welt des Kindes dargestellt, die andere von der Welt des Erwachsenen. Jedoch selbst aus dem Leben des Erwachsenen sind die Spuren der Gestimmtheit des Kinderlebens nicht ganz ausgelöscht. Gelegentlich blitzt sie aus irgendwelchen Ritzen und Spalten des Bewusstseins wieder hervor. Je mehr Sie sich an sie durch das ZAZEN gewöhnen, desto häufiger wird Sie diese Stimmung in Ihrem Alltagsleben überkommen. Wenn Sie sie anfangs wahrnehmen, fällt Ihnen an ihr zunächst vielleicht vor allem ihre Fremdartigkeit auf. Manche Menschen schieben sie deshalb beiseite. Sie werden ihrer nur dann nachhaltig innewerden, wenn Sie fest entschlossen sind, aus Ihrer spirituellen Sackgasse herauszukommen.

DIE BEWUSSTSEINSTÄTIGKEIT IST UMKEHRBAR. Unser Geist schwingt wie eine Schaukel hin und her, so ähnlich, wie wir die Umkehrfiguren, mit denen die Psychologen arbeiten, auf zwei unterschiedliche Weisen wahrnehmen und deuten können. Abbildung 28 zeigt zum Beispiel auf den ersten Blick die Umrisse eines Kelches, aber wenn man sie länger anschaut, entdeckt man plötzlich, dass der Kelch verschwindet und stattdessen die Profile zweier menschlicher Gesichter auftauchen. Schaut man weiter hin, verschwinden die Gesichter wieder, und der Kelch ist wieder da. Dieses Hin und Her wiederholt sich endlos, nimmt an Geschwindigkeit zu, und schließlich führt das zu einer flimmernden visuellen Verwirrung.

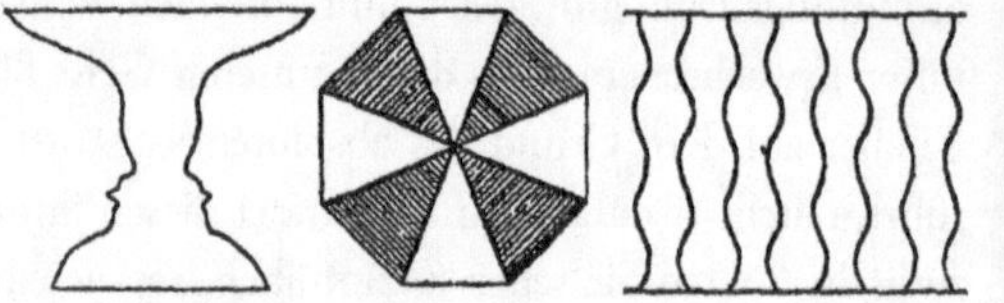

*28–30. Beispiele von Umkehrfiguren.*

Solche Umkehrfiguren werden im Allgemeinen dazu benützt, um das Phänomen von Bild und Hintergrund aufzuzeigen. Aber wir möchten der Frage nachgehen, weshalb dieser Wechsel stattfindet. Das Bewusstsein sucht bei seinem Dahinfließen immer nach Veränderung. Es fällt leicht der Ermüdung anheim. Angestrengte Aufmerksamkeit ist nur wenige Sekunden lang aufrechtzuerhalten. Bei den Umkehrbildern wehren die beiden Muster abwechslungsweise die Ermüdung der Wahrnehmung ab. Aber in unserem Alltagsleben sind die Dinge nicht so günstig angeordnet, und wir machen sehr oft die Erfahrung, dass wir bei unseren Wahrnehmungen verwirrt sind. Wenn Sie zum Beispiel Ihre Augen fest auf die Ecke eines Gebäudes fixieren und lange darauf starren, werden Sie nach einiger Zeit merken, dass das ganze Gebäude zu schwanken beginnt. Wenn Sie auf einen bestimmten festen Punkt auf einem Berg starren, fängt der ganze Berg endlos um den Horizont zu kreisen an. Wenn Sie einen Stein im Garten fixieren, kriecht der ganze Garten mit allen Pflanzen, Blumen und Hecken nach der Seite hin weg. Die verblüffendste Beobachtung können Sie auf einem Bahnhof machen. Starren Sie auf den geraden Rand des Bahnsteigs, und bald wird diese gerade Linie anfangen, sich in Richtung des Gleises zu winden und zu biegen. Wenn Sie weiter fest hinstarren, wird die Schlängelbewegung immer heftiger, der ganze Bahnsteig hebt und senkt sich wie das Wogen schwerer Wellen. Obwohl sich in Wirklichkeit nichts bewegt, können Sie beim Bemühen, im Gleichgewicht zu bleiben, fast hinfallen. Sie rufen »Vorsicht!« und wenden den Blick ab. Dann ist die seltsame Erscheinung mit einem Schlag vorbei, und Sie haben den Bahnsteig vor sich, auf dem die Menschen friedlich auf und ab gehen. Er liegt wieder still und eindrucksvoll da wie im Dokumentarfilm aus einem fernen fremden Land. Mitternächtliche Erscheinungen in einem verwunschenen Haus müssen auf ähnliche Weise das Ergebnis solcher unnatürlich ständig angespannter Aufmerksamkeit sein.

Umkehrbare Figuren haben mit Phänomenen der Wahrnehmung zu tun, aber ähnliche Muster schwankender Aktivität gibt es auch bei anderen geistigen Funktionen. Jedenfalls greifen auch die Gestimmtheit der Kindheit und die Gestimmtheit des Erwachsenenalters ineinander, ehe man sich dessen recht bewusst wird. Der Wechsel findet im Geist des Kindes ganz natürlich statt, aber er wird oft blockiert, wenn die Kruste des Ego eines Menschen stärker wird.

Viele Erwachsene sind von einer Ego-Kruste umgeben. Ihr Leben ist so eng begrenzt, als lebten sie in einer Festung, die ständig von Angreifern bedroht ist. Um sich gegen feindliche Angriffe abzusichern, schlüpft der Mensch in schwere Rüstungen. Er nimmt dafür große Leiden in Kauf – all die Beschwerden, Schwierigkeiten, Mühen, Sorgen und die Einsamkeit, die sich daraus ergeben, dass er sich in seiner Ego-Rüstung verschanzt. Unbewusst schreit er nach irgendeiner Hilfe; er sehnt sich danach, von seinen schweren Panzern befreit zu werden. Im Grunde genommen ist er überlastet von seinem eigenen Ego. Dann erscheint das umgekehrte Phänomen: Die Welt des Kindes taucht plötzlich in der Erwachsenenwelt auf. Das geschieht oft, aber gewöhnlich wird es überspielt.

Die Umkehrfigur enthält zwei Muster, und beide wechseln sich ständig ab, um der Ermüdung des Wahrnehmungsvermögens abzuhelfen. Aber das Umkippen der Gestimmtheit in ihr anderes Muster wird verhindert, weil das fest verwurzelte Ego zu stark ist. Die Wirkung dieser Blockierung ist katastrophal. Der Mensch muss den Dampf von seinen angestauten Sorgen und Problemen ablassen, und oft geschieht es dann, dass er vor der Qual seines tatsächlichen Lebens davonläuft, dem Alkohol verfällt oder sich sonst in irgendeine illusionäre Zerstreuung stürzt, die in Wirklichkeit nur eine Falle ist. Manche machen beim Versuch, sich zu zerstreuen, einen Golfkurs oder gehen sonst in eine nette Gegend und trösten damit ihr Ego. Andere jedoch werden von ihren Umständen oder von ihrer eigenen Natur dazu gezwungen, weiterhin ohne Entspannung oder Trost einer Welt ins Auge zu schauen, die sich für sie zunehmend verengt. Dann kommt es zu einem Phänomen, das sich mit dem vergleichen lässt, was geschieht, wenn wir auf die Bahnsteigkante starren: Es setzt eine geistige Turbulenz ein. Wer darunter leidet, geht zu einem Psychiater, um sich für seinen Fall Rat zu holen. Worüber er sich beim Therapeuten beschwert, ist aber lediglich das Symptom. Die wirkliche Ursache dafür ist seine verengte Gestimmtheit.

*31. Eine Zeichnung, in der zwei Gesichter stecken (aus: E. G. Boring, American Journal of Psychology 42 [1930] 444).*

Schauen Sie sich Abbildung 31 an. Sie enthält zwei Gesichter. Eines werden Sie spontan sehen; aber was ist mit dem anderen? Vielleicht hindert Sie das Gesicht, das Sie zuerst sehen, daran, das zweite auch zu entdecken. Würde man Ihnen nicht sagen, dass darin ein zweites Gesicht versteckt ist, würden Sie nie im Traum darauf kommen, danach zu suchen. Aber wenn Sie wissen, dass es darin ist, und wenn Sie nur versuchen, es zu finden, wird es sich Ihnen schon zur rechten Zeit zeigen. Auf die gleiche Weise klammert sich der Mensch an die alte Welt, die er gewohnt ist, selbst wenn sie ihn peinigt, und denkt nicht im Traum daran, nach einer anderen zu suchen. Er muss lediglich im Geist danach verlangen, die alte, idyllische Welt wiederzufinden, damit er eines Tages damit belohnt wird, sie wiederzuentdecken. Für das NISEI-Mädchen, dessen Geschichte wir weiter oben in diesem Kapitel erzählt haben, kam die Belohnung ganz plötzlich, so wie ein Sektkorken aus der Flasche knallt. Die Umkehrfigur des Geistes stellte sich auf einmal ganz von allein ein. Bei jungen Frauen oder Kindern ereignet sich das KENSHŌ oft auf diese Weise, wie ein Apfel, der vom Baum fällt. Ein reiferer Erwachsener, dessen Bewusstsein im Laufe der Entwicklung vielleicht komplizierter geworden ist und sich hartnäckigere Denkgewohnheiten zugelegt hat, muss wahrscheinlich stärker darum kämpfen.

SAULUS AUF DER STRAẞE NACH DAMASKUS. »Da erhoben sie ein lautes Geschrei, hielten sich die Ohren zu, stürmten gemeinsam auf ihn (Stephanus) los, trieben ihn zur Stadt hinaus und steinigten ihn. Die Zeugen legten ihre Kleider zu Füßen eines jungen Mannes nieder, der Saulus hieß.

So steinigten sie Stephanus; er aber betete und rief: Herr Jesus, nimm meinen Geist auf! Dann sank er in die Knie und schrie laut: Herr, rechne ihnen diese Sünde nicht an! Nach diesen Worten starb er.

Saulus aber war mit dem Mord einverstanden ... Saulus aber versuchte die Kirche zu vernichten; er drang in die Häuser ein, schleppte Männer und Frauen fort und lieferte sie ins Gefängnis ein ... Saulus wütete immer noch mit Drohung und Mord gegen die Jünger des Herrn ... Unterwegs aber, als er sich bereits Damaskus näherte, geschah es, dass ihn plötzlich ein Licht vom Himmel umstrahlte.

Er stürzte zu Boden und hörte, wie eine Stimme zu ihm sagte: ›Saul, Saul, warum verfolgst zu mich?‹ ... Saulus erhob sich vom Boden. Als er aber die Augen öffnete, sah er nichts. Sie nahmen ihn bei der Hand und führten ihn nach Damaskus hinein. Und er war drei Tage blind, und er aß nicht und trank nicht.«

Wunderbar! Jedes Wort sitzt richtig. Der Leser möge verzeihen, dass ich einige Abschnitte weggelassen habe, nicht weil ich sie nicht schätzen würde, sondern um der Kürze willen. Ich zitiere hier den Fall des Saulus, weil mir scheint, er sei ein gutes Beispiel für die Phänomene des Umkehrbaren im menschlichen Geist. Stellen Sie sich den inneren Konflikt vor, den Paulus durchlitt. »Er war drei Tage blind, und er aß nicht und trank nicht.« Im Zen gibt es viele ähnliche Beispiele. Das KENSHŌ tritt oft ein, wenn man meint, es regne Hunderte von Bomben vom Himmel.

Nehmen wir einen anderen Fall. Spät an einem Abend gegen Jahresende zog ein Ehepaar ernsthaft in Betracht, sich gemeinsam das Leben zu nehmen, weil sie vor scheinbar unlösbaren finanziellen und sozialen Schwierigkeiten standen. Plötzlich klopfte es an der Tür. Ein alter Freund vom Land wollte sie besuchen. Sie redeten miteinander bis spät in die Nacht hinein. Am nächsten Tag reiste der Freund ab. Als sie wieder allein waren, sagte die Frau zu ihrem Mann: »Ich habe heute Nacht noch lange nachgedacht, und mir ist eingefallen, dass wir vielleicht überleben können, wenn wir jederzeit auf das Sterben gefasst sind.« Ihr Mann sagte: »Ich wollte genau das Gleiche sagen.« Die Zeitspanne einer Nacht hatte ihnen gerade so viel Zeit gelassen, dass sich ihr Geist (oder genauer: ihre Gestimmtheit) umkehren konnte. Sehr oft machen wir die Beobachtung, dass wir angesichts einer Sackgasse im Leben plötzlich einen ganz neuen Einfall haben und sich uns neue Perspektiven eröffnen. Wenn wir nur lange genug warten können, kommt nach dem Regen schönes Wetter.

Der heutige Mensch hält sich auf sein äußerst hoch entwickelten Bewusstsein etwas zugute. Ich hoffe, dass es immer noch weiterentwickelt wird. Das menschliche Bewusstsein ist noch weit davon entfernt, zufriedenstellend zu sein. Man kann die gesamte Tätigkeit des Universums durch Milliarden von Jahren hindurch als den blinden, aber nicht vernünftigen Versuch verstehen, dieses hochentwickelte Bewusstsein des Menschen hervorzubringen. Ich spreche von einem »blinden« Versuch, weil das Dasein sich dessen nicht bewusst sein kann, dass es ein Ziel hat, solange es überhaupt kein Bewusstsein besitzt. Es mag sein, dass sich das Universum ohne einen bestimmten Zweck entfaltet, aber jedenfalls hat es, von einem anthropozentrischen Blickwinkel her gesehen, recht zielstrebige Fortschritte gemacht. Natürlich hat es unzählige tastende Versuche angestellt und unzählige Fehlschläge erlitten, aber es hat einen großen Treffer erzielt, als es das Bewusstsein hervorgebracht hat. Dieses Bewusstsein stellt jetzt die Frage: »Was ist das Dasein?« Im Laufe seiner Versuche, sich selbst zu erkennen, hat das Bewusstsein das »Ich« erfunden. Dieses »Ich« ist jedoch noch nicht vollständig entwickelt. Wir müssen immer noch darauf warten, dass das Bewusstsein voll entfaltet und das wahre »Ich« zustande gebracht wird. Dazu bedarf es offensichtlich gründlicher Untersuchungen: Auf physiologischem, psychologischem, biologischem, biochemischem und anderen Gebieten muss die immer noch geheimnisvoll verhüllte Wildnis des Zen erforscht werden. Warum spreche ich hier von »Wildnis«? Weil, so seltsam das klingen mag, bislang auf dem Gebiet des Zen noch kaum streng wissenschaftliche Forschungen angestellt worden sind. Was für ein verlockendes, noch unberührtes Forschungsgebiet!

*Zwölftes Kapitel*

# LACHEN IM ZEN

Was das Lachen mit dem Zen zu tun haben soll, mag auf den ersten Blick nicht einleuchten. Ehe wir dieses Verhältnis vom Theoretischen her erörtern, will ich ein oder zwei Zen-Geschichten erzählen.

Als einmal Hyakujo und sein Lehrer Baso miteinander spazieren gingen, flog eine Wildente vorüber. Baso fragte: »Was ist das?« Hyakujo antwortete: »Eine Wildente.« – »Wohin ist sie geflogen?«, fragte Baso weiter. Hyakujo gab darauf zur Antwort: »Sie ist fortgeflogen.« In diesem Augenblick zwickte Baso dem Hyakujo heftig in die Nase. Hyakujo schrie vor Schmerz laut auf. »Da«, sagte Baso, »wohin soll sie fliegen?« Die Wirkung dieser Schockbehandlung war, dass Hyakujo plötzlich erleuchtet wurde. Am nächsten Tag ging er hin, um sich bei Baso zu bedanken, und als er in seine Zelle zurückkehrte, fing er laut zu schreien an. Ein Mönch fragte ihn, was los sei, und Hyakujo sagte zu ihm, er solle Baso fragen. Das tat der Mönch, aber er erhielt von Baso die Antwort: »Frage Hyakujo.« Der Mönch war verwirrt und kam wieder zurück, um Hyakujo zu fragen, was eigentlich los sei. Diesmal brach Hyakujo in schallendes Gelächter aus. Der Mönch konnte sich auf die ganze Sache überhaupt keinen Reim machen und beschwerte sich, dass Hyakujo sage: »Vorhin habe ich geschrien, und jetzt lache ich.« Und Hyakujo lachte nur immer lauter.

Die lange angestaute Flut des inneren Drucks war endlich losgebrochen. Wenn man das KENSHŌ erreicht, kann dieses Ablassen des inneren Drucks bis zu drei Tagen lang anhalten. Es ist wie ein außer Kontrolle geratener Waldbrand.

Hyakujo studierte mit seinem Lehrer weitere zwanzig Jahre lang Zen. Als er Reife erlangt hatte und hinausziehen wollte, um sich als

Zen-erfahrener Mensch mit der Welt zu vermischen, ging er zu Baso, um seinem Lehrer zum Abschied noch einmal Dank zu sagen. Als Baso ihn kommen sah, hob er seinen HOSSU (eine Art Stab, dessen Spitze mit langen weißen Haaren verziert ist) in die Höhe. Hyakujo sagte: »Benützt du ihn, oder legst du ihn beiseite?« Baso hing den HOSSU an eine Ecke seines Stuhls. Nach einer Weile fragte er Hyakujo: »Wie willst du künftig diese beiden Blätter deines Mundes öffnen, um für andere zu arbeiten?« Da griff Hyakujo nach dem HOSSU und hob ihn steil in die Höhe. Baso sagte: »Benützt du ihn, oder legst du ihn beiseite?« Hyakujo hing den HOSSU an die Stuhlecke. Genau in diesem Augenblick strömte ein großes Gebrüll wie hundert Donnerschläge über Hyakujos Haupt. Im Text steht, dass Baso den Schrei mit ungeheurer Majestät ausstieß und dass Hyakujo drei Tage lang taub war. Nicht nur drei Tage, sondern sein Leben lang müssen die Lehren des Baso in Hyakujos Ohren geklungen und alle anderen Klänge ferngehalten haben.

Ein Zen-Spruch sagt: »Wenn dein Verständnis so groß ist wie dasjenige deines Lehrers, dann nimmst du deinem Lehrer die Hälfte seines Wertes; wenn dein Verständnis dasjenige deines Lehrers übertrifft, bist du würdig, sein Nachfolger zu werden.« Würde man nur dasselbe tun, was der eigene Lehrer tut, so würde das nur zum Verfall des Lehrens führen.

Yakusan, ein chinesischer Zen-Meister, ging in einer mondhellen Nacht auf den Hügel hinter dem Kloster und brach in donnerndes Gelächter aus. Es wird berichtet, der Klang dieses Lachens habe seine Echos zwischen Himmel und Erde hin- und hergeworfen, und im Umkreis von zehn Meilen hätten die Dörfer gebebt.

In der westlichen Literatur ist Bergsons Theorie des Gelächters wohlbekannt. Auch in Schopenhauers Schriften gibt es einen klugen Abschnitt über das Lachen. Untersuchen wir dieses Thema jetzt vom Gesichtspunkt des Zen aus.

INNERER DRUCK UND LACHEN. Die innere Beziehung zwischen Lachen und Zen rührt daher, dass sich Zen in großem Maße um die Frage dreht, wie man mit seinem inneren Druck sinnvoll umgeht. Auch das Lachen ist ein Mittel, sich von seinem inneren Druck zu befreien. Der innere Druck kommt von den NEN. Die NEN haben wir bereits einigermaßen ausführlich in Kapitel 10 behandelt, aber einige zusätzliche Erläuterungen mögen hilfreich sein. NEN (oder NEN-Gedanke) ist ein vieldeutiger Begriff. Damit kann ein bruchstückhafter Gedanke oder ein Gedankenblitz gemeint sein. Wir hören hinter uns ein Krachen und reagieren, indem wir zurückschauen. Das ist eine unwillkürliche Bewegung, bei der man, wie man gemeinhin glaubt, nichts denkt. Aber in Wirklichkeit hat unser Geist in uns im Augenblick des Zurückschauens ein Stück aktiven Handelns vollbracht. Etwas, das fragt: »Was ist los?«, lässt uns hinsehen. In unserem Geist entsteht ein innerer Druck, und dieser Druck ist es, der uns zurückschauen lässt. Oder nehmen Sie ein anderes Beispiel: Blitzartig mag Sie die Eifersucht auf den Erfolg eines andern durchzucken, oder eine heimliche Schadenfreude über seinen Misserfolg, und das trotz des inneren Tadels, der darauf unmittelbar folgt und vielleicht ein schlechtes Gewissen weckt. Ein solcher bruchstückhafter Gedanke, der für einen kurzen Augenblick in unserem Geist auftaucht, wird NEN genannt.

NEN hat aber auch noch eine andere Bedeutung. Stellen Sie sich vor, eine Mutter kämpft gegen einen Tiger, um ihr Kind zu schützen. Sie hat nur einen Gedanken im Kopf – den Schutz ihres Kindes. Das ist eine Art mächtigen Willens und wird ebenfalls NEN genannt, oder in diesem Fall ICHI-NEN. ICHI heißt »ein« und bedeutet hier also eine allumfassende, auf eine einzige Sache konzentrierte Aktion des Geistes. Ein Mörder wird vielleicht nur noch von dem einen Gedanken umgetrieben, dass er den und den Menschen umbringen muss. Diese konzentrierte, anhaltende Zielrichtung des Geistes wird ebenfalls NEN genannt.

NEN wird aber auch verwendet, um damit das ganz gewöhnliche Denken zu bezeichnen. Im NEN steckt die Vorstellung des zielgerichteten Antriebs, aber es ist noch mehr damit gemeint, denn er bezieht sich auf alle Tätigkeiten des menschlichen Geistes. NEN geht notwendigerweise immer mit innerem Druck einher, denn alle Tätigkeiten des Geistes sind so angelegt. Bei jedem NEN-Gedanken – zum Beispiel, wenn man etwas will, wenn man einem Tölpel sein prächtiges Haus und seine hübsche Frau neidet, wenn man einen Nachbarn hasst, wenn man irgendetwas oder irgendjemanden liebt und genießt – entwickelt sich in unserem Geist ein gewisses Maß an Druck. Das ist sogar der Fall, wenn wir denken: »Heute ist schönes Wetter.« Wir sind versucht, jemanden anzusprechen und zu ihm zu sagen: »Heute ist aber schönes Wetter!«, um uns dieses inneren Drucks zu entledigen. So gehen auch der leiseste NEN-Gedanke und die flüchtigste Idee, die in unserem Geist auftauchen, mit innerem Druck einher, der sich sowohl physiologisch als auch psychologisch äußert.

Wir sagen gewohnheitsmäßig: »Guten Morgen« – »Wie geht es Ihnen?« – »Ist Dorothee in die Schule gegangen?« – »Ich mag heute Morgen kein Rührei, sondern Spiegeleier.« Es mag albern erscheinen, diese Art von Unterhaltung genauer zu untersuchen. Aber Zen greift selbst noch die geringfügigste Geistestätigkeit auf und macht etwas Wichtiges daraus. »Guten Morgen« wird zu einem Zen-KŌAN. Wesentlich für die ganze Frage des Zen-Übens ist, wie man mit seinem augenblicklichen inneren Druck umgeht. Nun ist das Lachen eines der großen Meisterstücke der Menschheit. Wir haben es erfunden, um inneren Druck abzuleiten.

OBJEKTIVIERUNG UND LACHEN. Plötzlich haut mich jemand auf den Kopf. Ich drehe mich mit geballten Fäusten blitzschnell um und sehe hinter mir ruhig und heiter einen Telefonmasten dastehen. Dagegen also bin ich selbst gestoßen. Wenn mir so etwas passiert und wenn ich mir dann die Begebenheit so vor Augen halten kann, als sähe ich sie in einer Karikatur, mich also objektivieren kann – das heißt, wenn ich klar und deutlich das Bild betrachten kann, das ich da gerade abgebe –, durchschaue ich meine falsche Vermutung und meine unnötige Aufregung, in meinem Geist bricht die Spannung plötzlich zusammen, und unwillkürlich folgt daraus, dass ich lache. Das Lachen hebt auf der Stelle die physische und geistige Erregung auf, also den inneren Druck. Vielleicht macht man mich zum Gegenstand einer witzigen Bemerkung, und ich ärgere mich darüber; aber wenn ich den Witz an der

Sache objektiv überschaue und mit den anderen mitlache, ist mein Ärger schon aufgelöst, ehe ich ihn recht wahrnehme, so als wäre er heimlich still und leise weggeräumt worden. Wahrnehmen heißt objektivieren. Je höher der Grad an Objektivierung ist, desto vollständiger wird der innere Druck aufgelöst. Innerer Druck ist Ego, und Lachen ist die Aufhebung des Ego. Genau besehen, gibt es keine anderen Wirklichkeiten als das, was wir Ego, Bewusstsein und so weiter nennen: Alles ist ein Produkt der Abfolge verschiedener Äußerungen inneren Drucks.

Wenn man sich ärgert, stellt das den Versuch dar, inneren Druck auf äußere Objekte abzuleiten. Sind alle anderen Wege, den inneren Druck herauszulassen, verstopft und steht nur noch die Möglichkeit offen, ihn auf andere abzulassen, entsteht Ärger. Wenn der innere Druck überhaupt keinen Ausweg findet und nach innen gepresst wird, empfinden wir Kummer und Verdruss. Schreien, Angiften (»Du Idiot!«) und Lachen – das sind alles Weisen, sich seines inneren Drucks über den Kanal, den die Atemorgane bieten, zu entledigen. Beim Lachen spielen genau wie beim Ausdruck von Ärger und Verdruss physische Vollzüge eine sehr wichtige Rolle. Wenn Sie zum Beispiel wütend sind, aber jemand bringt Sie mittendrin zum Lachen, vergessen Sie für einen Augenblick Ihre Wut; und wenn dann die Wut wiederkommt, ist sie schon viel gemäßigter. Ein Teil des inneren Drucks ist also physisch abgeführt worden. Wenn jemand weint, fühlen wir uns von Mitleid gerührt, aber vom physischen Standpunkt aus bedeutet das Weinen, dass das Ego sich Luft verschafft und sich auflöst. Weigert sich das Ego jedoch, mitzumachen, und behauptet hartnäckig seine Stellung, führt das zu Ärger und Zorn. Der Bauer, der fluchend gen Himmel droht, wenn ein Hagelsturm seine Ernte vernichtet, begehrt gegen das makrokosmische Dasein auf.

Das Lachen bringt uns in vertrautere Nähe zueinander, weil dabei unsere Egos aufgelöst werden. Beim Lachen fällt die Ego-Kruste ab.

GETRENNTE VORSTELLUNGEN. Das Lachen stellt sich ein, wenn die Trennung zwischen zwei widersätzlichen Vorstellungen plötzlich aufgehoben wird. Wenn Sie jemand auf den Kopf haut, schauen Sie mit geballten Fäusten nach hinten. Sie denken, es handle sich um einen Feind. Aber stattdessen stehen Sie plötzlich vor einem Pfosten. Zuerst haben Sie eine falsche Vorstellung, dann eine richtige, und die falsche Vorstellung wird plötzlich in die richtige aufgehoben – oder fällt in sie hinein – und verschwindet. Wenn Sie diese Begebenheit objektivieren können, verfliegt der innere Druck, den die falsche Vorstellung erzeugt hatte, ganz plötzlich, weil die falsche Vorstellung nicht mehr da ist. Anstelle des verschwundenen inneren Drucks entsteht ein Vakuum, und die Gestalt mit den geballten Fäusten, die auf keinen Widerstand trifft, fällt in dieses Vakuum. Wir machen immer dann die Erfahrung dieses Hineinfallens, wenn uns das Gefühl überkommt, dass die Lage amüsant oder komisch sei. Wir haben das Gefühl, als werde uns der Boden unter den Füßen weggezogen. Das ist, als reiße im Geist ein Loch auf. Jedoch haben wir schon wiederholt betont, dass offensichtlich zwischen den Atemmuskeln und dem Gehirn eine enge innere Beziehung besteht; das geistige Loch wird sofort an das Zwerchfell gemeldet, das nun seinerseits ein Loch bildet. Das Zwerchfell fängt zu zucken an, es steckt mit seinem Zucken die Unterleibsmuskeln an, und so fangen wir an zu lachen. Diese Beziehung zwischen dem geistigen und dem physischen Loch muss jeder schon erfahren haben, der jemals gelacht hat.

Wir haben gesagt, dass der innere Druck plötzlich verfliege. Das ist nicht ganz korrekt. Nichts kann einfach verfliegen. Der innere Druck muss irgendwohin abgeleitet worden sein. Aber wie? Die Antwort ist, dass er auf dem Weg über das Ausatmen abgeleitet worden ist und dabei ein bestimmtes Geräusch von sich gegeben hat: »Ha, ha, ha!« Doch stellt sich jetzt eine weitere Frage. Was war zuerst da: das Abführen der inneren Spannung oder das Loch? Das Loch muss die innere Spannung abgeführt haben, aber das Loch selbst muss ja durch das Entweichen der inneren Spannung entstanden sein. Die Antwort ist einfach: Das Entstehen des Lochs geht mit der Abführung der inneren Spannung einher. Es handelt sich um zwei Aspekte eines einzigen Ereignisses. Die verschiedenen Komponenten – falsche Vorstellung, Aufregung, Widerruf, Loch, Entweichen – müssen nacheinander im Gehirn aufgetaucht sein, und die unmittelbare Folge war das plötzliche

Zusammenziehen und die genauso abrupte Entspannung der Atemmuskeln, die zu dem physischen Loch geführt haben. Letzteres führte zum Zucken der Atemmuskeln, das notwendigerweise mit dem Entweichen von Atemluft verbunden war, was das Abführen des inneren physischen Drucks bedeutet. Diese physischen Ereignisse wurden unverzüglich wieder dem Gehirn gemeldet, welches hierauf das Gefühl der Erheiterung (Entspannung und Entladung) hervorbrachte. Ohne diese Rückmeldung kann das Gefühl nicht ganz ausgelebt werden.

Das sogenannte Gefühlszentrum lässt sich wahrscheinlich im Mittelhirn lokalisieren, jedoch sollte man sich darüber im Klaren sein, dass das Gehirn von sich aus keine Gefühlserregung hervorbringen kann. Die Gefühlserregung muss immer auf irgendeine Weise mit körperlichen Äußerungen einhergehen. Das Gefühl setzt sich also aus einer Reihe von geistigen und physischen Erregungen zusammen, die in wechselnder Abfolge auftreten – geistig, physisch, geistig, physisch – und schließlich zum Ausbruch kommen. Daraus können wir schließen, dass sich all das mehr oder weniger gleichzeitig abspielt, in rapid wechselnder Aufeinanderfolge. Das erklärt unser Gefühl, wenn wir zu lachen anfangen: Wir empfinden eine schmerzliche innere Verwirrung, und viele Impulse müssen gleichzeitig abgeführt werden – der letzte wird zum ersten, und umgekehrt. Diese schmerzliche Verwirrung kommt in den turbulenten Zuckungen der Atemmuskeln zum Ausdruck, einem Phänomen, das man selten beobachtet, nicht einmal im schlimmsten Ärger oder tiefsten Leid.

Nehmen wir ein anderes Beispiel. Auf eine Frage erfolgt eine recht weit hergeholte Antwort, die einerseits im glatten Widerspruch zum in der Frage enthaltenen Gedanken zu stehen scheint, aber zugleich in gewisser Hinsicht doch unvermeidlich mit ihr zusammenhängt. Ist die Verknüpfung dergestalt, dass sie geradezu die beiden Gedanken kurzschließt, so wird der Abstand zwischen ihnen jäh aufgehoben, und wir erfahren ein geistiges Loch; das ist so ähnlich, wie wenn ein Ballon mit einem Knall explodiert.

Da sagte zum Beispiel ein Mann zu seinem Sohn, der trübsinnig den Kopf hängen ließ: »Kopf hoch, mein Junge, schau in die Sonne (the sun).« Der Junge ließ immer noch den Kopf hängen. Der Vater sagte verärgert: »Schau doch, wo ist die Sonne (the sun)?« Der Junge gab gleichgültig zur Antwort: »Der Sohn (the son) ist hier« und starrte nur noch trübsinniger vor sich hin.

Das mag kein besonders faszinierendes Wortspiel sein. Aber stellen Sie sich vor, es habe gewirkt. Stellen Sie sich vor, beim »Der Sohn (the son) ist hier« hätten Sie plötzlich das Spaßige der Antwort empfunden. Dann ist es, als verlören Sie den Boden unter den Füßen und fielen in eine Grube. Man spürt, dass da etwas zusammenbricht. Sie werden unversehens vom »the sun« ins »the son« geworfen. Dieses plötzliche und unvorhergesehene Loch ist es, was jäh und unwiderstehlich das Lachen auslöst.

In dieser Geschichte gibt es noch einen weiteren Grund, weshalb sich ein Loch auftut: Der Sohn hat seinen Vater mit seiner witzigen Antwort angetrickst. Eine witzige Entgegnung löst oft Überraschung, Staunen und Kapitulation aus – das Eingeständnis des Fragestellers, geschlagen worden zu sein. Die Tatsache, dass wir ein breites Lächeln aufsetzen, wenn wir mit einem Taschenspielertrick geblufft werden, ist auch ein Zeichen dafür, dass wir elegant unsere Niederlage zugeben. Jemand hat etwas Unmögliches fertiggebracht. Sie hatten eine Vorstellung für unmöglich gehalten, und plötzlich steht diese triumphierend vor Ihnen: Damit ist jäh der Abstand zwischen unmöglich und möglich aufgehoben, und Sie empfinden ein Loch.

Wenn Ihr Ego beschließt, widerwärtig zu sein, wenn es sich mit Händen und Füßen dagegen sperrt, in eine Schlinge zu geraten, die jemand anderer gelegt hat, dann ergibt sich kein Loch, und man fällt nicht hinein. Will der Vater also die Antwort seines Sohnes nicht wohlwollend aufnehmen, so wird er nicht lachen. Der Sohn natürlich lachte nicht, denn er hatte sich in sein Ego-Gehäuse zurückgezogen. Die Gleichgültigkeit des Sohnes und sein umso trübsinnigeres Verhalten führen bei dem, der das von außen betrachtet, zum Gefühl des Amüsiertseins.

Wenn Sie eine lustige Geschichte erzählen, dürfen Sie selbst nicht lachen. Sie sollten gleichgültig bleiben. Dadurch entsteht der Abstand zwischen Ihrer Gleichgültigkeit und den lustigen Vorstellungen. Wenn Sie sich verraten, indem Sie selbst lachen, entsteht dieser Abstand nicht.

Wenn Sie die Vorstellung, dass Sie drohend die Faust gegen einen Pfosten erheben, von sich lösen und sie dann auf der Leinwand Ihres Gehirns abspielen, haben Sie plötzlich ein belustigtes Gefühl. Sie meinen, das Bild selbst rufe die Belustigung hervor, aber in Wirklichkeit muss es einen psychologischen Hintergrund geben, auf dem es lustig wirkt. Wenn Sie in einem Comicstrip nur das letzte Bild anschauen, empfinden Sie keine Belustigung. Sie müssen die Bilderfolge von Anfang an betrachten.

Wenn wir lachen, kommt das heitere Gefühl plötzlich dann auf, wenn das Zwerchfell zu zucken beginnt. Man kann nicht erklären, wie dieses Gefühl der Belustigung zustande kommt. Sie fühlen sich einfach belustigt. Das ist ein vitales und aktuelles Ereignis wie alle anderen emotionalen Zwischenfälle. Jedoch kann man die Bedingungen aufzählen, die für das Zustandekommen eines belustigenden Gefühls erforderlich sind. Dazu gehören das Zustandekommen einer plötzlichen und unerwarteten Verknüpfung widersprüchlicher Vorstellungen, das dadurch verursachte Zucken der Atemmuskeln und die allumfassende Entladung des inneren Drucks durch die Atemorgane.

Ich habe schon vorhin ein Experiment genannt, um diese Hypothese unter Beweis zu stellen. Begraben Sie am Strand einen Bekannten bis zum Hals im Sand und erzählen Sie ihm eine lustige Geschichte. Er kann nicht lachen. Was er fühlt, ist eher Verwirrung, ist ein seltsamer Geisteszustand, den er selbst gar nicht richtig beschreiben kann. Er verknüpft jetzt zwar auch auf der Ebene seines Intellekts die widersprüchlichen Vorstellungen miteinander, aber das führt bei ihm nicht zum Gefühl der Erheiterung, weil sein Zwerchfell nicht zucken kann. Das Gefühl der Belustigung muss nämlich unbedingt mit einem Impuls einhergehen, der vom Grund des Unterleibs empordrückt. Nur wenn Ihr Unterleib diesen Impuls geben kann, können Sie in Lachen ausbrechen. Im Fall des Menschen im Sand bewegt sich das Zwerchfell nicht, kein Impuls drückt vom Boden des Unterleibs nach oben, daher kommt kein Lachen und kein Gefühl des Belustigtseins zustande. Statt dass der Eingegrabene lacht, fangen Sie und die anderen Zuschauer zu lachen an. Weil der Mensch, von dem man erwartet, dass er lacht, nicht lacht, sondern stattdessen verwirrt und entgeistert dreinschaut, wird die erwartete Vorstellung eines lachenden Menschen schnell von der Vorstellung eines Menschen, der seltsam dreinschaut, verdrängt. Der Unterschied zwischen diesen beiden Vorstellungen wird aufgehoben, und es kommt zu einem geistigen Loch. Wie bereits gesagt, wird ein Gefühl nur dann voll ausgelebt, wenn es sich vollständig entfalten kann.

LACHEN, DAS NICHT LUSTIG IST. Wenn man Sie unter den Armen oder an den Rippen kitzelt, fangen Sie zu lachen an. Das ist ein rein physisches Lachen. Sogar hier kann ein Stück Gefühl der Belustigung aufkommen, aber in Wirklichkeit ist das nur eine unechte Art von Lustigkeit; sie ist vielleicht lediglich ein Reflex des Nervensystems auf den Stimulus, der sich aus dem Zucken des Unterleibs ergibt. Ihm fehlt die geistige Komponente des wirklichen Humors, und ohne diese kommt kein wirkliches Gefühl der Belustigung zustande. Folglich kann man mit Fug und Recht sagen, dass das Zucken des Zwerchfells lediglich die physische Energie für das Gefühl der Belustigung hervorbringt.

Wenn wir die Fehler eines Feindes bloßstellen, um ihn auszulachen, ist dieses Lachen nicht die Auswirkung eines humorigen Gefühls, sondern lediglich eine Weise, unseren innerlich angestauten Hass zu entladen oder ein Mittel, ihn aus der Fassung zu bringen.

Es gibt noch eine weitere, ähnliche Art von Lachen, das sich einstellt, wenn man die Fehler oder Ausrutscher eines anderen beobachtet und insgeheim (oder offen) deshalb ein Überlegenheitsgefühl genießt. Auch das ist eine künstliche Art von Lachen, bei dem man in Wirklichkeit bloß darauf bedacht ist, sein eigenes mickriges Ego aufzuplustern. Man denkt bei sich: »Wenn ich an seiner Stelle wäre, wäre ich kein solcher Versager.« Die Theorie, der zufolge das Lachen ganz allgemein aus einem Gefühl der Überlegenheit über andere rührt, ist nicht wirklich zu halten; sie trifft lediglich auf diese Art Lachen zu. Der Umstand, dass ein Schüler lacht, wenn der Lehrer vom Podest fällt, oder dass wir lachen, wenn wir sehen, dass jemand etwas Komisches im Gesicht trägt, oder das allgemeine Gelächter, das sich einstellt, wenn einer wichtigen Persönlichkeit, die vor einer großen Versammlung steht, ein plötzlicher Windstoß den Hut vom Kopf fegt, stützt nicht unbedingt die Überlegenheitstheorie. Das Lachen bricht in solchen Fällen aus, weil etwas Unerwartetes geschieht, etwas, das völlig im Widerspruch zur vorgesehenen Situation steht. Zwei Vorstellungen, die nicht zueinander passen, werden auf lachhafte Weise in ein und derselben Person miteinander verknüpft.

In der Zeit des Tokugawa-Shogunats (1603–1868) wurden einige Samurai-Krieger von der Regierung aus politischen Gründen in Haft genommen. Die Umstände waren so, dass sie glaubten, sie kämen bald wieder in Freiheit. Sie wurden mit angemessenem Respekt behandelt, denn Krieger galten als Menschen gehobenen Standes. Aber zu jener Zeit schlug der politische Wind oft und rasch um. Die Zeit verging, und allmählich empfanden sie ihr Schicksal als immer unangenehmer. Eines Tages wurde eine Stange gegen die Wand gelehnt, die den Hof gegenüber den Räumen umschloss, in denen die Krieger eingesperrt waren. Auf der Spitze der Stange war eine kleine Plattform angebracht, auf der man gewöhnlich den Kopf eines hingerichteten Häftlings der Öffentlichkeit zur Schau stellte. Die Stange lehnte so an der gegenüberliegenden Mauer, dass die kleine Plattform über die Mauer in den Innenhof hineinragte. Am darauffolgenden Tag wurde eine zweite ebensolche Stange danebengelehnt, die ebenfalls in den Hof hineinragte. Und dann kam jeden Tag eine weitere solche Stange dazu. Die Krieger taten zunächst so, als berühre sie das überhaupt nicht, aber nach und nach wurden sie nervös. Schließlich beschwerte sich ihr Sprecher bei der Wache; er sagte, sie seien Krieger von respektablem Stand, und selbst wenn sie zum Tode verurteilt sein sollten, dürfe man sie nicht wie ordinäre Verbrecher hinrichten und der Öffentlichkeit zur Schau stellen. Der Wächter war völlig überrascht und entschuldigte sich vielmals; er sagte, man bereite die Hinrichtung etlicher Verbrecher vor, und die Gefängnisarbeiter hätten die Stangen gedankenlos an diese Stelle gelehnt. Man werde sie unverzüglich entfernen. Als der Sprecher der

Gefangenen zurückkam und dies seinen Mitgefangenen erzählte, brachen plötzlich alle in schallendes Gelächter aus. Ein seltsames Gelächter? Aber es war das jähe Dampf-Ablassen aus einem Kochtopf, der am Explodieren gewesen war.

Der menschliche Körper besitzt zwei große Entleerungs- oder Entspannungsmechanismen: der eine ist der Verdauungsapparat mit dem After; der andere sind die Atemorgane. Letztere sind spirituell von Bedeutung. Das Zentrum beider Mechanismen sind das Zwerchfell und die Unterleibsmuskeln – mit einem Wort, der TANDEN. Besteht ein zu starker innerer geistiger Druck, der sich unverzüglich entladen muss, so können dies einzig die Atemorgane besorgen.

SOZIALVERHALTEN UND LACHEN. Das Lachen hat mit dem Objektivieren der Situation zu tun. Solange sich das Ego mit beiden Ellbogen sperrt, ist kein Objektivieren möglich, und folglich kommt es auch nicht zum befreienden Gelächter. Wenn man noch auf seinen Vorteil, sein Aussehen und sein Prestige bedacht ist, bleibt höchstwahrscheinlich noch ein Großteil innerer Spannung eingeschlossen, und der Lachanfall wird gebremst. Rutscht jemand aus und fällt hin, so ist er nicht imstande, darüber zu lachen, wenn er darauf bedacht ist, sein Gesicht zu wahren. Könnte er sich mit den Augen anderer sehen und die Lage objektiv betrachten, würde er unbefangen lachen oder schmunzeln. Wenn Sie Teil einer vertrauten Gruppe sind, kommt das Sozialverhalten ins Spiel. Sie können die Umstände leichter objektiv betrachten und folglich viel eher lachen. Aber wenn Sie ganz allein sind, lachen Sie selbst dann nur selten, wenn Sie in komische Situationen geraten, etwa wenn Ihnen eine Blähung entfährt oder Sie ausrutschen und hinfallen, oder wenn Sie geistesabwesend etwas tun, worüber Sie spontan gelacht hätten, wenn Sie mit Freunden zusammen gewesen wären. Wo kein soziales Umfeld vorhanden ist, objektiviert man auch kaum. Unter Menschen, zwischen denen kaum Intimität besteht, wird selten gelacht. Das liegt auch daran, dass die Gruppenmitglieder zu wenig sozial aufgeschlossen sind. Wenn man sich anderen anschließt und auf seine eigenen Kosten lacht, bedeutet das, dass man sein eigenes Ego in eine Gemeinschaft hinein loslässt. Sooft Sie Ihr Ego auf diese Weise loslassen, entdecken Sie, dass in Ihren Schuhen ein neues Ego steht. Jedes Mal, wenn das Ego objektiviert wird, gibt es sich selbst auf, und ein anderes Ego tritt auf den Plan, dessen Sozialverhalten großzügiger und besser ist.

Ein Lehrer betritt das Klassenzimmer, und in diesem Augenblick fällt ihm vom Türsturz herab ein Tintenfass auf den Kopf. Wäre er imstande, darüber zu lachen, so würde das zeigen, dass er kein starres, steifes Ego hat, und dies würde wiederum dazu führen, dass auch die Egos der Schüler weniger starr würden. Wenn man die Schranke zwischen »dir« und »mir« aufhebt, führt das zu einem Klima der Versöhnung. Dabei handelt es sich um einen Verzicht auf die Behauptung des eigenen Ego und zugleich um einen Schritt hin zur Entwicklung eines großzügigeren Ego.

Ein leichtes Lächeln vermittelt den Eindruck eines friedvollen Gemüts, denn es zeigt, dass der innere Druck des Betreffenden leise und friedlich mit dem Lächeln entweicht. Und umgekehrt zeigt es, dass nur ein ganz leichter innerer Druck besteht, der damit zufrieden ist, auf diese Weise friedlich zu entweichen.

REIN OBJEKTIVER INNERER DRUCK. Im Geist jedes Menschen ist ständig ein innerer Druck vorhanden, solange er lebt und solange er in irgendeiner Weise gestimmt ist. Selbst wenn man objektiv nachdenkt, etwas Wunderschönes bestaunt, in philosophischen Spekulationen aufgeht, einfach über das Wetter nachdenkt oder »Guten Morgen« sagt, entsteht ein gewisses Maß an innerem Druck. Einen inneren Druck dieser Art können wir als »rein objektiven inneren Druck« bezeichnen. Er ist die Offenbarung eines friedvollen Geistes.

VERSCHIEDENE WEISEN DES LACHENS. Ein japanischer Angestellter der amerikanischen Botschaft in Japan stellte fest, dass er für die Veruntreuung einer bestimmten der Botschaft gehörigen Geldsumme verantwortlich war. Das war das unausweichliche Ergebnis eines komplizierten Gewirrs von bestimmten Umständen. Der Botschafter war dienstlich unterwegs. Bei seiner Rückkehr offenbarte sich der Angestellte dem Botschafter, der wegen des Geldverlusts in übler Laune war. Der Mann wagte es, seinen Bericht mündlich abzugeben. Er beschrieb alle Einzelheiten des Hergangs in jeder nur möglichen Ausführlichkeit, um zu erklären, weshalb dies unvermeidlich zu diesem Ergebnis geführt habe. Als ihn der Botschafter bis zum Ende angehört hatte, brach er plötzlich – in einen Wutanfall?, nein – in schallendes Gelächter aus, und damit war die Angelegenheit bereinigt. Ein waschechter Diplomat ist diplomatisch bis auf die Knochen, und niemand vermag zu sagen, was er wirklich dachte. Vermutlich war durchaus alles dazu angetan, dass er einen Zornausbruch hätte bekommen können, hätte er das wollen; aber im letzten Moment hatte die Kompassnadel auf die Gegenseite ausgeschlagen. Gelegentlich sind Wut und Lachen nur um Haaresbreite voneinander entfernt, und über die Art, wie sich nun ein und dieselbe innere Spannung entlädt, entscheidet lediglich, ob der eine oder der andere Schalter betätigt wird. In Wirklichkeit entscheidet über die Wahl des Schalters natürlich im letzten Moment ein bestimmter Faktor.

Als kleines Kind hatte mich irgendetwas in scharfen Gegensatz zu meinem viel älteren Bruder gebracht. Ich wusste, dass er viel stärker war als ich. Aber mein brennender Zorn führte mich dazu, auf den Hof zu gehen, aus einem Bassin ein großes Stück Eis zu nehmen, es ins Zimmer zu tragen und auf eine silberne Schachtel zu legen, die mein Bruder besonders gern mochte. Gleich danach kam mein Bruder ins Zimmer. Ich beobachtete ihn mit angehaltenem Atem und war darauf gefasst, dass er gleich einen Wutanfall bekommen würde. Plötzlich schrie mein Bruder aufgeregt: »Wer hat das getan?« Ich dachte: »Jetzt geht's los!«, aber er fuhr fort: »Das ist ja lustig!« und fing zu lachen an. Sobald ich meinen Bruder lachen hörte, spürte ich seltsamerweise, dass aller Groll, den ich gegen ihn aufgestaut hatte, mit einem Mal verpufft war. Ich konnte zu ihm gehen und lächelnd mit ihm reden. Auch ich war von dem, was geschehen war, belustigt. Für mein kindhaftes Verständnis war das eine wunderbare Erfahrung.

Der Mensch wird oft von seinem eigenen Ego erdrückt, von seinen Widersprüchen, seinen Plagen, Schwierigkeiten und inneren Spannungen. Bewusst oder unbewusst sucht er irgendwo im Tiefsten seines Herzens die Befreiung von diesen Lasten. Wenn ihm in einem Lächeln oder Lachen, das die Welt der Gegensätze aufhebt, eine solche Entlastung zuteilwird, entfährt ihm ein Seufzer der Erleichterung, und er fühlt sich entspannt. Das Ego jeder Person gleicht einem Atomwaffenlager; wenn es von einem Lachen aufgelöst wird, nimmt es eine friedvolle Welt wahr, in der es sich angenehm leben lässt.

Wir verfügen über ein physisches Einfühlungsvermögen – eine Art spontaner sozialer Anlage. Wenn jemand gähnt, gähne ich auch. Und dann folgt ein Lachen, das den sozial verursachten inneren Druck auflöst.

Jedermann weiß, dass ein schlafender Säugling gelegentlich lächelt. Das scheint lediglich ein physischer Ausdruck zu sein. Lächeln und Lachen sind Vorrechte, deren sich nur der Mensch erfreut, und es scheint, der Säugling muss dieses Erbstück immer wieder ausprobieren, ob es angemessen funktioniert. Der Mensch hat sich das Lächeln und das Lachen zum engen Freund erkoren. Er liebt es, liebkost es und hat es in vielfältigsten, buntesten Formen kultiviert. Amüsante Geschichten, Reimspiele, Wortspiele, Schüttelreime, Späße, Scherze, schlagfertige Antworten, witzige Bemerkungen, Gegensätze, Widersprüche, falstaffsche Absurditäten, Hanswurstiaden, grimaldsche Grimassen, chaplinsche Gags, amüsante Sprüche der Lucy in den Charlie-Brown-Comics, Witzzeichnungen, Karikaturen, Possen, Schwänke, Komödien – uns geht die Luft aus. Der Mensch erzeugt absichtlich inneren Druck, objektiviert ihn dann und genießt das Loch. Daneben entlädt er sich unter der Verkleidung des Gelächters von einigen seiner inneren Spannungen – von Ärger, Hass, Feindseligkeit, Eifersucht –, denn sein soziales Gewissen und sein spiritueller Stolz verbieten es ihm, sie in einem Wutanfall herauszubellen. Das Lachen ist das Sicherheitsventil der Welt. Es ist ein Mittel, sein Ego loszulassen und die Welt der Gegensätze aufzuheben. Das Lachen rettet den Geist; es ist eine glückliche Erfindung der menschlichen Weisheit angesichts der Notwendigkeit, als soziales Wesen zu leben.

KÜNSTLERISCHE FORMEN DES LACHENS. Zirkusclowns oder Komödianten auf der Bühne mit ihren albernen Dialogen und Geschichten bemühen sich, bei ihren Zuschauern die Illusion zu wecken, sie als die Zuschauer seien ihnen, den Darstellern, geistig haushoch überlegen. Diese Illusion wird im Grunde Lügen gestraft, wo künstlerisch Hochstehendes dargeboten wird. Ihrem Wesen nach bestehen solche Darbietungen aus reiner Objektivierung. Ein je höherer Grad an Objektivierung erreicht wird, desto größer ist auch die künstlerische Qualität der Aufführung. Umgekehrt ist eine Vorstellung, die lediglich den kleinen Egos der Zuschauermenge schmeichelt, keine starke Quelle der Freude. Der Mensch schätzt die Herstellung rein objektivierten inneren Drucks als höchste Errungenschaft der Kunst. Mit anderen Worten, das höchste Ideal der Kunst besteht darin, vom subjektiven Ego unabhängig zu werden.

*Dreizehntes Kapitel*

# REINES DASEIN

Wir haben in diesem Buch bislang recht unbeschwert vom Null-Stand des Bewusstseins gesprochen. Indes muss man zugeben, dass es für den Anfänger keine leichte Sache ist, diesen Zustand zu erreichen. Auf dieser Stufe hört das Ausatmen nahezu auf. Nach einem langen Schweigen atmet man unmerklich leicht aus und dann wieder zwanglos ein. Das ist die dritte Stufe der ZAZEN-Übung (vgl. Seiten 91–92). Hier regt sich weder der erste noch der zweite noch der dritte NEN. Im Zentrum der Aufmerksamkeit steht der innerlich gemurmelte Laut »Mu« oder seine spontane Abwandlung »n …«. Das ist ein Kennzeichen dafür, dass man ins SAMADHI gelangt ist. Hier begegnen wir der reinsten Form des Daseins. In der Tradition trägt sie den Namen »ursprüngliche Natur« oder »Buddha-Natur«; wir können ihr auch die Bezeichnung »Ein-Äon-NEN« geben. Der »Ein-Äon-NEN« ist das verschwiegene Schweigen der schneebedeckten Hänge des Himalayas. Oder er lässt sich mit dem ewigen Schweigen der unauslotbaren Tiefen des Meeres vergleichen. Es gibt ein KŌAN, das lautet: »Hole den schweigenden Stein aus dem Meer, ohne dir die Ärmel nass zu machen, und bring ihn mir.« Der schweigende Stein bist du selbst. Du wirst aufgefordert, dich selbst aus den Tiefen des Meeres heraufzuholen. Aber zuvor wirst du dich erst auf dem Grund des Meeres finden müssen, wo ewiges Schweigen herrscht, ohne Zeit, ohne Raum, ohne Ursache und ohne Unterschiedenheit zwischen dir und anderen.

DASEIN IN SEINER REINEN FORM. Sie könnten die Frage stellen: »Ist ein solcher Seinszustand denn nicht das Gleiche wie Totsein? Ist das nicht wie der Zustand eines Patienten im Koma oder eines

Schwachsinnigen, der zwar äußerlich ein Mensch ist, aber über keine menschlichen Wahrnehmungsfähigkeiten verfügt?« Nein, ganz und gar nicht! Der Zustand, gleichsam wie tot nichts zu sein, den man in den Tiefen des SAMADHI erlangt, ist etwas Großartiges. Dort kann man seine wahre Natur entdecken. Ganz anders, als man gemeinhin denkt, verstellt die Tätigkeit des Bewusstseins die wahre Natur des Daseins und stellt sie nur verzerrt dar. Darum muss man zunächst durch das absolute SAMADHI gehen, wo die Tätigkeit des Bewusstseins auf null reduziert ist und wo man nachhaltig das Dasein nackt und bloß sehen kann. Nach dieser Erfahrung kommt man wieder in die Welt der gewöhnlichen Bewusstseinstätigkeit zurück, aber jetzt wird man erleben, dass einen sein Bewusstsein hell und klar erleuchtet. Das ist positives SAMADHI. In den Sutren steht die Zeile: »Die Lotusblüte mitten zwischen Flammen.« Stellen Sie sich eine lebendige Lotusblüte vor, mit Blütenblättern wie Diamanten, die, umgeben von weiß glühenden Flammen, das stille Licht des Nirwana ausstrahlen. Diesen kristallklaren Bewusstseinszustand können Sie nie erfahren, wenn Sie nicht zuvor Ihr illusorisches Denken im absoluten SAMADHI abgestreift haben.

Das Dasein eines Tieres scheint aus reinem Leben zu bestehen. Auch die Pflanze scheint auf diese Weise zu leben, wenngleich auf einer einfacheren Stufe. Aber schauen Sie sich die Blumen an in ihrer individuellen Schönheit, Farbe und Form. Oder sehen Sie sich die anmutigen Federn der Vögel an oder die leuchtenden Farben und Muster auf dem Rücken der Insekten, die jetzt auf dem Geländer der Veranda sitzen. Solche Farben und Muster kann selbst höchste menschliche Kunst nicht entwerfen. Die beweglichen, eleganten Gliedmaßen eines Tieres, die Zellen der Organismen, die wir unter dem Mikroskop sehen, die kristalline Struktur der Mineralien, deren kunstvolle Anordnung uns ehrfürchtig staunen lässt: Was hat sie so gemacht? Es wäre lächerlich, zu sagen, ihre Schönheit sei lediglich das Produkt des menschlichen Denkens. Die Blume ist schön und kann nicht anders sein. Der Mensch bewundert diese Schönheit unvermeidlich. Ein Kind bringt ein Meisterwerk hervor, und der Erwachsene kann nicht anders, als es bestaunen. Das kommt daher, weil das Dasein selbst wunderschön ist, und wer seine Formen anschaut, der wird in seinem innersten Wesen von seiner Schönheit angerührt.

Wir haben das Bewusstsein als das Auge des Daseins bezeichnet. Es wird nur deshalb getäuscht, weil es verschleiert ist. Im absoluten SAMADHI offenbart sich das Dasein in seiner reinsten Form; im positiven SAMADHI entfaltet es seine volle Blüte.

*Frühling ist's geworden.*
*Tausend Blüten entfalten ihren Liebreiz.*
*Für was? Für wen? (Hekigan Roku, Fall 5)*

In tiefen Gebirgstälern und an steilen Hängen blühen Blumen, die nie ein Menschenauge sieht, und sie vergehen wieder ungesehen. Das Dasein existiert nicht für andere. Es ist aus sich selbst, für sich selbst, durch sich selbst da.

*In einsamer Gegend*
*zwischen Hochgebirgsfelsen*
*umkost vom flüsternden Windhauch*
*erfreut sich die Wildnelke ihrer selbst.*

Die Schönheit der Natur ist die Selbstoffenbarung des Daseins. Es ist schön, weil es einfach und absichtslos schön ist. Die Behauptung, Farben seien nichts als bestimmte Lichtwellen, ergibt kaum Sinn. Das Dasein bringt seine eigene Schönheit für sich selbst hervor und genießt sie für sich selbst.

DASEIN UND BEWUSSTHEIT. Der blinde Vorwärtsdrang des Daseins, das sich selbst erkennen wollte, ohne sich dieses Wunsches bewusst zu sein, wurde von Erfolg gekrönt, als er das menschliche Bewusstsein schuf und so zu seinem Auge kam, mit dem es auf sich selbst zurückschauen konnte. Dem Dasein in Menschengestalt ist es gelungen, sich seiner eigenen Schönheit bewusst zu werden. In dieser Hinsicht hat es sich auf eine Ebene erhoben, die die Pflanzen, Tiere und Mineralien nicht erreicht haben. Von dieser Ebene aus geht es unablässig höher, und bewusst wird jetzt neue Schönheit erschaffen. Das ist die intentionale Evolution, die vom Bewusstsein gesteuerte Weiterentwicklung.

In dem Maß, wie sich das Bewusstsein entwickelt, werden auch seine Probleme schwieriger. Nicht nur die Schönheit, sondern auch die Fehlformen und Mängel, die im menschlichen Leben auftauchen, überragen bei Weitem diejenigen, die im Tierreich vorkommen: Neurosen, Schizophrenie, Mord, Wut, Verzweiflung. Aber das Dasein wird nie untergehen. Es ist unvorstellbar, dass das, was scheinbar unüberwindliche Widerstände in der Vergangenheit besiegt hat, in der Zukunft jemals scheitern könnte. Manche beklagen den gegenwärtigen Zustand der Welt. In ihren Augen ist sie am Verfallen oder in Auflösung. Tatsächlich mag das »Weltdorf« vor einer Katastrophe stehen. Auch die Bewohner früherer »Dörfer« sind vollständig vernichtet worden, wie in der Sintflut oder beim Untergang Sodoms – und Welten, vielleicht sogar Sonnensysteme und Milchstraßen sind in früheren Äonen zu Staub geworden, worauf vielleicht die Ringe des Saturn, der Asteroidengürtel und der kosmische Staub in der Milchstraße hinweisen.

Während sich Intellektuelle und religiöse Aktivisten ernsthaft um die Sache der Eintracht und des Friedens im mitmenschlichen und internationalen Leben mühen, und während Ideologen und Technologen daran arbeiten, nationale Sicherheit und Wohlfahrt zu gewährleisten, drängt das Dasein unaufhaltsam vorwärts. Vielleicht wird es in eine Sackgasse geführt, vielleicht wird es erleuchtet. Krise und Verzweiflung sind nur Durchgangsstadien. »Die Zeit und die Stunde durchqueren auch den allerschlimmsten Tag.« Da das Dasein gar nicht anders kann als da sein, hat es alle nur erdenklichen Krisensituationen überstanden und ist so in sein gegenwärtiges Dasein gelangt. Ganz gewiss muss es auch in Zukunft so weitergehen.

DEFEKTE DES GEISTES. Die meisten Menschen, die mit geistigen Schäden behaftet sind, merken gar nicht, dass sie an einer Krankheit leiden. Ja, nahezu alle Menschen leiden an nervösen Störungen, und nahezu alle Menschen sind der Auffassung, ihr Geisteszustand sei ganz natürlich. Sie sorgen sich nie um Abhilfe, weil sie sich keines Mangels bewusst sind. Die Literatur ist der Spiegel des menschlichen Geistes. Alle Leiden, die in Büchern beschrieben werden, sind das Ergebnis geistiger Beeinträchtigungen, aber es gibt gar keine Anzeichen dafür, dass die Hauptpersonen in den modernen Romanen – oder ihre Autoren – das wahrhaben. Im Gegenteil: Wer in die Vernichtung rennt, wer von irgendeiner Leidenschaft aus bis in sein völliges Scheitern rennt, der wird auch noch bewundert. Und dennoch handelt es sich dabei um ein Fieber des Geistes. Die Menschen sterben genauso an Krankheiten des Geistes, wie sie an physischen Krankheiten sterben. Die physische Krankheit wird von einem Monitor gemeldet, den wir den Geist nennen. Bei geistiger Krankheit ist der Monitor selbst krank. Er ist verworren und steuert letzten Endes hilflos in die völlige Vernichtung hinein.

Die wahre Freiheit des Geistes besteht darin, dass man nicht von seinem eigenen Geist umhergezerrt wird. Wahre geistige Freiheit besteht darin, in dieser Hinsicht frei zu sein; nur dann sind wir imstande, wirklich in Freiheit unseren Willen zu betätigen. Die Umwelt ist dann reiner Begleitumstand.

GEWORFENHEIT. »Geworfenheit« ist ein Begriff, der in Heideggers »Sein und Zeit« auftaucht. Niemand scheint es als Krankheit zu betrachten und folglich als einen Zustand, für den man auf Abhilfe sinnen sollte. Heidegger scheint es als unumstößliche Vorgegebenheit des Daseins zu betrachten.

Viele heutige Intellektuelle haben das Gefühl, sie hätten ihren Platz in dieser Welt gegen ihren Willen zugewiesen erhalten. In dieser Hinsicht kann die »Geworfenheit« tatsächlich als ihr grundlegendes Lebensgefühl erachtet werden. Die folgenden Auszüge aus »Sein und Zeit« über die »Geworfenheit« veranschaulichen diesen Grundzug:

»Diesen in seinem Woher und Wohin verhüllten, aber an ihm selbst um so unverhüllter erschlossenen Seinscharakter des Daseins, dieses ›Daß es ist‹ nennen wir die *Geworfenheit* dieses Seienden in sein Da, so zwar, daß es als In-der-Welt-Sein das Da ist. Der Ausdruck Geworfenheit soll die *Faktizität der Überantwortung* andeuten« (M. Heidegger, Sein und Zeit, Tübingen [15]1986, 135).

*»Hat je Dasein als es selbst frei darüber entschieden, und wird es je darüber entscheiden können, ob es ins ›Dasein‹ kommen will oder nicht?«* (Ebd. 228)

»Seiend ist das Dasein Geworfenes, *nicht* von ihm selbst in sein Da gebracht« (ebd. 284).

»Existierend kommt es nie hinter seine Geworfenheit zurück, so daß es dieses ›daß es ist und zu sein hat‹ je eigens erst aus *seinem* Selbst*sein* entlassen und in das Da führen könnte« (ebd. 284).

»In das Sein zum Tode geworfen, flieht das Dasein zunächst und zumeist vor dieser mehr oder minder ausdrücklich enthüllten Geworfenheit« (ebd. 348).

Seit Hamlet gesagt hat: »Sein oder Nichtsein – das ist hier die Frage«, oder genauer: seit der erste Mensch auf Erden erschienen ist, haben die Menschenwesen nach dem Sinn des Lebens gefragt. »Woher komme ich, und wohin gehe ich? Man hat mich doch in diese verrückte Welt gesetzt, ohne mich vorher zu fragen!« Diese Fragen haben viele junge Menschen umgetrieben und sind eine Hauptursache für ihre Unzufriedenheit – und das nur, weil niemand die Wahrheit des Daseins erkennt.

Dieses Dasein ist mein eigenes Dasein. Es ist aus sich selbst entsprungen. Ein Kind lebt noch mit voller Hingabe, weil es fraglos die positive Natur des Daseins annimmt. Erst der Erwachsene fühlt sich nicht mehr wohl in seiner Haut, weil er ein Bewusstsein hat, das sich niemals zufriedengibt, ehe es nicht das Geheimnis seines eigenen Daseins durchschaut hat. Nach dem Sinn des Leben fragen heißt nach dem »Wozu?« fragen und unterstellen, alles sei für einen Zweck und ein Ziel über es selbst hinaus da. Aber scheint nun die Sonne wirklich ihrem Wesen nach für einen bestimmten Zweck? Ist der Säugling auf die Welt gekommen, um auf ein Ziel zuzulaufen? Das Dasein ist in Wirklichkeit schlicht und einfach da. Es kann gar nicht anders sein. Das Leben ist um des Lebens willen da, so wie die Kunst um der Kunst willen da ist und die Liebe um der Liebe willen. Eine Mutter liebt ihr kleines Kind, weil sie es liebt.

Unser Bewusstsein führt uns deshalb in die Irre, weil es notwendigerweise Bestandteil des individuellen Ego ist und im Dienst der individuellen Bedürfnisse dieses Ego steht. Es kann nicht über diese Individualität hinaus; es kann nicht in Absehung vom individuellen Ego denken. Diese blinde Abhängigkeit des Bewusstseins vom individuellen Ego führt zu irreführenden Gedanken, bei denen alles drunter und drüber geht, und daraus ergeben sich (1) die Welt des Gegensatzes zwischen einem selbst und den andern, (2) das krampfhafte Bemühen um ein beständiges, unvergängliches Ego, (3) das erfolglose Haschen nach Dasein, (4) das fruchtlose Suchen nach der Wurzel des Ego, (5) das Gefühl, das Leben sei unsicher, unheimlich oder sogar schrecklich, und womöglich (6) das niederdrückende Gefühl der Geworfenheit.

Die Ursache dieser ganzen Verwirrung liegt darin, dass der Mensch es nicht fertigbringt, das Geheimnis des Daseins zu erfassen.

Jeder von uns setzt die eigene Welt seines individuellen Ego in Gegensatz zur ihn umgebenden Welt. Die Welt von A's Ego macht B zum Bestandteil seiner Umwelt und umgekehrt. C baut A und B in den Kreis seiner Umwelt ein. Das Gleiche tun D, E und F und alle anderen. Jeder hat seine eigene Ego-Welt mit ihrem Umfeld, die anders ist als diejenige aller anderen. Daher sind emotionale Konflikte und gegensätzliche Standpunkte und Interessen unvermeidlich, und die notwendige Folge davon ist die Entfremdung voneinander. Das ist unausweichlich so, solange das menschliche Dasein in individuelle Wesen aufgeteilt ist. Sogar Sakyamuni Buddha, die nachfolgenden Patriarchen und alle Zen-Lehrer machen davon keine Ausnahme. Reife Zen-Schüler hingegen erfassen sich selbst als eine Verkörperung des Daseins, und indem sie die Buddhaschaft in sich pflegen, geht ihnen auf, dass das individuelle Ego eine Hohlform ist. Sie halten sich heraus aus der Welt der Gegensätze und führen ihren Zusammenbruch herbei, während diejenigen, welche in der Welt der Gegensätze eingeschlossen bleiben, unvermeidlich bei jedem Gedanken und in jeder Tat den Gegensatz zwischen sich selbst und anderen, zwischen sich selbst und der Welt vertiefen.

HERAUSRÜCKEN AUS DER MITTE. Ein Kleinkind versteht die Außenwelt nur von seiner eigenen Lage her mittels seiner Sinnesempfindungen. Wenn es jedoch größer wird und sich sein Intellekt entwickelt, kann es sich in Gedanken in andere hineinversetzen und die Dinge von unterschiedlichen Standpunkten her sehen. Mit anderen Worten, es wird fähig, bei seinem Vorstellen und Wahrnehmen sich selbst aus der Mitte herauszunehmen. Mit zunehmendem Alter entwickelt es immer mehr die Fähigkeit, sich psychologisch mit immer schwierigeren Fragen auseinanderzusetzen. Das bedeutet, es kann im Geist sehr unterschiedliche Formen der Beziehung seines Ego zu allen möglichen Umständen durchspielen. Es rückt sich selbst aus der Mitte, sieht emotional und intellektuell nicht mehr alles nur von sich selbst her.

Mit zunehmender Reife kann sich der Mensch immer besser in andere hineinversetzen und ihre Leiden mitempfinden. Er freut sich mit anderen und trauert mit ihnen. Er kann die Schmerzen anderer als seine eigenen erfahren. Diese Fähigkeit erwacht schon früh in der Beziehung zu seiner Mutter und zu seiner übrigen Familie, und sie äußert sich in der Beziehung zu dem Menschen, in den er sich verliebt und den er heiratet. In einem hochentwickelten Geist kann sich dieses Sich-in-andere-Versetzen auch noch auf viele Freunde und sogar Fremde ausdehnen. Ein derartiges spirituelles Verstehen kann man als eine Art Humanismus bezeichnen. Jedoch steht es nur auf einer sehr schwachen Grundlage, denn ihm fehlt das vollkommene Wahrhaben des Daseins. Zen betrachtet diese Grundlage als den Anfang von allem. Jegliches Verhalten gründet sich darauf.

DIE ÜBLICHE (IRREFÜHRENDE) BEWUSSTSEINSWEISE. Kehren wir noch einmal zu Heideggers »Sein und Zeit« zurück. Leider ist dort nirgends vom Aus-der-Mitte-Rücken die Rede. Qualitäten wie Sorge, Umsicht, Gewissen und Entschlossenheit werden genannt, aber sie beziehen sich fast alle sozusagen auf private Angelegenheiten – und das ist kein Humanismus. Daraus machen wir Heidegger keinen Vorwurf. Er ist ein gewissenhafter Berichterstatter. Er beschreibt das

Dasein so, wie es ist, als ein Sein, das mit dem ausgerüstet ist, was wir die irreführende Bewusstseinsweise nennen. Vielleicht hatte Heidegger vor, im unvollendeten Teil von »Sein und Zeit« das Dasein aus diesem armseligen Zustand zu retten; im Paragraphen 60 finden wir die folgenden bezeichnenden Sätze: »Das entschlossene Dasein kann zum ›Gewissen‹ der Anderen werden. Aus dem eigentlichen Selbstsein der Entschlossenheit entspringt allererst das eigentliche Miteinander, nicht aber aus den zweideutigen und eifersüchtigen Verabredungen und den redseligen Verbrüderungen im Man und dem, was man unternehmen will« (a. a. O. 298).

Heidegger spricht von der »Seinsstruktur des Zuhandenen« (a. a. O. 76). Er erläutert, dass das Daseiende mittels dieser Struktur seine Beziehung zur Welt unterhalte. Das zeigt deutlich, dass das Daseiende als auf das Ego Zentriertes gesehen wird. Das Daseiende gebraucht alles andere als »Zuhandenes«. Das Bewusstsein des Daseienden gleicht einem Wachhund, der ein egozentrisches individuelles Wesen beschützt. Zen dagegen betrachtet ein Wesen in sich und nicht als Zuhandenes: Berge als Berge, Flüsse als Flüsse, die wunderschöne Rose als Rose, die Unkrautblüte in ihrer Schönheit als Unkrautblüte, ein hässliches Entlein als hässliches Entlein. Wenn Sie es fertigbringen, das Dasein in einem hässlichen Entlein wahrzunehmen, werden Sie feststellen, dass sich die Hässlichkeit zu Ihrer Überraschung plötzlich in strahlende Schönheit verwandelt. Zen entdeckt selbst in Verbrechern brillante Ausprägungen des Daseins. Es lässt das Dasein im Tier, in der Pflanze, im Stein stehen und anerkennt es. Zen erklärt, Materie und Geist seien eins. Es nimmt die Dinge, wie sie sind.

In den Zeichnungen der Zen-Meister finden wir viele Gegenstände und Muster: die Sichel, den strohenen Regenschirm, den Bambushut, irdene Gefäße, Teegeschirr und Blumenvasen. All das wird nicht einfach als nützlich für irgendeinen Zweck betrachtet. Die Nützlichkeit jedes Gegenstands hat die gleiche Qualität wie der Geist der Person, die ihn benützt. Wenn der Teemeister eine Teeschale aufhebt und mit ihr seine Lippen berührt, ist die Schale lebendig. Sie erinnern sich vielleicht an die Zen-Geschichte, die ich weiter oben bereits zitiert habe.

Ein Mönch fragt Ummon: »Was ist SAMADHI in Teilchen um Teilchen?« Ummon gab zur Antwort: »Reis in der Schale, Wasser im Eimer!« Wenn Sie ganz aufmerksam in kochenden Reis oder in Wasser im Eimer schauen – welch faszinierende Welt des Daseins kann sich Ihnen da auftun!

DER WEG VON NANSEN. Ein Mönch unternahm eine weite Reise, um Nansen zu sehen, und traf ihn an, wie er am Straßenrand Gras schnitt. Er fragte: »Wo geht der Weg zu Nansen?« Nansen gab zur Antwort: »Ich habe diese Sichel um dreißig Cents gekauft.« Der Mönch sagte: »Ich frage nicht nach der Sichel, ich frage nach dem Weg zu Nansen.« Nansen gab zur Antwort: »Ich benütze sie voller Freude.«

Wenn ein Lehrer dieses kurze Zwiegespräch als KŌAN vorstellt, ohne vorher irgendetwas über das »Zuhandene« erläutert zu haben, kann selbst ein Zen-Schüler, der eine beträchtliche Reifestufe erlangt hat, ratlos nach einer Antwort suchen. Er wird seinen Lehrer oft aufsuchen und wird das Gehen als sehr schwierig empfinden. Im Zen sind »Subjekt« und »Gebrauch« wichtige Begriffe: die Subjektivität des Daseins und der Gebrauch, den man davon macht. Im obigen KŌAN versteht der Schüler vielleicht diesen Gebrauch. Aber was ist überhaupt »benützen«? Ist es etwas im Sinne des Zuhandenen? Nein, niemals. Es handelt sich um etwas völlig anderes. Es geht um die Darstellung des Daseins. Nansen »benützte« die Sichel in diesem Sinn. Aber wie kann man einen solchen Sinn darstellen? Das ist die Frage an Sie, wenn Sie eine Antwort auf dieses KŌAN finden sollen. Der Schüler behandelt den Fall vielleicht in verallgemeinernder Form, aber dann sagt ein Zen-Lehrer bedächtig zu ihm: »Du verstehst das? Gut, zugestanden. Aber du musst es noch einmal neu weitere dreißig Jahre lang bedenken. Wo ist der Weg ...?« Und er murmelt vor sich selbst hin. Sein Murmeln legt sich dir aufs Gemüt, und das führt zu einem neuen Problem. Vielleicht erst viele Tage danach wird der Schüler wirklich mit diesem Fall fertig.

Eine kurze Erklärung dieser Episode ist gar nicht so schwer. Sie würde ungefähr so lauten: Der Mönch fragte nach dem Weg zu Nansen. Der Originaltext lautet ganz wörtlich übersetzt: »nach dem Nansen-Weg«. Das lässt zwei Deutungen zu: entweder »nach dem Weg zu Nansen« oder »nach dem Weg des Nansen«. Im Zen wird man von einer Frage oft vor das Dilemma zwischen zwei unterschiedlichen Bedeutungen gestellt. Ob der Mönch sich dieses Dilemmas bewusst war; ob er also wusste, dass der, den er fragte, Nansen war; ob er ein reifer Zen-Schüler oder noch ein Anfänger war – das alles wissen wir nicht, und wir brauchen es auch gar nicht zu wissen. Worauf es ankommt, ist Nansens Antwort. Betrachten wir zunächst genauer Nansens letzte Worte: »Ich benütze sie voller Freude.« Natürlich benützte er die Sichel nicht bloß als zuhandenes Gerät; er benützte sie auch im Sinne des Gebrauchens im Zen. Mit anderen Worten, es ging um die Art, wie Nansen mit der Sichel umging, also um Nansens Weise und Weg, den Alltag zu leben. Und das war der Weg Buddhas. Wenn Sie eine Sichel oder einen Hammer oder einen Besen gebrauchen oder wenn sie vor einem Bild des Buddha eine Kerze anzünden und das im positiven SAMADHI tun, ist das ein Gebrauch im Sinne der Buddha-Natur und damit ein Verwirklichen der Buddha-Natur. Nansen sagte: »Gewöhnlicher Geist, das ist der Weg.«

Im Zen-Kloster widmen sich die Mönche und alle Mitbewohner täglich der praktischen Arbeit. Sie putzen, waschen, reinigen, rechen welkes Laub, jäten Unkraut, bearbeiten den Boden, sammeln Brennholz. Oft sind sie von schwerer Arbeit erschöpft. Aber wenn Sie im Zustand des positiven SAMADHI arbeiten, erfahren Sie dabei eine Läuterung von Leib und Geist. Ist Ihnen die Erfahrung dieser Läuterung unzugänglich und empfinden Sie die Arbeit als etwas zwanghaft Auferlegtes, dann stellt sich das Gefühl der Geworfenheit ein.

*Morgendämmer: Sichel in der Hand,*
*Mittag: Streifen durch den Wald,*
*Holz in Bündel fest geschnürt,*
*Abendmond geht auf,*
*Schüttet still sein Licht*
*Auf den schmalen Heimwegpfad.*

Ja, das kann man tief verkosten: wie man Holz hackt, bündelt und zusammenschnürt; wie man es auf der Schulter trägt und den stillen abendlichen Pfad nach Hause dahinschreitet, der vom aufgehenden Mond in fahles Licht getaucht wird. Man kann jede Bewegung seines eigenen Körpers tief verkosten, so wie sie Kinder verkosten, wenn sie daheim das Haushalten spielen.

»Ich habe diese Sichel um dreißig Cents gekauft.« Nansen hat die Sichel so gekauft, wie ein Junge in einem Spielzeugladen ein Spielzeug kauft. Ein Erwachsener kauft unter dem Gesichtspunkt des Gebrauchens ein. Das Dasein kann man nicht sinnvollerweise unter diesem Gesichtspunkt des Gebrauchens angehen. Heidegger sagt, die Grundverfassung des Daseins sei das »In-der-Welt-Sein« (a. a. O. 52f.), und: »Sorge ist der ontologische Titel für die Ganzheit des Strukturganzen des Daseins« (a. a. O. 252). Wenn dem so ist, kann man das Dasein unmöglich lediglich als etwas zu Gebrauchendes betrachten. Aber wie wir gesehen haben, droht sich unter dem Einfluss der irreführenden Art von Bewusstheit heimlich still und leise diese Haltung des Nutzens und Gebrauchens sogar in jede mitmenschliche Beziehung einzuschleichen. Selbst in der Ehe oder in der Freundschaft kann immer wieder dieser Nützlichkeitsaspekt auftauchen. Beispiele dafür finden sich zuhauf, wenn man einen Blick in die zeitgenössische Romanliteratur wirft. Bei ihren Alltagsverrichtungen haben die Menschen im Allgemeinen unter dem Gesichtspunkt der Nützlichkeit und des Einander-Gebrauchens miteinander zu tun. Daraus ergibt sich eine Verzerrung des Daseins, die wiederum die Ursache aller Schwierigkeiten und Leiden des menschlichen Geistes darstellt.

Aber das »ich benütze sie voller Freude« löst das Problem. In diesem SAMADHI findet das Gefühl der Geworfenheit keinen Nährboden. Nansens »Benützen« dürfen wir dabei nicht im Sinne von Nutzen und Gebrauchen verstehen. Er geht ganz einfach mit seiner Sichel voller Freude um. Säuglinge und Kinder gehen im SAMADHI ähnlich zweckfrei mit sich selber um und empfinden dabei jeden Augenblick des Lebens als freudvoll. Sie bejahen das Dasein in jeder Hinsicht. Das Tier ist in einem tierhaften SAMADHI, die Pflanze in einem pflanzenhaften

SAMADHI, der Stein in einem steinhaften SAMADHI. In der physischen Welt finden wir ein grandioses SAMADHI. Die Gravitation selbst ist SAMADHI! Vor einem riesigen Magneten sind wir gezwungen, seine Anziehungskraft zu spüren. Einzig der Mensch hat das SAMADHI aus den Augen verloren, und zugleich erfährt er damit auch keine Läuterung mehr.

Der innere Druck ist blind. Er fällt oft dem Irrtum zum Opfer. Jedoch jetzt, wo er ein Auge bekommen hat, mit dem er sich selbst anschauen kann, ist er in der Lage, seine Fehler zu beheben. Je höher sich sein Intellekt entwickelt, desto mehr wächst seine Fähigkeit, sich selbst aus der Mitte zu rücken. Das ist der erste Schritt zur Behebung der Irrungen des Bewusstseins. Der Mensch hat Humanismus und religiöse Traditionen entwickelt, die darauf angelegt sind, alle Individuen in einem allumfassenden Dasein miteinander zu verschmelzen. Doch, wie wir bereits gesagt haben, muss man sein Leben erst einmal ganz bewusst von einer klaren Anerkenntnis des Daseins her anlegen, ehe man sich selbst zuverlässig aus dem Zentrum herausnehmen kann. Wo das nicht geschieht, bleibt das Ergebnis mangelhaft. Das Zen anerkennt klar und deutlich das reine Dasein, und von diesem Ansatz her kann es dem Menschen zu einer vollständigen Herausnahme seiner selbst aus dem Zentrum verhelfen.

DIE UNMITTELBARE ERFAHRUNG DES DASEINS. Die Zen-Schüler üben sich in erster Linie ganz ernsthaft darin, die Erfahrung des Daseins zu machen. Aber wenn sie das erreicht haben – wenn ihnen das Dasein aufgegangen ist –, fängt die eigentliche Aufgabe erst an. Sie haben nur den ersten Schritt getan. Vor ihnen liegt ein unendlich langer weiterer Pfad. Daher heißt es:

> *Möchtest du den goldgesichtigen Buddha schauen?*
> *Durch zahllose Äonen ist er immer unterwegs.*
> *(Hekigan Roku, Fall 94)*

Kehren wir noch einmal zu Heidegger zurück. Er glaubte, wenn er das Dasein ergründe, könne er an die wahre Natur des Seins rühren. Aber wenn er einige seiner Grundgedanken einführt, wie In-der-Welt-Sein, Geworfenheit, Zuhandensein, Angst, Überdruss, Sorge und Gewissen, stellen wir ganz gegen unsere Erwartung fest, dass dieser äußerst gewissenhafte Denker diese Begriffe ziemlich unversehens und leichthin einführt, ohne sie genügend zu erklären und zu begründen. Mit einem gewissen Unbehagen werden wir den Eindruck nicht los, er sei zufällig über sie gestolpert und habe sie dabei aufgelesen. Zu dieser offensichtlich ziemlich zufälligen Auswahl kommt hinzu, dass er für unser Empfinden andere wichtige Begriffe sträflich übersieht, wie das Sich-Herausnehmen aus dem Zentrum, Sympathie, Liebe, Selbstverleugnung, ästhetisches Empfinden, Anhänglichkeit, Eigeninteresse, Hass und Habgier; all das erörtert er nicht.

Wenn wir sein »Sein und Zeit« durchgearbeitet haben, fühlen wir uns, was unser Anliegen, das Dasein zu verstehen, betrifft, keinen Schritt weiter. Wir lesen von der Entschlossenheit, die mit den folgenden Worten beschrieben wird: »Diese ausgezeichnete, im Dasein selbst durch sein Gewissen bezeugte eigentliche Erschlossenheit – *das verschwiegene, angstbereite Sichentwerfen auf das eigenste Schuldigsein* – nennen wir die *Entschlossenheit*« (a. a. O. 296f.). Daraus lernen wir, dass die Entschlossenheit von der Bereitschaft des Daseins getragen wird, auf Angst gefasst (»angstbereit«) zu sein, und nicht so sehr vom klaren Verstehen des Seins. Das ist eine brüchige Vorstellung, die auf einem dürftigen Fundament steht. Ließe sich tatsächlich das Problem von Leben und Sterben lediglich auf das Hantieren mit diesem einen Begriff der Entschlossenheit zurückführen, so sollten wir nicht derartigen Todesqualen ausgesetzt werden, wie wir sie tatsächlich in diesem Leben erfahren.

Da sich dieses unausweichliche Problem des Todes nicht durch bloßes Spekulieren oder Vernunftdenken lösen lässt, geschweige mittels eines einzigen Begriffs, begeben wir uns an die Übung des ZAZEN, die viele Jahre voller Tränen und Schweiß erfordert. Kein Herzensfriede lässt sich erreichen, ohne dass wir ihn mittels unseres eigenen Körpers und Geistes erringen, und zugleich für diesen unseren eigenen Körper und Geist. Wenn endlich unser Körper und unser Geist im absoluten

SAMADHI von uns abgefallen sind, sind wir schlicht und einfach dem verhängnisvollen Problem von Leben und Tod enthoben.

Die Zen-Literatur ist überreich an poetischen und alle Worte übersteigenden Ausdrücken, die vielleicht von jener Art Zugang zum Zen, die wir in diesem Buch angetreten haben, ziemlich weit entfernt zu sein scheinen. Solche Ausdrücke sind gebräuchlich geworden, weil man jede gewöhnliche begriffliche Beschreibung als völlig unzulänglich empfindet, wenn man direkt über die wahre Natur des Daseins reden will. Dann entsteht jene »SAMADHI-Sprache« (vgl. S. 114f.), in der der Betreffende sein SAMADHI so ausdrückt, dass es nur solche Leser verstehen können, die imstande sind, sich ins gleiche SAMADHI zu versetzen. Diese SAMADHI-Sprache ist für uns eine große Hilfe, um an die Geheimnisse des Zen zu rühren. Aber trotz alledem möchten wir ausdrücklich sagen, dass unser sehnlichster Wunsch darauf abzielt, klar und intellektuell annehmbar das darzulegen, was zutiefst ein alle Worte übersteigendes Geheimnis bleibt. Wir denken, dass dies zumindest ein Stück weit möglich ist, wenn wir reichlich von den Errungenschaften der modernen Kultur Gebrauch machen. Es wird der Zusammenarbeit vieler Wissenschaftler und Denker bedürfen; vor allem aber muss das Genie des Zen selbst mitwirken. Genie mag eine seltene Gabe der Natur sein, aber wenn man sich selbst auf einen einzigen Gegenstand beschränkt, bei seinem Studium ein breites Spektrum von Wissenschaften einsetzt und konzentriert dabeibleibt, wird man allmählich selbst zu einer Art Genie.

Verliert das Bewusstsein seine Wurzeln, so fühlt es sich wie ein Polster Wasserlinsen umhertreiben. Die Geworfenheit rührt von dieser Wurzellosigkeit. Erst wenn das Bewusstsein erweckt ist und feste Wurzeln schlägt, kann es sicher in sich selbst stehen. Wenn man das Dasein untersucht, das sich in der Geworfenheit vorfindet, und es dabei unterlässt, den Ursprung dieser Geworfenheit zu erforschen, ist es aussichtslos, die wahre Natur des menschlichen Seins zu verstehen. Der Verfasser von »Sein und Zeit« muss das erkannt haben. In seinen späteren Werken hat sein Schreiben einen ziemlich anderen Ansatz, und es scheint, er befasse sich direkt mit dem Dasein. Er redet wie ein Dichter und versucht, der Sprache auf den Grund zu kommen. Wenn sich ein Dichter tief in seine Sprache versenkt, erreicht er einen Zustand geistiger Helle und Heiterkeit. Man könnte das eine Art positiven SAMADHIS nennen. Nicht nur der Dichter, auch der Maler dringt in seinen Gegenstand ein, und es erscheint das schweigende Sprach-SAMADHI, das die Sprache übersteigt. Das gleiche Phänomen stellt sich ein, wenn sich ein Philosoph in seine Spekulation vertieft. Heidegger erklärte schließlich, die Sprache sei das Haus des Daseins, und bei einer anderen Gelegenheit, Sprache sei Dasein. Das kann nur daher stammen, dass er selbst das Sprach-SAMADHI erfahren hat.

Dieses Sprach-SAMADHI spielt im Zen eine große Rolle. Wir haben es beiläufig berührt, als wir Ummons »Reis in der Schale, Wasser im Eimer« zitiert haben. Dem Zen-Schüler eröffnet sich eine faszinierende Welt, wenn er sich intensiv mit Zen-Sätzen und -Versen beschäftigt, zum Beispiel mit denjenigen des Hekigan Roku oder Mumonkan. Aus dieser Quelle sind die Meisterwerke der Malkunst, Kalligrafie, Bildhauerei, Landschaftsgärtnerei und Dichtung der Zen-Meister entsprungen. Zu wirklichem Sprach-SAMADHI gelangt man nur, wenn man immer wieder sowohl absolutes als auch positives SAMADHI durchlebt, und indem man viele Jahre lang die Zen-Literatur von allen Seiten her studiert. Dann kann man es bis zur »Meisterschaft der Lehren« und zur »Meisterschaft ihrer Darlegung« bringen und kann ein klares Bild der Wahrheit entwerfen, indem man sich einfacher Ausdrücke und schlichter Worte bedient.

*Vierzehntes Kapitel*

# REINES ERKENNEN UND KENSHŌ

NANSEN SCHAUT DIE BLUME AN. Rikko Taifu unterhielt sich einmal mit Nansen Osho und sagte: »Jo Hoshi hat gesagt: ›Himmel und Erde und ich sind aus derselben Wurzel. Alle Dinge und ich sind aus der gleichen Substanz.‹ Ist das nicht fantastisch?« Nansen zeigte auf eine Blume im Garten und erwiderte: »Heutzutage sehen die Menschen diese Blume wie im Traum.«

Setcho, der Autor des Hekigan Roku, bespricht diese Geschichte (Fall 40) mit folgendem wunderschönem Gedicht:

*Hören, Sehen, Berühren und Wissen sind nicht eins und sind eins;*
*Berge und Flüsse sollten wir nicht im Spiegel betrachten.*
*Der frostige Himmel, der untergehende Mond – um Mitternacht;*
*Durch wen sollen die heiteren Wasser des Sees die Schatten in der Kälte widerspiegeln?*

Nansen, von dem schon die Rede gewesen ist, war ein außergewöhnlicher Zen-Meister. Rikko Taifu war ein hoher Regierungsbeamter. Er studierte zusammen mit Nansen Zen und erlangte ein fortgeschrittenes Verständnis. Sie tauschten in ihren Unterredungen (MONDO) Einsichten über Zen miteinander aus, wovon ein Beispiel hier zitiert sein soll. Einmal sagte Rikko zu Nansen: »Dein Schüler versteht den Buddhismus ein wenig.« Nansen stellte darauf die Frage: »Wie verhält sich das während der ganzen vierundzwanzig Stunden?« – »Er geht ohne ein einziges Stück Kleidung umher«, gab Rikko zur Antwort. Nansen darauf: »Dieser

Mann steht immer noch draußen vor der Halle. Er hat das Tao nicht erfasst. Ein virtuoser Herrscher hält sich keine schlauen Gefolgsleute.«

»Er geht ohne ein einziges Stück Kleidung umher«: Das ist inzwischen zu einer geläufigen Redewendung im Zen geworden; es bezeichnet jemanden, der alle Anhänglichkeit an die Welt abgestreift hat und sich des irreführenden Denkens, das drunter und drüber geht, entledigt hat. Er hat nichts. Nansen war jedoch mit Rikkos Antwort nicht zufrieden und sagte: »Dieser Mann steht immer noch draußen vor der Halle.« Damit wollte er sagen, dass der Mann noch nicht voll und ganz den wahren Zen-Geist erlangt hatte. Man kann sich fragen, warum Rikkos Aussage als so unzureichend erachtet wurde. Hatte der Betreffende nicht das erlangt, worum sich die Zen-Schüler bemühen? Um es deutlicher zu erklären: Ein Mensch draußen vor der Halle ist einer, der noch nicht das Privileg erlangt hat, Assistent am kaiserlichen Thron zu sein.

»Schlaue Gefolgsleute« bedeutet Gefolgsleute, die zu schlau sind, als dass man ihnen vertrauen dürfte. »Ohne ein einziges Stück Kleidung« war in Rikkos Tagen vielleicht noch eine frische und ziemlich originelle Formulierung. Man verwendet sie, um Nichtssein und Leersein zu bezeichnen. Aber wenn ein Schüler dabei stehen bleibt und meint, das sei das Höchste, bleibt er noch weit von der tatsächlichen Zen-Verwirklichung entfernt. Als er solcherweise darüber belehrt wurde, muss Rikko zustimmend zu Nansens Worten genickt haben. Aus anderen Beschreibungen seines Verhaltens lässt sich schließen, dass er viel Einsicht erlangt haben muss.

Rikko zitierte aus Jo Hoshi (382–414 n. Chr.), als er sagte: »Himmel und Erde und ich sind aus derselben Wurzel. Alle Dinge und ich sind aus der gleichen Substanz.« Jo war ein Schüler von Kumarajiva, der im Jahre 401 n. Chr. von Zentralasien nach China ging, viele buddhistische Schriften übersetzte und auf die Entwicklung des chinesischen Buddhismus großen Einfluss ausübte. Jo war als buddhistischer Gelehrter selbst ein Genie. Von ihm wird überliefert, er habe den frühzeitigen Tod durch Hinrichtung gefunden, weil er sich aus religiösen Gründen geweigert hatte, einen Befehl des Staatsherrschers Yo Ko auszuführen. Nach der Legende lautet sein Abschiedsgedicht:

*Die vier Elemente haben ursprünglich keinen Meister,*
*Die fünf Aggregatzustände sind ihrem Wesen nach leer.*
*Jetzt beuge ich mein Haupt unter das Schwert;*
*Fassen wir's auf, als hacke man den Frühlingswind.*

Bei einer anderen Gelegenheit schrieb Jo: »Der Mensch, der die Wahrheit ausgeschöpft hat, ist öd und leer und hinterlässt keine Spur. Alle Dinge sind das Ergebnis des eigenen Tuns. Der, welcher alle Dinge als sich selbst wahrnimmt, ist nichts anderes als ein Weiser.«

In Erwiderung von Rikkos Zitat sagte Nansen: »Schau diese Blume: es heißt, der TATHAGATA schaue die Buddha-Natur mit bloßem Auge. Kannst du sie sehen?« Rikko hatte Vertrauen in seine Einsicht, aber als er die Blume anschaute, konnte er in ihr nicht die Buddha-Natur sehen, sondern nur eine Pfingstrose. Dann gab Nansen sein Urteil ab: »Heutzutage sehen die Menschen diese Blume wie im Traum.« Es war nicht mehr zu verkennen, wer der Fähigere war; Rikko sah sich genötigt, sich vor Nansen zu verbeugen.

Zen-Texte sind wortkarg und bringen nur den springenden Punkt zum Ausdruck. Uns wird nicht gesagt, ob dieses überlieferte Gespräch wirklich jemals so stattgefunden hat oder ob Nansen die Vorausbemerkungen unterlassen und lediglich sein Urteil abgegeben hatte. Worauf es ankommt, ist, dass Nansen dem Rikko eine Zen-Wahrheit unter die Nase gerieben hatte.

Nansen hat hier die Frage des Erkennens eingeführt. Vielleicht war dies eine der ersten Gelegenheiten in der Geschichte des Zen, bei der so ausdrücklich dieses Problem aufgegriffen wurde. In den vier Zeilen von Setchos Gedicht finden wir eine brillante Beschreibung der reinen Erkenntnis:

*Hören, Sehen, Berühren und Wissen sind nicht eins und sind eins;*
*Berge und Flüsse sollten wir nicht im Spiegel betrachten.*
*Der frostige Himmel, der untergehende Mond – um Mitternacht;*
*Durch wen sollen die heiteren Wasser des Sees die Schatten in der Kälte widerspiegeln?*

1. »Hören, Sehen, Berühren« bedeuten den Gehör-, Gesichts- und Tastsinn und die übrigen Sinne; »Wissen« bedeutet die Erkenntnis.
2. »sind nicht eins und sind eins« bedeutet, dass sich Sinnesempfindung und Erkenntnis nicht voneinander trennen lassen; aber die Erkenntnis und der erkannte Gegenstand sind einander nicht fremd, sondern stehen in einer inneren Wechselbeziehung, die die transzendentale Erkenntnis ermöglicht.
3. »Berge und Flüsse« stellen die äußere Welt dar.
4. Der »Spiegel« bedeutet Ihre Subjektivität.
5. »Der frostige Himmel, der untergehende Mond – um Mitternacht« ist ein Ausdruck für den heiteren und erhabenen Zustand, in dem sich äußerer Gegenstand und Sinneswahrnehmung in reiner Erkenntnis begegnen.
6. »die heiteren Wasser des Sees« stellen Ihren Geist während des reinen Erkenntnisakts dar.
7. »die Schatten ... widerspiegeln« bedeutet die reine Erkenntnis.
8. »in der Kälte« bezeichnet noch einmal den heiteren und erhabenen Zustand des Geistes im Akt reiner Erkenntnis. Der Geist ist so heiter und still, wie in der reinen Kälte der frostige Himmel und der untergehende Mond und die Mitternacht strahlen.

»Berge und Flüsse sollten wir nicht im Spiegel betrachten« bedeutet, dass Sie nicht sagen sollten, wie es der Idealist tut, die äußere Welt sei lediglich der Abglanz des subjektiven Spiegels Ihres Geistes, und die Sinnesempfindung könne sich selbst nicht überschreiten, um an den äußeren Gegenstand zu rühren. In Wahrheit ist es gerade umgekehrt. In tiefgründigem Schweigen mitten in dunkelster Nacht spiegelt der See heiter den frostigen Himmel, den untergehenden Mond, die Flüsse, die Bäume, das Gras. Die Erkenntnis stellt sich feierlich und ausschließlich zwischen Ihnen und den Gegenständen ein.

Erkenntnis geschieht mittels zweier Vorgänge: Zuerst findet reine Erkenntnis statt, und dann die Erkenntnis, etwas rein erkannt zu haben. Bei der reinen Erkenntnis gibt es keine Subjektivität und keine

Objektivität. Denken Sie an den Augenblick, in dem Ihre Hand die Tasse berührt: Da ist zunächst nichts als reine Berührung. Erst im nächsten Augenblick erkennen Sie, dass Sie die Berührung gespürt haben. Die Berührung kommt zunächst nur durch das Zusammenspiel von Hand und Gegenstand zustande, und in diesem Augenblick findet reine Erkenntnis statt. Im darauffolgenden Augenblick wird die reine Erkenntnis durch die Reflexionstätigkeit des Bewusstseins erkannt, und damit ist die bewusste Erkenntnis zustande gekommen. Dann stellen sich Subjektivität und Objektivität ein, und man sagt: »Auf dem Tisch steht eine Tasse.« Aber in dem Augenblick, in dem noch die reine Erkenntnis stattfindet, gibt es noch keine Subjektivität und keine Objektivität, sondern nur die reine Berührung – und noch schlussfolgert und sagt niemand, auf dem Tisch stehe eine Tasse. Oder noch einmal anders gesagt: Die reine Erkenntnis kommt ausschließlich durch die Begegnung von erstem NEN und Objekt zustande. Transzendentale Erkenntnis geschieht durch diese Begegnung, aber sie ist noch nicht bewusst erfasst.

Die Husserl'sche Phänomenologie übersieht die Aktion des ersten NEN, der das Objekt transzendental spürt, und folglich weigert sie sich, transzendentale Erkenntnis anzuerkennen.

Wenn Setcho sagt: »Der frostige Himmel, der untergehende Mond«, so spricht er von reiner Erkenntnis, in der es nur den frostigen Himmel und den untergehenden Mond gibt; es gibt keine Subjektivität, keine Objektivität; niemand kann in diesen Augenblick hineinschauen, nicht einmal derjenige, der auf den Himmel und den Mond blickt und diese Erkenntnis vollzieht; denn hier gibt es noch keine Reflexionstätigkeit des Bewusstseins. Dieser Augenblick ist so feierlich und heiter, wie der frostige Himmel und der untergehende Mond kalt und schweigsam sind. Hat man dies begriffen, dann leuchtet die vierte Zeile unmittelbar ein:

»Durch wen sollen die heiteren Wasser des Sees die Schatten in der Kälte widerspiegeln?« Niemand kann das Widerspiegeln wahrnehmen, nicht einmal derjenige, der das Reflektieren anstellt (der Reflektierende ist der See oder meinetwegen Setcho, oder Sie selbst sind es), denn die Subjektivität kann sich nicht selbst erkennen.

Wir möchten jetzt versuchen, diese Frage der reinen Erkenntnis und einige damit zusammenhängende Themen näher zu erhellen, indem wir sie zu den drei NEN-Tätigkeiten in Beziehung setzen, die wir in Kapitel 10 erörtert haben.

Wir haben zwar zum Zweck der Beschreibung die drei NEN als je eigene Erkenntniskategorien voneinander unterschieden; in Wirklichkeit aber stellen sie im Strom des Bewusstseins die Tätigkeit eines einzigen NEN dar. Im gegenwärtigen Augenblick wirkt er als erster NEN; im darauffolgenden Augenblick reflektiert er als zweiter NEN; und wieder einen Augenblick später führt er zur Synthese als dritter NEN. Während des Synthetisierens entwickelt dieser dritte NEN Pläne und Absichten, und seine zielgerichtete Tätigkeit führt unmittelbar zur Entstehung eines neuen ersten NEN, der sie aufnimmt und, von ihr geführt, seine Tätigkeit aufnimmt. Der erste und der dritte NEN üben also in Aufeinanderfolge ein und dieselbe zielgerichtete Tätigkeit aus; ein NEN erscheint bald als Hersteller der Synthese, bald als Empfänger von Erfahrungen aus der äußeren Welt, und es ist schwierig zu sagen, wer den Anfang gemacht hat. Sie gehen im Zirkelschluss vom ersten zum zweiten zum dritten NEN und dann wieder zurück zum ersten NEN.

Das Bewusstsein bemüht sich, seine Ganzheit zu wahren, indem es seine Aufmerksamkeit im gegenwärtigen Augenblick auf einen einzigen Gegenstand konzentriert. Selbst wenn man mehrere Briefe gleichzeitig diktiert, hält man dabei an bestimmten einzelnen Brennpunkten der Aufmerksamkeit fest, nur dass man dann eben ständig von einem zum andern springt. Viele NEN-Tätigkeiten gleichzeitig zu vollbringen übersteigt die Fähigkeit des Bewusstseins, obwohl uns anscheinend systematisches Training in die Lage versetzen kann, zusätzlich zum eigentlichen Zentrum der Aufmerksamkeit ein zweites, untergeordnetes Zentrum zu entwickeln.

Der erste NEN kann auf zwei Weisen tätig sein: (1) er erkennt Gegenstände in der äußeren Welt und (2) er vermag seine Aufmerksamkeit auch nach innen zu richten. Im ersten Fall nimmt er unmittelbar einen Anreiz aus der äußeren Welt auf und ruft (a) Sinnesempfindung und (b) Denken oder intuitives Erfassen hervor. Die Sinnesempfindung registriert Farben, Blumen, Berge und Flüsse, während das intuitive Erfassen feststellt, dass schönes Wetter ist, oder es nimmt Liebe, Hass usw. in Bezug auf andere Menschen wahr. Im zweiten Fall ist die Aufmerksamkeit des Menschen nach innen gekehrt und fasst die zurückliegende Tätigkeit des Selbst zusammen. Auf diese Zusammenfassung nimmt der zweite NEN Bezug, auf den wiederum der dritte folgt, und der dritte NEN setzt zum Urteil an und fasst neue Entschlüsse.

Obwohl die Tätigkeit des ersten NEN unabhängig erfolgt, ist er doch eng mit dem dritten NEN verknüpft. Genau besehen steht er immer unter dem Einfluss des ersten NEN und nimmt selektiv immer nur einen Teil der Anreize aus der Außenwelt auf. Der erste NEN ist ein Säugling, der am Schürzenbändel seiner Mutter hängt und dessen unabhängiger Aktionsradius eingeschränkt ist; oder man könnte ihn mit einem Pferd vergleichen, das Scheuklappen trägt, um unerwünschte oder gefährliche Reize von ihm abzuhalten.

In der Sprache dieses zweiten Vergleichs gesprochen, wäre der psychotische oder übermäßig reizbare Mensch derjenige, dem die Scheuklappen fehlen oder beschädigt sind, weshalb sein erster NEN von Anreizen überschwemmt wird. Diese außergewöhnliche Sensibilität mag gelegentlich die Quelle künstlerischen oder literarischen Schaffens sein, aber sie kann zuweilen auch in den Panikzustand eines aufgeschreckten Pferdes führen. Eine überquellende Fülle von Gedanken, die Art religiöser Frömmigkeit, bei der man sich von der Liebe Gottes überwältigt fühlt, Fälle von Geistesverwirrung, in denen der Patient so viele Anreize aufnimmt, dass er nicht mehr weiß, auf welchen er reagieren soll – all das sind Symptome dafür, dass der erste NEN zu ungeschützt der Vielfalt der Reize ausgesetzt ist. Normalerweise überwacht der dritte NEN das Maß, in dem der erste NEN Anreize aufnimmt. Dadurch gewährleistet er, dass der Geist normal funktionieren kann. Andererseits kann jedoch ein solcher »normaler« Geist schal oder von den falschen Vorurteilen des dritten NEN überfremdet oder von allen möglichen wirren und irreführenden Gedanken in Beschlag genommen werden.

Fassen wir zusammen: Der NEN wechselt ständig seine Rolle und ist bald als erster, bald als zweiter, bald als dritter NEN tätig. Jeder NEN steht unter dem Einfluss des vorausgegangenen NEN und beeinflusst seinerseits wieder den auf ihn folgenden NEN.

Im absoluten SAMADHI nun hören alle drei NEN ganz oder zumindest fast ganz mit ihrer Tätigkeit auf, und der Ein-Äon-NEN beherrscht die gesamte Landschaft des Geistes. Hat der Zen-Schüler einmal eine solche Geistesverfassung erreicht und taucht dann aus ihr wieder in die Welt der Bewusstseinstätigkeit zurück, so erfährt er eine Zeit lang einen Zustand, in dem lediglich der erste NEN aktiv ist und seine normale intuitive Tätigkeit ausübt. Der Grund dafür ist der folgende. Man darf annehmen, dass in der Geschichte der Evolution des Bewusstseins als Erstes die Tätigkeit des ersten NEN entstanden ist. Vermutlich gibt es sie auch bei den Tieren, obwohl vielleicht in einem weniger hochentwickelten Grad wie im Menschen. Die Reflexionstätigkeit des Bewusstseins (der zweite NEN) ist vermutlich erst später in der Evolution aufgetaucht, und der dritte NEN ist als letzter erschienen. Soweit wir wissen, gibt es diese Fähigkeit zum Reflektieren bei den Tieren nicht; diese sind sich ihrer selbst nicht bewusst, und man kann von ihnen annehmen, dass sie deshalb über Bewusstsein im strengen Sinn nicht verfügen. Von daher gesehen ist es einsichtig, dass beim Eintritt ins absolute SAMADHI die zuletzt erworbenen Fähigkeiten diejenigen sind, die am schnellsten aussetzen. Erst verschwindet der dritte NEN, dann erstirbt der zweite NEN, und schließlich hört der erste NEN auf, also die älteste und daher hartnäckigste Tätigkeit des Geistes. Wenn wir aus dem absoluten SAMADHI wieder auftauchen, setzen die NEN in umgekehrter Reihenfolge wieder ein: zunächst der erste NEN, dann der zweite und dann der dritte.

Während der dritte und der zweite NEN schlummern, nimmt der erste NEN ohne Einschränkung Anreize aus der Außenwelt auf. Der dritte NEN übt seine Tätigkeit des Überprüfens und Filterns nicht aus, sodass die Reize in ungehemmter Vielfalt hereinstürmen und machtvolle Eindrücke hervorrufen, wenn sie den Geist treffen. In der KENSHŌ-Erfahrung liegt es an dieser Intensität der Eindrücke, dass man die Gegenstände der äußeren Welt mit frischer und inspirierender Originalität wahrnimmt. Daher konnte Ummon ausrufen: »Reis in der Schüssel, Wasser im Eimer!« Alles ist während der KENSHŌ-Erfahrung unmittelbar, frisch, eindrucksvoll und von überwältigendem Überschwang.

PSYCHOTISCHE UND ANDERE ERFAHRUNGEN. Man darf annehmen, dass die frischen, lebendigen Impressionen, die jemand gelegentlich bei psychotischen oder epileptischen Anfällen oder unter dem Einfluss bewusstseinserweiternder Drogen aufnimmt, eine Folge der hemmungslos galoppierenden Tätigkeit der ersten NEN sind, der keine Zügel mehr angelegt sind, weil der dritte NEN und seine integrierende Funktion ausgeschaltet worden sind.

Sind also solche Erfahrungen die gleichen wie diejenigen im KENSHŌ? Ich glaube nicht. Bei einem psychisch kranken Patienten funktionieren alle drei NEN schlecht. Wenn jemand unter dem Einfluss bewusstseinserweiternder Drogen steht, geht das, was sich ereignet, offensichtlich einher mit der Regression der ersten NEN auf einen primitiven Zustand. Solche, die LSD gebraucht haben, sprechen davon, es sei ihnen gewesen, als seien sie mit den äußeren Gegenständen verschmolzen und vermischt worden. Im KENSHŌ dagegen stellen wir fest, dass die Dinge zwar denselben intensiven Eindruck hervorrufen, aber zugleich ihre jeweilige Eigenart ganz scharf umrissen beibehalten.

Sowohl im positiven als auch im absoluten SAMADHI herrscht die reine Bewusstheit vor. Aber im Fall des Psychoten spaltet sich seine Bewusstseinstätigkeit angesichts des Dilemmas, vor dem er steht, auf, oder sie ist in irgendeiner Weise betäubt; sein erster NEN ist also ebenfalls angeschlagen.

Manche psychotischen Patienten haben das Gefühl, als fange die Zeit an, rückwärts, in die Vergangenheit zu rasen, während sich andere darüber beschweren, Zeit und Ereignisse rasten zu schnell dahin. Jaspers zitiert zum Beispiel den folgenden Fall: »Klien berichtet von einem Jungen, der Anfälle hatte, während deren er Angstzustände bekam, zu seiner Mutter rannte und sagte: ›Mami, es fängt wieder an. Was ist das? Jetzt geht alles plötzlich wieder so schnell. Rede ich schneller oder du?‹ Er meinte auch, die Leute auf der Straße gingen jetzt viel schneller« (Karl Jaspers, General Psychopathology, Manchester 1962, 83). Solche Phänomene können vielleicht folgendermaßen erklärt werden. Es ist allbekannt, dass unser Gefühl für Geschwindigkeit weithin davon abhängt, dass wir andere sich bewegende oder stillstehende Gegenstände sehen. Angenommen, drei Flugzeuge fliegen in Formation. Wenn eines davon langsamer wird, wird sein Pilot immer wieder den Eindruck haben, sein Flugzeug fliege auf einmal rückwärts. Richtet er seine Aufmerksamkeit jedoch auf die beiden anderen Flugzeuge, die das seinige überholen, wird er den täuschenden Eindruck haben, sie flögen zu schnell. Ein analoger Effekt tritt vielleicht ein, wenn der zweite und dritte NEN zu sehr unter Sorgen und Ängsten leiden und erschöpft werden oder ihre Augen vor der unangenehmen Wirklichkeit verschließen. Ihre Tätigkeiten des Reflektierens und Synthetisierens werden folglich langsamer vonstattengehen, und über Eindrücke, die über den ersten NEN aufgenommen werden, werden sie kaum mehr reflektieren. Das bedeutet dann, dass im Formationsflug der drei NEN die Reflexionstätigkeit an Tempo verloren hat. Die Reflexionstätigkeit entspricht dem Piloten des Flugzeuges, das langsamer geworden ist; sie wird (je nachdem, worauf sich ihre Aufmerksamkeit konzentriert) den täuschenden Eindruck haben, entweder dass Zeit und Ereignisse nach rückwärts zu laufen beginnen oder dass sie zu schnell davonrasen.

Bei anderen psychisch Kranken und auch bei manchen gesunden Menschen taucht ein anderes Phänomen auf, bei dem eine erdrückende Überfülle an Eindrücken des ersten NEN zu einem stark eingedickten geistigen Vorrat hinzukommt; wenn diese Eindrücke nach außen projiziert werden, hat das die Wirkung eines Zeitlupenfilms; alles scheint mit ganz langsamer Geschwindigkeit abzulaufen. Von der Zeit eines Kindes nimmt man an, dass sie langsamer abläuft als die Zeit eines Erwachsenen, denn der erste NEN des Kindes ist übervoll, frisch und aufnahmefreudig; folglich nimmt dieser erste NEN einen größeren Anteil an der Gesamtaktivität des Geistes in Anspruch, als er beim Erwachsenen erhält. (In diesem Zusammenhang verweise ich auch auf das Beispiel von C. Zenji, das später in diesem Kapitel noch angeführt wird.)

Wenn der dritte NEN von einem quälenden Gedanken oder einem schmerzlichen Ringen eingenommen ist oder wenn er vor irgendeinem Dilemma steht und es unmöglich findet, normal zu funktionieren, kann er gelegentlich dazu getrieben werden, sich selbst aufzugeben oder zu zerstören. In einem solchen Fall setzt auch die übliche Bewusstseinsweise aus. Das ist der Fall bei bestimmten Psychotikern. Der Wegfall der gewöhnlichen Art von Bewusstheit bedeutet, dass man spontan das egozentrische Selbst verbannt. Man wird ein leidender Heiliger und entwickelt gelegentlich messianische Vorstellungen. Große geistliche Führer durchlaufen oft eine solche Phase und gelangen schließlich auf ihre eigene Art zur Emanzipation. Weil der Heilige selbst die Erfahrung des Leidens durchlaufen hat, muss er unvermeidlich anderen den Weg predigen, den er gefunden hat.

Das Selbst des Schizophrenen ist, wie schon der Begriff sagt, geteilt, und im Verlauf seines inneren Todeskampfs und seiner Selbstaufgabe ist auch der dritte NEN in sich selbst gespalten worden. Selbst unter normalen Umständen wird der dritte NEN in verschiedene Richtungen gelockt, und ein solches Dilemma zwingt ein schon von seiner Konstitution her schwaches Individuum dazu, sich künstlich eine eigene innere Wirklichkeit aufzubauen. Diese ist ganz auf den inneren Todeskampf zugeschnitten, und folglich ist die gewöhnliche Bandbreite des dritten NEN stark reduziert: Ein Teil davon ist stillgelegt und der verbleibende Teil verzerrt. Entsprechend sind dann auch erster und zweiter NEN beeinträchtigt. Auch sie spalten sich unter dem Einfluss der Einseitigkeit des dritten NEN, und alle drei NEN wirken dann auf eine verhängnisvolle und verworrene Weise im Wechsel aufeinander ein und bringen Symptome hervor, die unserem normalen Verstehen unverständlich bleiben.

Manche Psychotiker werden so weit getrieben, dass ihre Persönlichkeit zusammenbricht. Auf einer Vorstufe dazu, auf der die Aufspaltung noch nicht so weit vorangetrieben ist, dass sie den Geist völlig zersetzt hat, arbeitet der erste NEN noch relativ unabhängig und frei. Dann tritt oft eine Erfahrung auf, die derjenigen des KENSHŌ im Zen gleicht. Beispiele für Pseudo-KENSHŌ und echtes KENSHŌ finden sich in William James' Werk »Varieties of Religious Experience«.

Die intensive Schau, die einem Epileptiker vor einem Anfall zuteilwerden kann, stammt vermutlich aus dem verzweifelten Aufbäumen des ersten NEN, der sich in Reaktion auf einen extremen Geisteszustand sozusagen selbst entzündet, so ähnlich wie das in einem Sterbenden vor sich geht. Diese Wirkung wird offensichtlieh durch eine bestimmte physische Verfassung des Gehirns ausgelöst. Im KENSHŌ-Ereignis finden wir das gleiche Phänomen des Entzündetwerdens. Doch infolge unserer ZAZEN-Übung sind dabei die ersten, zweiten und dritten NEN kristallklar erleuchtet, und sie strahlen wie Sterne am eiskalten Himmel – innerlich eng untereinander in voller harmonischer geistiger Aktivität verbunden wie auf einem kunstvollen Formationsflug.

IDENTIFIKATION DES SELBST. Descartes' »Cogito ergo sum« (»Ich denke, also bin ich«) scheint allgemein fraglos akzeptiert zu sein. Aber »ich denke« ist die Tätigkeit des ersten NEN. Wird es nicht von der Reflexionstätigkeit des zweiten und dritten NEN erkannt, so findet keine Erkenntnis dieses »ich denke« statt. Man muss also sagen: »Ich erkenne mein Denken, deshalb weiß ich, dass ich bin.«

In diesem Fall ist »mein Denken« bereits ein vergangenes Ereignis und sozusagen objektiv, und »ich erkenne« ist in diesem gegenwärtigen Augenblick das wirkliche »Ich«, dessen ich mich vergewissere. Dieses »Ich« ist selbst-bewusst und ist das Produkt der in zweiter Instanz reflektierenden und zur Synthese führenden Tätigkeit des dritten NEN. Doch wie wir bereits erläutert haben, muss dieser dritte NEN seinerseits wiederum von der nächstfolgenden Reflexionstätigkeit des Bewusstseins (wiederum einem dritten NEN) erkannt werden, damit der Strom des Bewusstseins ununterbrochen weiterfließt. Anders gesagt, jede NEN-Tätigkeit ist ihrer selbst nicht bewusst; solange sie nicht von einer auf sie folgenden Reflexionstätigkeit wahrgenommen und aufgegriffen wird, weiß man von ihr überhaupt nichts. So haben wir keinen direkten Zugriff auf unseren eigenen NEN oder Geist. In Wirklichkeit verfolgt jeweils ein nachfolgender NEN einen ihm vorausgegangenen und macht ihn dingfest.

Diese Tatsache bringt uns jedoch nicht dazu, an unserer eigenen Identität zu zweifeln. Unsere unmittelbare Vergangenheit wird vom gegenwärtigen Erkenntnisakt lebhaft festgehalten, und wir sind der Zuversicht, dass unser eigenes Sein Kontinuität besitze. Aber ist das alles? Woher stammt das warme Gefühl für dieses »Ich« wirklich?

Dieses warme Gefühl stammt in Wirklichkeit aus der *Stimmung*, die verborgen in jedem NEN steckt. Das ist die Stimmung, die das enge, warme, intime Gefühl aufrechterhält, dies sei »Ich«. Indem ich diese Stimmung oder dieses Gefühl wahrnehme, wahre ich meine eigene Identität. Diese Stimmung stammt aus meinem Leib (natürlich einschließlich meines Gehirns). Letztlich bezeugt dieser mein Leib die Wahrheit, dass ich mit mir selbst identisch bin. Ich lebe, ich nehme mein Leben wahr und spüre es, und ich weiß, dass ich bin. Einem Roboter kann man vielleicht die Fähigkeit verleihen, sich selbst wiederzuerkennen, aber er wird nur mechanisch handeln. Solange er nicht auch seine ihm eigene innere Stimmung und Gestimmtheit bekommt, wird er zur Erfahrung dieser wirklichen, warmen Identifikation seiner selbst nicht fähig sein.

Das warme, Identität verleihende Gefühl und diese Stimmung haben sich zur Reflexionstätigkeit des Bewusstseins entwickelt, und man kann annehmen, dass diese Entwicklung parallel zur Evolution des Bewusstseins verlaufen ist, denn jede NEN-Tätigkeit war von Anfang an, wenn auch nur unterschwellig, von diesem warmen, intimen Gefühl begleitet.

SELBST-ENTFREMDUNG. Im Falle der psychotischen Persönlichkeit ist die Abfolge der drei NEN-Tätigkeiten – 1. Ich lebe. 2. Ich nehme mein Leben wahr. 3. Folglich weiß ich, dass ich lebe – gestört, weil die Reflexionstätigkeit verworren oder erschöpft ist, vor allem diejenige der dritten NEN. Die unausweichliche Folge ist, dass die dritten NEN darin versagen, auf normale Weise identitätsbildend zu wirken, und dass die NEN in zunehmendem Maße voneinander abgekoppelt werden. Besonders der erste NEN wird auf diese Weise isoliert. Daher bringt es der Psychotiker oft nicht mehr fertig, seine Sinnesempfindungen,

Wahrnehmungen und Stimmungen als ihm eigene zu identifizieren, und er fühlt sich von sich selbst entfremdet.

Zwischen der Denkungsart eines intuitiv angelegten Menschen und derjenigen eines rational und logisch denkenden Menschen muss ein großer Unterschied bestehen. Unlängst war ich mehrere Wochen lang mit einem Zen-Meister namens C. Zenji auf Reisen. Ich kannte ihn als einen Menschen mit raschem intuitivem Urteilsvermögen. Während unserer gemeinsamen Reise stellte ich fest, dass er sich immer dann, wenn irgendeine unangenehme Situation eintrat, auf den Rücken legte und binnen Kurzem in tiefen Schlaf gesunken war und zu schnarchen anfing. Jemand, dessen Kopf auf logisches Denken angelegt ist, würde das kaum fertigbringen. Sein Gehirn würde eher einem brodelnden Topf gleichen, der beträchtliche Zeit zum Abkühlen braucht. Wenn ein solcher Mensch ZAZEN übt, leidet er höchstwahrscheinlich darunter, dass in seinem Geist ständig zerstreuende Gedanken aufsteigen. In einem intuitiv arbeitenden Geist ist es eher unwahrscheinlich, dass eine derart hartnäckige nervöse Aktivität vorherrscht. Selbst wenn bei einem solchen Menschen im ZAZEN ein umherschweifender Gedanke auftaucht, ist das dann eher wie ein leichter Wolkenstreif am blauen Sommerhimmel, der so schnell vergeht, wie er gekommen ist.

Die Briefe von C. Zenji sind voller abrupter Äußerungen. Zwar denkt er zweifellos entlang einer bestimmten gedanklichen Ordnung und Intuition, aber wenn er gelegentlich seine Gedanken aufs Papier bringt, muss er sich auf die übliche, logische Weise ausdrücken. Die Anstrengung, impulsiven Gedanken, die sich hinter den Kulissen zum Auftritt nach vorne drängen, rationalen Ausdruck zu verleihen, verlangt notwendigerweise nach einer gewissen Auswahl – nach Billigung und Verwerfung – und nach einer künstlichen Anordnung. C. Zenji spricht flüssig auf eine Weise, die man computerartig nennen könnte, und was er sagt, wirkt überzeugend, denn er hat intuitiv alle Fakten unverzüglich verarbeitet. Die Intuition ist keine einfache Handlung, sondern durchzuckt ähnlich wie ein Blitz auf einen Schlag fast alle Daten, wie das in einem Computer vor sich geht. Wenn er sich jedoch ans Schreiben begibt, muss C. Zenji beiseitetreten, um die Gedanken zu beobachten, denen er Ausdruck verleihen möchte. Er muss auf die dritten NEN zurückgreifen, um auf altmodische Weise auszuwählen und anzuordnen, und das ist sein Schwachpunkt. Das Ergebnis ist eine holprige und unvermittelte Äußerung seiner Gedanken. Andererseits flicht ein logisch geschultes Gehirn kunstvoll den Faden einer Abhandlung und bringt seine Gedanken in geschickter Reihenfolge ins Spiel. Aber diese Ordentlichkeit ist oft das Ergebnis eines Kunstkniffs. Wir könnten dabei wieder an Nansens Ausspruch denken: »Ein tugendhafter Herrscher stützt sich nicht auf schlaue Anhänger.« Hier bedeutet dann »schlau« so viel wie »raffiniert arrangierend«, im Sinne von zu gewitzt, um ganz vertrauenswürdig zu sein. Ein solcher Mensch mag oft sehr erfolgreich sein, aber ist man sicher, dass er sich nicht elegant an einigen Aspekten der Wahrheit vorbeigemogelt hat – das heißt, dass er nicht die Wahrheit geschickt so hindreht, wie sie ihm angenehm ist, wenn er sich scheinbar vernünftiger logischer Argumente bedient?

Als C. Zenji ein junger Mönch war, fiel er einmal von einer Anhöhe hinunter. Während des Sturzes, so erzählt er, habe er diesen Vorgang ganz intensiv vor Augen gehabt; es sei gewesen, als habe er sich in einem Zeitlupenfilm zugeschaut. Wenn man den ersten NEN voll und ganz einsetzt, ist das Ergebnis ein lebhaftes und stark vergrößertes Bild des betrachtenden Gegenstandes, und man erhält den Eindruck, als sei der gegenwärtige Augenblick infolge seines Reichtums und seiner Fülle endlos ausgedehnt. Seit dieser Erfahrung im Sturz begann Zenji, klar die Wahrheit des Zen zu verstehen.

Wenn man ganz und gar nur so sieht, wie der erste NEN sieht, kann man seinen Gegenstand durchdringen. ZAZEN stellt die Übung dar, mittels der man dieses intuitive Erkennen wiedererlangen möchte. Die Oberentwicklung des irregeführten dritten NEN im modernen zivilisierten Geist hat dazu geführt, dass das intuitive Vermögen des ersten NEN geschwächt worden ist; er geht seiner ursprünglichen Funktion verlustig, Gegenstände ganz klar in ihrer jeweiligen Besonderheit zu sehen. Ein Tier sieht, hört und fühlt die Dinge einfach und intuitiv, und seine Fähigkeit, einen Gegenstand zu erfassen, ist entsprechend gewiss. Wenn ein Hund seinen Freund beschnuppert, erkennt er ihn ganz genau. Es ist nutzlos, zu sagen, wenn ein Hund jemanden auf diese Weise rieche, bestehe das aus nichts anderem als aus einer Reihe von elektrischen und biochemischen Vorgängen in seinen Nervenzellen. In Wirklichkeit erfasst der Hund etwas Lebendiges, das ein anderer Hund ausgeschieden hat, und er erfährt dadurch das Sein des anderen Hundes.

Die Sinnesorgane haben ihr heutiges Funktionsvermögen im Laufe einer langen Evolution im Wechselspiel mit der Außenwelt gewonnen. Das Riechvermögen des Hundes und andere Sinne sind ihm nicht urplötzlich voll entfaltet aus heiterem Himmel zugefallen. Die Entwicklung fand im Laufe eines langen, langsamen evolutionären Prozesses statt; auf allen Stufen waren die Organe auf die äußere Welt bezogen. Das Ergebnis war die heutige Ausstattung des Hundes mit seinen Sinnesorganen, die ihm erlaubt, die äußere Welt zu erfassen. Das Tier hegt keinen Zweifel an seinen sinnlichen Erfahrungen. Weil ihm eine intellektuelle Erleuchtung abgeht, hat es eine rein tierische Erkenntnisweise.

Auch die menschlichen Wesen glauben den Informationen, die ihnen durch die Sinnesorgane vermittelt werden. Der dritte NEN (der Verstand) ist es, der Zweifel über diese Informationen anmeldet. Aber der dritte NEN kann infolge seiner Natur nur indirekt mit dem Gegenstand in Kontakt kommen, und so verfügt er über keine wirkliche Kompetenz, um die Erkenntnistätigkeit des ersten NEN infrage stellen zu können. Zwar ist der erste NEN nur in der Lage, eine intuitive Erkenntnis eines Gegenstandes zustande zu bringen, aber worauf es eigentlich ankommt, ist diese Anerkenntnis: dass es da einen Gegenstand gibt. Das genügt für das Zustandebringen reiner Erkenntnis. Die Einzelheiten können dann auf dem Weg über den Verstand beigebracht werden.

Die Entwicklung des dritten NEN war es, was den Menschen zu einem Wesen werden ließ, das höher steht als das Tier. Aber der erste NEN ist nicht der weniger wichtige. Beide zusammen sind wie die zwei Räder an einem Karren: Ist das eine mangelhaft, so geht auch das andere in die Brüche.

WIE KOMMT »TRANSZENDENTALE ERKENNTNIS« ZUSTANDE? Bei der Evolution der Lebewesen beobachten wir, dass der Pulsschlag des Lebens aus dem Chaos entstanden ist und sich in zwei Richtungen spezialisiert hat: Einerseits hat er die Sinnesempfindung entwickelt, die die äußere Welt erfahren hilft, und andererseits hat er es fertiggebracht, in einem zunehmenden Grad an Komplexität mit der äußeren Welt umgehen zu können. Im Anfang ist die Struktur des Handlungsträgers – etwa der Amöbe – sehr einfach, und entsprechend ist auch ihre Welt relativ einfach. Stufenweise wird die Struktur auf beiden Seiten komplexer. Die Sinnesempfindung und die Welt, die mit den Sinnen empfunden wird, sind grundsätzlich von ein und derselben Natur, und im Laufe der Evolution bis zu ihrem gegenwärtigen biologischen, psychologischen und soziologischen Zustand haben sie sich gegenseitig beeinflusst. Nie sind sie ganz getrennt voneinander gewesen. Sinnesempfindung ist ihrer Natur nach »In-der-Welt-Sein«. Wenn darum der erste NEN unabhängig vom Einwirken des dritten NEN tätig ist, kommt er in direkte Berührung mit der Außenwelt, und er erkennt diese ganz rein, so wie sie ist.

Es scheint, dass die idealistischen Philosophen unbewusst angenommen haben, die Sinnesempfindung und die Wahrnehmung hätten sich unabhängig von der Außenwelt entwickelt, und deshalb seien sie von ihr isoliert. Folglich schließen sie ganz selbstverständlich, die Sinnesempfindung tauge nicht zur transzendentalen Erkenntnis der Außenwelt.

Gegen den Gedanken, dass Sinnesempfindung und Wahrnehmung von allem Anfang an mit der Welt zusammen ein einziges Gewebe gebildet haben und dass sie deshalb kraft ihrer Natur erkenntnismäßig direkt die äußeren Gegenstände erfassen können, mag der ganz gewissenhafte Philosoph immer noch einwenden, das sei unzureichend und nicht zu beweisen. Aber erweist nicht das Urteil des gesunden Menschenverstandes diesen Gedanken als richtig? Selbst der eingeschworene Idealist bedient sich in seinem Alltagsleben solcher Urteile und behandelt die Dinge, die er sieht und berührt, als Gegenstände, die es in der Außenwelt tatsächlich gibt (vgl. Wittgensteins Bemerkung, als er Moores Beweis einer Außenwelt vernahm: »Diese Philosophen, die die Existenz der Materie in Frage gestellt haben, haben sich immerhin nicht unterstanden, die Tatsache in Frage zu stellen, daß ich unter meinen Hosen Unterhosen trage«, zitiert von John Wisdom in: Philosophy and Psychoanalysis, Oxford 1957, 129, Anm. d. Hrsg.).

Gehen wir nun an diese Fragestellungen in Begriffen der ersten, zweiten und dritten NEN heran, so kommen wir zu dem Schluss, dass das Urteil des gesunden Menschenverstands recht hat, und uns leuchtet ein, weshalb der gesunde Menschenverstand demgegenüber, was die Philosophen sagen, ein taubes Ohr haben sollte.

Wenn meine Hand die Tasse auf dem Tisch berührt, wird mein Tastempfinden (der erste NEN) von der Tasse angerührt, und es stellt fest, dass da draußen ein Gegenstand ist. Das lässt sich nicht leugnen. Dann erkennt der zweite NEN den ersten NEN, und darauf registriert der dritte NEN, dass der zweite NEN den ersten NEN mit dem Inhalt, dass da draußen ein Gegenstand existiere, wahrgenommen habe. Genügt das nicht? Die Wahrheit ist immer einfach. Die Existenz des Gegenstandes draußen wird vom Tastsinn wahrgenommen, also vom ersten NEN, und zweiter und dritter NEN nehmen diesen ersten NEN und seinen Inhalt wahr. Damit hat die spontane Erkenntnis des äußeren Gegenstandes im transzendentalen Sinn stattgefunden. Genau das tut der gesunde Menschenverstand in jedem Augenblick.

Wahr ist, dass ich nicht auf einen Schlag alle die verschiedenen Eigenschaften der Tasse erkennen kann. Aber ich kann meine Erkenntnis der Tasse vertiefen, indem ich sie durch viele weitere Erfahrungen mit dieser Tasse unter den verschiedensten Blickwinkeln und Umständen ergänze. Falsche Auffassungen über die Tasse kann ich korrigieren; ich kann einzelne Urteile und Schlüsse widerrufen. Das Wissen kann stets durch unmittelbare Erfahrung korrigiert werden. Wir können keine vollkommene Erkenntnis erwarten, sondern müssen diese immer für die Möglichkeit offenhalten, revidiert und ergänzt zu werden.

Ein offensichtliches Beispiel dafür, dass die Erkenntnis immer neu der Revision und Ergänzung bedarf, ist die Beziehung von Mensch zu Mensch. Der Mensch ist ein komplexes Wesen. Die Kenntnis über ihn vertieft sich, wenn man ihn lange unter den verschiedenartigsten Blickwinkeln beobachtet. Wenn ich einen Menschen lange kenne, der mir zunächst einmal nicht spontan sympathisch war, kann es durchaus sein, dass er in mir freundschaftliche Gefühle weckt und ich schließlich sage: »Das ist ein Freund für mich.«

DER DRITTE NEN. Im gewöhnlichen Menschen leidet der dritte NEN im Allgemeinen unter seinen eigenen irreführenden Vorstellungsmustern. Er windet sich in seiner Geworfenheit, betrachtet die Gegenstände als »Zuhandene«, fühlt sich immer belastet, ist immer von Ängsten befangen. Er ist egozentrisch und schleppt eine Mülltonne voller Hass, Dummheit, Uneinsicht, Ärger, Gier, Eifersucht usw. mit sich herum.

Wie bereits erwähnt, kann sich ein Kind am Anblick fallender Blätter oder einer Biene im Sonnenschein usw. freuen; der Erwachsene kann das kaum. Er hat kaum einen Blick für die Schönheit in der Tasse auf dem Tisch, sondern sieht in erster Linie die Nützlichkeit des Gegenstands. Vielleicht hat ihm seine Frau diese Tasse gereicht, und es kann sein, dass er auch sie unter dem gleichen Gesichtspunkt betrachtet. Ein Freund hat mir eine Geschichte erzählt, die diese Einstellung verdeutlicht. Er sagte: »Einmal erfuhr ich, dass eine wichtige Persönlichkeit auf dem Weg war, mich zu besuchen. In aller Eile kehrte ich die Räume und brachte alles sauber in Ordnung. Meine Frau tadelte mich und sagte: ›Das Kehren ist meine Aufgabe; geh bitte in den Flur und begrüße ihn.‹ Ich drückte ihr den Besen so in die Hand, als lehnte ich ihn an die Garderobe. Zu meiner Überraschung wurde mir da jäh klar, dass ich mit meiner Frau umging wie mit dem Besen. Seither habe ich selbst die Redensart geprägt: Dieser Mann geht mit seiner Frau wie mit einem Besen um.«

Ich möchte nicht die Bedeutung des dritten NEN verkleinern oder ihm irgendwelche Schuld zuschieben. Im Gegenteil, der dritte NEN ist der Chef des geistigen Haushalts. Wenn er von seinen irreführenden Gedankenmustern geläutert wird, kann er in vollkommener Harmonie mit dem ersten NEN zusammenarbeiten. Aber bei den meisten Menschen ist er verdorben. Er ist zerstückelt und zerteilt, und der erste NEN gibt ihm nach oder wird von ihm beeinträchtigt, und der zweite NEN wird abgestumpft; möglicherweise kann das sogar in geistige Krankheit führen.

Das Irreführende stammt von egozentrischen Gedankenmustern, die von einem Ego hervorgebracht werden, das den wirklichen Menschen in Fesseln legt. Niemand legt Ihnen Schranken auf, außer Sie selbst. Ihre wahre Freiheit haben Sie dann erlangt, wenn Sie von sich selbst frei geworden sind.

Um unser unverfälschtes Erkenntnisvermögen wiederherzustellen, müssen wir mithilfe des Zen Genesung suchen. Dabei geht es um den Prozess der Befreiung des ersten NEN (der Sinnesempfindung) von der Beeinträchtigung durch den dritten NEN und um die Befreiung des dritten NEN von der Beeinträchtigung durch einen egozentrischen Individualismus. Solange dieser Egozentrismus weiterbesteht, sind wir nicht imstande, das Dasein in seiner reinen Form zu sehen. Der Zen-Schüler übt sich darin, sein egozentrisches, individualistisches Ego abzulegen und zu einem Zustand absoluter geistiger Nacktheit zurückzukehren.

Diese Wiederherstellung im Zen lässt sich in mancher Hinsicht mit dem vergleichen, was man die phänomenologische Reduktion nennt; jedoch gibt es zwischen beiden erhebliche Unterschiede. Es wird hilfreich sein, diesen Punkt zu erläutern. Zitieren wir zunächst einen Abschnitt aus Husserl:

»Das Ich als Person, als Ding der Welt, und das Erlebnis als Erlebnis dieser Person, eingeordnet – sei es auch ganz unbestimmt – in die objektive Zeit: das alles sind Transzendenzen und sind als das erkenntnistheoretisch Null. Erst durch eine Reduktion, die wir auch schon *phänomenologische Reduktion* nennen wollen, gewinne ich eine absolute Gegebenheit, die nichts von Transzendenz mehr bietet. Stelle ich Ich und Welt und Icherlebnis als solches in Frage, so ergibt die einfach schauende Reflexion auf das Gegebene in der Apperzeption des betreffenden Erlebnisses, auf mein Ich, das *Phänomen* dieser Apperzeption: das Phänomen etwa ›Wahrnehmung aufgefasst als meine Wahrnehmung‹. Natürlich kann ich auch dieses Phänomen in natürlicher Betrachtungsweise wieder auf mein Ich beziehen, dies Ich im empirischen Sinne setzend, indem ich wieder sage: ich habe dieses Phänomen, es ist das meine. Dann hätte ich, um das reine Phänomen zu gewinnen, wiederum das Ich, ebenso Zeit, Welt in Frage zu stellen und so ein reines Phänomen, die reine *cogitatio*, herauszustellen. Ich kann aber auch, indem ich wahrnehme, rein schauend auf die Wahrnehmung hinblicken, auf sie selbst, wie sie da ist, und die Beziehung auf das Ich unterlassen, oder von ihr abstrahieren: dann ist die schauend so gefaßte und begrenzte Wahrnehmung eine absolute, jeder Transzendenz entbehrende, gegeben als reines Phänomen im Sinne der Phänomenologie« (Edmund Husserl, Die Idee der Phänomenologie, III. Vorlesung, Hamburg 1986, 44).

Husserl sagt hier, er könne »rein schauend auf die Wahrnehmung hinblicken«, die durch den Prozess der Reduktion vom Ich, vom Ego losgelöst sei, und so gelange er zum reinen Phänomen. Wenn wir nun unsere Begriffe anwenden, so muss dieses »Schauen« mittels des dritten NEN erfolgen; und Husserls Wahrnehmung muss ein Akt des ersten NEN sein. Nach Husserls Darstellung ist die Wahrnehmung dieses ersten NEN vor der Reduktion ein Akt des Ich und epistemologisch wertlos. Um zum reinen Phänomen zu gelangen, muss dieser erste NEN vom Ich befreit und durch die Reduktion geläutert werden. Dabei scheint er als selbstverständlich vorauszusetzen, dass das »Schauen« des dritten NEN intuitiv und rein ist und nichts mit dem Ich zu tun hat. Aber wir glauben, dass die Tätigkeit des dritten NEN gewöhnlich vom irregeleiteten Ich bzw. Ego (das die Tätigkeit des dritten NEN selbst ist) verzerrt wird und dass sie von dieser Verzerrung befreit werden muss. Um dahin zu gelangen, glauben wir, dass es notwendig ist, sich große Mühe im Üben des ZAZEN zu geben. Das ist nicht etwas, was man lediglich durch einen Prozess geistiger Abstraktion erreichen kann. Wir messen diesem Punkt große Bedeutung zu. Kurz gesagt, aus unserer Sicht müssen wir zuerst die Befreiung des dritten NEN bewerkstelligen, ehe der erste NEN ganz natürlich seine Funktion ausüben kann, die äußere Welt so zu erkennen, wie sie draußen vorliegt. Husserl jedoch sieht nicht, dass der erste NEN die äußere Welt erkennt. Das sind wichtige Gesichtspunkte, in denen wir uns von Husserl unterscheiden.

Wenn wir das obige Zitat im Licht der Theorie der drei NEN-Tätigkeiten lesen, sind für uns Husserls komplizierte Sätze nicht so schwierig zu verstehen. Im Grunde ist es ganz einfach: Der dritte NEN schaut auf den ersten NEN; das ist alles. Und da alle NEN-Tätigkeiten Tätigkeiten innerhalb Ihres Geistes sind, kann man sie nicht infrage stellen, sondern sie haben den Rang von absoluten Daten. Aber die Gegenstände der Außenwelt, die der erste NEN empfindet, sind außerhalb Ihres Geistes, weshalb Husserl die Information über sie als transzendente (= »hinüber-, hinaussteigende«, Übers.) bezeichnet. (Die Theorie der Phänomenologie ist in Wirklichkeit beträchtlich komplizierter, als wir das hier beschrieben haben: Aber die einfachen Umrisse, die wir hier gezeichnet haben, genügen für unser augenblickliches Anliegen.) Husserl legt Wert auf das »Schauen« des dritten NEN; aber dieses »Schauen« erfährt von der Außenwelt nur etwas mittels der Informationen, die ihm der erste NEN liefert, und darum hat er streng genommen kein Recht, über die Außenwelt zu reden. So beschränkt sich Husserls Erörterung auf die Geschehnisse, die im eigenen Geist vorgehen, und er schließt von Anfang an die Erkenntnis der Außenwelt aus.

Husserl spricht ferner vom »Anschauen« so, als wäre das etwas ganz Einfaches, das sich ganz leicht verwirklichen ließe. Wenn Sie es jedoch versuchen, werden Sie merken, dass es sehr schwierig, wenn nicht unmöglich ist, das so anzustellen, wie es die phänomenologische Reduktion vorsieht. Machen Sie den Versuch, und schauen Sie auf das Buch auf Ihrem Tisch; versuchen Sie dabei, mittels reiner Intuition (also mittels »Anschauen«) Ihre Wahrnehmung zu erfassen, die auf das Buch schaut. Sie werden ratlos vor der Frage stehen, wie Sie das anstellen sollen. Wenn der Zen-Schüler auf diese Weise auf das Buch schaut und wenn er so reif wie Nansen ist, sieht er das Buch-Dasein. Nansen hat das getan. Wenn er die Pfingstrose anschaute, sah er darin – buddhistisch gesprochen – die Buddha-Natur. Das ist direkte Erkenntnis mittels des ersten NEN, deren Rikko nicht fähig war: Er vermochte lediglich die Pfingstrose zu sehen. Darin besteht der Unterschied zwischen intuitivem Durchdringen des Gegenstands und begrifflichem Verstehen. Dieser Punkt ist wichtig, und vielleicht lohnt es die Mühe, ihn noch einmal anzugehen, um unsere Vorstellungen ganz deutlich zu machen. Der erste NEN ist das, was Husserl »Wahrnehmung« nennt. Er sagt, sie müsse durch das »Anschauen« (d. i. reine Intuition) hergestellt werden. Dann, so unterstellt er, gelangen Sie zum Phänomen der Wahrnehmung, das als Ihre Wahrnehmung zustande kommt (d. h. zum wirklich gegebenen Datum, das nicht transzendent ist). Oder anders gesagt, Husserl verlangt, dass der erste NEN vom dritten NEN wahrgenommen werden muss, der sich dazu reiner Intuition bedienen soll, und dann habe man die Wahrnehmung als reine Wahrnehmung zustande gebracht. Dieses Erkennen des ersten NEN durch den dritten NEN transzendiert natürlich nicht sich selbst, um unmittelbar an den Gegenstand draußen zu rühren.

Nansens Erkenntnis hingegen ist das Werk des ersten NEN, der direkt (intuitiv) den Gegenstand durchdringt und dadurch zu transzendentaler Erkenntnis gelangt. Für Husserl ist dieser Akt des ersten NEN eine personale, psychologische, individuelle Erkenntnis – epistemologisch ohne jeglichen Wert also. Damit schrumpft die Diskussion auf die Frage zusammen, ob man dem ersten NEN, epistemologisch gesehen, vertrauen kann. Im Zen vertreten wir die Überzeugung, dass der erste NEN, wenn er rein intuitiv tätig ist, zweifellos fähig ist, transzendentale Erkenntnis zu gewinnen.

Husserl spricht lediglich vom »Anschauen« (d. h. von der reinen Intuition) des dritten NEN; er anerkennt eine solche nicht beim ersten NEN, sondern schreibt diesem nur eine personale, psychologische Erfahrung zu. Aber Intuition im strengen Sinn, sei sie nun personal oder unpersonal, ist bestimmt immer rein und direkt. Sie wird erst dadurch unrein, dass sie vom dritten NEN infiziert wird. Wenn der erste NEN sich selbst überlassen bleibt, nimmt er intuitiv Anreize von der Außenwelt auf und vollbringt spontan transzendentale Erkenntnis. Die Wahrheit ist einfach, weil sie eine direkte Tatsache ist.

Greifen wir noch einmal unser Experiment auf und schauen wir auf das Buch. Wenn Sie nicht Reife im Zen erlangt haben, werden Sie das Buch nur mit Ihrem gewöhnlichen Verständnis sehen. Sie denken vielleicht, Sie müssten jetzt irgendwie Ihre Aufmerksamkeit auf ein »Wesen« oder eine »Idee« oder »Universale« richten. Aber wo ist das Wesen des Buchs?

Husserl sagt, »das Ich als Person, als Ding der Welt« müsse mittels der phänomenologischen Reduktion eliminiert werden. Genau genommen ist das Ich als Ding der Welt die Routine-Tätigkeit des Bewusstseins, dessen Denken recht verworren ist. Was Husserl sagt, lässt sich zu der Anweisung vereinfachen, die Tätigkeit seines Routine-Bewusstseins einzustellen; dann entfällt nämlich das verworrene Denken in der personalen, psychologischen und individuellen Erfahrung, und es stellt sich reine Bewusstheit ein. Wenn diese Auslegung stimmt, können wir allerdings sagen, dass dies genau das ist, was Zen-Schüler zu tun versuchen, wenn sie auf ihrem Polster sitzen. Doch wissen wir aus mühsamer Erfahrung, wie schwierig es ist, die Aktivität seines üblichen Bewusstseins auszuschalten. Wir Zen-Leute üben ZAZEN lange Monate und Jahre. Oft sitzen wir die ganze Nacht hindurch, ohne uns Schlaf zu gönnen, um uns darin zu üben, das individuelle Ich »als Ding der Welt« zu eliminieren. Wenn Sie das Buch auf Ihrem Tisch in irgendeiner Weise wirklich erfahren wollen – sei es nun mittels der phänomenologischen Reduktion oder durch intuitives Erkennen oder in einer Daseinsschau oder durch die Zen-Erfahrung – in jedem Fall müssen Sie zuerst einmal das Buch beiseite legen und damit beginnen, mit Ihrer verworrenen Denkungsart aufzuhören. Wenn Sie das geschafft haben, können Sie wieder das Buch hernehmen. Und siehe da! Welche andere Welt bietet sich Ihnen jetzt dar! Das Buch strahlt Wesen, Idee und universelle Qualität aus. Sie haben eine epistemologische Revolution zustande gebracht. Ihre Erkenntnis transzendiert sich selbst und rührt unmittelbar an das Buch. Genau das ist KENSHŌ.

Husserl hat etwas angefangen, was für die westliche Welt äußerst wichtig ist, nämlich den Gedanken des Übens. Man sollte seinen Vorschlag eine Stufe weiterführen, damit sie jene voll entwickelte Praxis einschließt, die das ZAZEN darstellt, denn das ist der einzige Weg, auf dem wirklich reine Intuition erlangt werden kann. Wenn Sie wirklich SAMADHI erreichen, löst sich alles spontan von allein.

Wir möchten hier noch anmerken, dass unseres Wissens niemals ausdrücklich im Werk eines westlichen Schriftstellers der Gedanke der ersten, zweiten und dritten NEN aufgetaucht ist. Husserl kennt ihn in einem gewissen Sinn, denn sein »Anschauen« entspricht dem dritten NEN und sein »Festhalten« dem zweiten NEN. Zen-Meister früherer

Zeiten haben gesagt: »Kultiviere deine ersten NEN« und »Gebrauche nicht die zweiten NEN«. Aber mit den zweiten NEN meinen sie jene verworrene Tätigkeit des Geistes, die wir mit dem »irregeführten dritten NEN« meinen. Soweit ich weiß, ist unser Gebrauch der Bezeichnung »zweiter NEN« für die Reflexionstätigkeit des Bewusstseins in der übrigen Zen-Literatur unbekannt.

*Fünfzehntes Kapitel*

# ERFAHRUNGEN DES KENSHŌ

Die vorigen Kapitel haben wir ziemlich theoretischen Erörterungen gewidmet. Jetzt möchten wir einige praktische Erfahrungen beschreiben, um unsere Grundgedanken deutlicher zu veranschaulichen. Bei mehreren dieser Erfahrungen handelt es sich um Erfahrungen des KENSHŌ.

Lange war man der Auffassung, eine ausführliche und genaue Beschreibung der KENSHŌ-Erfahrung sei so gut wie unmöglich. »In einem Augenblick, zu kurz, um messbar zu sein, hat sich die Achse des ganzen Universums verlagert, und meine Suche war beendet.« Das ist eine typische Aussage von jemandem, der gerade das KENSHŌ erfahren hat. Man gerät in sie, nimmt sie wahr, so wie man Wasser trinkt und weiß, ob es heiß oder kalt ist, aber das nicht beschreiben kann. Jedoch eines Tages wird ein Zen-Genie erscheinen und es ermöglichen, diesen unantastbaren Augenblick zu erhellen, ihn festzuhalten und zu beschreiben.

In der Literaturgeschichte lassen sich die Spuren davon nachzeichnen, wie es dem Menschen Schritt für Schritt gelungen ist, in den dunklen Bereich seines eigenen Bewusstseins vorzudringen. Auch das ZAZEN kann man als eine Übung betrachten, um in die Finsternis des menschlichen Geistes hinabzusteigen. Obwohl der Zen-Schüler das nicht vorsätzlich tut, erforscht er doch praktisch immer wieder einen Bereich des Geistes, von dem vermutlich kein Psychologe jemals mehr als eine schwache Ahnung erhalten hat. Das bedeutet nicht etwa, dass wir die Psychologie verachten würden. Im Gegenteil, wir haben die größte Achtung vor dieser und anderen Wissenschaften, und es ist uns ein ernsthaftes Anliegen, ihre Methoden und Begriffe auch für das Studium des Zen fruchtbar gemacht zu sehen.

DIE ERFAHRUNG EINES MÄDCHENS. Unlängst verließ ein junges Mädchen, das am SESSHIN einer Zen-Gruppe in Honolulu teilnahm, den Raum des ROSHI in einem etwas abseits gelegenen Häuschen, nachdem ihr DOKUSAN (ihre persönliche Aussprache mit dem ROSHI) beendet war. Sie stieg die Stufen der Veranda hinab, und die Luft war getränkt vom Duft der kreuzblättrigen, purpurfarbenen Blüten des Sandpaper-Weins. Sie ging barfuß einige Schritte über den Rasen, auf den unablässig der blassgelbe Blütenstaub der Königspalme rieselte. Als sie an dem majestätischen Stamm vorbeiging, holte sie aus einem Impuls, der ihr unwillkürlich lebhaft eingegeben wurde, ihr Taschentuch heraus und schnäuzte sich. Und genau in dem Augenblick veränderte sich für sie die ganze Welt.

Dank ihrer ernsthaften Sitzübungen im ZAZEN hatte sich die Aktivität ihres ersten NEN zur Dimension des reinen Daseins hinbewegt. In diesem Zustand empfindet man einen still pulsierenden inneren Druck, der nach Lösung verlangt. Sie entsprach unbewusst diesem Bedürfnis, nahm ihr Taschentuch heraus und schnäuzte sich, und in diesem Augenblick wurde ihr ganzes Wesen von einem durchdringenden Schock erschüttert. Gleichzeitig, als sei das von diesem Schock ausgelöst, fiel der Vorhang ihres Geistes, und sein Bühnenbild war wie ausgewechselt.

Im Augenblick des KENSHŌ ergreift ein intuitiv aktiviertes Wahrnehmen die Initiative. In ihrem Fall war es die Reizung der Schleimhäute ihrer Nase, was den erforderlichen Impuls gab. Obwohl die Welt vor ihren Augen immer noch die gleiche alte Welt war, erschien sie ihr jetzt in einem völlig anderen Licht. Für eine kurze Weile stand sie in stummer Verwunderung und starrte auf den völlig neuen Anblick, der sich ihr offenbarte, und dann empfand sie ein gefühlsmäßiges Aufsprudeln, das ganz anders war als alles, was sie bisher jemals erfahren hatte – so, als werde sie von einer unbeschreiblich reinen Quelle her überflutet, die in ihrem Inneren aufgebrochen war. Es war ein endloser weiter Strom: der Ausbruch der großen Wonne, wovon immer wieder die Rede ist. Zum ersten Mal spürte sie, dass sie die Erfahrung des KENSHŌ machte. Jedoch wusste sie nicht, von woher ihr diese Erfahrung kam. Sie nahm nur den Strom unbändiger Wonne wahr, der ihren ganzen Körper durchrieselte und ihr ein Gefühl gab, als werde ihr ganzes Dasein geläutert. Das KENSHŌ beginnt mit der Läuterung der Sinneswahrnehmung, die bislang latent, fade oder verzerrt gewesen ist, aus Gründen, die wir andernorts besprochen haben. Die Bäume, das Gras, die Torschranke, durch die sie in den inneren Hof gelangte, die unregelmäßig angeordneten Lavasteinplatten des Fußpfades, das leuchtende Karmesinrot der Pfefferblüten, der weiße Sand des Steingartens – all das behielt seine ursprüngliche Form, Farbe und Eigenart und war doch mit einem Mal wunderbar frisch und neu.

Bislang waren sie und die Welt füreinander Fremde gewesen. Ihr Bewusstsein, das von ihrer uralten, gewohnten Weise, die Dinge anzuschauen, geprägt gewesen war, hatte ihr immer gesagt, dass alle Dinge draußen eben die Dinge da draußen seien und dass sie sie selbst sei und dass es innerpsychisch keine Kommunikation zwischen diesen Dingen und ihr selbst gebe. Aber jetzt empfand sie jäh mit allem eine freie, unmittelbare Kommunion und harmonische Einheit.

Es mag lehrreich sein, die gerade beschriebene Erfahrung mit einer Erfahrung zu vergleichen, die Proust in einem berühmten Abschnitt anschaulich geschildert hat: »Ich führte einen Löffel Tee, in den ich einen Krümel des Kuchens getaucht hatte, zum Mund. Kaum hatte die warme Flüssigkeit mit den Bröseln darin meinen Gaumen berührt, als ein Schauder meinen ganzen Körper durchrieselte, und ich hielt inne, ganz hingegeben an die außergewöhnliche Veränderung, die jäh vorging. Ein überaus angenehmes Wohlgefühl war in meine Sinne geströmt, aber individuell, losgelöst, ohne jeglichen Hinweis auf seinen Ursprung. Und mit einem Schlag waren mir alle Wechselfälle des Lebens gleichgültig geworden, seine Katastrophen harmlos, seine Kürze illusorisch – diese neue Empfindung hatte auf mich die Wirkung, die die Liebe hat: sie erfüllte mich mit einer kostbaren Essenz; oder besser, diese Essenz war nicht in mir, sondern das war ich selbst. Ich hatte aufgehört, mich mittelmäßig, zufällig, sterblich zu fühlen« (Marcel Proust, Swann's Way, London 1924, 20–23).

Bei Proust und anderen lassen sich viele vergleichbare Abschnitte finden. Zweifellos besteht zwischen dem KENSHŌ und den oft beschriebenen Gefühlen des Einsseins mit Dingen, die man draußen sieht oder hört, eine Ähnlichkeit, und tatsächlich machen unter entsprechenden Umständen viele Menschen solche Erfahrungen. Dennoch gibt es auch beträchtliche Unterschiede. Vor allem haben sich diese Menschen nicht vorher systematisch eingeübt, und sie haben keine Entwicklung durchgemacht, die sie zu solchen Erfahrungen hingeführt hätte. Folglich sind sie nicht imstande, diese Erfahrungen voll auf sich wirken zu lassen und zu verstehen, und so bleiben sie eher kurzlebig und rätselhaft. Das beschreibt ein anderer Abschnitt bei Proust recht anschaulich:

»Wir kamen ins Tal Richtung Hudimesnil; plötzlich wurde ich von jenem abgrundtiefen Glücksgefühl überwältigt, das ich seit Combray nicht oft verspürt hatte; von einem Glücksgefühl, das vergleichbar war mit demjenigen, das mir – neben anderen Wohltaten – unter den Türmen von Martinville zuteil geworden war. Aber dieses Mal blieb es unvollkommen. Ich war ein kurzes Stück von dem steilen Grat zurückgetreten, den wir gerade passierten, und mir waren soeben drei Bäume in die Augen gefallen, die wahrscheinlich den Anfang einer schattigen Allee kennzeichneten. Sie bildeten ein Muster, auf das ich jetzt nicht zum erstenmal schaute; es gelang mir nicht, mir den Ort, dem sie offensichtlich entnommen sein mussten, wieder genau in Erinnerung zu rufen, aber ich spürte deutlich, daß ich ihn einmal genau gekannt hatte ...

Ich schaute auf die drei Bäume; ich konnte sie klar und deutlich sehen, aber mein Geist spürte, daß sie ihm etwas vorenthielten, was er nicht zu erfassen vermochte. Das war, wie wenn etwas außer Reichweite ist, und man streckt den Arm aus, kann gerade kurz mit den Fingerspitzen seine Oberfläche berühren, aber kann nichts ergreifen und festhalten ... Oder hatte ich sie doch noch nie gesehen? Verbargen sie wie die Bäume, wie die Grasbüschel, die ich entlang des Wegs von Guermantes gesehen hatte, einen Sinn, der genauso dunkel, genauso schwer zu fassen ist wie eine ferne Vergangenheit, so daß sie in mir die Vorstellung weckten, ich müsse etwas aus meiner Erinnerung wiedererkennen, während sie mich in Wirklichkeit aufforderten, eine neue Einsicht zu gewinnen? Oder war es ganz anders: Enthielten sie mir keinen verborgenen Tiefsinn vor, und lag es einfach an meinem überlasteten

Gesichtssinn, daß er sie mir in der Zeit doppelt vorgaukelte, so wie man gelegentlich auch im Raum die Dinge doppelt sieht? Ich vermochte es nicht zu sagen. Und dennoch drängten sie sich mir die ganze Zeit auf; vielleicht handelte es sich um eine feenhafte Erscheinung, eine Gruppe Hexen oder Schicksalsgottheiten, die mir ihre Orakel kundtun würden. Ich neigte eher zur Annahme, es handle sich um Phantome aus der Vergangenheit, liebe Gefährten aus meiner Kindheit, entschwundene Freunde, die aus einer gemeinsamen Vergangenheit wieder auftauchten. Sie schienen mir wie Geister zuzuwinken, ich solle sie mitnehmen, sie wieder ins Leben zurückholen. Aus ihrer schlichten, leidenschaftlichen Geste des Winkens konnte ich die hilflose Not eines Menschen lesen, der sein Sprechvermögen verloren hat und der spürt, daß er uns nie mehr das sagen kann, was er uns eigentlich sagen will, und daß wir nie darauf kommen werden. Dann, an einer Wegkreuzung, ließ sie der Wagen hinter sich. Er trug mich fort von dem, was allein ich für wirklich wahr hielt und was mich wirklich hätte glücklich machen können; das war wie mein Leben.

Ich sah zu, wie sich die Bäume nach und nach entfernten, verzweifelt weiter mit den Armen winkten, und es war, als riefen sie mir zu: ›Was du heute nicht von uns hast lernen wollen, das wirst du nie mehr erfahren. Wenn du es zuläßt, daß wir jetzt wieder in das Loch dieser Straße zurücksinken, aus dem heraus wir versucht haben, uns bis zu dir zu erheben, wird ein ganzes Stück deiner selbst, das wir dir bringen wollten, für immer in den Abgrund stürzen‹« (Marcel Proust, Within a Budding Grove, London 1924, 20–23).

DER FALL MARTIN LUTHER. Im Kapitel über Mystik in William James' »Varieties of Religious Experience« findet sich folgende Passage:

»Das einfachste Rudiment mystischer Erfahrung scheint jenes zu sein, bei dem ein Grundsatz oder eine Formel, die man gewöhnlich achtungslos überliest, plötzlich ihren bedeutungsschwangeren Sinn offenbart. Dann rufen wir erstaunt aus: ›Das habe ich doch schon meiner Lebtag sagen hören, aber bis jetzt ist mir noch nie aufgegangen, was das eigentlich heißt.‹ Luther berichtet: ›Als ein Mitbruder im Kloster eines

Tages die Worte des Credos hersagte: ›Ich glaube an die Vergebung der Sünden‹, sah ich die gesamte Heilige Schrift in einem völlig neuen Licht; und mit einem Schlag war es mir, als sei ich neu geboren. Es war, als sähe ich plötzlich die Tore des Paradieses weit offen stehen. Dieser Sinn für eine tiefere Bedeutung beschränkt sich nicht auf rationale Aussagen. Einzelne Worte und Wortverbindungen, Lichteffekte an Land oder auf dem Meer, Gerüche und Melodien – alles vermag etwas Derartiges auszulösen, wenn der Geist in der richtigen Verfassung dafür ist. Die meisten von uns erinnern sich an besonders eindrucksvolle, nachhaltig wirkende Passagen in bestimmten Gedichten, die wir in unserer Jugend gelesen haben; das waren eine Art irrationale Eingangspforten, durch die sich das Mysterium hinter den Fakten, die Wildnis und die Wehmut des Lebens in unsere Herzen schlichen und sie erschütterten. Die Worte sind für uns heute vielleicht lediglich noch polierte Oberflächen; denn die lyrische Dichtung und die Musik sind für uns nur in dem Maß lebendig, wie sie jene vagen Ausblicke auf ein Leben aufreißen, das mit dem unsrigen zu tun hat, das uns zuwinkt und uns einlädt und sich doch immer wieder unserem Zugriff entzieht. Ob wir für die ewige innere Botschaft der Künste lebendig oder tot sind, hängt davon ab, wie weit wir uns dieses mystische Gespür bewahrt oder es verloren haben« (William James, The Varieties of Religious Experience, London – New York 1902, 382 f.).

DER FALL DOGEN ZENJI. Zu Luthers Beispiel gibt es Parallelen in den Erfahrungen vieler Zen-Schüler. Dogen Zenji (1200–1253) ging nach China und übte unter Nyojo Zenji vom Tendo-Berg. Einmal saß Dogen mit anderen Mönchen in der ZENDO-Halle; da kam Nyojo Zenji herein und schalt einen müßigen Mönch, der neben Dogen saß. Als Dogen Nyojo Zenjis Worte hörte, wurde ihm plötzlich eine tiefe Erfahrung zuteil. Davor hatte Dogen bereits immer das KENSHŌ erlangt, aber dieses Mal war die Erfahrung besonders dicht. Er begab sich unverzüglich zu Nyojo Zenjis Zimmer, entzündete Weihrauch, huldigte ihm mit neun Verbeugungen und berichtete, was er erlebt hatte. Heutige Menschen neigen dazu, ein derartiges Ritual überflüssig zu finden, aber ein

Verhalten, das von einer erhabenen Erfahrung getragen ist, wird seinerseits erhaben. Nyojo Zenji wertete Dogens Darstellung seiner Erfahrung positiv und bestätigte ihm, dass er »die große Sache« (d. h. SATORI, Erleuchtung) vollbracht habe.

Man kann sich die Frage stellen, was Scheltworte mit den Grundsätzen des Zen zu tun haben. Schelten, Schreien, Klagen, Lachen, Anbrüllen – alle diese Formen menschlichen Verhaltens sind ganz einfach Äußerungen des Seins eines Menschen. Vor allem wenn man einem psychisch kranken Menschen von Angesicht zu Angesicht gegenübersitzt und dem zuhört, was er von sich gibt, oder wenn man am Bett eines geliebten Menschen wacht, spürt und erkennt man das zutiefst: Ja, da ist dieser Mensch. Wenn man wirklich sehen kann, dass der Betreffende tatsächlich da ist, spricht einem alles, was man auch sehen oder hören mag, vom eigentlichen Sinn des Daseins. Das rührt von dem her, was James das »mystische Gespür« nennt. Je größere Schmerzen jemand hat, je größer seine Leiden sind, je verstörter oder krimineller er ist, desto bloßer und ungeschützter liegt sein Wesen zutage und desto deutlicher spürt man sein Leiden. Dieses Gespür sollte sicherlich die Grundhaltung jedes Psychotherapeuten und die Grundlage seiner Therapie sein.

Für den Zen-Schüler jedoch kann nichts mystisch sein, außer dass man existiert. Die Tatsache, dass man da ist, ist die Grundwahrheit, die sich jeder Beweisführung entzieht. Als deshalb ein Mönch den Gudo fragte: »Der Frühling ist gekommen, tausend Blumen sind in herrlicher Blüte. Wozu? Für wen?«, lautete Gudos Antwort: »Durch Äonen ist das undenkbar.« Eine ausgezeichnete Antwort! Aber man könnte auch sagen: »Sie blühen für sich selbst, aus sich selbst, durch sich selbst, in sich selbst.«

AUS DEM MANUSKRIPT VON HERRN P. Das Folgende ist ein Auszug aus einem Manuskript von Herrn P.:

»... wie lange Zeit vergangen war, weiß ich nicht. Es ergab sich, dass ich in tiefster Finsternis zu mir kam. Finsternis! Ich kann überhaupt nichts verstehen. Ich kann mir selbst nicht begegnen. Wo ist das? Wo bin ich? Ich kann nicht ausmachen, wo ich bin oder wer es ist, der nach einer solchen Antwort sucht. Beim verzweifelten Versuch, mein fehlendes Selbst wiederzufinden, reibe ich mich auf und stoße ich überall an, um es zu mir zurückzurufen. Aber ich rühre nicht meine Hände, ich bewege meinen Körper nicht, sondern ich winde mich nur selbstvergessen wie in einem Traum. Es ist schrecklich, ein Bewusstsein zu haben, das erwachen will und feststellt, dass das gewöhnliche Selbst auf Nimmerwiedersehen fortgelaufen ist. Man ist verwirrt, aber ist sich dessen nicht bewusst, dass man verwirrt ist. Und man weiß nicht mehr, was man mit sich selbst anstellen soll.

Ich unternehme eine schwere Anstrengung; das ist, wie wenn jemand aus dem tiefen Grund eines Sees an die Oberfläche kommen möchte. Finsternis fliegt vorbei, sie rast so schnell wie in einem Raumflug dahin. Oh! Endlich öffnen sich meine Augen. Tatsächlich: Das ist ja die Meditationshalle des Klosters. Wie viel Uhr ist es jetzt? Es ist hier ringsum hell geworden. Es scheint, die Sonne strahle draußen hell und klar. In dieser Halle ist offenbar nichts. Warum? Sie ist still und kühl wie eine lange Herbstnacht, deren tiefes Schweigen in den Ohren ein leichtes Klingen verursacht.

Schließlich erinnere ich mich, dass die Mönche heute Morgen alle auf ihre TAKUHATSU-Wanderung gegangen sind. Ich bin ganz allein hier in der Halle sitzen geblieben. Ich wusste nicht, wann ich ins SAMADHI eingetreten war oder ob ich geschlafen hatte und wie viel Zeit inzwischen vergangen war.

Dies geschah einen Tag nach meiner Ankunft in diesem Kloster. Ich habe diese Art Erfahrung schon mehrmals in meinem Leben gemacht, und darum hatte sie für mich nichts Überraschendes an sich.«

Was bedeutet das: »Ich kann mir selbst nicht begegnen« oder die Aussage, »dass das gewöhnliche Selbst auf Nimmerwiedersehen fortgelaufen« sei? Es bedeutet, dass Herr P. sich selbst in den Rahmen von Zeit, Raum und Ursachenreihen nicht mehr einordnen konnte. Alle Umstände von Wo?, Wann?, Warum?, Was?, Wie? waren ihm abhandengekommen. Auf die Fragen: Wo bin ich?, Wie viel Uhr ist es jetzt?, Warum und wie und was und wer bin ich? wusste er keine Antwort mehr. Kurz, in dieser Verfassung weiß ich nicht mehr um die Umstände meiner selbst. Daher kann ich mich selbst nicht finden.

Im absoluten SAMADHI fallen Zeit, Raum und Wirkursachen weg. Und wenn das Bewusstsein aus einem tiefen SAMADHI auftaucht, braucht es Zeit, um seinen Bezugsrahmen für das Erkennen (Zeit, Raum und Kausalität) wiederzufinden; folglich kann sich das Ego nicht sofort wieder selbst finden.

Dieses Phänomen scheint eher (wie in diesem Fall) in einer ungewohnten Umgebung aufzutreten. Wenn das Ego in Umstände versetzt wird, die ihm nicht vertraut sind, scheint seine Reaktion auf die Umgebung langsamer zu sein als in der gewohnten Umgebung. Der Grund dafür ist, dass normalerweise zwischen dem Bewusstsein und seiner vertrauten Umgebung bestimmte feine Wechselbeziehungen aufgebaut werden (zum Beispiel in Form von Tönen und anderen Reizen), und das Ego reagiert auf die Umgebung schneller und kehrt rascher zur Normalität zurück, wenn es diese wieder vorfindet, als wenn ihm alle Umstände unvertraut sind.

Im vorliegenden Fall ist es zweifelhaft, ob Herr P. eingeschlafen war. Selbst wenn das der Fall gewesen wäre, ändert das nichts am Wesenszug der Situation. Wenn man Bewusstheit erlangt hat und dabei seines Erkenntnisrahmens (von Raum, Zeit und Kausalität) beraubt ist, bekommt man eine Ahnung von dem, was man die Welt des Überbewusstseins nennen könnte, in der es kein Ego gibt. Etliche Zen-Schüler machen diese Erfahrung, wenn sie sich des Schlafes berauben, wie das in einem strengen SESSHIN der Fall ist. Und eine solche Erfahrung weitet die Dimensionen seines ZAZEN und die Kapazität seines Bewusstseins.

DIE ERFAHRUNG EINES SCHULLEHRERS. Ich saß in meiner Schule oben in der Bibliothek im Lotussitz auf einem Stuhl. Das Schulhaus war leer, weil Sommerferien waren. Ich wusste nicht, wie lange Zeit verstrichen war, aber plötzlich und in völliger Finsternis wurde ich meiner selbst gewahr. Es war finster! Ich konnte nicht entdecken, wo ich war. Wie in einem Traum versuchte ich eine Ortsbestimmung, und plötzlich wurde es hell. Ich sah, dass strahlend heller Tag war, obwohl ich gemeint hatte, es sei tiefste Nacht.

Das Licht flutete über meine Schultern, weil ich mit dem Rücken zum Fenster saß. Ich war mir noch nicht sicher, ob es Vor- oder Nachmittag war. Vielleicht wollte ich wissen, wie viel Uhr es sei. Meine Hand streckte sich nach der Uhr auf dem Pult, und ich griff nach ihr. In diesem Augenblick widerfuhr mir ein seltsames Phänomen. Die Uhr schien Teil meiner selbst zu sein. Es gab keinen Unterschied zwischen meiner Hand und der Uhr. Wirklich, das war ein ganz ungewöhnliches Gefühl! Das war eine ziemlich andere Empfindung, als ich sie gewöhnlich habe, und sie machte auf mich nachhaltigen Eindruck. Ich verweilte einige Augenblicke beim verwunderten Starren auf die Uhr. Die Uhr hatte ihre übliche Form und goldene Farbe, und was diese Eigenschaften betraf, war sie ein völlig anderer Gegenstand als meine Hand, an der sie hing. Aber in einer anderen Art von Dimension war sie trotzdem nicht von meiner Hand verschieden.

Wenn man auf seine eigene Hand schaut, identifiziert man diese gelegentlich als seine eigene. Man tut das fast unbewusst. Jemandem, der sich selbst entfremdet (d. h. in einem Zustand der Entpersönlichung) ist, mag es vielleicht vorkommen, als sei seine Hand kein Teil von ihm selbst, so wie das auch meine Uhr nicht zu sein scheint. Im vorliegenden Fall war die Lage genau umgekehrt: Ich identifizierte die Uhr als Teil meiner selbst. Das war es, was das Erstaunen auslöste. Diese Erfahrung war nicht bestürzend, sondern zutiefst eindrucksvoll.

Einige Augenblicke vergingen, während deren ich auf die Uhr starrte, und dann wollte ich mir vielleicht Gewissheit über die Lage überhaupt verschaffen. Ich wandte meine Augen in eine andere Richtung und sah entlang der Wand Buchregale stehen. Sie waren mehrere Meter von mir entfernt, aber sie strömten direkt in mich hinein. Was bedeutet diese Aussage: »sie strömten direkt in mich hinein«? Das bedeutet, dass es zwischen ihnen und mir keine räumliche Distanz gab. Mit einem Wort: Sie und ich waren eins. Wenn ich du bin, bist du auch ich. Für den Gesichtssinn sind sie und ich unterschiedliche Gebilde, und jedes steht getrennt vom andern an seinem eigenen

Platz. Aber genauso innerlich und warm, wie mein eigenes Dasein für mich ist, so innerlich und warm sind jetzt auch sie für mich. Wir sind einander nicht fremd; ein anderes Ich steht dort.

Dieses Phänomen lässt sich vielleicht leichter verstehen, wenn wir uns bestimmte Erfahrungen unserer Kindheit in Erinnerung rufen. Zum Beispiel kann das der Christbaum sein, behängt mit Puppen und Silberpapiersternen und Ähnlichem; er hat als Gegenstück unser selbst dort gestanden, so wie der Spiegel unser Abbild reflektiert. Strukturell mag der Unterschied er-ist-er und ich-bin-ich klar sein, aber psychologisch gibt es diesen Unterschied nicht. Im Geist des Kindes sind Zeit- und Raumempfinden noch nicht so stark ausgeprägt wie in dem des Erwachsenen, und er sammelt öfter Erkenntnis außerhalb des gewöhnlichen Koordinatensystems des Bewusstseins.

Im absoluten SAMADHI wird die Tätigkeit des Bewusstseins blockiert, und wenn man daraus zurückkommt, braucht das Erkennen des Erwachsenen einige Zeit, bis es wieder seine normale Funktion aufnimmt. Während des Erholungsprozesses stellt sich häufig ein psychologischer Zustand ein, der mit dem eines Kindes vergleichbar ist. Von jemandem, der sein erstes Duell ausgetragen hatte, wird erzählt, dass ihm danach war, als seien seine Finger an den Griff seines Degens angewachsen, und jemand musste ihm helfen, jeden einzelnen Finger davon zu lösen. Bei ihm hatte ein Zustand der Verzweiflung starken geistigen und physischen Druck erzeugt, und es bedurfte einer Zeit, bis sich dieser wieder löste. Das Gleiche gilt für das absolute SAMADHI.

Das KENSHŌ wird im Allgemeinen von einem plötzlichen und intensiven Gefühl des Wohlbehagens begleitet, aber in diesem Augenblick meiner Erfahrung spürte ich nichts dergleichen. Ich sah einfach weiter in reinem Erstaunen hin. Die Wand, die Fenster, der Fußboden und noch einmal die Regale und die Bücher – alles war ganz anders. Alles schien sich von der Stelle zu bewegen und auf mich zuzugehen, und zugleich blieb es reglos, still und leise. Der Film hielt plötzlich an, und das Bild auf der Leinwand blieb stehen – aber als lebendes Bild. Das war ein atemberaubendes Weitergehen der Gegenwart.

Schweigen wie in einer tiefen Mondnacht! Doch erschallte zugleich ein lautloser Jubel. Alle Bücher wandten mir ihr Gesicht zu. Sie hatten dort sehr lange geschlafen wie die verwunschene Prinzessin. Jetzt erwachten sie, auch wenn sie immer noch schlaftrunken waren. Sie schienen zu pulsieren, als wollten sie jeden Augenblick die Hand nach mir ausstrecken, so ähnlich wie ein Säugling in einem Stummfilm, der im Begriff ist, sich seiner Mutter in die Arme zu werfen.

Im angrenzenden Raum konnte ich Stimmen hören. Einige Studenten waren zu einem Sommerkurs gekommen. Oder es war eher, als seien sie dort schon sehr lange gewesen, hätten sich laut unterhalten und irgendetwas Schweres herumgeschoben. Vielleicht war es ihr Umtrieb gewesen, was mich wieder hatte zu mir kommen lassen. Ich fing an, die helle Klarheit um mich herum zu spüren. Nach und nach konnte ich mich in die Situation hineintasten und sagte ganz gefasst zu mir selbst: »Jetzt bin ich endlich dort angekommen, wo ich hingehöre.« Ich war in einer klaren, ruhigen Stimmung. Als ich Tage danach über diesen Augenblick nachdachte, begann zum ersten Mal in mir, ein Wonnegefühl aufzusteigen.

Ich weiß nicht, ob das das KENSHŌ gewesen ist oder nicht, und das ist mir auch gleichgültig. In der Folge machte ich mehrmals die Erfahrung von etwas Ähnlichem, und ich konnte daran glauben, dass ich nach und nach ins Verständnis des Zen hineinwuchs.

Manche sagen vielleicht: »Er hat geträumt.« Andere lachen vielleicht darüber und sagen: »Beim KENSHŌ und alldem handelt es sich schlicht und einfach um Selbsthypnose.« Vielleicht haben sie recht. Subjektive Erfahrung ist in vieler Hinsicht dem Zweifel ausgeliefert. Es lässt sich tatsächlich vorstellen, dass man geschlafen hat, geträumt hat oder einer Autosuggestion zum Opfer gefallen ist. Der Punkt, auf den es entscheidend ankommt, ist jedoch nicht, ob diese Art Erfahrung das Ergebnis eines Traums oder der Autosuggestion ist, sondern dass in ihr die übliche Bewusstseinsweise ausfällt.

Tatsächlich ist diese Erfahrung etwas anderes als das, was man als Schlaf im gewöhnlichen Sinn des Wortes bezeichnen könnte. Das ZAZEN beherrscht sogar den Schlaf. Das Zentrum des Geistes bleibt dabei immer wach, selbst dann, wenn man in einem Zustand ist, in dem man seiner selbst nicht bewusst ist. Wenn das Bewusstsein immer wieder diese Erfahrung macht, gewöhnt es sich allmählich an die Welt jenseits der Grenzen seiner eigenen Aktivität und beginnt, seinen Horizont auszuweiten.

Darin besteht die Entwicklung des Bewusstseins. Schritt für Schritt wird man in den Stand versetzt, die Buddha-Natur mit bloßem Auge zu sehen. Bei meiner Erfahrung hat es sich auch nicht um das sogenannte MAKYO gehandelt (den »Teufels-Zustand«: MA heißt Teufel, KYO Zustand), in dem man im Lauf seiner Meditation bizarre Erscheinungen (Halluzinationen) von Teufeln, wilden Tieren, Bodhisattvas, Buddhas und anderen seltsamen Gestalten hat. Wenn man sich ins JISHU-ZAMMAI einübt, ergibt sich kein MAKYO.

Was die Vermutung betrifft, dieser Zustand komme durch Selbsthypnose oder Autosuggestion zustande, lohnt es vielleicht die Bemerkung, dass dies kein besonderer Einwand wäre. Das Bewusstsein übt immer eine Art Autosuggestion auf sich selbst aus. Auch das eigene Selbstvertrauen ist nichts anderes als eine Art Autosuggestion. Wenn das Bewusstsein Zielgerichtetheit oder Entschlossenheit entwickelt, kann es diese Einstellung nur wirksam aufrechterhalten, wenn es einen starken selbsthypnotischen Einfluss auf sich selbst ausübt; oder, in unserer Terminologie gesprochen, wenn ein NEN auf die nachfolgende NEN-Tätigkeit beherrschend einwirkt.

DER FALL VON HERRN M. Herr M. kam als Industrieller im Ruhestand zum ersten Mal in ein Kloster, um dort an einem Zen-SESSHIN teilzunehmen; er war damals um die siebzig Jahre alt. Er sagte, er habe noch nie etwas Genaueres über Zen gehört oder gar ZAZEN geübt. Jedoch war er ernsthaft und aufmerksam bei allem dabei. Er war wach und aufgeschlossen und widmete sich mit Eifer den Alltagsarbeiten des Klosters, bei der auch die Kursteilnehmer mitmachen mussten, wie Kehren, Putzen, trockenes Laub rechen und Jäten im Garten. Er schien zu verstehen, dass die praktische Tätigkeit etwas mit der Zen-Disziplin zu tun hatte. Nach diesem ersten Kurs machte er an jedem weiteren SESSHIN des Klosters mit, und nach drei Jahren gelangte er zum KENSHŌ, wie er es erwartet hatte.

Es war zu einer Zeit, als er im Studium des Zen bereits beträchtliche Fortschritte gemacht hatte und wir erwarteten, dass bei ihm etwas geschehe. Da bat er mich einmal, seine Haltung ganz genau zu überprüfen. Er war eine Art Selfmade-Mann, der sich energisch durch die Strudel des Lebens gekämpft hatte, und an seinem ziemlich stämmigen Körper schienen sich geradezu die Jahresringe abgezeichnet zu haben. Das Gleichgewicht zwischen linker und rechter Hälfte von Brust und Rumpf war etwas aus dem Lot, und der Mittelteil der Wirbelsäule beschrieb eine leichte Krümmung. Die linke Schulter hielt er leicht vornüber geneigt und etwas höher als die rechte. Sein Körper war ganz leicht nach rechts gebeugt. »Spüren Sie keinen Schmerz in der rechten Gesäßhälfte, wenn Sie lange sitzen?«, fragte ich ihn. Er schien über meine Frage etwas überrascht zu sein und gab zu, dass dies tatsächlich der Fall sei. »Halten Sie Ihre Nase so, dass sie ganz senkrecht über dem Bauchnabel steht«, sagte ich, und er erfasste das sofort. Er gab seinem Körper einen leichten Ruck und hatte die korrekte Haltung erreicht. Dann sagte er mit dem erleichterten Gesichtsausdruck von jemandem, der von einem chronischen Leiden erlöst worden ist: »Ich weiß. Eigentlich ist es nicht die Schulter. Ich muss meine Hüften in die richtige Haltung bringen. Oder nicht?«

Ich riet ihm, zur genauen Überprüfung seiner Haltung einen Spiegel zu verwenden. Später erzählte mir einer seiner Freunde, der ebenfalls mit dem ZAZEN begonnen hatte, Herr M. habe daheim eine Schnur in der Mitte des oberen Rahmens seines körpergroßen Spiegels befestigt und sie wie ein Lot nach unten hängen lassen. Dann habe er die Haltung seiner Nase und seines Bauchnabels ganz genau nach der Lotlinie der Schnur ausgerichtet. Auf diese Idee war ich noch nie gekommen. Herr M. hatte die Weisheit besessen, den Rat anderer mit seiner eigenen schöpferischen Fantasie zu verbinden. Diese Weisheit, so dachte ich, hatte ihm sowohl im ZAZEN als auch in seinem weltlichen Beruf zum Erfolg verholfen, denn er hatte in seiner Jugend als mittelloser Jugendlicher begonnen.

Er bat auch um meinen Rat für seine Atemtechnik. Doch kurz zuvor hatte ich erst einer Gruppe von Leuten die Bambus-Methode empfohlen und hatte dabei eine ziemlich enttäuschende Erfahrung gemacht; so hielt ich es für klug, ihm nur das zu sagen, was für mich das Grundlegendste war. Wir unterhielten uns allgemein darüber, wie man den TANDEN stärken könne, indem man Zwerchfell und Unterleibsmuskeln gegeneinander in Spannung bringt, und ich äußerte, jeder müsse dazu selbst die Methode finden, die seiner Konstitution am meisten entspreche. Ich war indes gespannt auf seine Reaktion auf meine Aussagen, und am darauffolgenden Tag, als das SESSHIN begann, achtete ich besonders auf sein Verhalten. Aber ich brauchte gar nicht besonders auf ihn zu achten, denn es geschah etwas Ungewöhnliches. Zuerst dachte ich, ich hörte einen schwachen Dauerton, der von außerhalb der ZENDO-Halle komme. Der vorsitzende Mönch gab die Ermahnung: »Machen Sie mit Ihrer Nase kein Geräusch.« Daraufhin brach der Ton ab, aber einige Minuten später setzte er wieder ein, und diesmal schien er stärker als vorher zu sein. Er war in der stillen Halle vernehmbar zu hören, als kümmere er sich überhaupt nicht um die Mahnung des vorsitzenden Mönchs, und es schien, als wolle er die Aufmerksamkeit aller anderen auf sich ziehen. Schließlich merkte ich, dass der Ton aus der Nase von Herrn M. kam, der direkt neben mir saß.

Das war eine wirklich bemerkenswerte Weise zu atmen. Ungefähr zehn Sekunden lang atmete er ununterbrochen aus und erzeugte dabei einen summenden Ton »Zzzzz«; dann kam eine kurze Pause des Einatmens, und dann setzte der Ton wieder ein: »Zzzzz«. Er spannte seine Atemmuskeln beträchtlich an, um seinen Atem auszupressen. Es gab kein An- und Abschwellen, keine Unterbrechung für eine kurze Pause wie bei der Bambus-Methode, sondern der Strom des Ausatmens floss breit und immerzu hervor.

Der vorsitzende Mönch wiederholte seine Ermahnung mehrmals, und jedes Mal folgte darauf kurzes Schweigen, worauf dann jedoch immer wieder alsbald der Summton einsetzte und in der ganzen Halle vernehmbar war. Für die jungen Mönche war das störend, und deshalb wurde Herr M. gebeten, den Raum zu verlassen und seine Übung in einem Winkel der Haupthalle des Tempels fortzusetzen. Ich folgte ihm und setzte mich ihm gegenüber auf die andere Seite des Raumes. Er war sich dessen nicht bewusst, dass er den Ton hervorbrachte. Gegen Ende des SESSHIN nahm sein Gesicht einen anderen Ausdruck an. Es war ganz regungslos. Sein Gesicht glich der Maske des alten Mannes in einem Noh-Stück. Die Augen der Maske des alten Mannes sind offen, aber Herrn M.s Augen waren von seinen gesenkten Augenlidern fast ganz bedeckt. Sein Gesicht war ruhig, friedlich und ausdruckslos wie das eines Toten.

Er bewegte sich wie ein Traumwandler. Er schritt vor sich hin, wie sich Noh-Spieler bewegen. Seine Umgebung nahm er gar nicht richtig wahr. Den ganzen Tag lang war er entweder in positivem oder absolutem SAMADHI. Am Vorabend des letzten Tages des SESSHIN lud ich ihn ein, mit mir die ganze Nacht hindurch zu sitzen. Ich kann mich nicht erinnern, ob er immer noch den summenden Ton hervorbrachte, aber vermutlich nicht, denn ich erinnere mich an nichts Besonderes hinsichtlich seines Atmens. Am Morgen des letzten Tages erlangte er das KENSHŌ. Und den ganzen Tag lang machte er die Erfahrung vieler Dinge, von denen er mir erzählte. »Ich muss Ihnen erzählen, dass mir etwas sehr Wunderliches passiert ist. In der kurzen Pause nach dem Frühstück, als wir noch im Essraum saßen, überkam mich plötzlich der Gedanke, dass dieser Raum, dieses Geschirr und diese Leute, die hier sitzen – dass das alles ich selbst bin. Es war ganz seltsam. Als ich wieder an meinen Platz zurückkehrte, schaute ich in den Garten hinaus, und es war mir, als sähe ich die Steine, die Bäume und alles andere genauso.«

Bald nachdem er wieder zu Hause war, stellte sich bei ihm ein unregelmäßiger Puls ein, und sein Arzt sagte ihm, das komme daher, dass er seine Atemmuskeln zu sehr anspanne, wobei er chronisch zu hohen Blutdruck hatte. Auf den Rat des Arztes hin hörte er drei Monate lang mit den ZAZEN-Übungen auf, und die Symptome verschwanden. Nach einer Pause von zehn Monaten erschien er wieder im Kloster und berichtete mir, was in seinem Kopf vorging. »Ich habe sehr gründlich darüber nachgedacht und bin zu einem Entschluss gekommen. Ich möchte nicht groß und außergewöhnlich im Zen werden, wie ich es vielleicht einmal erhofft hatte.« Ganz bestimmt hatte er sich ein Höchstmaß abverlangt, wie das ein ernsthafter Zen-Schüler tut, wenn er Einsicht in jedes Geheimnis des Universums erlangen will. Er fuhr fort: »Ich als gewöhnlicher Mensch möchte einfach in Frieden leben und für andere tun, was ich kann. Ich will den Rest meiner Jahre als MYOKOJIN (guter und reiner Mensch) oder MOKUJIKI-JONIN (Weiser, der von Rohkost lebt) verbringen. Mir geht es nicht um das KENSHŌ. Was das Problem von Leben und Sterben betrifft, so spüre ich, dass ich innerlich davon ziemlich losgelöst bin, und ich versuche nicht mehr, mich so angestrengt im ZAZEN zu üben wie früher. Wenn mir zerstreuende Gedanken kommen, sollen sie eben kommen. Ich freue mich eher darüber.«

Er hatte einen fortgeschrittenen Zustand erreicht. Würde ich jetzt versuchen, einige Kommentare zu seiner Aussage zu geben, so würde das zu einer langen Diskussion führen. Für den Augenblick mag es genügen, einige Zen-Sprüche zu zitieren: »Ich suche nicht Heiligkeit oder Erleuchtung.« – »Ich vermeide nicht Schmutz, noch will ich meine Anhänglichkeiten loswerden.«

Aber leider starb er bald, nachdem ich Japan verlassen hatte, nicht an seinem Bluthochdruck, sondern ganz unerwartet an Krebs. Jedoch hatte er sein Sterben ja schon mit den eben zitierten Worten vorausgesagt.

*Sechzehntes Kapitel*

# EINE PERSÖNLICHE SCHILDERUNG

Im Alter von dreizehn Jahren hatte ich eine Erfahrung, von der man sagen kann, dass sie zur Schlüsselerfahrung meines Lebens geworden ist. In diesem Alter stehen wir an der Schwelle zur Jugendzeit. Wir tragen noch die frische Erinnerung an das Traumland der Kindheit mit uns, aber gleichzeitig ist die Tätigkeit unseres Bewusstseins schon fast voll ausgebildet.

Die Erfahrung wurde mir während einer Unterrichtsstunde in Kalligrafie zuteil. Der Lehrer war eine Art Künstler und sehr angenehm im Umgang. Er kümmerte sich nicht besonders um Disziplin und Ordnung. Er ging von einem zum andern Schüler und gab jedem einzelnen seine Anweisungen. Wenn er sich über einen Schüler beugte, nahm er immer wieder den Pinsel des Betreffenden in die Hand und zauberte ein Meisterwerk der Kalligrafie aufs Papier, was den Kindern immer große Freude machte. Bei solchen Gelegenheiten drängten sich die Schüler der benachbarten Pulte um ihn und schauten bewundernd zu, während die ungezogenen Kerle, die weiter entfernt saßen, die Gelegenheit ausnutzten und allen möglichen Unfug anstellten. An jenem Tag waren sie besonders ungezogen. Ich wollte mich von ihnen absetzen und versuchte, mich ganz fest auf meine Arbeit zu konzentrieren. Glücklicherweise hatte ich meinen Platz in einer Ecke und konnte das ziemlich leicht tun. Rückblickend geht mir auf, dass meine Atemweise während des Kalligrafierens ganz natürlich derjenigen glich, die man im ZAZEN übt, vor allem der Bambus-Methode. Ehe ich es recht merkte, war der verwirrende Lärm des Klassenzimmers weit fort, wie in einem Traum. Dann muss eine Zeit eingesetzt haben, in der ich nichts hörte und nichts spürte. Wie lange dieser Zustand andauerte, weiß ich nicht, aber der Zeitraum, in dem ich mich selbst und meine Umgebung völlig vergessen hatte, muss schon beträchtlich gewesen sein.

In tiefem Schweigen – es war, als habe der Turm von Babel schon sehr lange verlassen dagelegen und als hätte der Schein der Sterne lange seine Ruinen beschienen, und nach dem Verlauf vieler Zeitalter hätte ein Fremdling aus einem fernen Land zufällig die Überreste in einer mondhellen Nacht besucht, mit dem Stock in der Hand auf seiner einsamen Wanderung und mit seinem Herzen voll tiefer Erregung –, in einem solchen ewigen Schweigen und in mitternächtlicher Stille kam ich zu mir selbst, als sei ich plötzlich zufällig geweckt worden, und sah vor mir ein Stück Kalligrafie auf dem Pult liegen. Es war klar und wunderschön, in Schwarz und Weiß. Ich starrte einen Augenblick lang darauf, und plötzlich wurde ich mir des weit wunderschöneren Friedens in meinem Geist und des stillen Atmens bewusst, das mein ganzes Sein durchströmte, und andächtiger Schauder ergriff mich.

Der chinesische Rip van Winkle durchstreifte das legendäre Land der Pfirsichblüten und stieß auf ein weit entferntes, altes Volk, das einem friedvollen mythologischen Zeitalter angehörte und überlebte, um dort im Verborgenen sein Leben zu führen. Alles lag verborgen im Schweigen der Frühlingsvollmondnacht, und zahllose Blumen in voller Blüte bedeckten die Hügel und Täler. Er muss davon tief beeindruckt gewesen sein, so wie ich im Augenblick, als ich zu mir selbst kam.

Ich hatte das Gefühl, ich dürfe mich nicht rühren, um nicht den friedvollen Zustand meines Leibes und Geistes zu zerstören. Ich wusste, woher dieser Friede und dieses Schweigen kamen: Alles strömte aus meinem Körper, der sein gewohntes Empfinden abgelegt hatte. Wo waren meine Beine, meine Lenden, mein Rumpf? Ich wusste, dass ich auf einem Stuhl saß, aber ich spürte überhaupt nicht, dass ich dasaß. Das gewöhnliche Sinnesempfinden meines Körpers – ja sogar das Empfinden für mein Dasein überhaupt – stellte sich nicht wieder ein. An diesem Ausfallen des Sinnesempfindens lag es, dass mein Leib und mein Geist voller Schweigen und Frieden waren. Die Hand, die den Pinsel hielt, bewegte sich langsam wie von allein. Das Wichtigste war, dass ich meinen Kopf weder nach links noch nach rechts bewegen durfte; das wusste ich ganz instinktiv.

Als am Ende der Unterrichtsstunde die Glocke läutete, fragte ich mich, was nun aus mir werden sollte. Ich war mühelos imstande, aufzustehen, aber mit großem Bedauern fand ich, dass der Friede von mir wich.

Diese Erfahrung wuchs sich in mir zu einer Leidenschaft aus, und in der nächsten Kalligrafie-Unterrichtsstunde versuchte ich mit allen Kräften, dieses sagenhafte Land wiederzufinden. Ich wusste instinktiv, dass ich meinen Körper ganz reglos halten musste, wenn ich die gleiche Wirkung wieder erzielen wollte. Auch wusste ich, wie wichtig es war, den Atem zu zügeln und das Empfinden meines gesamten Körpers auf ein Mindestmaß zu reduzieren. Ich wusste, dass ich meine Haut in den Schlaf wiegen musste. Aus der Erinnerung an meine gestrige Kindheit wusste ich noch, wie ich mit Körper, Haut und Atem umgehen musste. Wenn sich das Kind beim Versteckspiel hinter dem Vorhang verbirgt, hält es den Atem an – und praktiziert so instinktiv ZAZEN.

Was sich zufällig ereignet hat, lässt sich oft nur sehr schwer noch einmal vorsätzlich herstellen. Das Glück ist ein Künstler. Es kann sein, dass Regentropfen im Sägemehl Ungeheuer zeichnen und dabei ein Kunstwerk vollbringen; aber wenn man das nachahmt, bleibt es gewöhnlich nutzlos. Jedes Mal, wenn ich wieder das Klassenzimmer für den Kalligrafie-Unterricht betrat, versuchte ich, meinen Traum vom verwunschenen Land wiedererstehen zu lassen; zuweilen hatte ich ein Stück weit Erfolg damit, aber im Allgemeinen brachte ich es nur fertig, einen kleinen Zipfel davon wieder zu erhaschen. Das war ziemlich enttäuschend. Ich versuchte es anders, schaute mich nach einem abgelegenen Platz um, ging jeden Abend an das Ufer eines Flusses und starrte nach dem Abendstern. Es war, als folgte ich der Unterweisung durch die Weisheit, die sich auch nur unverfügbar einstellt.

Ich stand reg- und atemlos und hielt Nacken und Schultern unbeweglich, als sei ich in eine Statue verwandelt. Es war Spätherbst. Der leise Wind des stillen Abends umwehte die Haut von Gesicht und Körper, und das genügte, um die Tätigkeit meines Geistes und Leibes immer ruhiger werden zu lassen. Eine Art melodiöses, bebendes Empfinden stellte sich um Ohren, Nacken und Wangen ein und breitete sich nach und nach über meinen ganzen Körper aus. Dann setzte alles Empfinden aus, und es war, als lösten sich meine Gliedmaßen in nichts auf. Eine Stille, die wie die Nacht immer tiefer und älter wurde, verschmolz mit der Einsamkeit des Abends und erfüllte meinen ganzen Körper. In jenen Tagen hatte ich noch keinen Begriff vom ZAZEN, aber wie ich so dastand, erlebte ich ein wunderbares SAMADHI.

Der Dämmer der Nacht umwob mich schweigend, das Zwielicht sank, und über das einsame Wiesenland näherte sich kaum vernehmlich der Laut von Schritten. Raschel, raschel. Anscheinend ging ein Mann mit einem Hund vorbei. Das ließ mich wieder zu mir selbst kommen und denken: »Jetzt ist es Zeit, heimzugehen.« Ich begann, meinen Körper leise zu bewegen. Mit großer Sorgfalt achtete ich darauf, den immer noch in mir ruhenden Frieden des SAMADHI nicht zu stören. Ich setzte behutsam Schritt um Schritt, ging langsam und ruhig. Im Einklang mit der Stille der Hügel und Täler im Dämmer der Nacht war das Augenblick für Augenblick eine Fortsetzung des heiteren Glücks.

Ungefähr von dieser Zeit an schlich sich ein Gefühl der Abscheu gegen die oberflächliche Welt der Menschen in meinen Geist ein und besetzte ihn nach und nach ganz. Das hohle Leben der Erwachsenen kam mir widerwärtig vor. In süßer Erinnerung erstand immer wieder in meinem Geist der Traumgarten ländlicher Poesie und war das gerade Gegenteil dessen, was die Menschen in der Welt trieben. Als ich jedoch älter wurde, spürte ich zu meinem Bedauern, dass mir das verwunschene Land der Pfirsichblüten immer ferner rückte. Sehr oft blickte ich zurück und versuchte, mich des vergehenden Traums wieder zu bemächtigen. Am hinteren Gartentor nahm ich nur mit Widerwillen von meinem üppigen Frühlingsland Abschied; und als ich um das Haus gegangen war und die Eingangstür erreicht hatte, prallte mir die erwachsene Welt des Streitens und Betrügens entgegen. Ich schwor bei mir selbst, mich niemals in diese Welt der Lüge und der Begierde hineinzubegeben und mich von ihr beflecken zu lassen.

Und was geschah in Wirklichkeit? »Wenn an den drei Stellen die Haare sprossen, hörst du nicht mehr auf deine Eltern.« Ja, und nicht nur das, sondern ich hörte auch nicht mehr auf meine eigene innere Stimme. Als ich größer wurde, vergaß ich meine Abneigung und ging sklavisch in den Alltagsdingen des Lebens auf. Ich verfiel allen möglichen Arten von Lastern: Herzlosigkeit, Grausamkeit, Hass, Stehlen, Betrügerei und Schmeichelei.

Ich spielte zu der Zeit die Rolle des Furchtlosen, lief mit stolzer Miene und imposantem Gehabe herum, aber in Wirklichkeit war ich ein Feigling. Ich hatte Angst vor dem Sterben. In Wirklichkeit litt ich an einer Neurose, aber dessen war ich mir nicht bewusst, weil ich ganz darin befangen war. Im Wachen und Schlafen verfolgte mich der Gedanke, ich müsse sterben und werde verschlungen, und nichts werde von mir übrig bleiben. Das war ein Zustand völliger Verzweiflung, mit dem ich nicht umzugehen wusste. Es gab keinen Ort der Zuflucht. Aus fast allem können wir einen Ausweg finden, wenn es uns nichts ausmacht, uns in der Welt zu erniedrigen; aber der Tod ist ein unentrinnbares Problem.

Es schien, dass ich selbst im Schlaf schreckliche Qualen durchlitt, und wenn ich morgens aufwachte, war ich immer ganz erschöpft. Schon im Augenblick des Erwachens blieb mir keinerlei Frist, sondern sofort hallte in meinen Ohren eine Stimme: »Du musst sterben!« Plötzlich spürte ich ein Würgen, und mein Herz schlug ganz rasend. Es war, als lebte ich unter einem Luftangriff, der den ganzen Tag und die ganze Nacht andauerte – ein Opfer des psychologischen Kriegszugs des Todes.

War ich auf die Welt gekommen, um derartige Todesängste durchzustehen? Diese Welt war buchstäblich eine leibhaftige Hölle. Mich wunderte es, dass die Leute so sorglos dahinlebten. Gespannt fragte ich einmal einen alten Mann, der über einen gesunden Menschenverstand verfügte: »Haben Sie keine Angst, wenn Sie ans Sterben denken?« Er sagte: »Ich habe schon meine Zähne verloren, meine Augen sind schwach, meine Haare kann ich zählen. Ich habe schon alle meine Kleinigkeiten vorausgeschickt.« Was für ein Unsinn! Lügen Sie nicht so! Geben Sie zu, dass Sie ganz anders fühlen! Am liebsten hätte ich ihn am Kragen festgehalten und gezwungen, mir die Wahrheit zu beichten. Ich war einmal ein frommer Christ gewesen. Mit zitternden Händen schlug ich die Bibel auf. Könnte ich nur den Glauben wiederfinden, der mir einmal so viel Sicherheit gegeben hatte. Aber leider war alles zerronnen.

Etliche Generationen vor uns hat es Menschen, Schriftsteller und Denker gegeben, die einen lauteren christlichen Glauben hatten. Aber einer um den andern hat diesen Glauben verloren, und wenn sie starben, starben sie unter schrecklichen Todeskämpfen. Die modernen Intellektuellen sind Verfluchte.

Verstohlen beugte ich die Knie, um mich zur Meditation hinzusetzen. Ich hatte keinen Lehrer und fand meine eigene Sitzmethode. Jedoch, so seltsam es klingt, ich spürte, dass mein Geist ruhiger wurde. Schweifende Gedanken kamen und gingen, aber die Rastlosigkeit meines Geistes, die mich so verwirrt hatte, legte sich; es war, als hebe sich ein dichter Nebel; mein Gemüt war nicht mehr so bedrückt, obwohl ich nicht wusste, weshalb. Ich dachte, dass vielleicht das ZAZEN meine Nerven beruhigte. Dieses zufällige Erraten entsprach allem Anschein nach den Tatsachen. Viel später hatte ich Gelegenheit, über die Theorie des Zen nachzudenken, aber das Zen ist in meiner Sicht keine Philosophie oder mystische Lehre. Das Zen ist schlicht und einfach eine Praxis, die dazu verhilft, seinem Nervensystem eine klare Ordnung und Disziplin zu schenken. Das heißt, das Zen stellt die normale Funktionsweise des zerrütteten Nervensystems wieder her. Und man muss daran ernsthaft und konsequent arbeiten.

Ich erfuhr, dass ein hervorragender Zen-Meister, oberster Abt eines Haupttempels in Kyoto, auf die Einladung einer Zen-Laiengesellschaft hin in meinen Distrikt kam und dass in einem bestimmten Tempel ein SESSHIN gehalten werden sollte. Ich ging hin, um daran teilzunehmen, und kam am Vorabend des Eröffnungstages an. Am nächsten Morgen sprang ich auf das Weckläuten um vier Uhr aus dem Bett, warf mein Bettzeug weg und zog mich rasch an. Gleich begann der Morgengottesdienst, und anschließend sagte mir ein Mönch, ich solle zum ROSHI zum DOKUSAN aufs Zimmer gehen.

Ich ging eine lange, nur spärlich erleuchtete Veranda entlang, die auf einen Garten hinauszugehen schien. Auf ihrer Innenseite lagen dunkle Räume; alle ihre Türen waren geschlossen und lagen im Schweigen. Ich kam an eine Treppe, stieg sie hinauf und betrat einen Vorraum. Er war finster, und ich konnte kaum den Weg finden. An seinem Ende war eine der Schiebetüren offen, die ihn gegen den dahinterliegenden Raum abtrennten, und lud mich zum Eintritt ein. Es schien, als rühre sich kein menschliches Lebewesen in diesem Teil des riesigen Gebäudes, und zugleich schien mich alles zu beobachten. Der dahinterliegende Raum lag eine Stufe höher. Ich betrat ihn und fand ihn schwach erleuchtet. Man hatte mir gesagt, in diesem Raum sollte ich den ROSHI treffen. Ich konnte jemanden sitzen sehen, in seinem Rücken den Alkoven, als habe er sich auf dem Grund der Finsternis niedergelassen. Das Licht traf ihn nur äußerst schwach, sodass man nur mit Mühe seine Umrisse erkennen konnte.

Ich machte vor ihm meine formellen Verbeugungen und sagte, ich sei noch Anfänger und bitte ihn um Unterweisung. Die Augen des ROSHI, die bis dahin fast ganz geschlossen gewesen schienen, öffneten sich leicht und sahen mich an. Ich werde nie diese Bewegung seiner Augen und das Licht, das sie aussandten, vergessen. Sie waren Wesen mit einem ganz eigenen Leben. Das waren nicht bloß Menschenaugen, sondern waren die Augen des SAMADHI. Dann schlossen sie sich wieder fast ganz. Hierauf sagte er: »Beschäftige dich mit dem Klatschen der einen Hand.« Er hob schweigend seine Hand, hielt sie eine Weile in die Höhe, und das war alles, was er mir zeigte. Jegliches individuelle Feilschen war ausgeschlossen. Seine Geste sollte bedeuten, dass er mit dem Leiden des Menschen in Kontakt trat. Mit anderen Worten, aus dem SAMADHI streckte sich einem eine Hand entgegen. Man sollte sie berühren, sie annehmen, und dann würde alles gut werden. Diese Begegnung war kurz, aber sie enthielt etwas Überzeugendes. Ich kam mir vor wie ein Fahrer, dem jemand an einer Kreuzung die Richtung zeigt.

Das Frühstück wurde bei Tagesanbruch gereicht. Alles wirkte erfrischend, vor allem der reine Klang der Handglocke, die der oberste Mönch betätigte und die mir tief ins Herz drang. Nach dem Frühstück war kurz freie Zeit. Ich betrat einen etwas abseits gelegenen Schrein namens Taishi-do; er war dem alten buddhistischen Lehrer Kobo Daishi geweiht, der viele Elemente der japanischen Kultur grundgelegt hat. Dieser Tempel gehörte zu denjenigen, die die Pilger besuchten. Ich saß in einer Ecke des Raumes und meditierte und blieb dabei ohne Unterbrechung bis zur Zeit des Mittagessens.

Im Zen wird betont, dass alles darauf ankomme, was man selbst wolle, weil man das mit Spannung und Intensität betreibe. In meinem Fall erwies sich das als zutiefst wahr. Vom ersten Augenblick des ersten Tages des SANZEN (Studium des Zen) an schien ich in eine Art von anhaltendem SAMADHI zu verfallen, das fortdauerte, bis der Gong zu einer Mahlzeit erklang. Dann kam ich zu mir. Es war Frühsommer und elf Uhr morgens. Kalte Südostbrisen wehten durch den Raum, und Reihen von Papierlaternen, die von Pilgern gestiftet waren, baumelten lustig im Wind. Bei ihrem Anblick wurde ich in schwindelerregende Schwingungen versetzt wie von Stößen eines Erdbebens. Mit einem gewaltigen Krachen stürzten alle Berge und Täler, Tempelgebäude und der Schrein mit mir in den Abgrund hinunter. Sogar fliegende Vögel fielen mit gebrochenen Schwingen zu Boden.

Aus einem Staudamm, der einen großen See zurückhielt, löste sich ein einzelner Stein, und daraufhin riss der Damm, und Hunderttausende von Tonnen Wasser schwollen in den Straßen der Stadt an. Das optische Schwingen beim Anblick der baumelnden Laternen führte zu einem Wirbel in meinem Gehirn und zum Überfluten des inneren Drucks. Der Staudamm riss bis zum Felsengrund hinab und ließ den inneren Druck als Sturzflut ungehemmt ausströmen. Je höher der Druck ist, desto umfassender ist die Zerstörung.

Seit frühester Zeit haben die führenden Mönche in den Zen-Klöstern ihre Fähigkeit danach bemessen, in welchem Maß sie ein Maximum an innerem Druck in ihren Schülern erzeugen können. Sie erklären, aus dem »großen Zweifel« platze großes SATORI, und sie ermutigen die Mönche, möglichst viel zu zweifeln.

In meinem Fall hatte mich die Angst vor dem Sterben in einen unerträglichen Zustand hineingesteigert. Für einen verurteilten Verbrecher gibt es kein Entrinnen mehr, sosehr er auch weinen und klagen mag. Ich konnte mich zwar nicht erinnern, welch schreckliches Verbrechen ich in meinem bisherigen Leben begangen haben sollte, aber mein Elend überschritt einfach meine Kräfte. Wenn Gott die Welt wirklich so eingerichtet hatte, konnte ich ihm nur mit unverhohlenem Abscheu fluchen. Jedoch in einem Winkel meines Geistes war ein Hoffnungsstrahl aufgetaucht, als mir zum ersten Mal der Gedanke gekommen war, das ZAZEN könne mir vielleicht helfen, meine Nerven zu beruhigen. Ich hatte die Vorahnung, dass sich dort die Möglichkeit eines Auswegs finden ließe. Und im disziplinierten Rahmen des SESSHIN, bei dem ich in einer ganz bestimmten Form zu sitzen hatte, ordneten sich die Dinge so, dass sich in meinem Geist ein Weg auftat, und ich trat ins SAMADHI ein.

Dieses Eintreten ins SAMADHI ist absolut notwendig. Das SAMADHI stellt die Läuterung des Bewusstseins dar, und wenn das Bewusstsein geläutert ist, hat man es in Wirklichkeit bereits geschafft. In dem Augenblick, als ich die Laternen baumeln sah, löste sich ein Stein aus dem Damm – das erste Zeichen, dass er gleich brechen werde –, und gleichzeitig löste das jäh erwachende Bewusstsein selbst eine totale Umwandlung aus. Das Bewusstsein versteht auf dieser Stufe das Wie und Warum nicht, aber es findet sich plötzlich von allen seinen bisherigen Todesängsten befreit. Und wenn das Bewusstsein sich dieser Befreiung bewusst wird, überkommt einen unwiderstehlich die Ekstase.

Die menschliche Energie ist schlichtweg Energie. Sie kann in Ekstase, Zorn oder Lachen umgewandelt werden, je nachdem, wie die Leitungen installiert und welche Hahnen geöffnet sind. In dem Augenblick, wo man das KENSHŌ erlangt, ist der Hahn voll aufgedreht, und reines Wasser sprudelt als nicht enden wollender Strom heraus. Spirituell führt das zu einem Überschäumen wilder Freude; physisch lässt es das Blut rascher durch den ganzen Körper pulsieren. In der Tradition heißt es, dass beim Eintritt des KENSHŌ das Lösen der inneren Spannung drei Tage lang anhalte, und der Betreffende, dem das widerfährt, wird angewiesen, sich in dieser Zeit ruhig hinzulegen. In Anbetracht der Todeskämpfe, die der Betreffende durchgemacht hat, lässt sich das KENSHŌ und sein Nachwirken mit der Zeit der Rekonvaleszenz nach einer Krankheit vergleichen.

Doch zurück zu meiner Geschichte: Der Gong, der das Zeichen zur Essenszeit gab, tönte weiter, als sei er von den baumelnden Laternen angeschlagen worden; ich taumelte auf meine Füße, setzte mich langsam in Bewegung und war immer noch wie im Traum. Ich ging wie jemand, der sich von einem langen Krankenlager erholt und erst allmählich wieder das Gehen lernt. Ich kam zu dem überdachten Durchgang, der den Schrein mit dem Hauptgebäude verbindet, überquerte einen brückenartigen Weg und betrat die Haupthalle. Alles lag in tiefem Schweigen, und kein menschlicher Schatten regte sich. Alle waren bereits in den Speisesaal gegangen. Die Halle, die sich weit in die Tiefe erstreckte, war im Inneren düster, und ich konnte darin den Sitz des Buddha sehen, der schwach schwarz glänzte. Die goldenen Lotusblüten schauten hinter einem gestickten Vorhang hervor. Ein Standbild von Pindola stand mit dem Blick nach Süden auf der Veranda. Ich ging auf es zu, als ziehe es mich an, und stellte mich daneben. Ich schaute zum Tempeltor hinüber, wo ich zwei Pilger liegen sah, die den Sockel einer Steinsäule als Kopfkissen benutzten. Auch Pindola schaute zu ihnen hinüber. Sie waren vielleicht hundert Schritte von der Veranda entfernt, auf der ich stand. Der weite, trockene Boden leuchtete im Mittagslicht und hob die Umrisse der Pilger scharf ab wie Schattenrisse auf einer Leinwand. Sie sahen aus wie Vater und Sohn.

»Dieser Vater und sein Sohn sind leprakrank«, vernahm ich klar und deutlich von Pindola, und es war, als wolle er mich überzeugen, dass das tatsächlich so sei. Das war vor einem halben Jahrhundert. Damals waren schon alle Leprakranken in Anstalten aufgenommen worden und durften sich nicht mehr frei in der Öffentlichkeit bewegen. Aber ein Jahrzehnt zuvor, als ich noch ganz jung war, konnte man sie noch auf Pilgerschaft sehen, die sie in der Hoffnung unternahmen, Heilung von ihrer schrecklichen Krankheit zu finden; bei manchen waren Nasen und Ohren zerfressen – ein zutiefst mitleiderregender Anblick. Bei dieser Gelegenheit muss die Erinnerung an solche Gestalten in meinem Geist wieder aufgeflammt sein. Es war ein Streich, den mein Bewusstsein sich selber spielte.

Die gleiche Stimme fuhr fort: »Wie fühlst du dich dabei? Sie sind leprakrank. Wenn du wirklich erleuchtet bist, musst du das Herz des Bodhisattva Kannon in dir entwickelt haben. Dann kannst du geradewegs zu diesem Vater und seinem Sohn gehen, gut zu ihnen sein und sie vom Grunde deines Herzens trösten. Dann kannst du wie die Kaiserin Komyo mit deinem eigenen Mund den Eiter aus ihren Schwären saugen. Kannst du das?«

Um diese Frage stellen zu können, hatte mir die Stimme zunächst gesagt, dass sie leprakrank seien. Bei einer Gelegenheit wie dieser spricht das Bewusstsein zu sich selbst, als wäre es sich selbst fremd. Das ist nichts Außergewöhnliches; jeder Mensch kann diese Erfahrung machen, zum Beispiel in seinen Träumen, wie das Freud eindeutig klargemacht hat. Als die Stimme mich fragte, ob ich zur selben Handlung fähig sei wie die Kaiserin Komyo, kam mein Geist gegen meinen eigenen Willen ins Wanken, und unwillkürlich schreckte ich zurück. Ich spürte auch ganz deutlich, wie das in mir vorging. Das war eindeutig ein kurzfristiger Verrat an mir selbst, den ich nicht leugnen konnte. »Dann bist du nicht erleuchtet«, murmelte die Stimme. Mir blieb nichts anderes übrig, als mein Haupt zu beugen und zu sagen: »Nein, Herr, das bin ich nicht.«

Ich hatte natürlich geglaubt, wenn ich erst einmal das KENSHŌ erlangt haben würde, dann würden sich für mich auf der Stelle und ein für alle Mal das Geheimnis des Universums, das Problem des Sterbens und alles andere lösen. Hau mir ruhig den Arm ab! Hacke mir die Füße weg! Ja selbst wenn man mir das Leben in diesem Augenblick nehmen würde, würde mir das nichts ausmachen, wenn ich erst einmal das Geheimnis verstanden haben würde! Wo ich herkomme, wohin ich gehe, die wahre Natur der Wirklichkeit, das ewige Leben und alles andere würde ich dann so klar begreifen, als läge alles offen vor meinen Augen – so hatte ich mir das vorgestellt. Doch in diesem Augenblick war überhaupt nichts für mich klar. Auf dem Grund meines Herzens hatte ich vage dieses »Nichts ist klar« verspürt. Daher war ich derart am

Schmoren. Es handelte sich um das Kreuzverhör durch einen Prüfer, der seine einleitenden Untersuchungen anstellt. Sowohl Prüfer als auch Geprüfter waren Produkte meines eigenen Bewusstseins.

Manche psychisch Kranke beklagen sich darüber, dass es in ihnen zwei Menschen gebe. Das Bewusstsein strömt dahin und bildet die Abfolge von erstem und zweitem NEN, und an der Tatsache, dass der Letztere Fragen stellt und der Erstere Antworten gibt, ist nichts Geheimnisvolles. In dieser Beziehung könnte man sagen, sei der psychisch Angeschlagene sensibler als der Durchschnittsmensch. In einem gewöhnlichen Geist herrscht die übliche Bewusstseinsweise unangefochten vor. Er wirft die Eindrücke jedes Augenblicks in den Topf seiner Erkenntnis und kocht daraus ein vermeintlich konstantes individuelles Ego.

In meiner Erfahrung auf der Veranda (bei der die Logik eine Zeit lang aufgehoben war) sagte eine Stimme aus der Tiefe meines Geistes: »Du fingst zwar an zu glauben, du habest das KENSHŌ erlangt, aber in Wirklichkeit weißt du gar nichts.«

Sei es, wie es wolle, wie konnte ich mir das impulsive, angenehme Gefühl erklären, das in meinem Inneren aufgesprudelt war? Prüfer und Richter mögen sagen, was sie wollen; jedenfalls war ich innerlich von einem freudigen Gefühl erfüllt gewesen, das umhergehüpft war wie ein spielendes Kind. Ich hatte es genossen, mich diesem Gefühl hinzugeben, ohne viel darüber nachzudenken. Alles, was mir vor die Augen gekommen war, hatte einen ungemein lebhaften Eindruck auf mich gemacht.

Am Tempel kamen Pilger an, und ich konnte sehen, wie sie an den Schalter gingen, an dem Amulette verteilt wurden. Sie gingen schweigend in der sengenden Sonne umher. Ein Priester stempelte das Amulett mit dem Siegel des Tempels. Alles war still. Die über und über bewaldeten Hügel hinter dem Tempel und die in der Ferne zirpenden Zikaden trugen zur Stimmung bei, im Frieden geborgen zu sein. Die Pilger griffen nach ihren Stäben und gingen wieder fort. Es war ein ungemein dichter Anblick, genau wie manche Szenen im Kino, die ich als Kind gesehen hatte.

Nachmittags lud mich ein junger Mann zum Schwimmen ein. Als eben entlassenes Opfer der Angst vor dem Tod sprach mich der Gedanke ans Schwimmen im See spontan an, und wir zogen sofort los. Ich hielt mich vielleicht eine Stunde lang im See auf. Als es Zeit zum Heimkehren war, stellte ich fest, dass mich das kristallklare, reine und köstliche Gefühl, von dem ich bis vor einer Stunde erfüllt gewesen war, verlassen hatte, und (als sei es insgeheim ausgewechselt worden) mir blieb lediglich das Gefühl, mein ganzes Wesen hänge schlaff in meinem abgenutzten, schmutzigen Leib wie in einem Sandsack. Zu keiner Zeit meines Lebens habe ich so deutlich hart nebeneinander den Unterschied zwischen der Reinheit und der Gemeinheit meines Leibes gespürt. Ich machte mir Vorwürfe und sagte mir, das hätte ich mir selbst eingehandelt, weil ich dem spielerischen Tun verfallen war, statt mich ernsthaft weiter im ZAZEN zu üben.

Manchen Lesern kommt vielleicht der Gedanke absurd vor, der Leib sei einerseits rein und andererseits schmutzig und gemein. Aber wer beide Erfahrungen schon gemacht hat, weiß, was ich meine. Man kann nicht genau erklären, worin die Reinheit und worin die Gemeinheit besteht, aber das sind spürbare Tatsachen, die man an seinem Leib leibhaftig erfahren kann. Was ich jetzt empfand, war ein fades, lästiges Körpergefühl. Die weltlose, reine Wonne, die ich noch eine Stunde zuvor verspürt hatte, war spurlos verschwunden. Es war zwecklos, Reue zu empfinden.

Viel später kam ich zur Einsicht, dass das Wonnegefühl und das Empfinden der Reinheit des eigenen Leibes in Wirklichkeit Produkte der intuitiven Tätigkeit des ersten NEN sind. Wie klar und lauter das gewesen war! Sie müssen einfach auch diese Erfahrung machen! Während ich jedoch von den Wellen umhergeschaukelt wurde, verloren sich diese Reinheit und Frische. Ich ging voller Reue in den Tempel zurück. Dort begann nach dem Vortrag des ROSHI und dem Nachtessen die Abendmeditation. Ich wartete ungeduldig darauf, dass sie anfange, und ich versuchte, mir das wonnige Gefühl vom Morgen in Erinnerung zu rufen und mich wieder in den gleichen Zustand zu versetzen.

Tatsächlich war das nur ein Problem, genau auf Atem, Haut und Unterleib zu achten. Wenn man einmal diese Erfahrung gemacht hat, kann man den Weg zu ihr zurück leicht wiederfinden. Am Anfang leicht einatmen, und dann sachte und leicht ausatmen und dabei voll reiner Empfindung sein: Diese Atemweise stellt sich ganz natürlich ein, wenn man etwas Inspirierendes zum Ausdruck bringt.

Ich habe diese Vorgehensweisen schon ausführlich behandelt, aber man möge mir verzeihen, dass ich hier auf bestimmte Punkte noch einmal hinweise.

Wenn Sie in ZAZEN-Haltung sitzen, Ihren Atem ungefähr auf dem Atemhorizont halten und Ihre Atemmuskeln fast gar nicht mehr bewegen, kommt Ihr Körper in fast völlige Reglosigkeit. Und wenn Sie den Bauch nach vorn und das Gesäß nach hinten drücken, senken sich Ihre Schultern, und Ihre Spannung lässt nach. Sind aber die Schultern entspannt, so entspannen sich auch alsbald alle andern Muskeln Ihres Oberkörpers. Sie sind dann in einem Zustand mäßiger oder stiller Spannung. So wie es eine optimale Reisegeschwindigkeit für ein Auto oder Flugzeug gibt, so können auch unsere Muskeln eine optimale Haltung ausgeglichener Spannung einnehmen, und das nennen wir die stille Spannung.

Unser körperliches Dasein empfinden wir dadurch, dass von der Haut und den Muskeln verschiedene Reize ausgehen. Fallen diese Reize aus, so spüren wir nicht mehr das Vorhandensein unseres Körpers. Oder anders gesagt: Wenn Sie im ZAZEN versuchen, Ihren Körper reglos still zu halten, verlangsamt sich spontan Ihr Atem. Dann stellt sich ein Gefühl der Ruhe und des Friedens ein, zunächst um die sensibelsten Stellen des Körpers – die Stirn, die Wangen, die Ohren, die Hände und Arme –, und breitet sich dann auf Brust oder Rücken aus. Mit ein wenig Üben werden Sie bald eine zarte, musikalische, schauerartige Schwingung spüren, die mit einer befriedenden Empfindung einhergeht. Das wiegt die Haut in den Schlaf, und ganz natürlich folgt darauf ein Nicht-Empfinden. Das befriedende Empfinden und das Nicht-Empfinden hängen innerlich eng zusammen; sie sind nur um Haaresbreite voneinander getrennt. Die Haut hat ihr eigenes Fühlen.

Sie handelt als Lippen der Seele (wenn der Unterleib der Sitz des Geistes ist), und sie spiegelt gefühlsmäßig den inneren Zustand der Muskeln und inneren Organe wider.

Zu der Zeit, die ich beschreibe, wusste ich natürlich all dies noch nicht mit solcher Klarheit. Ich konnte es nur verschwommen ahnen. Ich konzentrierte mich auf meine Erfahrung dieses Morgens und versuchte, diesen Zustand wiedererstehen zu lassen. Und tatsächlich gelang es mir nach einiger Zeit, dieses Wohlgefühl wieder zu empfinden.

In der Zen-Literatur heißt es, das Wohlgefühl, das mit dem KENSHŌ einhergehe, halte drei Tage lang an. Ich wollte, offen gesagt, diesem traditionellen Muster entsprechen. Wenn ich spürte, dass das Wohlgefühl etwas nachließ, setzte ich geschickt meinen Atem ein, um es wieder aufzufrischen. Ungefähr drei Tage lang ging das ganz gut, wie ich es mir erhofft hatte, aber im Laufe dieser Zeit erschöpfte sich nach und nach mein starker innerer Druck, und ich merkte, dass ich allmählich dieses Gefühl künstlich herstellte. Ich spürte auf meinem Herzen eine zusätzliche Last, wie das der Fall ist, wenn man ein bestimmtes Gefühl erzwingen will. Kleine Tricks habe ich nun genügend angewandt, dachte ich mir, und ich beschloss, einen Schritt weiterzugehen und einen Generalangriff auf das absolute SAMADHI zu machen. So fing ich wieder mit dem harten Üben des ZAZEN an. Gelegentlich hatte ich den Eindruck, schon ganz nahe am absoluten SAMADHI zu sein; und gelegentlich fühlte ich mich von umherschweifenden Gedanken blockiert. Es war kein leichtes Unterfangen. Es erwies sich, dass die Welt, die ich in meiner Kindheit bewohnt hatte, nicht so leicht wieder zu erobern war, jetzt, wo ich ein Jugendlicher mit einem äußerst aktiven Bewusstsein war.

Mir wären etliche Mühsale erspart geblieben, wenn ich in jenen Tagen schon gewusst hätte, wie ich mit meinem Körper und Geist richtig umgehen sollte. Ich brauchte dreißig Jahre, bis ich das Gefühl hatte, vom Zen ein bisschen verstanden zu haben. Und weshalb? Ganz einfach, weil es mir an organisierter Methode und Theorie gefehlt hatte. Ich weiß, dass die Leute in früherer Zeit nicht viel über die Techniken des ZAZEN geredet haben. Sie übten lediglich die einfache Sitzweise, und im Lauf von fünf oder zehn Jahren entwickelte unwillkürlich jeder seine eigene Praxis. Für sie erwies sich dieser Weg als effektiv, denn es war ihr eigener Weg. Jedoch war ihnen die Vorstellung, lediglich eine Technik zu beherrschen, ein Greuel, und darum redeten sie nur sehr zurückhaltend über ihre Methoden. Noch heute ist die Vorstellung recht zählebig, man könne das ZAZEN erst beherrschen, wenn man sich viele Jahre lang hart und scheinbar umsonst geplagt habe. Es gibt manche Mönche, die in die Berge und in einsame Täler gehen, um sich dort ganz abzuschließen; sie fasten, legen sich eine harte Disziplin auf und ertragen alle Arten von Mühsalen. Das hat etwas Romantisches und in gewisser Weise Anziehendes an sich. Aber es gibt ganz gewiss keinen Grund dafür, dass wir nicht einige Grundelemente der Technik des ZAZEN lernen und anwenden sollten, um rascher die Möglichkeit zu erlangen, ins absolute SAMADHI einzutreten. Hat man sich erst einmal an das absolute SAMADHI gewöhnt, so kann man alle Technik vergessen. Man braucht ihr nicht sklavisch anzuhängen.

Wir treten dann ins absolute SAMADHI ein, wenn sowohl der Zustand des Nicht-Empfindens als auch des Leib-und-Geist-Vergessens erreicht sind. Dann erfüllen der Friede und das Schweigen des Himalayas Ihr ganzes Wesen.

Während eines solchen absoluten Schweigens geschah es eines Tages, dass ich die Augen öffnete. Ich hatte die Gewohnheit, mit halb geschlossenen Augen zu sitzen, damals muss ich sie ganz geschlossen haben, ohne es recht zu merken. Es war später Nachmittag, und etliche Bäume im Garten warfen lange Schatten auf den Rasen. Unbewusst fühlte ich mich gezwungen, meine Aufmerksamkeit fest auf diesen Anblick zu richten. Er war mir von Kindheit an vertraut gewesen, aber jetzt sah ich ganz neu hin, mit dem Verständnis eines Künstlers. Das heißt, als Kind sieht man etwas instinktiv an, aber jetzt sah ich es mit intuitivem Verstehen. Dieses Verstehen weckte in mir eine tiefe Wertschätzung dessen, was ich sah. Es war der lebhafte Eindruck reinen Erkennens des ersten NEN.

In meiner ersten KENSHŌ-artigen Erfahrung, die ich oben beschrieben habe, hatte ich ein geistiges Erdbeben verspürt, in dem die

Tempelgebäude, die Berge und alles andere mit gewaltigem Getöse in den Abgrund gestürzt waren. Aber dieses Mal schaute ich in Stille auf die Schatten der Bäume. Wenig später hörte ich irgendwo in meinem Innern eine Stimme flüstern: »Das ist etwas ...« Aber kein besonderes Wonnegefühl wurde in mir geweckt. Ich machte mir keine Gedanken darüber, ob das ein großes oder kleinen KENSHŌ oder ob es überhaupt das KENSHŌ gewesen war.

Diese Erfahrung regte mich zu einem weiteren Versuch an. Ich begann mit der Übung, fest auf einen Baum, einen Felsen, einen Berg, eine Blume oder etwas anderes Derartiges zu blicken. Eines Abends wartete ich auf einen Freund. Ich stand dabei neben einem Weidenbaum am Rand eines Grabens; gegenüber war eine alte Burg zu sehen. Ich starrte ins Wasser. Es war Frühwinter und windstill, und alles lag im Schweigen. Das Wasser war dunkel und wirkte schmutzig: Wasserlinsen und andere Pflanzen wucherten darin, und hie und da sah man verblühte Lotusstengel. Zwischen den Wasserpflanzen konnte ich ganz schwach die rote Farbe eines Karpfens erkennen. Ich rührte mich nicht. Ich richtete meinen Blick fest auf die rote Farbe und bewegte weder meine Augen noch meinen Körper. Es schien, als seien keine zehn Sekunden vergangen, und schon stellte sich das Nicht-Empfinden ein, zunächst in meiner Schulterpartie, im Genick und auf den Wangen. Die Dämmerung nahm zu. Die Schatten der Nacht und die stille Luft schienen um mich herum dicker zu werden und mich einzuhüllen. Es war, als wickle man das Gesicht einer Puppe mit einem Stück Seidenpapier nach dem anderen ein. Das Nicht-Empfinden breitete sich rasch auf meine Brust, meine Arme, meinen Unterleib und meinen Rücken aus. Als mein Freund endlich kam, war ich im Stehen völlig im SAMADHI aufgegangen, aber mein Freund sagte, er sei höchstens fünf Minuten abwesend gewesen.

Nach und nach fiel es mir ziemlich leicht, in diese Art von SAMADHI zu gelangen, sooft ich wollte. Das Schauen und das positive SAMADHI hängen innerlich eng miteinander zusammen. Wenn ich auf das Gewebe einer Matte, das Muster eines Teppichs oder die Maserung einer Holzwand schaute, konnte ich binnen kürzester Zeit ins SAMADHI kommen. Ich gewöhnte mich immer mehr daran, die Buddha-Natur mit bloßen Augen zu schauen.

Auch Zen im Gehen übte ich. Jeden Morgen musste ich ungefähr vierzig Minuten zu Fuß gehen, um an meinen Arbeitsplatz zu gelangen. Ich ging einen Fluss entlang. Auf der einen Seite war ein Uferstreifen, auf der anderen eine Wiesenfläche. Ta! Ta! Ta! Ich setzte zielstrebig meine Schritte und schaute weder nach rechts noch nach links. Das nannte ich mein Geh-SAMADHI. Selbst wenn es im Winter morgens sehr kalt war, wurde mein Körper von einer wohligen Wärme durchpulst, noch ehe ich die halbe Wegstrecke zurückgelegt hatte. Einmal ging ich auf einem Fußpfad durch das Gras. Es war mitten im Winter. Vor mir in weiter Ferne konnte ich eine Brücke sehen. Aus dem Fluss stieg Nebel auf und hüllte die Brücke in Dunst. Als ich noch ungefähr 200 Meter von der Brücke entfernt war, sah ich die verschwommenen Umrisse von Menschen, die Stöcke als Waffen trugen. Die Konturen der Gestalten in dicken Mänteln wirkten rund und schwerfällig. Sie gingen alle in der gleichen Richtung über die Brücke und bildeten zufällig eine geschlossene Gruppe. Dann zuckte plötzlich das Bild einer Heerschar von Banditen durch meinen Kopf. Im nächsten Augenblick kam mir mit verblüffender Lebhaftigkeit der Gedanke in den Sinn, dass in diesem Augenblick, in dem ich einatmete, der Kaiser Jimmu zu seinem Feldzug nach Osten aufbrach.

Der Kaiser Jimmu, Gründer des Japanischen Reiches, war vor 2600 Jahren in Westjapan aufgebrochen und hatte seinen Clan und seine Soldaten nach Osten geführt, so wie Mose sein Volk aus Ägypten geführt hat. Als er den Zentralteil des heutigen Japan erreicht hatte, baute er dort seine Hauptstadt, und das war der Anfang der Geschichte Japans.

Die historische Zeit hatte ausgesetzt, und mich erfasste ganz der Gedanke, dass Jimmus Zeit und dieser gegenwärtige Augenblick ein und dieselbe Zeit seien. Selbst als die Gestalten auf der Brücke verschwunden waren und sich der Anblick des Verkehrs geändert hatte, dauerte dieser Gedanke in mir an. Aber er verwirrte mich nicht. Ich war schlicht und einfach von der Erfahrung in Beschlag genommen, die in meinem Innern vor sich ging. Vielleicht spürte ich im Hintergrund meines Geistes, dass Zeit und Raum wegfallen, wenn man im SAMADHI ist. Ich verließ den Fußpfad durch die Wiese und stieg zur Brücke hinauf. Als ich auf der Brücke stand, ihre moderne Struktur und die scharfen Umrisse der Menschen von heute sah, kehrte ich in mein normales Lebensgefühl als Mensch der Welt von heute zurück, so, als habe von einem auf den anderen Augenblick die Szene eines Films gewechselt.

Diese Erfahrung, die ich da gemacht hatte, gleicht ziemlich derjenigen mancher Geisteskranker. Der Unterschied besteht nur darin, dass der Kranke nicht mehr ganz in die heutige Welt zurückfindet. In R. D. Laings »Politics of Experience and The Bird of Paradise« wird in einem Kapitel mit dem Titel »Eine zehntägige Reise« die Erfahrung eines Mannes geschildert, der, wie er es nannte, eine Reise unternahm, auf der seine Zeit rückwärtslief und er in einer Verfassung ziemlicher geistiger Verwirrung war. Am Ende des Ausflugs, so beschreibt der Mann, »beschloss ich eines Morgens, keine Beruhigungsmittel mehr zu nehmen, weil ich dafür sorgen musste, dass das nicht so weiterging«; er stieg plötzlich aus seiner Reise aus und konnte »den Anschluss« an sein »gegenwärtiges Ich« wiederfinden. »Als ich so auf dem Bett saß und meine Hände verschränkte, und als ich – ich denke, recht unbeholfen – den Anschluß an mein gegenwärtiges Selbst wieder herstellte, sagte ich immer und immer wieder meinen Namen vor mich hin, und plötzlich, einfach so, wurde mir klar, daß mit einemmal alles vorbei war« (R. D. Laing, The Politics of Experience and The Bird of Paradise, Harmondsworth/England 1967, 131).

Der ernsthaft Geisteskranke kommt nie auf die Idee, er müsse dafür sorgen, dass es so nicht weitergeht. Er lässt seiner Krankheit freien Lauf und spielt das verdorbene Kind. Zunächst tut er das vielleicht, um sich zeitweise Erleichterung zu verschaffen, aber wenn er im Verhältnis zu seiner angeborenen Konstitution zu weit gegangen ist, erreicht er einen Zustand, aus dem er nicht mehr heraus kann. Ein starker Geist, der sich energisch den anstürmenden Wellen des geistigen Leidens entgegenstellt, lässt sich nicht so schnell derart treiben. Die Erfahrung von William James, die er in seinem Buch »The Varieties of Religious Experience« beschreibt (London-New York 1902, 160 f.; James schildert sie als die Erfahrung »eines französischen Korrespondenten«, aber in Wirklichkeit war es seine eigene. Vgl. »The Letters of William James, ed. by Henry James, London 1920, Bd. 1, S. 145), und die Todesqualen Tolstois, die im gleichen Buch zitiert werden (ebd. 153–155), sind zwei Beispiele dafür, dass extremes psychisches Leiden nicht unbedingt zum Zusammenbruch führen muss.

Wenn die gewöhnliche Bewusstseinsweise im SAMADHI wegfällt, schwindet auch das Zeitgefühl, und man kann keine zeitliche Abfolge mehr ausmachen. Ein raffiniertes Zusammenwirken verschiedener Faktoren hatte zu meiner Vision geführt, die mir zeigte, dass es zwischen der Zeit des Kaisers Jimmu und dem gegenwärtigen Augenblick keinen Unterschied gab. Diese Erfahrung war einmalig. Ich hatte sie nur einmal in meinem Leben, und ich glaube, dass sie sehr selten zustande kommt. Ich empfehle diese Art von Erfahrung nicht, noch möchte ich sie als fragwürdig bezeichnen; was ich jedoch ausdrücklich sagen möchte, ist, dass man immer wieder aufs Neue den Zustand durchleben muss, dass die gewöhnliche Bewusstseinsweise ausfällt.

*Siebzehntes Kapitel*

# DER STUFENWEG DES ZEN

In diesem Kapitel möchte ich zwei Klassiker der Zen-Literatur besprechen: zunächst die traditionelle Bilderfolge mit dem Titel »Auf der Suche nach dem verlorenen Ochsen« und dann die »Fünf Grade oder Zustände« von Tozan.

## AUF DER SUCHE NACH DEM VERLORENEN OCHSEN

*1. Der Mensch beginnt mit der Suche nach dem Ochsen.* In der buddhistischen Literatur steht der Ochse als Bild für die eigene wahre Natur. Nach dem Ochsen zu suchen bedeutet also, sich auf die Suche nach seiner eigenen wahren Natur zu begeben. Die erste Stufe auf diesem Weg besteht darin, mit der Suche anzufangen.

Stellen Sie sich einen jungen Mann an der Schwelle des Lebens vor. In seiner Fantasie malt er sich vieles für seine Zukunft aus, gelegentlich in froher Stimmung, gelegentlich eher nachdenklich. Aber was das Leben wirklich für ihn bereithält, weiß er erst dann, wenn es sich für ihn ereignet. Er selbst weiß wahrscheinlich gar nicht ganz genau, was er wirklich vom Leben erwartet, sondern in seiner Naivität lebt er vielleicht in der Vorstellung, er solle sich für andere einsetzen und sich selbst verleugnen, auch um den Preis des Opfers seiner selbst. »Ich muss irgendetwas Ernsthaftes anpacken. Ich möchte wissen, wie es in der Welt zugeht und wie meine Rolle darin beschaffen ist. Was bin ich? Was kann ich von mir selbst erwarten?« So denkt er vielleicht. Dann fängt dieser junge Mensch vielleicht ein Studium an, sagen wir zum Beispiel der Volkswirtschaft, und wenn er glaubt, er verstehe nun die Machtstrukturen der modernen Welt, stürzt er sich vielleicht in irgendeine Form revolutionärer Aktivität. Andere studieren Literatur, Philosophie, Psychologie, Physiologie, Medizin und so weiter. Welche Richtung sie jedoch auch immer einschlagen mögen, sie werden höchstwahrscheinlich stets ein höchst kompliziertes Netzwerk von Eigengesetzlichkeiten und Sachzwängen entdecken, sodass sie sich schließlich wie in einem unüberschaubaren Labyrinth vorkommen. Sie üben sich in einer Arbeitsweise, die sie ursprünglich gar nicht vorhatten, sie gewöhnen sich allmählich daran, und ehe sie recht merken, was ihnen geschieht, ist ihr Lebensweg ein für alle Mal festgelegt.

Doch ein Gefühl, dass ihnen irgendetwas fehlt, wird manche dazu führen, dass sie an das Tor der Religion pochen. Beim ZAZEN geht es darum, sich darin zu üben, ein Buddha zu werden; oder genauer, wieder bewusst ein Buddha zu werden, denn man ist von allem Anfang an Buddha.

Und jetzt stellen Sie sich also vor, ein junger Mensch steht vor dem Tor des Zen und sucht seine wahre Natur: Er ist auf der Stufe, auf der er mit der Suche nach dem Ochsen beginnt.

*2. Er findet seine Fußspuren.* Nachdem er ZAZEN geübt und Zen-Literatur gelesen hat, hat er sich ein gewisses Verständnis des Zen erworben, obwohl er noch nicht die Erfahrung des KENSHŌ gemacht hat. Auf der ersten Stufe, als er mit der Suche begann, hatte er vielleicht noch Zweifel, ob er das Gesuchte finden könne, wenn er diese Richtung einschlagen würde, aber jetzt ist er der Zuversicht, er werde irgendwann ans Ziel kommen, wenn er dieser Spur folge.

*3. Er erhascht einen Blick auf den Ochsen.* Nach etlicher Zeit ist er dem Ochsen begegnet. Aber er hat nur seinen Schwanz und seine Hinterbeine gesehen. Er hat eine Erfahrung gemacht, die ziemlich derjenigen des KENSHŌ gleicht, aber wenn man ihn nach seinem Woher und Wohin fragt, kann er keine klare Antwort geben.

Es gibt sehr unterschiedliche Arten des KENSHŌ, aber das war schon immer so. Das SATORI des Sakyamuni Buddha kam noch der Erschließung einer neuen Welt gleich. Vor seiner Zeit wusste man noch nicht einmal, dass es etwas solches gebe. Die noch nie da gewesene Erfahrung traf ihn jäh, zündete in ihm wie ein Blitz und Donnerschlag, und alle seine Probleme waren augenblicklich gelöst. Wenn der Buddha indes nicht bereits große Fortschritte in seinem Üben gemacht hätte, wäre er nicht imstande gewesen, auf derart schöpferische Weise jenen Bereich zu erkunden, in den noch nie ein menschliches Wesen vorgedrungen war. Vor dieser Erfahrung war der Buddha bereits über die siebte und achte Stufe unserer Abfolge geschritten und hatte die neunte erreicht: »Er kommt zur Quelle.« Ihm war jenes alldurchdringende KENSHŌ zuteil geworden, das die wirkliche Erleuchtung darstellt. Seit damals hat es viele Zen-Lehrer gegeben, die bereits ihre gesamte Übung durchlaufen hatten, ehe ihnen ihre KENSHŌ-Erfahrung zuteil geworden war. Bei vielen von ihnen brauchte es fünfzehn oder sogar zwanzig Jahre, ehe diese eintrat.

Jetzt, auf dieser dritten Stufe, lässt sich die Lage des Suchenden mit derjenigen eines Anfängers im Malen vergleichen, dem es zuteilwird, dass seine Werke dank einer glücklichen Fügung zu einer Ausstellung höchsten Ranges zugelassen werden. Seine Bilder sind natürlich hervorragend, aber sie beweisen noch nicht endgültig seine Fähigkeit als Künstler. Alles hängt noch von seinen künftigen Werken ab.

Heutigen Zen-Schülern wird zu Beginn gesagt, es gebe ein Ereignis namens KENSHŌ, das sie erwarte, und wenn sie auf diese dritte Stufe gelangen, meinen sie ganz natürlich, das sei nun das Gleiche, was der Buddha zum ersten Mal schaute, als er auf dem Gipfel der Zen-Übung stand. Sie klettern zwischen Felsen und Buschwerk umher und warten auf diesen Ausblick, und sobald sie ein wenig davon erhaschen, rufen sie begeistert: »Das ist es!« Natürlich ist das, was sie sehen, nicht falsch, aber zwischen ihrer Erfahrung und derjenigen des Buddha besteht bezüglich Gehalt, Schönheit und Vollkommenheit ein himmelweiter Unterschied.

*4. Er fängt den Ochsen.* Auf dieser Stufe ist sein KENSHŌ bestätigt worden. Doch wie man auf dem Bild sieht, möchte der Ochse am liebsten davonlaufen, und der Mann muss ihn mit aller Kraft zurückhalten. Er hat nun tatsächlich genügend Erfahrung, um den Spruch zu verstehen: »Himmel und Erde und ich sind aus derselben Wurzel; alle Dinge und ich stammen aus der gleichen Quelle«, aber in seinem Alltagsleben kann er seinen Geist nicht so beherrschen, wie er es möchte. Zuweilen treibt ihn der Ärger um; zuweilen ist er von Habgier besessen, vor Eifersucht blind und so weiter. Er ist durch den Kampf gegen seine Leidenschaften und Begierden erschöpft, die unbezähmbar scheinen. Das ist etwas, womit er nicht gerechnet hatte: Statt dass er ein für alle Mal das KENSHŌ erlangt hätte, scheint er so schäbig wie eh und je gesinnt zu sein. Tatsächlich hat das KENSHŌ offenbar zu neuen Leiden geführt. Er möchte sich an bestimmte Dinge halten, stellt aber fest, dass er genau das Gegenteil tut. Seinen Kopf streckt er in die Höhenluft, aber sein Leib liegt am Fuß der Felsen. Doch kann und will er den Zügel nicht loslassen und versucht, den Ochsen gebändigt zu halten, auch wenn das seine Kräfte zu übersteigen scheint.

*5. Er zähmt den Ochsen.* Nach langem zähem Hin und Her ist der Ochse endlich einigermaßen zahm. Zu diesem Zeitpunkt meint der Bändiger, das wilde Tier sei besiegt und er könne ihm jetzt einige Kunststücke beibringen.

*6. Er reitet auf dem Ochsen heim.* Der Ochse ist jetzt zahm und willig. Selbst wenn man den Zügel loslässt, trottet er friedlich in der Abendstille heim, und man kann gemütlich auf seinem Rücken reiten.

*7. Der Ochse geht verloren, der Mensch bleibt übrig.* Jetzt vergisst man das KENSHŌ, die Erleuchtung, ja selbst das Zen. Ganz gleich, welch heiliges Gefühl oder welchen wunderbaren Geisteszustand Sie erfahren mögen – sobald Sie im Zusammenhang damit über sich selbst nachdenken oder sich dessen bewusst werden, fängt das an, zur Last zu werden.

Lassen Sie alles geschehen, wie es will, und lassen Sie es einfach wie einen Fluss vorbeiströmen. Was geschehen ist, ist geschehen; was verschwunden ist, ist verschwunden. Sobald Sie sich dazu herablassen, über irgendetwas feste Vorstellungen zu entwickeln, setzt schon der Verfall ein. »Verbirg dich im Nirgendwo, lass deinen Geist wirken.« Der Vers über die Weitergabe des Dharma durch Buddha Vipasyin, den ersten der Vergangenen Sieben Buddhas, lautet:

*Laster und Tugend,*
*Sünde und Segen,*
*Alles ist eitel;*
*Verbirg dich im Nichts.*

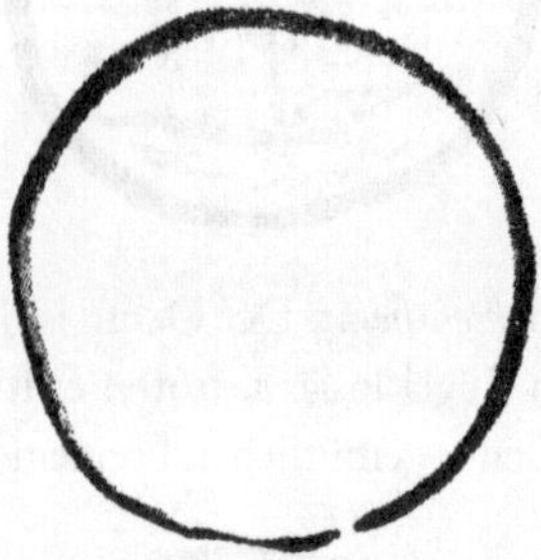

8. *Kein Ochse mehr, kein Mensch mehr.* Auf der vorigen Stufe, »Der Ochse geht verloren, der Mensch bleibt übrig«, haben Sie wahrscheinlich geglaubt, damit sei alles beendet. Aber jetzt erschließt sich eine neue Stufe, auf der sowohl der Mensch, als auch der Ochse vergessen werden. Ein Zen-Vers lautet:

*Letzte Nacht kämpften zwei Lehmbullen miteinander.*
*Kämpfend verschwanden sie im See.*
*Heute Morgen hört man von ihnen nichts.*

In dem Augenblick, wo Ihr Ego auf den Plan tritt, treten auch die Umstände auf. Wenn Ihr Ego sich auflöst, lösen sich auch die Umstände auf. Subjektivität und Objektivität gehen Hand in Hand. Wir haben bereits die Geschichte von dem Tempelhüter zitiert, der Tozan Osho sehen wollte, aber nicht wusste, wie er das anstellen konnte. Er holte etwas Reis und Gerste aus der Küche und streute das im Hof aus. Als Tozan das sah, sagte er zu sich: »Wer konnte so nachlässig sein und das tun?« Und in dem Augenblick konnte der Tempelhüter Tozan sehen. In Tozans Geist war ein innerer Druck entstanden wie ein Wolkenschleier an einem klaren Sommerhimmel. Er kam und verwehte wieder schweigend in der Heiterkeit des Mittagslichts, und es herrschte wieder Stille.

Diese Stufe entspricht Rinzais »Sowohl der Mensch als auch die Umstände sind bloß« (vgl. S. 108).

*9. Er kehrt zur Quelle zurück.* Sie müssen jetzt lediglich aus dem Zustand »Kein Ochse mehr, kein Mensch mehr« auftauchen, um festzustellen, dass Sie ganz einfach zur Quelle zurückgekehrt sind. Ein kleiner Ruck und Sie stehen im warmen Frühlingssonnenschein, die Blumen blühen, die Vögel singen, und die Menschen sitzen beim Picknick im Gras. Wenn Sie genau betrachten, was sich Ihrem Blick darbietet, erkennen Sie die gleiche alte Welt wieder, die Sie gestern gesehen haben. Die Hügel sind von Kirschblüten übersät; die Taler prangen voller Frühlingsblumen. Aber jede einzelne Blume hat ihr eigenes Gesicht und spricht zu Ihnen. Alles, was Sie sehen, alles, was Sie hören, alles ist Buddha. Sie haben Ihre alte, gewohnte Bewusstseinsweise abgelegt und sind ins Land der Reinheit zurückgekehrt.

Ehe Sie auf diese Stufe gelangen konnten, mussten Sie die Stufe »Kein Ochse mehr, kein Mensch mehr« durchlaufen. Zunächst sind Sie in Ihr eigenes Inneres vorgedrungen. Der Zwiebel wurde eine Schale um die andere genommen, bis sie zu nichts reduziert war. Das ist absolutes SAMADHI. Aber jetzt sind Sie ins positive SAMADHI herausgekommen, bei dem das Bewusstsein aktiv ist.

Die Erfahrungen, die man auf dieser Stufe »Er kehrt zur Quelle zurück« macht, sind in mancher Hinsicht mit denjenigen auf der dritten

Stufe »Er findet den Ochsen« identisch, aber an Grad und Tiefe ist der Unterschied zwischen beiden himmelweit.

Ein Zen-Spruch sagt: »Von Anfang bis Ende ein ewiges Hin und Her.« Was Sie erreicht haben, wird dadurch vertieft, dass Sie immer wieder zum Ausgangspunkt zurückkehren, zum Ausgangspunkt des Anfängers, und von da aus immer wieder den Pfad beschreiten, auf dem Sie vorangekommen sind. Auf diese Weise verfestigt sich Ihre Reife unerschütterlich. Sogar Hakuin Zenji berichtet uns, er sei bereits über sechzig Jahre alt gewesen, als er noch einmal sein SATORI erlebt habe.

*10. Er wirkt mit helfender Hand in der Stadt.* Er mischt sich in die Welt. Das Bild zeigt einen rundbauchigen, sorglosen Mann – vielleicht Osho –, der sich jetzt nicht mehr um seine äußere Erscheinung kümmert. Er geht barfuß. Er zeigt seine Brust. Er vernachlässigt seine Kleidung. All das ist ein Sinnbild seiner geistigen Entblößtheit. Er trägt einen Korb mit Waren für die Leute in der Stadt. Er denkt nur noch daran, anderen Freude zu machen. Und was trägt er in seiner Trinkflasche? Vielleicht den Wein des Lebens.

Bei dieser Deutung haben wir jetzt in allgemeinen Begriffen beschrieben, wie man im Zen Reife erlangt. Wechseln wir jetzt den Standpunkt, und besprechen wir diese Abfolge als eine Reihe von Schritten auf dem Weg zum SAMADHI.

1. Der Beginn der Suche nach dem Ochsen ist die Zeit, in der der Anfänger darin eingeführt wird, richtig zu sitzen, seinen Atem bewusst einzusetzen und seinen Geist unter Kontrolle zu bringen. Auf dieser Stufe ist er naiv, gefügig und äußerst leicht zu beeindrucken. Den Klang der Glocke des vorsitzenden Mönchs empfindet er als absolut rein, und er hat das Gefühl, er dringe ihm tief ins Herz und läutere es. Alles macht auf seinen Geist einen tiefen Eindruck. Selbst eine leichte Handbewegung oder einen Schritt tut er mit großer Andacht, und das ist sehr wichtig und kostbar, auch wenn er das selbst vielleicht gar nicht merkt. Das ist viel mehr wert als ein armseliges Allerwelts-KENSHŌ.

Während der ganzen Zeit Ihres Übens sollten Sie diese Aufmerksamkeit eines Anfängers nie verlieren. Leider verlieren sie viele Schüler tatsächlich und setzen an ihre Stelle die verschiedensten »verdienstlichen« Errungenschaften und messen diesen oft große Bedeutung zu. Bei einem ernsthaften Zen-Schüler sollte man jedoch erwarten, dass er diese Mentalität des »Verdienstesammelns« ganz aufgibt und eine Haltung der inneren Freiheit von Leistung und Belohnung einnimmt.

2. Auf der zweiten Stufe ist er in seinem Üben des ZAZEN bereits etwas vorangekommen und stellt fest, dass sein Geist anfängt, ruhiger zu werden. Zu seinem Erstaunen stellt er fest, dass sein bisheriger normaler Geisteszustand immer lärmig und ruhelos gewesen war, ohne dass er sich dessen richtig bewusst gewesen war. Ihm geht auf, dass er schon immer unter einem unbestimmten Gefühl der Unrast gelitten hatte, dessen Ursprung er jetzt ausmachen kann. Wenn er jetzt beim ZAZEN sitzt, ist er davon weithin frei. Er stellt fest, dass das ZAZEN ein Mittel sein kann, seinen verwirrten Geist zur Ruhe zu bringen.

Als er mit der scheinbar leichten Übung anfing, seine Atemzüge zu zählen, war er darüber verwundert, dass das gar nicht so einfach war. Aber dank seines ernsthaften Bemühens wird er fähig, seinen zerstreuten Geist schärfer zu konzentrieren, und nach und nach bringt er in die Tätigkeit seines Bewusstseins eine klare Ordnung. Er spürt, dass jetzt eine andere Dimension seines Geistes am Werk ist. Aber er hat das Gefühl, noch sehr weit von der Erfahrung des echten KENSHŌ entfernt zu sein.

3. Auf dieser Stufe (»Er erhascht einen Blick auf den Ochsen«) erfährt er, wenn auch nur gelegentlich, eine Art SAMADHI. Aber diese Erfahrung ist labil, und ihm fehlt es an innerer Sicherheit. Dennoch nimmt ihn sein Lehrer vielleicht an der Hand, zieht ihn in die Meditationshalle und sagt: »Das ist es, das ist es.« Dies gehört zur Erziehungsmethode des Lehrers, und er richtet sich dabei nach dem Fassungsvermögen und den Bedürfnissen des Schülers. Manche Lehrer sind sehr streng und stellen ihrem Schüler nur äußerst widerstrebend ein positives Zeugnis aus; andere sind darin großzügiger. Jeder hat seine persönliche Unterrichtsweise, und jede hat ihre guten Gründe. Grundsätzlich kann man sagen: Wenn der Schüler erst einmal zur Meditationshalle zugelassen wird, erwirbt er sich ganz natürlich eine gewisse Sicherheit, und sein Üben macht Fortschritte. Aber es gibt auch Beispiele von Schülern, die unter sehr strengen Lehrern zehn oder fünfzehn Jahre lang am Unterricht teilgenommen und nie irgendeine Bestätigung erhalten haben, sie hätten Fortschritte gemacht, und eines Tages gelangten sie explosionsartig zu wirklicher Erleuchtung. Das nennt man das plötzliche und direkte SATORI oder die Erleuchtung, und dabei wird einem auf einen Schlag eine erschöpfende und tiefe Erfahrung zuteil, so wie das bei Sakyamuni Buddha der Fall war. Im Vergleich dazu nennt man die Methode des stufenweisen, Schritt um Schritt vorangehenden Fortkommens (sozusagen die »Methode auf Raten«) das »Leiter-Zen«. Aber ganz gleich, ob wir eine Leiter hinaufsteigen oder mit einem einzigen Sprung hinaufgelangen, auf jeden Fall hängt alles von unserer Entschlossenheit ab, hinaufkommen zu wollen. Unglücklicherweise ist der menschliche Wille so schwach, dass er oft zu träge ist, um all seine Kraft und seinen ganzen Mut für die Erreichung des Gipfels aufzubieten, und man muss ihn zwingen, sich verzweifelt Mühe zu geben. Aber es gibt kein Pardon: Einer verzweifelten Anstrengung bedarf es unter allen Umständen, will man zur vollkommenen Erleuchtung gelangen.

4. Auf der vierten Stufe (»Er fängt den Ochsen«) macht man in etwa eine Erfahrung wie die im Folgenden beschriebene: »Wie viel Zeit vergangen ist, weiß er nicht. Plötzlich kommt er wieder zu sich und hat das Gefühl, als sei er auf dem Grund der unauslotbaren Tiefen des Meeres.

Alles schweigt. Alles ist finster. Hat er geschlafen? Nein, sein Geist ist hellwach. In seinem Innern scheint eine mächtige Kraft aufzusteigen. Er fühlt sich, als sei er in eine schwere Rüstung gekleidet. Ist das jener Zustand, den die Altväter ›die silbernen Berge und eisernen Felsen‹ nennen? Sein Geist ist so still und feierlich wie die Schneehänge des Himalayas. Keine Freude. Keine Trauer. Er weiß nicht, ob es Tag ist oder Nacht.« Eines Tages werden Sie diese Art Erfahrung machen. Und eines Tages, wenn Sie aus ihr auftauchen und sich von Ihrem Sitz erheben und über die Türschwelle treten, die Steine und die Bäume im Garten anschauen, irgendein leises Geräusch hören, eine Tasse an Ihre Lippen führen oder mit Ihren Fingern nach einer Schale tasten, werden plötzlich Himmel und Erde über Ihnen zusammenstürzen.

Wenn Sie in Ihrer ZAZEN-Übung ans Äußerste gelangen, tritt unvermeidlich der Umkehreffekt ein, und Ihnen wird sich eine neue Sicht der Dinge eröffnen. Genau wie die reife Bohnenschote bei der leisesten Berührung Ihrer Fingerspitzen aufspringt, so eröffnet Ihr innerer Druck Ihrem Geist eine neue Dimension.

Ein skeptischer Kritiker könnte sagen, das sei nichts anderes als Autosuggestion. Aber in Wirklichkeit ist die übliche Bewusstseinsweise weggefallen, und eine neue Erkenntnisweise, unabhängig von Raum, Zeit und Kausalwirkungen, ist jetzt am Werk. Sie und die äußeren Gegenstände in der Welt sind jetzt vereint. Es stimmt zwar, dass sie außerhalb von Ihnen liegen, aber Sie und die Gegenstände draußen durchdringen sich jetzt gegenseitig. Das heißt, zwischen Ihnen und den Dingen draußen ist der räumliche Widerstand aufgehoben.

In Ihren ersten Lebenstagen war Ihr Alltag noch ganz von dieser Erkenntnisweise beherrscht gewesen. Aber als Sie größer geworden sind, hat die komplizierte Tätigkeit Ihres Bewusstseins ihre übliche Arbeitsweise entwickelt und sich von der äußeren Welt abgesetzt; sie hat die Welt der Abgrenzungen und Verschiedenheiten hergestellt. Aber jetzt ist diese altgewohnte Bewusstseinsweise weggefallen, und Sie sind für eine neue Welt aufgeweckt worden. Das ist das KENSHŌ. KEN bedeutet »in etwas hineinsehen«; SHŌ bedeutet die eigene »wahre Natur«. Sie finden Ihre wahre Natur in sich selbst und zugleich in der Sie umgebenden Welt.

5. Hatten Sie den Ochsen erst einmal gefangen, so hatten Sie gemeint, jetzt sei er Ihnen sicher. Aber das war nicht der Fall gewesen. Sie mögen zwar gelegentlich zum SAMADHI gelangen, aber sehr oft auch nicht. Doch scheint in Körper und Geist nachhaltig Stille einzukehren; Ihre unsteten Gedanken können Sie jetzt zügeln. Sie sagen: »Das kann doch nicht das SAMADHI gewesen sein.« Dagegen gibt es keine andere Abhilfe, als es immer und immer wieder zu versuchen. Die letztjährige Ernte war für das letzte Jahr; die Ernte dieses Jahres muss aufs Neue mit viel Mühe und Arbeit eingebracht werden. Und so heißt es wieder hart ringen, immer wieder aufs Neue.

6. Lassen Sie uns auf dieser Stufe noch einmal genau besprechen, wie man genau ins SATORI eintritt. Die Haut und die Muskeln sind normalerweise ständigen Spannungsschwankungen unterworfen, und weithin wird dadurch das Empfinden, im Körper da zu sein, hervorgerufen. Aber in der reglosen Haltung des ZAZEN werden die Spannungsschwankungen in Muskeln und Haut auf ein Minimum reduziert, und es stellt sich Nicht-Empfinden ein. Die Haut reagiert sehr empfindsam auf diese neue Erfahrung. Man spürt, wie ein schauerartiges Gefühl den ganzen Körper durchströmt. Das ist wie eine Art musikalischer Schwingung, angenehm und zart, begleitet von einem friedvollen Zustand des Geistes und einem wunderbaren Gefühlsstrom, der aus dem Herzen hervorzuquellen scheint.

Wir haben bereits früher erwähnt, dass das Nicht-Empfinden oft von diesem schauerartigen Beben angekündigt wird, das zunächst in den empfindsamsten Körperteilen auftritt wie den Ohren, den Wangen, der Stirn, dem Nacken und den Armen und dann vielleicht zum gesamten Körper hinunter weiterfließt, um nach einigen Minuten zu vergehen. Dann fangen Frieden und Stille an, den gesamten Leib zu erfüllen. Nach langem Üben stellt sich aber dieses körperliche Wohlgefühl nicht mehr so oft ein. Man setzt sich einfach hin, und sofort fängt man an, ins SAMADHI einzutreten.

Was geht nun tatsächlich im Körper vor, wenn zunächst diese Erscheinungen auftreten und man dann ins SAMADHI gelangt? Dabei müssen in uns bestimmte chemische Veränderungen vorgehen. Wir wissen, dass unser Körper ständig alle Arten chemischer Verbindungen herstellt. Vielleicht ist das SAMADHI das Ergebnis der Produktion bestimmter chemischer Substanzen im Körper. Wir sind ganz gegen den Gebrauch von Drogen wie etwa Marihuana beim ZAZEN-Üben, aber wir würden durchaus nicht die Ansicht in Abrede stellen wollen, dass die ZAZEN-Übung Einflüsse auf den Stoffwechsel des Betreffenden hat, sodass bestimmte chemische Substanzen erzeugt werden, die das Eintreten des SAMADHI erleichtern. Die Tatsache, dass solche Substanzen im Innern erzeugt werden, ist eine Quelle der Stärke; von außen zugeführte Drogen dagegen schwächen uns, indem sie uns abhängig werden lassen. Wie immer die physiologische Grundlage des SAMADHI beschaffen sein mag: jedenfalls hat der Schüler auf dieser Stufe, wo er »auf dem Ochsen heimreitet«, Reife erlangt und erfreut sich der Freiheit seines Leibes und Geistes.

7. Auf dieser Stufe herrscht SHIKANTAZA. Sie achten nicht besonders auf Atmung, Haltung usw. Selbst wenn Sie im Bett liegen, können Sie ins absolute SAMADHI eintreten. Auf der Ebene Ihrer normalen Bewusstseinstätigkeiten, beim Arbeiten, Reden, ja sogar bei der Fahrt in einem holprigen Bus, verlieren Sie nicht Ihr positives SAMADHI. Früher waren Sie und SAMADHI zwei Wirklichkeiten – waren getrennt voneinander. Es hat Sie Mühe gekostet, zum SAMADHI zu gelangen. Sie plagten sich, um von einer Spur auf die andere hinüberzukommen. Jetzt ist das anders. Der »Mensch« beherrscht die Szene. Er hat das Reich des Geistes seiner Herrschaft unterworfen. Daher »geht der Ochse verloren, der Mensch bleibt übrig«.

8. Grob können wir folgende Anzahl von Bewusstseinsebenen unterscheiden:

a) Die oberste, auf der Gedanken und Vorstellungen kommen und gehen.
b) Eine Ebene, auf der man versteht, aber keine Ideen ausbildet.

c) Eine Ebene der bloßen Bewusstheit.
d) Eine Ebene, auf der man nur wie ein Spiegel innere und äußere Gegenstände widerspiegelt. Selbst in dieser Schicht tauchen gelegentlich Spuren der Reflexionstätigkeit des Bewusstseins auf und blitzen kurz auf der Bühne des Geistes auf.
e) Die tiefste Ebene, zu der auch nicht die geringste Reflexionstätigkeit des Bewusstseins vordringt. Hier bleiben gewisse Spuren der Gestimmtheit zurück. Sie sind eine Art Erinnerung aus der eigenen Lebenszeit und auch aus derjenigen unserer Vorgänger. Sie möchten bis zur Oberfläche des Bewusstseins aufsteigen, um sich dort Ausdruck verschaffen zu können. Selbst wenn ihnen das nicht erlaubt wird, bringen sie es versteckt, jedoch äußerst wirksam fertig, der Aktivität des Bewusstseins eine gewisse Richtung zu geben. Sie ändern sich ständig, weil sie von den NEN-Gedanken, die Augenblick um Augenblick auftreten, beeinflusst werden.

Im absoluten SAMADHI ist jedoch die Aktivität des Gehirns auf ein Minimum reduziert, und die von Gedächtnisrückständen verschmutzten Schichten werden völlig gereinigt. Die übliche Bewusstseinsweise fällt ganz aus. Die Welt wird stockfinster, denn sowohl das, was reflektiert, als auch das, was reflektiert wird, sind nicht mehr da. Man nennt diesen Zustand das »Kein-Gedanken-SAMADHI«, was das gleiche ist wie das absolute SAMADHI. Das ist die Stufe, auf der man sagen kann: »Kein Ochse mehr, kein Mensch mehr.«

9. Auf der vorigen Stufe ist eine durchgreifende und entscheidende Reinigung des Bewusstseins durchgeführt worden, und die verdreckten Ablagerungen, die zahllose Äonen hindurch angesammelt worden sind, wurden ausgespült. Jetzt, auf dieser Stufe (»Er kehrt zur Quelle zurück«) setzt die Bewusstseinstätigkeit mit dem Geist in diesem gereinigten Zustand wieder ein. Es ist, als fingen Sie an, mit dem Pinsel auf ein makellos sauberes Blatt Papier zu malen: Jeder Strich wird klar und deutlich. Hören Sie Musik, so klingt sie Ihnen unvorstellbar erlesen.

Das ist ein Zustand des positiven SAMADHI, in dem das Sich-Befinden im KENSHŌ zum Dauerzustand geworden ist. Was vom TATHAGATA gesagt wird, trifft nun auch auf Sie zu: Sie finden das Gesicht des Buddha, wohin Sie sich auch wenden.

Bis gestern haben Sie sich noch abgeplagt, um zum erhabenen Zustand des absoluten SAMADHI zu finden, und Sie haben stolz Ihre gesamte Bewusstseinstätigkeit unter Kontrolle gehabt. Jetzt lassen Sie heiter Ihr Bewusstsein sich zu voller Blüte entfalten.

10. Schließlich gibt es die Welt der Gegensätzlichkeiten nicht mehr; der gewöhnliche Bewusstseinszustand ist Ihnen völlig abhanden gekommen. Sie entledigen sich der alten zeremoniellen Kleidung: Sie gehen barfuß und mit entblößter Brust. Alles ist Ihnen willkommen. Umherschweifende Gedanken? Kein Problem! Das ist die große DHYANA (Meditation) des Buddha inmitten der geschäftigsten Aktivität des Bewusstseins. Sie erfreuen sich der vollkommenen Freiheit eines spielerischen, positiven SAMADHI.

DER SCHMERZ IN ALLEN DINGEN. Es war für uns eine schlimme Erfahrung, als wir als Kinder zum ersten Mal vor die Tatsache gestellt wurden, dass wir einer um den andern, allein und jeder für sich, aus dieser Welt fortgehen und unsere Lieben verlassen müssen – Vater, Mutter, Brüder, Schwestern. Vielleicht erinnern Sie sich an diesen kritischen Punkt in Ihrer eigenen Kindheit noch, als Sie zum ersten Mal dieses Gefühl für den »Schmerz in allen Dingen« überkam. Es kann durchaus sein, dass Sie von ihm eine Zeit lang in eine Art Neurose versetzt wurden; Sie waren voller trauriger, schmerzlicher Gefühle für die andern, vielleicht sogar für die Pflanzen und Tiere. Was Sie damals unbewusst empfanden, war der Verlust des Einsseins mit den andern, ein Entzug an Liebe. Die Empfindlichkeit für den Schmerz in allen Dingen stammt aus diesem Liebesentzug. Bei einer Mondscheinwanderung übers Land oder sogar an einer geschäftigen Straßenecke überkommt uns ein Gefühl der Sehnsucht, das wir nicht recht in Worte fassen können. Wir wissen nicht, was das ist, aber dieses Gefühl durchdringt unser ganzes Wesen. Der geheimnisvolle, dunstige Schleier des Mondlichts erinnert uns an Ewigkeit und ferne Länder; dadurch wiederum kommt uns die Hinfälligkeit unseres tatsächlichen Lebens zu Bewusstsein und weckt in uns eine melancholische Stimmung. Der Schmerz in allen Dingen ist eine Art Heimweh. Er ist ein schmerzlicher Ausdruck der Liebe, die wir verloren haben, ein Sehnen nach Heimat, Gesichtern, Dingen, ja nach lebenden und unbelebten Dingen ganz allgemein.

Oft findet sich das Gefühl für den Schmerz in allen Dingen auf dem Grund unseres Sinns für Schönheit, vor allem, wenn er der Ausdruck der Liebe ist, die durch irgendetwas Verhängnisvolles im Leben vor unüberwindlichen Schranken steht. Gelegentlich hat man schon den Menschen als das Wesen definiert, das andere hasst. Jedoch solange er ein »Sein-in-der-Welt« ist, lebt er mit anderen Menschen zusammen, und er und sie sind untrennbar aneinandergekettet. Wenn er keine Gelegenheit hat, andere zu lieben oder von anderen geliebt zu werden, bekommt er unvermeidlich das Gefühl, ihm fehle etwas. Vor allem, wenn Sie einmal die Erfahrung des absoluten SAMADHI gemacht haben, in dem Ihr egozentrisches, illusorisches Denken von Ihnen abfällt, entwickeln Sie auf jeden Fall Liebe zu anderen. Aber dann stellen Sie fest, dass Sie den Frustrationen des wirklichen Lebens ausgeliefert sind. Wie können wir diesem Dilemma entkommen, diesem anscheinend unlösbaren Konflikt zwischen Trennung, Unterscheidung und Feindseligkeit einerseits und Liebe andererseits? Besteht in diesem Dilemma das Schicksal des Menschen?

Was uns hilft, dieses Problem zu lösen, ist die ewige Pflege der heiligen Buddhaschaft. Viele Zen-Geschichten zeigen, wie unsere Vorgänger dieses Problem gelöst haben. Das beständige Üben und die Erfahrung des absoluten SAMADHI schenken Ihnen jenes Sehvermögen, mit dem Sie imstande sind, mit bloßem Auge die Buddha-Natur zu schauen. Spontan ergeben sich daraus Mitleid und Liebe zu dem Ihnen Fremden. Sie verstehen dann den Ausruf Sakyamuni Buddhas im Augenblick seiner Erleuchtung: »Alle Wesen im Universum sind voll der Tugend und Weisheit des TATHAGATA!« Sie machen am eigenen Leib die Erfahrungen der anderen – Sie erfahren ihre Trauer, ihre Freude, ihren

Humor, ihre gesamte Persönlichkeit –, als wären das Ihre eigenen Gefühle. Je fester Sie im SAMADHI verwurzelt sind, desto nachhaltiger fällt die illusorische Denkungsart von Ihnen ab und desto seltener verfallen Sie noch in ein Denken, das Unterschiede und Abstände schafft. In Ihnen bildet sich eine neue Erkenntnisweise aus.

Jetzt möchten wir einige dieser Punkte näher erläutern und weiter entfalten, indem wir ein anderes bekanntes Thema des Zen besprechen, die »fünf Grade des Tozan«.

DIE FÜNF GRADE DES TOZAN. Auf unserer Suche nach dem Ochsen haben wir uns hauptsächlich um die Frage gekümmert, wie man die Erleuchtung erlangen kann. Die »Fünf Grade des Tozan« handeln davon, was geschieht, wenn man die Erleuchtung tatsächlich erlangt hat: das heißt, wie man die heilige Buddhaschaft pflegt. Es gibt buddhistische Schulen, die vertreten, es gebe zweiundfünfzig Stufen, die der erleuchtete Mensch durchschreiten muss, ehe er die wahre Reife des Buddha erreicht. Jedoch genügen Tozans fünf Grade, um uns die wesentlichen Punkte deutlich zu machen. Ehe wir sie im Einzelnen besprechen, müssen wir jedoch einige wesentliche Begriffe einführen und erklären, die bei der Beschreibung dieser Grade verwendet werden.

Wenn man das KENSHŌ erlangt und die übliche Bewusstseinsweise ablegt, stellt sich das sogenannte DAIEN-KYOCHI ein; das ließe sich als »der große vollkommene Spiegel der Weisheit« übersetzen (DAI: groß; EN: rund, was im hiesigen Zusammenhang so viel wie »abgerundete Reife« und folglich »vollkommen« bedeutet; KYO: Spiegel; CHI: Weisheit). Jeder Mensch ist von Geburt an mit diesem Spiegel der Weisheit ausgestattet. Aber bei den meisten Menschen ist er infolge der Tätigkeit unseres wirren, irreführenden Denkens mehr oder weniger verhüllt. Im absoluten SAMADHI wird der Schleier entfernt, und der vollkommene Spiegel kann wieder sichtbar werden. Dieser Zustand stellt bei Tozan den ersten Grad dar. Doch im absoluten SAMADHI dieses ersten Grades bleibt der Spiegel der Weisheit immer noch im Finstern. Dieser Grad entspricht der achten Stufe der Suche nach dem Ochsen, die mit dem Kreis dargestellt wird, aus dem Leib und Seele verschwunden sind.

Der große Spiegel der Weisheit wird im positiven SAMADHI desjenigen strahlend erleuchtet, dessen Pflege der heiligen Buddhaschaft ihre volle Reife erlangt hat. Die übrigen vier Grade bezeichnen diesen Bereich des positiven SAMADHI. Wir sollten hier festhalten, dass sich zwar Tozans Grade, abgesehen vom ersten, alle auf das positive SAMADHI beziehen, dies aber nicht als Geringschätzung der Bedeutung des absoluten SAMADHI aufgefasst werden sollte. Das absolute SAMADHI ist der Grundstein jeglicher Zen-Praxis, und daher setzt es Tozan an die erste Stelle. Das Strahlen des Spiegels im positiven SAMADHI kann man mit dem hellen Mittagslicht vergleichen, das Schweigen und Vergessen des absoluten SAMADHI mit dem Dunkel der Mitternacht.

Auf den großen Spiegel der Weisheit beziehen sich auch die Zen-Begriffe SHO (echt oder authentisch) und HONBUN (HON: ursprünglich; BUN: Teil). Man kann HONBUN als absolut, echt, dunkel und leer beschreiben; es ist ein Zustand des »Nicht-Gedankens«. Wenn man sich jedoch in dieser dunklen, leeren, gedankenlosen Verfassung niederlässt, bleibt man in seiner Entwicklung stehen. Man muss in die Welt zurückkehren, in den Zustand, in dem das Bewusstsein normal arbeitet, und im positiven SAMADHI leben. Doch ist man hier unvermeidlich in die Grenzen von Zeit, Raum und Ursachenreihe eingebunden, und man lebt in der Welt der Individualität, der Konfrontation und Abgrenzung voneinander. Wer jedoch einmal dank des großen Spiegels der Weisheit erfahren hat, dass absolute Gleichheit alles miteinander verbindet, der kann zu einer Freiheit des Geistes gelangen, die alle diese Gräben überschreitet. Diese Reife, mit der man zwar immer noch in der Welt von Zeit, Raum und Kausalzusammenhängen lebt, aber dennoch die Grenzen dieser Welt überschreitet, nennt man die Weisheit der Gleichheit. Den Weg zu dieser Reife zeigen Tozans Grade auf.

Setzen wir zur Erklärung dieser Zusammenhänge noch einmal anders an. In einem frühen Stadium der Pflege Ihrer Buddhaschaft stellen Sie vielleicht oft fest, dass es Ihnen wieder nicht gelungen ist, sich richtig zu verhalten; allzu oft tun Sie etwas, was Sie eigentlich gar nicht tun wollen, sondern im Grunde ablehnen. Sie sagen: »So sollte es eigentlich nicht sein«, aber das hilft nichts. Aber wenn Sie weiter vorankommen, entwachsen Sie allmählich diesen niedrigen Beweggründen und finden schließlich zur Gleichheit im Unterschied. Dieser Zustand stellt Tozans zweiten Grad dar.

Zur Beschreibung des ersten Grads haben wir die Wörter »SHO« und HONBUN verwendet, die wir mit der Welt der Gleichheit in Beziehung setzen. Der zweite Grad bezieht sich auf die Welt der Differenzierung und des Unterschieds, der in der Terminologie des Zen HEN (Peripherie) genannt wird. Für die beiden Wörter »SHO« und »HEN« gibt es in den westlichen Sprachen keine genauen Entsprechungen, und so versuchen wir gar nicht erst, sie zu übersetzen. Um aber deutlich zu machen, was sie meinen, zählen wir jetzt eine Reihe von Gegensatzpaaren auf, die man mit ihnen in Verbindung bringen kann. In jedem Paar bedeutet der erste Begriff SHO und der zweite HEN: absolut–relativ; Gleichheit–Verschiedenheit; Leere–Form; absolutes SAMADHI–positives SAMADHI; Dunkelheit–Licht; Yin–yang; Nichtgedanke–Gedanke; innerlich–äußerlich; zentral–peripher; Verstand–Materie; Wirklichkeit–Schein.

Hier haben wir also eine Reihe von Begriffspaaren, die gegensätzlich zueinander sind. Doch im wirklichen Leben stellen wir fest, dass wir einfach da sind. Wenn wir im absoluten SAMADHI sind, sind wir in absoluter Stille. Wenn wir im positiven SAMADHI sind, sind wir voll in Tätigkeit. Es gibt nur einen einzigen Strom des Daseins, die Fortdauer der Gegenwart. Wenn wir jedoch wieder in die philosophische Spekulation verfallen, stehen wir wieder vor der Vorstellung, dass es die Gegensätze von Wirklichkeit und Schein, absolut und relativ usw. gibt. Schließlich hören wir wieder mit Philosophieren auf und kehren zu unserem zusammenhängenden einen und einzigen Dasein zurück. SHO und HEN wechseln einander ab, und bei jedem der beiden bleibt sozusagen eine schwache Erinnerung an das andere zurück. Folglich kann man sich zwei Befindlichkeiten vorstellen: »HEN in SHO« (Tozans erster Grad) und »SHO in HEN« (Tozans zweiter Grad).

Wenn wir von hier aus weitergehen, lassen wir die dualistische Vorstellung von SHO und HEN – absolut und relativ usw. – schließlich ganz hinter uns und gelangen zu einer Synthese und Integration beider. Was dann bleibt, ist das Reale, das Wirkliche im eigentlichen Sinn. Das heißt, wenn Sie im absoluten SAMADHI sind, sind Sie im absoluten SAMADHI; und wenn Sie im positiven SAMADHI sind, sind Sie im positiven SAMADHI. Es gibt nur mehr eine Tatsache – dass Sie *da* sind. Diese Heimkehr ins »Dasein«, bei der man seine Bewusstseinstätigkeit wieder aufnimmt, stellt Tozans dritten Grad dar, »Das Kommen vom SHO«.

Diese Ausführungen mögen genügen, um in Tozans Strophen und unseren Kommentar dazu einzuführen. Den vierten und den fünften Grad werden wir weiter unten behandeln, wenn sie an der Reihe sind. Der Leser sollte jedoch verstehen, dass man sich die fünf Grade nicht eigentlich als fünf zu erreichende Stufen vorstellen sollte, sondern einfach als fünf unterschiedliche Zustandsweisen. Gewohnheitsmäßig zählt man jedoch die verschiedenen Stufen, die Tozan beschreibt, in einer bestimmten Reihenfolge auf, und die fünf Grade Tozans halten sich an diese Reihenfolge.

In den folgenden Abschnitten geben wir zunächst immer die betreffende Strophe Tozans wieder und fügen dann unseren Kommentar an.

### 1. HEN in SHO

*Wenn die Nacht stirbt und kein Mond leuchtet,*
*Trefft ihr einander, doch ihr kennt einander nicht,*
*Und schwach erinnert ihr euch vergangener Tage.*

»Wenn die Nacht stirbt und kein Mond leuchtet.« Wenn Sie im absoluten SAMADHI sind, ist alles Finsternis, Leere und Schweigen wie die Tiefen einer mondlosen Nacht.

»Trefft ihr einander, doch ihr kennt einander nicht.« Im absoluten SAMADHI sind Sie sich Ihres Zustands nicht bewusst. Sie gewinnen Ihre ursprüngliche Natur wieder, aber das erkennen Sie nicht. Das ist so, weil Sie das SAMADHI und die ursprüngliche Natur selbst sind. Beide Zeilen zusammen weisen darauf hin, dass Sie zur Finsternis des Absoluten (SHO) zurückgeführt sind. Sie haben Ihr Kleinkindsein wiedergefunden.

»Und schwach erinnert ihr euch vergangener Tage.« Im absoluten SAMADHI geschieht der Große Tod. Aber das ist nicht das Ende der Geschichte. Das JISHU-ZAMMAI, das im SAMADHI herrscht, ist gewissermaßen eine NEN-Tätigkeit, da es eine Manifestation der Willens- (oder der spirituellen) Kraft ist. Folglich lässt sich die Welt des Relativen und der Phänomene (HEN) in die Welt des Absoluten (SHO) als schwache Erinnerung an vergangene Tage finden.

Diese Vorstellungen von relativ und absolut – HEN und SHO – sind natürlich das Produkt begrifflichen Denkens. Wesentlich für unsere Erfahrung des Lebens ist schlicht und einfach die Tatsache, dass wir *da* sind. Unser Dasein muss notwendigerweise das Relative und das Absolute miteinander verbinden. Doch im absoluten SAMADHI nimmt dieses die vorherrschende Stellung ein, während das Relative in den Hintergrund tritt. Im positiven SAMADHI ist es gerade umgekehrt.

Bei der Erfahrung des KENSHŌ stellen wir fest, dass alle Gegenstände ihre Individualität bewahren und doch zugleich in Einheit da sind. Sie sind einander nicht fremd. Sie stehen in vielfältiger Wechselbeziehung zueinander und entfalten in ihrer Einheit Vielfalt und zugleich in ihrer Vielfalt Einheit. Das kommt daher, weil sich das KENSHŌ auf der Grenzlinie zwischen absolutem und positivem SAMADHI ereignet. Das KENSHŌ stellt sich in dem Augenblick ein, wo Sie aus dem absoluten SAMADHI kommen und auf der Schwelle zum positiven SAMADHI stehen. Wenn Sie solchermaßen Einheit in der Vielfalt erfahren, kommen Sie in den zweiten Grad, »SHO in HEN«.

## 2. SHO in HEN

*In der Dämmerung findet die alte Frau den Spiegel von früher,*
*Direkt und ganz innen, doch nichts Besonderes;*
*Es ist nicht vonnöten, dein eigenes Gesicht zu suchen.*

»In der Dämmerung findet die alte Frau den Spiegel von früher.« Wenn die Bewusstseinstätigkeit eindämmert, stößt die alte Frau auf den Spiegel, den sie benützt hatte, um ihr Gesicht zu betrachten, als es noch jung war. Das heißt, sie taucht aus der Finsternis des Absoluten (SHO) in das Licht der gewöhnlichen Welt der Phänomene (HEN) und findet den Spiegel, der ihr bereits seit ihrer Geburt zu eigen gewesen war, den sie aber mit zunehmendem Alter unter dem Einfluss der üblichen Bewusstseinsweise nach und nach verloren hatte. Plötzlich findet sie diesen Spiegel wieder, sieht ihren Widerschein darin und entdeckt neu ihr eigenes ursprüngliches Antlitz.

Wenn sie widergespiegelt wird, ist sie darin. Sie ist nirgendwo anders, sondern hier, so wie sie ist. Und sie ist nichts als dieses »sie selbst«, das in der Welt als ein Individuum unter vielen anderen erschienen war. Es gibt neben diesem gegenwärtigen »sie selbst« kein anderes »sie selbst«. Sie ist auf keine andere Weise da als in der Tatsache, dass sie so ist, wie sie hier und jetzt ist.

Bis zum Augenblick davor hatte sie nach der Wahrheit gesucht, im irregeleiteten Glauben, es gebe irgendetwas Wirkliches, das heißt, irgendeine grundlegende Wahrheit namens »Realität« oder »Sein« oder »Buddha« neben oder jenseits der üblichen empfindenden Wesen und Dinge der Welt. In Wirklichkeit sind die gegenwärtige Welt und ihre Wesen, so wie sie sie vorfindet, die gesuchte Realität und die Welt des Buddha.

Wenn Sie das KENSHŌ erlangen, entdecken Sie rings um sich, zu Ihrer Rechten, zu Ihrer Linken, vor, hinter, über und unter sich überall Buddhas in fröhlichem Reigen. Und Sie schließen sich dieser heiteren Gesellschaft an, die, seltsam zu sagen, in wortloser Friedlichkeit feiert, und jede Szene und jedes Einzelwesen strahlt und ist beseelt, doch schweigsam wie hingestreute Juwelen. Der Glockenturm, die Ziegelreihen auf den Dächern, die Bäume im Garten, die Steine, die Blumen – alles birst vor Freude wie fröhliche Kinder auf der Spielwiese des Kindergartens. Das ist die Welt der Kunst der Kinder, ein ungeheuer intensivierter Ausdruck des Daseins. Alles ist richtig, so wie es ist. Muss man noch etwas anderes suchen? Was Sie bislang als hinfällige Erscheinungen in Ihrer Umgebung angesehen hatten, offenbart sich Ihnen jetzt als wirklich und wahr.

»Direkt und ganz innen, doch nichts Besonderes.« Die Frau entdeckt, dass der alte Spiegel »ganz innen« ist, denn er ist ihr eigenes

Selbst. »Nichts Besonderes« bedeutet, dass die Wahrheit direkt und einfach ist; es gibt keine besondere Wahrheit, die sich erst durch kompliziertes Nachdenken und Spekulieren finden ließe.

»Es ist nicht vonnöten, dein eigenes Gesicht zu suchen.« Diese Zeile spielt auf eine Geschichte an, die der Buddha erzählt hat und die in einer der Sutren auftaucht. Ein Mädchen schaute liebend gern ihr Bild im Spiegel an. Eines Tages schaute sie in den Spiegel und konnte ihr Gesicht nicht mehr sehen. Sie dachte, ihr Kopf müsse abhandengekommen sein, und machte große Umstände, um ihn zu suchen. Der Buddha sagt uns, dass wir von allem Anfang an die Buddha-Natur besitzen; weshalb also sollten wir sie weit fort suchen?

Wenn Sie in absolutem SAMADHI sind, nehmen Sie das Dasein in absolutem Schweigen wahr. Im aktiven Leben machen Sie das Gleiche im positiven SAMADHI. Es ist völlig richtig, das absolute SAMADHI als etwas Absolutes zu betrachten und das SAMADHI als etwas zur Welt des Relativen und der Phänomene Gehöriges. Aber halten Sie immer fest, dass dies zwei Phasen eines einzigen Daseins sind. Wenn wir die Erfahrung des ersten und des zweiten Grades machen, dann haben wir für uns selbst den besten Beweis, dass sich diese beiden Phasen ständig abwechseln, indem die eine immer wieder in die andere übergeht. Und indem wir immer wieder das Hin und Her zwischen beiden erfahren, kommen wir zur Reife und gelangen schließlich zur Synthese beider Phasen. Das ist dann der dritte Grad.

Um diesen Zustand zu erlangen, in dem wir beide Phasen in einem einzigen Dasein miteinander verschmelzen, müssen wir sie immer und immer wieder erleben. Im Japanischen nennt man das EGO (E: Umkehr; GO: wechselseitig); grob könnte man es mit »Hin- und Herkippen« übersetzen.

### 3. Das Kommen vom SHO

*In der Leere findet sich der Weg, lauter und klar;*
*Sprich nicht den Namen des Kaisers aus;*
*Das ganze Universum gehorcht deinem Spruch.*

Der Dritte Grad ist die Frucht dieses »Hin- und Herkippens«. Mit anderen Worten, er ist das Ergebnis der Synthese. Das »Hin- und Herkippen« gibt es nur zwischen dem ersten und dem zweiten Grad. Die anderen Grade bauen auf seiner Frucht auf und sind dadurch unabhängig und in sich selbst vollkommen.

Was bedeutet das »Kommen«? Es bedeutet das Kommen aus dem absoluten SAMADHI in die Tätigkeit des positiven SAMADHI. Im dritten Grad gründen wir unser Verhalten auf das SHO (das Wirkliche). Aus diesem Grund wird in der Rinzai-Sekte dieser Grad als die allgemeine Grundlage und Mitte angesehen, von der aus wir normalerweise wieder in unser Alltagsleben zurückkehren und es gestalten sollten. Vom Wirklichen (SHO) aus herkommen und handeln und es zum Schlüssel unseres Lebens machen – das ist der Inhalt des dritten Grades.

»In der Leere findet sich der Weg, lauter und klar.« Im absoluten SAMADHI gibt es keine Bewusstseinstätigkeit, keinen NEN-Gedanken im Geist. Alles ist leer und lauter. Wenn dann Ihr Bewusstsein seine Tätigkeit wieder aufnimmt, beeinträchtigt kein Gerümpel mehr die Tätigkeit Ihres Geistes. In alle Richtungen liegt der Weg vor Ihnen offen. Sie verfügen über absolute Handlungsfreiheit. Darum »findet sich in der Leere der Weg«.

»Sprich nicht den Namen des Kaisers aus.« Diese Zeile bezieht sich auf die Tatsache, dass es bei den Menschen im Fernen Osten in alter Zeit üblich war, den Kaiser nicht bei seinem tatsächlichen Namen, sondern nur bei seinem Titel zu nennen. Der Kaiser wurde als eine Art absolutes Wesen betrachtet, und es herrschte die Vorstellung, er würde entweiht, wenn man ihn mit bloßem Namen anredete. Dass das absolute Sein jenseits jeder Beschreibung sei, ist eine allgemeine philosophische Ansicht. Unser Gegenstand hier, das Wirkliche (SHO), ist absolut. Absolut ist absolut, losgelöst von allem. Es ist in sich selbst, durch sich selbst, für sich selbst und aus sich selbst. Man kann es nicht beschreiben, sondern nur unmittelbar erfassen. Und doch, sobald Sie einmal meinen, es erfasst zu haben, denken Sie wieder über es nach wie über einen Gegenstand und sind wieder von ihm getrennt. Sie müssen selbst absolut werden.

»Das ganze Universum gehorcht deinem Spruch.« Du bist der Meister des Wirklichen. Komme vom Wirklichen her, und nütze deine Handlungsfreiheit. Alles ist leer wie der Weltraum; du kannst nirgendwo und überall hingehen; du hast vollkommene Freiheit.

Als Person bist du in diesem Grad reif. Aber Tozan nennt noch zwei weitere Grade. Das ist von tiefer Bedeutung, und das müssen wir jetzt zu erklären versuchen.

### 4. Vollkommenheit im HEN

*Zwei gekreuzte Schwerter; die Geister des Kriegers –*
*Wie eine Lotusblume im Feuerglanz scheinend –*
*Schwing dich hoch hinauf, durcheile den Raum.*

Den vierten Grad haben Sie erreicht, wenn Sie die Reife sowohl im Verstehen wie auch im Darstellen der Zen-Wahrheit erlangt haben. In diesem Grad ist Ihr Bewusstsein blitzblank und sendet strahlendes Licht aus, das demjenigen von Juwelen gleicht. Ihre Bewusstseinstätigkeit ist jetzt zu wahrer Meisterschaft entwickelt.

»Zwei gekreuzte Schwerter.« Die beim Kampf gekreuzten Schwerter sind als Bild für die aufs höchste gesteigerte Konzentration des Geistes zu verstehen. Worauf das Bild abzielt, ist nicht der Kampf, sondern die äußerst scharf konzentrierte Geistesverfassung.

»Wie eine Lotusblume im Feuerglanz scheinend.« Die Sutren sprechen von der Lotusblume als von einer ganz besonderen Blume. Stellen Sie sich eine Lotusblüte vor, die über und über mit Juwelen verziert ist und heiter mitten aus lohenden Flammen heraus glitzernde, funkelnde Reflexe aussendet. Dieser Lotus in den Flammen ist das zentrale Bild der Strophe.

Für jemanden, der im Zen reif ist, in der Verfassung des positiven SAMADHI und mit vollkommen lauterem und klarem Geist, nimmt auch die einfachste, alltäglichste Handlung wie das Anzünden einer Kerze vor der Buddha-Statue oder die Bewegung seiner Füße in weißen Socken, die sich wie zwei weiße Kaninchen den Flur entlangbewegen, eine unbeschreibliche Schönheit an. In allem entdeckt er eine meisterhafte Bewegung. Wir haben davon schon früher gesprochen, als wir Kasans »Die Trommel schlagen« erörtert haben. Der Tanz ist eine der höchstentwickelten Weisen menschlichen Sich-Bewegens, das Ergebnis äußerst komplizierten Sich-Beherrschens und Übens. Bei dem, der im Zen zur Reife gelangt ist, ergeben sich vergleichbar kunstvolle Verrichtungen und Haltungen spontan und ohne künstliche Anstrengung. Sein Bewusstsein und jede seiner Regungen strahlen wie Juwelen im Feuer. Jede seiner Handlungen ist ein ganz intensiver Ausdruck seines Daseins. Er ist beständig in jener Verfassung, die ein Künstler verspürt, wenn in Augenblicken schöpferischer Fülle die spirituellen Kräfte nur so aus ihm hervorquellen.

Hat man die Reife dieses vierten Grades erreicht, so erwirbt man tiefe Einsicht und fängt an, voller Verständnis Einblick in den Geist anderer Menschen zu bekommen, selbst wenn man bisher recht mittelmäßig gewesen ist. Das ist deshalb der Fall, weil sich der reife Mensch in die Lage seines Gegenübers versetzt und von ihm her denkt, sich mit ihm freut, mit ihm trauert und ihn von innen her versteht.

Was das Zen betrifft, so erlangt der Betreffende auf dieser Stufe darin Reife, die Wahrheiten des Zen zu verstehen und sie erklären zu können. Die Reife im Verstehen äußert sich darin, dass er offensichtlich mit großer Inspiration den Gordischen Knoten der KŌANS mit nie da gewesener Schnelle und Klarheit durchtrennen kann. Was das Erklären angeht, so sieht er jetzt den Weg zur Erleuchtung so klar vor sich, als betrachte er eine Luftaufnahme; er kann ganz einfach und klar alle Berge, Pässe, Abgründe und Ströme erkennen, mit denen seine jeweiligen Schüler gerade zu kämpfen haben. Er ist imstande, ihnen genau die angemessene Hilfe und Anleitung zu geben. Er entfaltet die allseitige Fähigkeit und Wirksamkeit des dreigesichtigen, sechsarmigen Buddha.

Jetzt wird offensichtlich sein, weshalb dieser Grad als »Vollkommenheit im HEN« bezeichnet wird. Das ist die Stufe einer im Höchstmaß entwickelten Bewusstseinstätigkeit und, natürlich, des positiven SAMADHI.

In einer Sutre heißt es, der TATHAGATA schaue die Buddha-Natur mit bloßen Augen, und sein ganzer Gesichtskreis, soweit sein Auge reiche, sei voller Bodhisattvas und Buddhas. Was man sieht, wie es ist, ist Buddha. Für denjenigen, der den Zustand des vierten Grades erreicht hat, wird das der ständige und gewohnte Zustand im Alltagsleben. Das Auge des Künstlers, das Ohr des Musikers, die Weisheit des Philosophen, Kannons tausend Hände und Augen – alles wird ihm zuteil. Das ist der Grund dafür, weshalb die großen Zen-Meister früherer Zeiten solche Kunstwerke der Malerei, der Kalligrafie, der Bildhauerkunst, der Gartengestaltung und der Dichtung hinterlassen konnten.

Die Individualität – der Unterschied zwischen Ihnen und anderen und zwischen Ihnen und den äußeren Gegenständen – ist klar und deutlich. Aber zugleich besteht eine wechselseitige Durchdringung zwischen Ihnen und allem andern. Die Bäume und Felsen im Garten, die im Abendlicht Schatten werfen; jedes Möbelstück, die Sitzkissen, das Teegeschirr; jeder Mensch und jeder Gegenstand in Ihrer Umgebung, ihr Aussehen, ihr Verhalten, ihre Gesten – alles spiegelt in Ihren Augen ihr Wesen, alles ist nichts anderes als Buddha und Bodhisattva. Selbst wenn der Mensch, der Ihnen gegenübersitzt, sich in Ihren schlimmsten Feind verkehren und über Sie herfallen sollte, könnten Sie ihn niemals hassen, wenn Sie sein Leben von innen her erfassen können.

In den Gelübden des Bodhisattva heißt es: »Dann wird im Gedankenblitz eines jeden Augenblicks eine Lotusblume erblühen, und auf jeder Lotusblüte wird sich ein Buddha offenbaren. Diese Buddhas werden Sukhavati verherrlichen, das Reine Land, jeden Augenblick und allüberall.« Und so wird im Gedankenblitz jedes Augenblicks die Welt des Buddha offenbar werden.

Wenn man alle schmalen Pfade und breiten Straßen des Menschen durchwandert hat, seine Irrgärten, seine ins Leere führenden Alleen und Sackgassen; wenn man bis zur bitteren Neige die unentrinnbaren schlechten Gedanken, ichbezogenen Grübeleien, herzerwärmenden guten Absichten, Pläne zum Heil anderer usw. kennengelernt und verkostet hat, dann gelangt man zur Reife des vierten Grades. In diesem Zustand genießt man »das SAMADHI des Königs der Könige«.

»Schwing dich hoch hinauf, durcheile den Raum.« So wie »die haushohen Wellen an die Himmel schwappen«, wie der Blitz über den Himmel fährt, so durchzuckt in diesem Grad der Geist des Meisters den Raum.

### 5. Vollkommenheit in der Integration

*Weder in U noch in MU, wer reicht an den Meister?*
*Während andere sich mühen, das Mittelmaß zu übersteigen,*
*Sitzt er still am Feuer, und alles ist ihm eins.*

Der Markt ist vorbei. Wie sich ein großer Fluss schließlich vollends ins Meer entleert und keine Spur hinterlässt, so vergisst der reife Zen-Meister alle seine Verdienste und Errungenschaften und scheint wieder in seinem alten Zustand gesegneten Unwissens zu enden. Der fassbauchige Osho, wie er im letzten Bild der Suche nach dem Ochsen abgebildet ist, kommt barfuß auf den Marktplatz und bietet seine entblößte Brust dar. Sein Aussehen symbolisiert seine spirituelle Nacktheit. Aber vielleicht stellen Sie zu Ihrer Überraschung fest, dass er in seinem Korb etwas Wein mitbringt und vielleicht sogar noch mehr.

Der alte Tokusan, ein großer Zen-Meister, vertat sich eines Tages in der Zeit und kam mit seinen leeren Schalen in den Speisesaal. Seppo (damals der Küchenmeister und später selbst ein großer Zen-Meister) sagte: »Die Glocke zum Essen hat noch nicht geläutet. Was suchst du hier?« Tokusan nickte, als wollte er sagen:

»Ach so? Na gut«, und kehrte in sein Zimmer zurück. Aus dieser Geschichte hat man ein berühmtes KŌAN gemacht. In seiner Anfangszeit war Tokusan ein energischer Mensch gewesen, der bekannt dafür war, dass er seinen Stock jederzeit energisch zu gebrauchen verstand, wenn ihm das sein Zen-Geist eingab. Aber jetzt war er ruhig wie der Pazifische Ozean.

Der alte Mann, der mit entzündeten Augen und tropfender Nase am Feuer hockt, mag den Anschein erwecken, als nähere er sich seiner zweiten Kindheit. Aber plötzlich ruft er einen Freund herbei, um mit ihm in den Garten hinauszugehen, und gemeinsam fangen sie an, den Brunnen mit Schnee zu füllen. Sie tragen den Schnee unter großer Anstrengung vom Hinterhof in einem großen Kessel an einer Stange herbei. Ihre Ausdauer bei diesem hoffnungslosen Unterfangen ist lächerlich, aber sie bleiben dabei. Er gibt einem verlassenen jungen Mann einen Rat und leiht ihm seine helfende Hand. Einige der älteren Mönche reden ihm vielleicht zu und sagen: »Dieser Kerl hat aus dem Geschäft seines Vaters Geld gestohlen und hat es in einem leichtsinnigen Leben verschleudert. Er wurde von seiner Familie enterbt und ins Gefängnis gesteckt. Selbst bei seinem Besuch bei uns hat er einer Reihe von Leuten mit seiner glatten Zunge Geld abgeluchst. Einmal hat er sich auf die Station der kranken Mönche geschlichen und hat sich mit ihrem Geld und anderen Gegenständen aus dem Staub gemacht. Ihm weiter zu helfen, wäre so, als würde man Geld ins Meer werfen.« Er nickt, aber sagt: »Das ist kein schlechter Mensch. Ich warte, bis er sich bekehrt. Wenn er so weitermacht wie bisher, wird er als verlorener Mensch enden. Was die kleine Menge Geld betrifft, so fällt das nicht ins Gewicht. Was er jetzt vor allem andern braucht, ist, dass er die Güte anderer Menschen spürt. Ich halte nichts von der Theorie der Moralisten, dass ich, wenn ich ihm auch nur ein wenig Geld gebe, bloß zu seinem weiteren Abrutschen beitrage. Das ist eine kalte Theorie. Ich bin nicht dieser Meinung. Vor einigen Jahren wurde irgendwo ein Tunnel gegraben, und sie kamen an eine tiefe Verwerfung, die allen Beton zu verschlingen schien, den sie hineinpumpen konnten. Man schien sie unmöglich ausfüllen zu können. Sie hatten schon fast aufgegeben. Doch hielten sie durch und wollten nicht kapitulieren, und schließlich gewannen sie. Wenn ich diesem Menschen jetzt den Rücken zukehren würde, wäre er für immer verloren.«

Er sagt den Zen-Spruch auf: »Sünde und Segen sind gleichermaßen leer. Die Schlange verschlingt den Frosch. Die Kröte schnappt den Wurm. Der Habicht frisst die Spatzen. Der Fasan frisst die Schlange. Die Katze fängt die Ratte. Der große Fisch schluckt den kleineren. Und alles ist gut so. Der Mönch, der gegen die Gebote verstoßen hat, fällt nicht in die Hölle.«

Ermutigt durch diese Worte und seine leichte Lebensart fangen einige junge Mönche, begierige Leser moderner Romane, zu sagen an: »Die Leidenschaften selbst sind Bodhi.« Sie behaupten, Sakyamuni Buddha habe damit den Nagel auf den Kopf getroffen, so wie es die moderne Literatur tut. Da man jetzt den Leidenschaften die Zügel schießen lassen kann, können die Mönche sich alles, was sie wollen, erlauben. Aber die Antwort lautet: »Da macht ihr einen großen Fehler, und zwar aus folgendem Grund. Jeder eurer NEN-Gedanken ist die Ursache bestimmter Wirkungen. Das ist KARMA. Wenn ihr in diesem Augenblick eine gute Absicht habt, so hinterlässt euch das in einem guten Geisteszustand. Ein schlechter Gedanke vermehrt eure schlechten Impulse. Jede Tat hat ihre Wirkung. Wenn du die Hand hebst, wenn du einen Schritt tust, beherrsche den großen Spiegel der Weisheit deines Geistes. Das Gesetz von Ursache und Wirkung ist anspruchsvoll und streng. Es ist so unerweichlich, dass du so in Demut dein Haupt neigen solltest, als setze gerade ein Luftangriff ein. Du solltest still deines Weges gehen, als seiest du in der Gegenwart des Kaisers. Lass dich von diesen Schreibern nicht blenden. Man mag sie weithin bewundern; aber wo ist ihre Reife?«

Er scheint schon fast vom Altersschwachsinn benebelt, aber wenn es darauf ankommt, ist er auf einmal hellwach zur Stelle.

»Weder in U noch in MU, wer reicht an den Meister?« U bedeutet hier die Form (HEN), und MU bedeutet die Leere (SHO). Er ist weder in der Form noch in der Leere. Aber wenn er in der gewöhnlichen Welt der Phänomene tätig ist, verlässt er nicht die Wirklichkeit.

»Während andere sich mühen, das Mittelmaß zu übersteigen.« In der Anfangsphase seines Zen-Übens gab er sich jede Mühe, hervorzustechen. Er wollte das Feld der Mitspieler weit hinter sich lassen, und es war erstaunlich, welchen Einsatz er dafür aufbot. Aber jetzt »sitzt er still am Feuer, und alles ist ihm eins«. Er ist reif und hat alles integriert. Der Kampf ist überstanden. Er hat den Kampfgeist nicht verloren, sondern überholt. Er sitzt still am Feuer, ein alter Mann mit tropfender Nase. Er hat Zen und all das vergessen. Aber wenn Sie ihn sorgfältig betrachten und seine gelegentlichen und scheinbar belanglosen

Äußerungen beobachten – seine Haltung, seine Gewohnheiten, seine Worte –, werden Sie entdecken, wie wunderbar harmonisch und abgeklärt sie sind.

Sie erreichen diesen Zustand abgeklärter Reife, indem Sie den Kreislauf immer wieder neu beginnen, vom ersten Grad zum zweiten, dritten, vierten, fünften, und dann wieder zurück zum ersten. Bei jeder Wiederholung nimmt jeder Grad an Tiefe und Abgeklärtheit zu. Der dritte Grad, den man als das Basislager für Ihr Alltagsleben bezeichnen kann, wird durch die Erfahrung des vierten und fünften Grads bereichert, genau wie durch diejenige des ersten und zweiten. Das Üben besteht im Wesentlichen aus Wiederholen. Jeder Grad ist von den andern unabhängig und hat seinen ihm eigenen Charakter.

Schließen wir dieses Buch ab mit einer berühmten Begebenheit aus der Geschichte des Zen. Der Sechste Patriarch namens Hui-neng (Eno) verlor im Alter von drei Jahren seinen Vater, und er und seine Mutter gerieten in große Armut. Als er größer war, verdiente er sich seinen Lebensunterhalt durch den Verkauf von Brennholz auf dem Marktplatz. Einmal lieferte er gerade Holz an den Laden eines Kunden, und beim Verlassen hörte er beiläufig, wie ein Mann eine SUTRA rezitierte. Als der Mann zu einer Stelle kam, die lautete: »Verbirg dich nirgendwo, lass den Geist wirken«, widerfuhr Hui-neng eine plötzliche Erleuchtung. (Im Japanischen lautet der Text: »O MUSHO JU, NI SHO GO SHIN«: (O: Lass; MUSHO: nirgendwo; JU: verbergen; NI: und; SHO: erzeugen; GO: den; SHIN: Geist; also wörtlich: »Lass nirgendwo verbergen und erzeuge den Geist«). Er erkundigte sich nach dem Namen der SUTRA, und als man ihm sagte, das sei die Diamant-Sutra, die dem Mann vom Fünften Patriarchen anvertraut worden sei, beschloss er, sich aufzumachen und diesen großen Zen-Meister zu besuchen. Die Leute gaben ihm zehn Goldstücke für den Unterhalt seiner Mutter während seiner Abwesenheit. Er musste mehr als tausend Meilen von seiner Heimatstadt in der Provinz Kwantung in Südchina nach Wongmui im Norden Chinas reisen, wo der Fünfte Patriarch wohnte.

Hui-neng legte den ganzen Weg in weniger als dreißig Tagen zurück und erwies dem Fünften Patriarchen seine Reverenz. Dieser fragte ihn, woher er komme und was sein Begehr sei. Hui-neng gab zur Antwort: »Ich bin ein Gemeiner aus Sunchow in Kwantung. Ich bin weit hergereist, um dir Reverenz zu erweisen, und ich bitte um nichts anderes als die Buddhaschaft.« Der Fünfte Patriarch entgegnete: »Du bist südlich der Berge geboren, in einem wilden Land. Wie kannst du erwarten, ein Buddha zu werden?« Hui-neng gab zur Antwort: »Die Menschen teilen in Norden und Süden ein, aber in der Buddha-Natur gibt es nicht Norden noch Süden.« Weitere Fragen und Antworten gingen hin und her, und der Fünfte Patriarch erkannte, dass Hui-neng die Anlage zu einer großen Zen-Persönlichkeit besaß. »Dieser Barbar ist zu gescheit. Sag nichts weiter. Geh in die Hütte, wo man den Reis stampft und arbeite dort.«

Hui-neng blieb acht Monate beim Fünften Patriarchen und führte in dieser kurzen Zeit seine Zen-Übung zum Erfolg. Er war ein Naturtalent im Zen. Eines Nachts während der dritten Nachtwache rief der Fünfte Patriarch Hui-neng in sein Zimmer und überlieferte ihm das Dharma; gleichzeitig händigte er ihm das Gewand und die Schale aus, die in ununterbrochener Reihenfolge vom Bodhidharma an die Patriarchen weitergereicht worden waren. Hui-neng wurde von seinem Lehrer angewiesen, sich an einen abgelegenen Ort zurückzuziehen und zehn Jahre lang die Buddhaschaft zu pflegen, ehe er das aktive Leben als Sechster Patriarch antrete.

Hui-neng schied also vom Fünften Patriarchen und zog mit Gewand und Schale südwärts. Unter den Mönchen, die beim Fünften Patriarchen lebten, entstand großer Aufruhr, als sie erfuhren, das Gewand, das Symbol der Lehren des Buddha, sei von einem Laien fortgetragen worden, der erst vor etlichen Monaten hergekommen war und dem sie kaum Aufmerksamkeit oder Respekt gezollt hatten. In ihren unerleuchteten Augen waren das Gewand und die Lehren des Buddha ein und dasselbe. Sie waren derart bestürzt, dass sich mehrere Hundert von ihnen aufmachten, um Hui-neng zu verfolgen und ihm das Gewand wieder abzunehmen. Ein Mönch namens Wei-ming (Emyo), der in seinem Weltleben ein General vierten Grades gewesen war, war der schnellste Verfolger. Er hatte grobe Manieren, war heißblütig, aber beim Studium sehr gewissenhaft. Er holte den Sechsten Patriarchen auf einem Pass in den Taiyu-Bergen ein. Er muss ein hartnäckiger und ausdauernder Mensch gewesen sein, denn er legte bei dieser Verfolgung über tausend Meilen zurück. In jenen Tagen war das Reisen fast unbeschreiblich mühsam. Es gab das chinesische Sprichwort: »Gesegnet sind tausend Tage daheim; verflucht ein einziger Tag auf der Reise.« Die anderen, die sich mit Wei-ming zusammen an die Verfolgung gemacht hatten, waren einer um den anderen zurückgefallen, und schließlich war er allein, als er die Taiyu-Berge erreichte.

Vielleicht hatte der Sechste Patriarch gespürt, dass sich Wei-ming näherte, und bewusst diese Stelle abseits vom Weg gewählt, um ihn zu treffen. Weit draußen in den Bergen, fern von jeglichem Anzeichen menschlichen Lebens, lag alles im Schweigen. Selbst der Windhauch war leise. Der Sechste Patriarch legte das Gewand über einen Stein am Straßenrand und sagte: »Dieses Gewand stellt die Treue dar. Wir sollten nicht darum streiten. Wenn du es nehmen willst, lasse ich es dir.« Dann stellte er sich hinter einige Büsche. Wei-ming versuchte, sich dem Gewand zu nähern. Er streckte die Arme aus, aber seine Hände zitterten. Seine Beine gehorchten ihm nicht mehr, und er konnte sich keinen Schritt mehr bewegen. Das Gewand war für ihn so schwer wie ein Berg. Aus seinem ganzen Körper brach Schweiß hervor. Himmel und Erde bebten und schaukelten. Ihm wurde schwindlig, und er stürzte fast zu Boden. Er schrie nach Hilfe. Ihm ging auf, dass ein unerleuchteter Mensch wie er nicht an das Gewand rühren dürfe. Schließlich stürzte er zu Boden und rief aus: »Laienbruder! Laienbruder! Ich bin nicht wegen des Gewands gekommen, sondern wegen des Dharma!« Er wusste nicht, was er sagte. Der Sechste Patriarch kam aus seinem Versteck hervor und setzte sich auf einen Fels. Wei-ming gelobte ihm Gehorsam und sagte: »Laienbruder, bitte gib mir Unterricht!«

»Wenn du wegen des Dharma gekommen bist«, sagte der Sechste Patriarch, »dann höre auf, an irgendetwas zu denken. Lass auch nicht den geringsten Gedanken in deinem Geist aufkommen. Dann will ich zu dir sprechen.« Wei-ming versetzte sich selbst in Meditationshaltung. Nach einiger Zeit vernahm er die Stimme des Sechsten Patriarchen:

»Wenn du in diesem Augenblick weder Gutes noch Schlechtes denkst: was ist dein ursprüngliches Gesicht?«

Diese Worte durchdrangen Wei-mings Geist. Im selben Augenblick wurde er seiner eigenen Natur gewahr. Er wurde von Kopf bis Fuß erleuchtet. Einen derart kritischen Augenblick kann es geben, wenn der Geist vollständig bekehrt wird. Dem Saulus widerfuhr das auf der Straße nach Damaskus. Zuerst Verfolgung, innerer Zwiespalt – und dann kommt blitzartig die Bekehrung. Die alte Denkungsart ist plötzlich wie weggefegt. Als Wei-ming ausgerufen hatte: »Laienbruder! Laienbruder! Ich bin nicht wegen des Gewands gekommen, sondern wegen des Dharma!«, war sein Geist bereits bekehrt gewesen, und darum konnten die Worte des Sechsten Patriarchen ihre volle Wirkung zeitigen.

Was ist nun genau mit diesen Worten gemeint: »Wenn du in diesem Augenblick weder Gutes noch Schlechtes denkst: was ist dein ursprüngliches Gesicht?« Sie haben einen Doppelsinn. Auf der einen Ebene spielen sie auf die Offenbarung des reinen Daseins im absoluten SAMADHI an. Andererseits zielen sie auf das, was im positiven Tätigsein im Alltagsleben aufscheint, bei der ständigen Pflege der heiligen Buddhaschaft nach der Erleuchtung. Sie hängen sich an rein gar nichts und lassen Ihren Geist ganz selbsttätig arbeiten. Bei Ihren geschäftlichen Tätigkeiten lassen Sie auch den letzten Halt los. In Ihrem ganz gewöhnlichen Alltagsleben klettern Sie über die Hundert-Fuß-Marke hinaus. Bodhidharma hat keinen Bart, keine Augen, keine Nase, keinen Mund, kein Gesicht, keine Hände, keine Füße und keinen Leib.

# Inspirationen aus dem Geist der Klöster

160 Seiten | Kartoniert
ISBN 978-3-451-03417-6

Der Benediktiner und Weisheitslehrer David Steindl-Rast beschreibt in seinem Buch einen Weg der Stille, der uns lehrt, mit unserem Leben und mit uns selbst achtsamer umzugehen, um wieder die leisen Schönheiten des Alltags zu entdecken und zu schätzen. Ein im besten Sinne des Wortes leises Buch, das uns im Lärm und der Hektik des Lebens Ruheoasen schenkt und uns die reiche Spiritualität von David Steindl-Rast näherbringt.

**In jeder Buchhandlung!**

**HERDER**

**www.herder.de**

# Das persönlichste Buch des Dalai Lama

560 Seiten I Gebunden
mit Schutzumschlag
und Leseband
ISBN 978-3-451-38772-2

Was denkt und fühlt der Dalai Lama wirklich? In diesem Buch gibt er zusammen mit seinem langjährigen Vertrauten Dagyab Kyabgön Rinpoche Einblick in sein Denken, sein Fühlen und Handeln. Dieses umfassende Buch des XIV. Dalai Lama, das tief in das Herz des Buddhismus als universelle Lebenskunst führt, sucht seinesgleichen. Es ist sein großes Vermächtnis an die Welt.

**In jeder Buchhandlung!**

**HERDER**

**www.herder.de**